Teneriffa

Manfred Föger

GPX-Daten zum Download

www.kompass.de/gpx

Kostenloser Download der GPX-Daten der im Wanderführer enthaltenen Wandertouren. Mehr Informationen auf Seite 3.

AUTOR

Manfred Föger • lebt und arbeitet in der Nähe von Innsbruck. Er ist Inhaber eines Planungsbüros, das sich mit verschiedensten Fragen der Natur- und Umweltverträglichkeit, mit Tourismuskonzepten und mit dem Wandern beschäftigt. Seine Tätigkeit als Planer und Reiseleiter führt ihn regelmäßig auf die Kanarischen Inseln.
Der begeisterte Wanderer verfasste mehr als 50 Bücher und betreut auch Tourismusvereine, Bildungshäuser und Gemeinden in redaktionellen Fragen. Bei KOMPASS veröffentlichte er bereits mehrere Wanderführer.

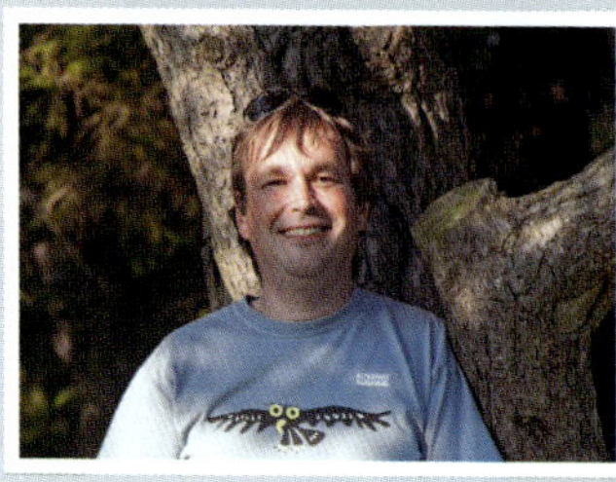

VORWORT

Wandern auf Teneriffa entführt in eine unglaubliche Vielfalt unterschiedlichster Landschaften. Die größte Insel der Kanaren hat für jeden Geschmack etwas zu bieten und besticht durch ihre unterschiedlichsten Gesichter. Aufgrund des milden Klimas kann man obendrein auf Teneriffa das ganze Jahr über wandern und die verschiedenen Regionen der Insel erkunden.
In den küstennahen Bereichen, insbesondere im Inselsüden, trifft man auf wüstenhafte Landschaften mit einer einzigartigen Sukkulentenflora und traumhaften Buchten, die zu einer Erfrischung in den kühlen Fluten des Atlantiks einladen. Ähnlich präsentieren sich auch die Berge und Hügelketten der untersten Höhenstufe, wobei hier auch die schönsten Dörfer der Insel liegen. Über den küstennahen Bergen schließt sich eine Waldzone an, die je nach Seehöhe und Inselseite unterschiedliche Bestände trägt: In feuchten Bereichen gedeiht der seltene Lorbeerwald, während in den trockeneren und höheren Lagen weite Bestände der Kanaren-Kiefer die Berghänge bedecken. Lorbeerwälder finden sich vor allem im Teno-Gebirge im Nordwesten sowie auf der Anaga-Halbinsel im Nordosten Teneriffas. Die Kiefernwälder umschließen dagegen gleich einem Ring die gesamte Insel.
Über der natürlichen Waldgrenze bei rund 2.000 Metern Seehöhe liegt nur das Herzstück des Teide-Nationalparks, das durch seine einmalige vulkanische Landschaft rund um den höchsten Berg Spaniens besticht. Dies alles – und noch viel mehr – gilt es beim Wandern auf Teneriffa zu entdecken.

ORIENTIERUNG MIT GPS

Für Navigationsgeräte und Apps haben wir auf unserer Webseite alle Touren im GPX-Format zum Download bereitgestellt:

www.kompass.de/gpx

Hier findet man alle weiteren Informationen. Einfach das richtige Produkt auf der Seite auswählen, die Daten herunterladen und auf das Zielgerät oder in die gewünschte App importieren.

Mehrwert mit Spaßfaktor: Ob vorab zur Planung, als Sicherheit für unterwegs oder zum Erinnern und Archivieren der gegangenen Tour. Die digitale Wanderroute ist in vielerlei Hinsicht wertvoll. Ein Blick auf die Daten hilft Neues zu entdecken und liefert Inspirationen für die nächsten Touren. Alle Wandertouren aus diesem Führer stehen im GPX-Format kompakt und genau zur Verfügung.

Was ist ein GPX-Track? GPX ist ein Datenformat für Geodaten. Das Wort GPS steht für Global Positioning System (Globales Positionsbestimmungssystem). Mit einem GPX-Track bekommt man die rote Linie, also den Wanderpfad, als geografische Koordinaten.

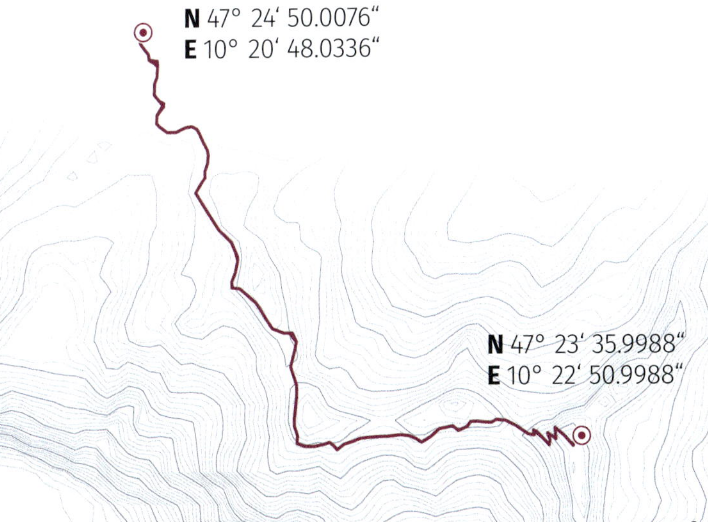

INHALT UND TOURENÜBERSICHT

AUFTAKT

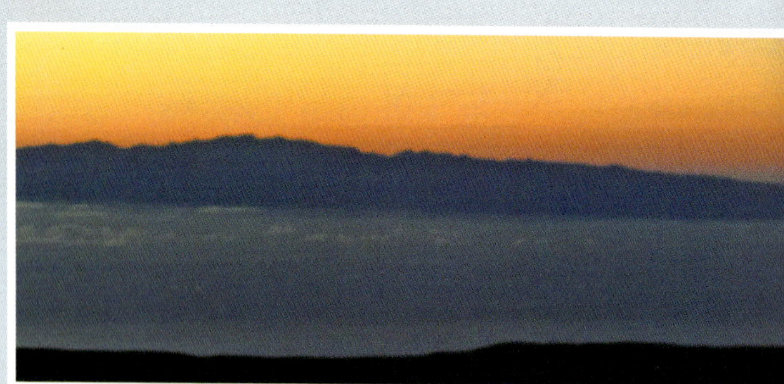

ANHANG

km	h	hm	hm									Karte
6	2:15	185	185	✓	✓		✓	✓	✓			233
5	1:30	17	17	✓	✓		✓					233
4,1	2:00	127	127									233
5	2:00	0	0	✓	✓							233
5,5	1:45	160	150	✓	✓							233
11,5	4:00	440	440	✓	✓		✓					233
7	3:30	380	380	✓	✓			✓				233
4,8	3:15	410	410	✓				✓				233
14,2	5:15	500	800		✓		✓					223
7	3:00	300	300	✓	✓							233
13,5	4:00	550	550	✓	✓							233

INHALT UND TOURENÜBERSICHT

km	h	hm	hm									Karte
8,6	3:30	460	540	✓	✓		✓					233
9	7:00	610	610	✓	✓							233
6	3:30	300	300	✓	✓							233
10	3:00	80	570	✓	✓							233
5,2	2:30	910	0	✓	✓							233
11	3:15	80	950	✓	✓							233
4,8	2:00	260	260	✓	✓							233
11	3:45	500	500	✓	✓		✓					233
3	2:30	670	20	✓	✓							233
4	2:00	130	130	✓	✓			✓				233
8	2:45	370	370	✓	✓			✓				233
8	3:00	400	400	✓	✓			✓				233
9,4	2:30	120	120	✓	✓		✓					233
4,5	2:15	260	260	✓	✓		✓					233
4,4	2:00	110	110	✓	✓							233
14	5:00	850	850	✓	✓							233
6,5	2:30	500	500	✓	✓							233
5,2	1:30	40	5	✓	✓		✓					233
6,5	2:30	260	10	✓	✓		✓					233
3,6	1:30	130	130	✓	✓		✓					233
14	4:30	450	1200	✓	✓							233
3	1:00	125	125	✓	✓		✓					233
6	2:00	270	270	✓	✓							233

INHALT UND TOURENÜBERSICHT

km	h	hm	hm									Karte
9,1	4:00	450	450	✓	✓							233
8	2:45	180	180	✓	✓		✓					233
3,8	1:45	150	150	✓	✓							233
12	5:15	800	1600	✓	✓							233
14	5:00	880	880	✓	✓			✓				233
2,7	1:30	5	5	✓	✓		✓					233
4,6	1:45	500	10	✓	✓							233
5,6	2:30	400	0	✓	✓							233
9,2	4:30	450	450	✓	✓		✓					233
10,1	4:00	500	500	✓	✓		✓					233
3,6	2:30	150	150	✓	✓							233
4	1:45	0	650	✓	✓							233
5	2:15	160	250	✓	✓		✓					233
12,5	4:45	630	630	✓	✓		✓					233
7,8	3:15	350	480	✓	✓							233
7	3:30	540	540	✓	✓							233
12	4:30	700	700	✓	✓							233
8,5	3:00	0	980									233
4,5	3:15	400	400	✓	✓							233
4,5	1:45	40	40	✓	✓		✓					233
1,2	1:00	30	30	✓	✓							233
8	2:15	100	100	✓								233
15,1	4:30	380	200	✓	✓							233

INHALT UND TOURENÜBERSICHT

km	h	hm	hm									Karte
5,5	2:15	100	100	✓								233
9	3:15	200	200	✓								233
3,8	1:30	120	120	✓	✓							233
14,3	4:45	50	1530	✓	✓							233
4	1:45	200	200	✓								233
10,3	3:30	100	100	✓	✓							233
8,5	2:45	160	160	✓	✓							233
8,2	2:30	150	150	✓								233
17	6:00	720	720	✓	✓							233
5	1:30	250	250	✓	✓							233
16	4:45	180	250	✓	✓							233
11	4:45	680	680	✓	✓			✓				233
14,4	5:30	800	800	✓	✓							233
9	6:45	1400	170	✓	✓	✓		✓			✓	233
2,6	1:15	80	80	✓	✓	✓						233
7,2	3:30	600	600	✓	✓	✓		✓				233
14,8	6:45	1100	1050					✓				233
4,5	1:30	250	250	✓								233
30	9:00	1850	1570		✓							233
13,1	5:45	1200	350		✓							233
13,1	3:15	500	150		✓							233
11,3	4:45	180	1140									233
17,7	6:45	600	1400		✓		✓					233

GEBIETSÜBERSICHTSKARTE

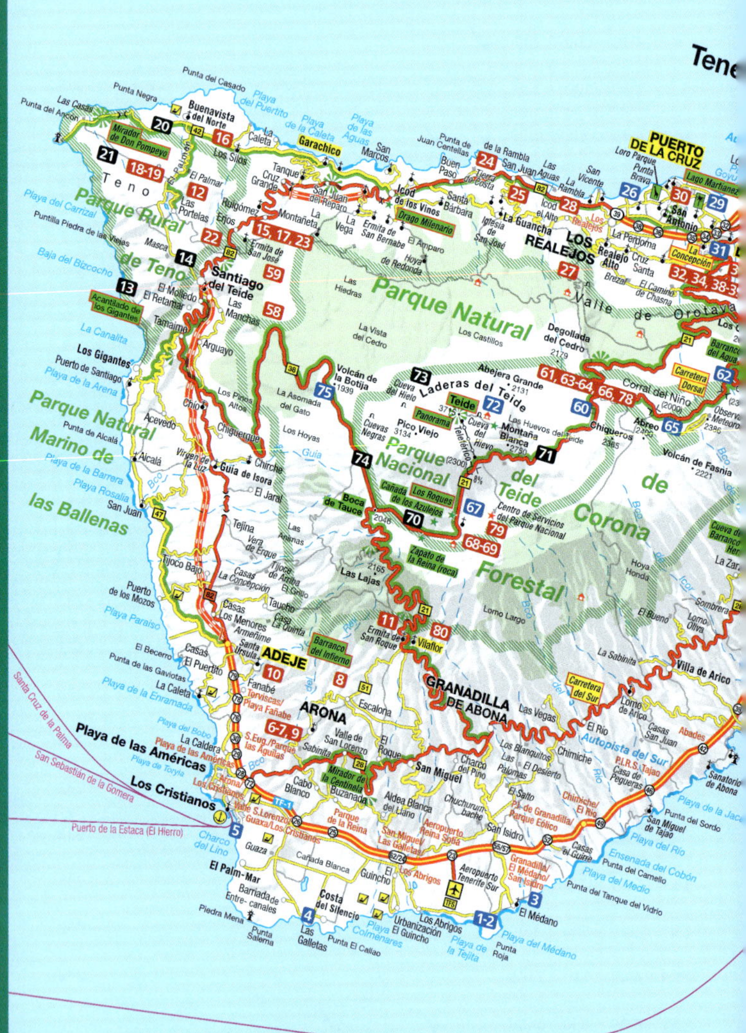

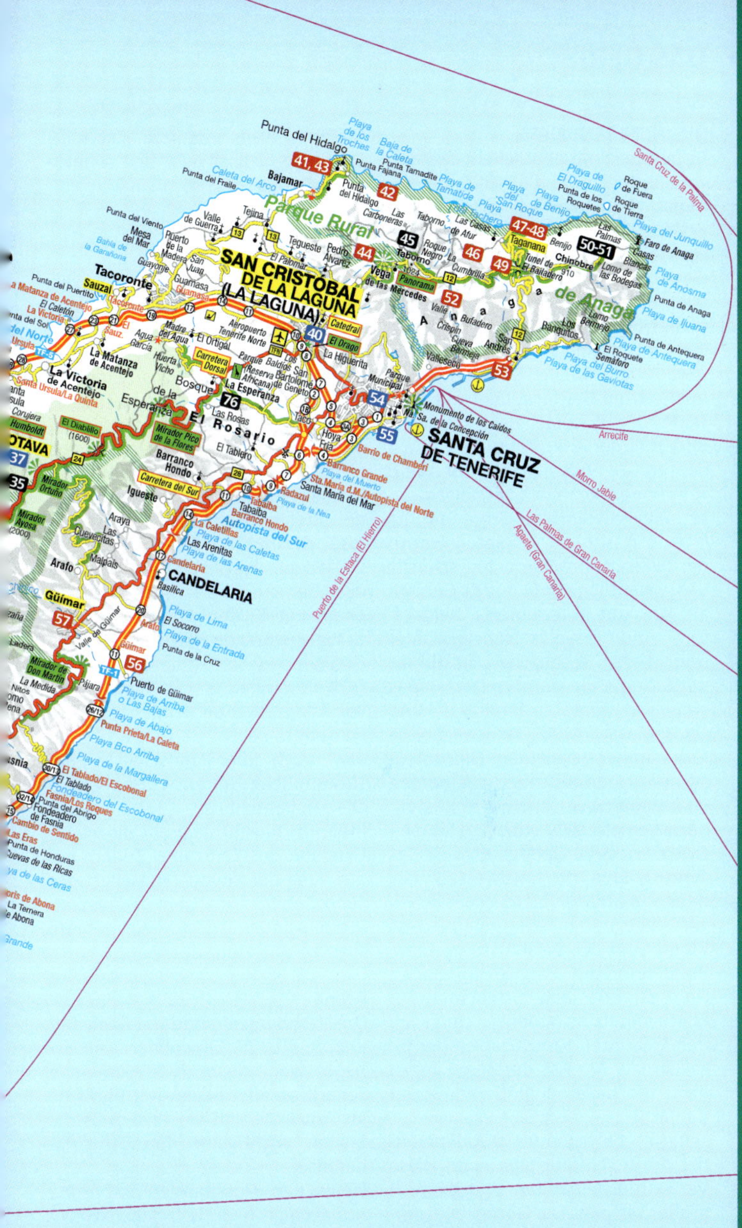

Punta del Hidalgo
Playa de los Troches
Baja de la Caleta
41, 43
Punta Fajana
Punta Tamadite
Playa de Tamadite
Caleta del Arco
Punta del Fraile
Bajamar
Punta del Hidalgo
42
Parque Rural
Playa del San Roque
Playa de Benijo
Playa de El Draguillo
Punta de los Roquetes
Roque de Fuera
Roque de Tierra
Santa Cruz de la Palma
Playa del Junquillo
Punta del Viento
Mesa del Mar
Valle de Guerra
Tejina
Carboneras
Las Carboneras
Taborno
Las Casas de Afur
47-48
Taganana
Benijo
Las Palmas
Faro de Anaga
Bahía de la Garañona
Puerto de la Madera
Tegueste
Pedro Álvarez
45
Roque Negro
46
49
Chinobre
50-51
Casas Blancas
Guayonje
San Juan
El Palomar
44
Taborno
La Cumbrilla
Túnel de El Bailadero
Lomo de las Bodegas
Playa de Anosma
Punta del Puerto
Sauzal
Tacoronte
SAN CRISTÓBAL DE LA LAGUNA (LA LAGUNA)
Vega de las Mercedes
Panorama
52
de Anaga
Punta de Anaga
La Matanza de Acentejo
El Caletón
La Victoria
Guamasa
Catedral
Valle Crispín
Bufadero
Lomo Bermejo
Playa de Ijuana
El Sauz.
Madre del Agua
Aeropuerto Tenerife Norte
40
Anaga
Los Bermejo
Banquitos
Punta de Antequera
Agua García
El Ortigal
El Drago
Cueva Bermeja
San Andrés
Playa de Antequera
El Roquete
Semáforo
La Matanza de Acentejo
Carretera Dorsal
Parque Baldíos (Reserva Africana)
Los Baldíos
San Bartolomé de Geneto
La Higuerita
Vallesseco
53
Playa del Burro
Playa de las Gaviotas
La Victoria de Acentejo
Santa Úrsula/La Quinta
Huerta Vicho
Bosque de la Esperanza
La Esperanza
76
Parque Municipal
54
Corujera
Humboldt
El Diablillo (1600)
Las Rosas
El Rosario
Taco
Monumento de los Caídos
Ntra. Sra. de la Concepción
Mirador Pico de las Flores
Hoya Fría
55
SANTA CRUZ DE TENERIFE
Arrecife
El Tablero
Barrio de Chamberí
Barranco Hondo
Barranco Grande
Morro Jable
Mirador Ortuño
Playa del Muerto
Sta.María d.M./Autopista del Norte
Santa María del Mar
Carretera del Sur
Igueste
Radazul
Tabaiba
Playa de la Nea
Mirador Ayosa (2000)
Araya
Tabaiba
Barranco Hondo
Autopista del Sur
Las Palmas de Gran Canaria
Agaete (Gran Canaria)
Las Cuevecitas
La Caletillas
Playa de las Caletas
Las Arenitas
Playa de las Arenas
Arafo
Malpaís
Candelaria
CANDELARIA
Basílica
Puerto de la Estaca (El Hierro)
Güímar
57
Valle de Güímar
Playa de Lima
El Socorro
Arafo
Playa de la Entrada
Punta de la Cruz
Güímar
56
Mirador de Don Martín
La Medida
Nitos
Pájara
Puerto de Güímar
Playa de Arriba o Las Bajas
Playa de Abajo
Punta Prieta/La Caleta
Playa Bco Arriba
Playa de la Margallera
El Tablado/El Escobonal
El Tablado
Fondeadero del Escobonal
Fasnia/Los Roques
Punta del Abrigo
Fondeadero de Fasnia
Cambio de Sentido
Las Eras
Punta de Honduras
Cuevas de las Ricas
Playa de las Ceras
La Ternera

DIE INSEL TENERIFFA

Teneriffa ist mit deutlichem Abstand vor Fuerteventura die größte der Kanarischen Inseln. Schon bei einem ersten Blick auf eine Übersichtskarte von Teneriffa fällt auf, wie gebirgig diese Insel ist. Grundsätzlich sind alle Inselberge vulkanischen Ursprungs, weisen jedoch aufgrund ihres unterschiedlichen Alters einen jeweils individuellen Charakter auf:
Im Zentrum der Insel liegt mit dem Teide der höchste Berg Spaniens und mit der umgebenden Caldera der größte Vulkankrater der Welt. Hier finden sich noch vergleichsweise junge vulkanische Berge und die letzten Ausbrüche erfolgten erst in der Neuzeit. Im Nordosten schließt das wesentlich ältere Anaga-Gebirge an, das durch zerklüftete Bergketten, eindrucksvolle Nebelurwälder und tiefe Schluchten bestimmt wird. Durch die Cumbre Dorsal, das steinerne Rückgrat Teneriffas, sind Teide-Massiv und Anaga-Gebirge miteinander verbunden. Diese Achse trennt den feuchten Inselnorden vom deutlich trockneren, in Küstennähe beinahe wüstenhaften Süden.
Dritte wichtige Gebirgskette ist das Teno-Gebirge im Nordwesten, das neben plateauartigen Hochflächen vor allem durch seine gigantischen Klippen an der Westküste besticht. Rund um die Bergketten ziehen rund 60 Täler bzw. Schluchten zur Küste hinab, von denen einige zu den bizarrsten Landschaften der Insel zählen. Am Fuß der Berge liegen auch die meisten größeren Dörfer der Insel.
Teneriffa hat rund 907.000 Einwohner, die in 31 Municipios leben. Diese Verwaltungseinheiten sind deutlich größer als einzelne Dörfer und umfassen jeweils mehrere Ortsteile. Einige touristisch wichtige Municipios werden im Folgenden kurz vorgestellt.

Adeje

Diese große Gemeinde im Südwesten der Insel hat rund 57.000 Einwohner. Mit Costa Adeje liegt eine der Tourismushochburgen des Inselsüdens in diesem Ort. Die Gemeinde verfügt über ein reiches kulturelles Erbe: In der Kirche Santa Úrsula findet sich eine besonders gediegene Möbelausstattung. Direkt neben der Kirche liegt mit der Casa Fuerte einer der ältesten Gebäudekomplexe der Insel, der im Laufe seiner Geschichte vielfältigen Nutzungen diente. Sitz der Gemeindeverwaltung ist das ehemalige Kloster Antiguo Convento Franciscano de Nuestra Señora de Guadalupe y San Pablo, das im Jahr 1679 durch den ersten Marktgrafen von Adeje errichtet worden war.
Daneben verfügt die Gemeinde aber auch über landschaftlich-naturkundliche Sehenswürdigkeiten: Die Höllenschlucht (Barranco del Infierno; Tour 10) beginnt direkt am Ortsrand des Zentrums. Zudem liegen Teile der Klippenlandschaft des Teno-Gebirges im Gemeindegebiet. Weiters finden sich in Adeje mehrere Wasser- und Freizeitparks.

Arona

Die Nachbargemeinde von Adeje hat knapp 80.000 Einwohner und ist heute wohl die reichste Gemeinde Teneriffas: Hier liegen mit Playa de las Américas und Los Cristianos die beiden wichtigsten Tourismusorte der Insel.
Neben den „Hotelburgen" hat Arona nur wenige historisch sehenswerte

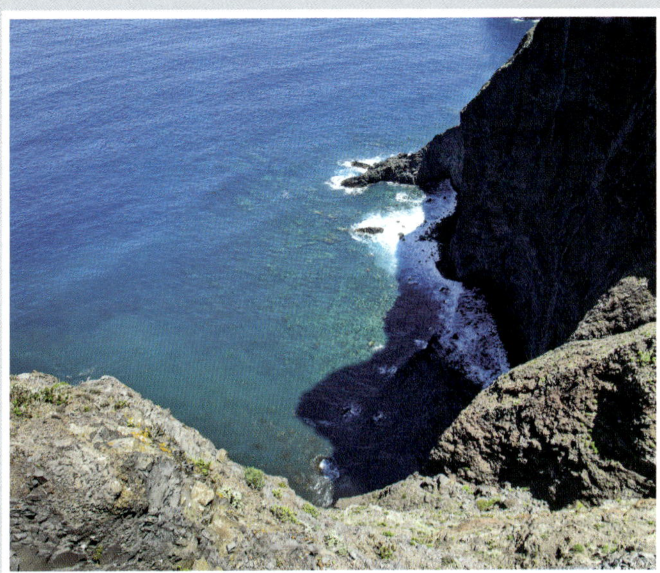

Westküste

Bauwerke zu bieten: Am Dorfplatz im Zentrum liegen die Pfarrkirche in klassischem Stil der Kanaren und das sehenswerte Rathaus.

Candelaria

Mit nur 26.550 Einwohnern ist Candelaria eine der kleineren Gemeinden auf Teneriffa. Der Massentourismus hat hier nicht Einzug gehalten, doch ist der Ort der bedeutendste Wallfahrtsort des Kanarischen Archipels.

In der Basilika von Candelaria wird die Schutzheilige der Inseln, die Virgen de la Candelaria, verehrt. Um die Statue (bzw. ihr Original, das seit einer Sturmflut im Jahr 1826 verschollen ist) rankt sich eine eigenartige Legende: Die Figur soll bereits 100 Jahre vor der Kolonisierung durch die Spanier von zwei Hirten gefunden worden sein. Die wundertätige Statue wurde in eine Felsgrotte am Meer gebracht und verehrt. Die wichtigsten Wallfahrten finden am 2. Februar (Mariä Lichtmess) und am 14./15. August (Maria Himmelfahrt bzw. Hoher Frauentag) statt.

Die Basilika liegt auf einem sehenswerten Platz, der Plaza de la Patrona de Canarias, direkt am Meer. An der Küstenseite des Platzes stehen neun überlebensgroße Bronzestatuen der bekanntesten Könige der tinerfinischen Ureinwohner.

Garachico

Die knapp 5.200 Einwohner zählende Gemeinde Garachico liegt an der

Nordwestküste der Insel und reicht bis an den Fuß des Teide hinauf. Es ist einer der ältesten Orte Teneriffas und wurde als Hafen 1496 unmittelbar nach der Eroberung der Insel gegründet. Wirtschaftliches Standbein der Gemeinde war damals der Anbau von Zuckerrohr. Alsbald gewann auch der Weinbau an Bedeutung. Am 5. Mai 1706 wurde der Hafen durch einen Vulkanausbruch zerstört und der Ort verlor seine bis dahin große Bedeutung.

Da Garachico bis zur Vulkankatastrophe von 1706 eine vergleichsweise reiche Gemeinde war, verfügt es über zahlreiche Sehenswürdigkeiten. Das Innere des alten Ortskerns ist heute eine Fußgängerzone. Im ehemaligen Kloster sind die Stadtverwaltung und ein Stadtmuseum untergebracht. Sehenswert ist hier auch der Innenhof mit seinen Galerien und Palmen. Das alte Castillo de San Miguel steht am ehemaligen Hafen, davor liegen heute einige Lavaschwimmbecken. Bei einem Spaziergang durch die Altstadt kann man zudem zahlreiche stattliche Herrenhäuser entdecken.

Icod de los Vinos

Icod ist mit knapp 23.000 Einwohnern eine der wichtigen Gemeinden der Nordküste. Der Ort war einst für seinen Qualitätswein berühmt und William Shakespeare befand den Wein aus Icod als den besten der Welt.

Wahrzeichen der Stadt ist der Drago Milenario, der 1000-jährige Drachenbaum. Zwar ist der Baum wesentlich jünger (knapp 400 Jahre alt), aber dennoch einer der eindrucksvollsten Drachenbäume der Welt. Er ziert sogar das Stadtwappen von Icod. Ohne

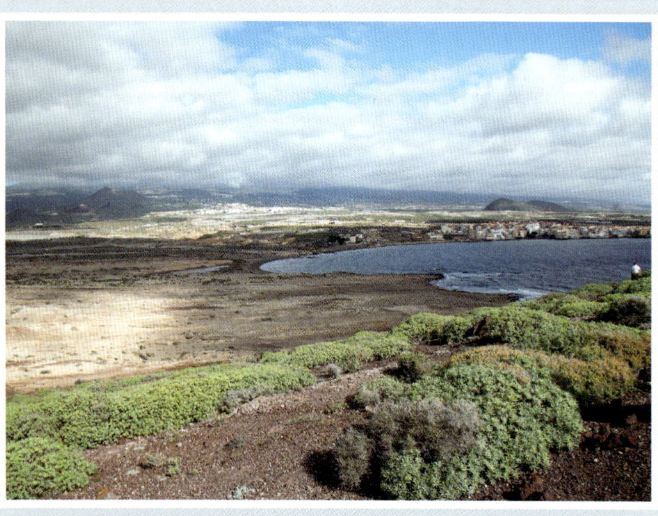

Dünen

den Eintritt in den Park rund um „El Drago" zahlen zu müssen, sieht man den Baum (wahrscheinlich sogar besser) von der Terrasse neben der Kirche Iglesia de San Marcos. Das Gotteshaus hat ein sehr schönes Renaissance-Portal und eine Decke aus kanarischem Kiefernholz. Im Inneren finden sich zudem bemerkenswerte Silberarbeiten, darunter ein aus Kuba stammendes Kreuz.
Eine naturkundliche Sehenswürdigkeit in der Umgebung ist die Cueva del Viento. Neben einigen Lavahöhlen auf Hawaii gehört sie mit einer Gesamtlänge von 17 km auf drei Etagen zu den größten Lavahöhlen der Welt. Ihr vorderster Teil kann im Rahmen von Führungen besichtigt werden.

La Matanza und La Victoria de Acentejo

Die Namen dieser beiden Gemeinden an der Nordseite der Insel gehen auf die Phase der Eroberung Teneriffas durch die Spanier zurück: Bei La Matanza verloren die Spanier 1494 eine Schlacht gegen die Ureinwohner und gaben danach dem Ort seinen Namen (la matanza = das Gemetzel). 1496 wurden die letzten Guanchen im Nachbardorf vernichtend geschlagen, so dass es den Namen La Victoria (= der Sieg) erhielt.
Der Acentejo ist eine stark terrassierte Region, die sich über eine Höhe von gut 1.500 Metern vom Teide-Massiv bis zur Küste erstreckt. Durch den Wasserreichtum und den fruchtbaren Boden entwickelte sich eine blühende Landwirtschaft; der Anbau von Bananen (insbesondere der Sorte Dwarf Cavendish) und Wein nimmt die wichtigste Rolle ein. Da die Bademöglichkeiten an der Steilküste sehr eingeschränkt sind, spielt der Tourismus bis heute nur eine untergeordnete Rolle.

La Orotava

Diese bedeutende Stadt liegt an der Nordseite der Insel im gleichnamigen Tal und ist eine der sehenswertesten Städte Teneriffas. Weitere Details siehe Tour 31.

Puerto de la Cruz

Das touristische Zentrum der Nordküste steht heute etwas im Schatten der Tourismushochburgen an der Südküste. Der gesamte Ballungsraum hat etwa 140.000 Einwohner, die Stadt selbst knapp 30.000.
Neben einigen historischen Bauten sind vor allem Gärten und Parks sowie der bekannte Loro Parque die größten Attraktionen im Ort (Details siehe Tour 29 und Kapitel „Alles außer Wandern").

San Cristóbal de La Laguna

Mit rund 153.000 Einwohnern ist die meist nur La Laguna genannte Stadt die zweitgrößte der Insel. Bis 1723 war sie Hauptstadt und ist noch heute Bischofssitz und Universitätsstadt. 1999 wurde die historische Altstadt zum Weltkulturerbe erklärt. Weitere Details siehe Tour 40.

Tacoronte

Die knapp 24.000 Einwohner zählende Gemeinde im Nordosten hat eine bemerkenswerte Geschichte, da sie nach der Eroberung Teneriffas an den Portugiesen Sebastián Machado als Lehen vergeben wurde. Der Aufstieg zur Stadt ist eng mit dem Weinanbau verbunden. Mit dem Niedergang des Weinbaus setzte eine Auswanderungswelle ein, so

dass Tacoronte bis heute enge Verbindungen nach Kuba und Venezuela aufweist.
Seit Ende der 1980er-Jahre gewinnt der Weinbau wieder an Bedeutung – es wurde die Genossenschaft Viña Norte gegründet und die Region erhielt die geschützte Ursprungsbezeichnung Tacoronte-Acentejo.

Vilaflor
Vilaflor ist die höchst gelegene Stadt der gesamten Insel (1.400 Meter) und mit gut 1.700 Einwohnern auch eine der kleinsten. Der Ort liegt sehr malerisch an den Südhängen des Teide-Massivs.
Wichtigste Sehenswürdigkeit der kleinen Altstadt ist die Kirche San Pedro aus dem 17. Jahrhundert. Der dreischiffige Bau kann als Paradebeispiel für kanarische Kirchen angesehen werden. In der Umgebung der Stadt liegen auch naturkundliche Highlights, darunter etwa die Weiße Mondlandschaft Paisaje Lunar (siehe Tour 11).

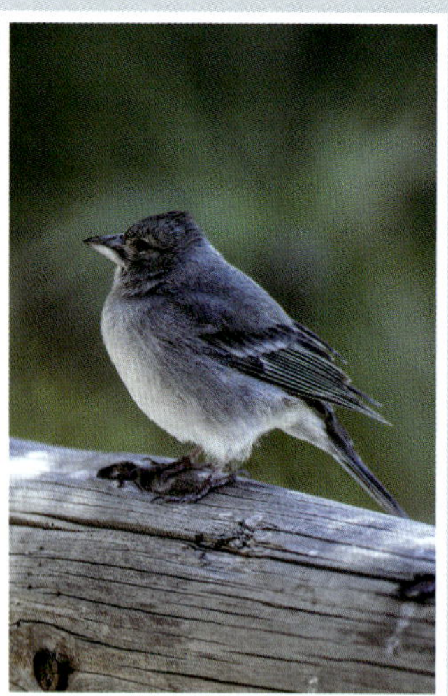
Teidefink

TENERIFFAS NATURSCHÄTZE
Auch wenn wohl die meisten Besucher Teneriffas sonnenhungrige Badegäste sind, so muss dennoch festgestellt werden, dass die Insel für Naturfreunde überaus viel zu bieten hat. Es lohnt sich daher, einen näheren Blick auf die Tier- und Pflanzenwelt der Insel zu werfen.
In Bezug auf die Fauna ist Teneriffa – wie viele andere Inseln – als artenarm zu bezeichnen. Nur wenige Tiere haben es geschafft, die Insel aus eigener Kraft zu erreichen. So brüten auf Teneriffa nur rund 60 Vogelarten. Allerdings gibt es unter diesen eine Art, welche nur auf Teneriffa und – nach einer Wiederansiedelung – auf Gran Canaria vorkommt. Es ist der Teide-Fink, der unserem Buchfinken gleicht, jedoch etwas größer ist und eine deutlich andere Färbung aufweist.
Noch bescheidener als die Vogelwelt gibt sich der Rest der Wirbeltier-Fauna: Nur 13 wild lebende Säugetierarten finden sich noch heute, die größeren, wie etwa die Riesenratten, wurden nach Ankunft der Ureinwohner ausgerottet oder durch eingeschleppte Haus- und Wanderratten verdrängt. Auch Lurche und Süßwasserfische kamen erst mit dem Menschen, wahrscheinlich sogar erst in spanischer Zeit, auf die Insel. Nur die Reptilien sind artenreicher vertreten, allerdings fehlen – zum Glück für manche Wanderer – jegliche Arten von Schlangen.
Dennoch, auch Teneriffa hat seine zoologischen Highlights: Während

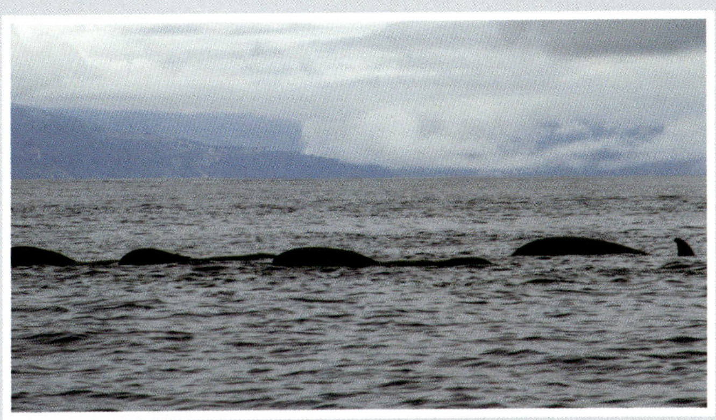
Whale Watching

die zahllosen, nur auf der Insel vorkommenden Insekten und Schnecken wohl nur Spezialisten interessieren, ist die Meeresfauna um die Inseln sehr artenreich. Bemerkenswert ist das Vorkommen von mehr als 20 Wal-Arten, wobei besonders die Pilotwale zwischen Teneriffa und La Gomera bemerkenswert sind. Teneriffa zählt nicht umsonst zu den Top Ten-Destinationen für Whale Watching in Europa, wobei der ungezügelte Ausflugsbetrieb leider schon bemerkbare Auswirkungen auf die Bestände gehabt hat.

Auch wenn die Tierwelt Teneriffas nicht zu den spektakulärsten Aspekten der Insel zählt, die Flora ist es auf jeden Fall! Nicht umsonst wurden die Kanarischen Inseln immer wieder als „Galapagos der Pflanzenwelt" bezeichnet. Denn kaum ein anderer Archipel, und schon gar nicht in europäischem Staatsgebiet, hat eine ähnliche Pflanzenvielfalt aufzuweisen.

Knapp 2000 verschiedene Pflanzenarten kommen auf Teneriffa vor, rund 1300 davon wuchsen schon vor der Kolonisierung auf der Insel. Von diesen kommen knapp 140 nur auf Teneriffa vor, sie sind Endemiten der Insel. Weitere rund 460 Arten kommen nur auf den Kanaren und anderen Inseln der sogenannten Makaronesischen Region vor. Wie Echsen, Schildkröten und Darwinfinken auf Galapagos haben einige Gattungen auf den Kanaren eine enorme Artenvielfalt entwickelt. Dazu zählen etwa die Vertreter der Kanaren-Hauswurz Aeonium oder die Natternköpfe der Gattung Echium. Letztere stellen auch die Wappenblume Teneriffas, Wildprets Natternkopf, der nur in den Hochlagen um den Teide gedeiht.

Neben der belebten Natur ist auch die Geologie der Insel als spektakulär zu bezeichnen. Wie alle Kanaren ist auch Teneriffa vom Vulkanismus geprägt. Letzte Ausbrüche fanden erst zu Beginn des 20. Jahrhunderts statt und so können alle Phasen des Vulkanismus und auch alle Stufen der Entwicklung vulkanischer Flächen hautnah erlebt werden.

WANDERN AUF TENERIFFA

Nicht umsonst gilt Teneriffa als Insel des ewigen Frühlings. Grundsätzlich sind Wanderungen ganzjährig möglich, wenn auch der Winter in den höchsten Lagen und in den Nebelgebieten eine gewisse Einschränkung darstellt. Doch bei entsprechender Routenauswahl spricht nichts gegen ein ganzjähriges Wandervergnügen.
Zwei Faktoren sind auf Teneriffa wetterbestimmend: das Inselrelief und der Passat. Zusammen hat dies zur Folge, dass der Norden und Süden der Insel völlig unterschiedliche Wetterlagen zur selben Zeit aufweisen können. An der Nordseite Teneriffas staut der Passat fast ganzjährig Wolken an die hohen Bergflanken, so dass hier zusätzlich Wetterzonen „unter den Wolken", „in den Wolken" und „über den Wolken" unterschieden werden müssen.
Auch im Hochsommer herrscht ein subtropisches Klima mit mäßig warmen, ausgeglichenen Temperaturen, vielen Sonnenstunden und nur gelegentlichem Niederschlag. Die meisten Niederschläge fallen im Spätherbst und Winter, wobei ihre Menge je nach Lage zwischen etwa 200 und 500 Millimeter schwankt. Im Süden kann mitunter monate- oder gar jahrelang kein Regen fallen. In den höchsten Lagen kann es im Winter schneien und um den Teide liegt häufig bis Mitte April Schnee.
Nur eine Wetterlage beschert Teneriffa eine für das Wandern nicht unbedingt angenehme, sehr hohe Temperatur: Wenn ein südlicher Wind, Calima genannt, zu den Inseln weht, kann es je nach Jahreszeit Temperaturen weit über 30 Grad geben. Doch hält die Calima selten länger als drei bis vier Tage an. In dieser Zeit ist der Himmel auch nicht so klar, wie man es von Teneriffa gewohnt ist, sondern durch Saharastaub stark eingetrübt.
Zustand, Ausbau und Beschilderung der Wanderwege unterliegen auf Teneriffa starken Schwankungen: Der Zustand der Wege ist stark vom Wetter abhängig. So waren viele Wege nach den Unwettern im Oktober 2015 in einem sehr schlechten Zustand oder gar gesperrt. Hinweise dazu finden sich bei den einzelnen Touren, doch können sich diese rasch ändern: Wege werden saniert, andere verfallen. Letzteres gilt besonders für die alten Saumpfade, die nur mehr zum Teil Instand gehalten werden.
Die Beschilderung der Wanderwege hat sich in den letzten Jahren deutlich verbessert, doch kommt es immer wieder vor, dass im Rahmen eines Projekts eine Beschilderung angebracht und danach über Jahre nicht mehr gewartet wird. So unterliegt auch die Beschilderung bzw. Wegmarkierung ständigen Schwankungen. Insgesamt ist festzustellen, dass die Orientierung auf Teneriffa immer wieder ein Problem darstellt. Hinzu kommt, dass in den Lorbeerwaldgebieten sehr häufig mit Nebel zu rechnen ist und auch ein GPS im teilweise sehr dichten Wald nur eingeschränkt nutzbar ist. Abseits der markierten Routen sind ein guter Orientierungssinn und ein solider Umgang mit Karte und allenfalls Kompass immer wieder von Vorteil. Nur im Teide-Nationalpark weist die Markierung ein über die Jahre konstantes, wenn auch nicht immer vorbildliches Niveau auf.
Einziger offizieller Weitwanderweg auf der Insel ist der **GR 131 Camino**

Kleines Wörterbuch fürs Kartenlesen

Da sich auf allen Karten – von Infotafeln vor Ort bis zur KOMPASS-Karte – viele geografische Bezeichnungen mit wiederkehrenden spanischen Namensteilen finden, hilft es beim Lesen der Karte, wenn man zumindest die wichtigsten kennt. Hier eine kleine Auswahl:

agua	Wasser
arena	Sand
barranco	Schlucht, Bachbett, Klamm
caldera	auch im Deutschen als Fremdwort; Kraterrand
camino	Pfad, Weg (Wander-, Feld- oder Fahrweg)
camino real	Königsweg; alter Verbindungsweg, der auf Betreiben des Königshauses errichtet wurde
carretera	Landstraße, Schnellstraße
degollada	Einschnitt (im Sinne von Sattel oder Joch)
faro	Leuchtturm
fuente	Quelle, Brunnen
galeria	Gang, Stollen
ladera	Hang, Abhang, Berghang
llano	Ebene
lomo	im geografischen Sinn Rücken, Buckel oder Schwelle
mirador	Aussichtspunkt, Aussichtsturm
montaña	Berg, Gebirge
pasada	Übergang, Durchgang
pico	Berg- oder Felsspitze
piedra	Stein, Felsbrocken
playa	Strand
portillo	Pforte, Durchgang
pozo	Brunnen
roque	wörtlich: Turm; in den Karten im Sinne von Felsturm
valle	Tal
vereda	Pfad, Schneise, Gehsteig
volcán	Vulkan

Natural de Anaga-Chasna. Der Weg führt über rund 86 km von La Esperanza im Nordosten nach Arona im Süden. Zwar weist der Weg keine technisch schwierigen Abschnitte auf, doch ist seine Begehung eine logistische Herausforderung und ohne (bewilligungspflichtige) Übernachtung auf Campingplätzen kaum zu machen. Die fünf Etappen des GR 131 sind in den Touren 76 bis 80 beschrieben, wobei vor allem Hinweise zur Umsetzung gemacht werden. Besonders die erste Etappe ist sehr lange und sollte geteilt werden. Die weiteren entsprechen normalen Tagestouren. Wie kaum ein anderer Wanderweg der Insel ist der GR 131 durchgehend vorbildlich markiert. Als zusätzliche Informationsquelle sei die Internetseite https://www.tenerife.es empfohlen. Nach „Red de Senderos de Tenerife“ suchen. Hier finden sich Informationen zu allen offiziellen Wanderwegen auf der Insel. Derzeit stehen die textlichen Informationen nur auf Spanisch zur Verfügung.

ALLGEMEINE TOURENHINWEISE

TOURISMUSINFORMATIONEN

In vielen Orten finden sich lokale Tourismusbüros, die bei der Vermittlung von Hotels etc. helfen können und auch einiges an Informationsmaterial aufliegen haben. Meist liegen sie in der Nähe der Rathäuser oder an touristisch markanten Punkten. Als Wanderer sollte man sich jedoch nicht zu viel erwarten: Etliche Büros haben keine oder nur wenige Informationen zu lokalen Wanderwegen.

SCHWIERIGKEITSGRADE

■ LEICHT

Leichte und nicht allzu lange Touren mit gut ausgeglichenen Steigungen und nur kurzen Steilstücken. Meist auf bequem begehbaren Wegen; zum Großteil auch für Familien mit wandergewohnten Kindern geeignet.

■ MITTEL

Touren auf gut begehbaren Wegen, die jedoch größere Höhenunterschiede und mehrere steile Anstiege umfassen können. Eine gewisse Trittsicherheit kann erforderlich sein. Manche Touren werden auch aufgrund ihrer Länge oder Höhenunterschiede dieser Kategorie zugeordnet. Für kleine Kinder nicht zu empfehlen.

■ SCHWER

Anspruchsvolle Touren mit schwierigen Teilstücken, welche eine solide Kondition, Trittsicherheit und/oder Schwindelfreiheit erfordern. Auch eine entsprechende Ausrüstung ist unbedingt erforderlich. Am Teide ist zudem zu bedenken, dass bei Anreise von Meeresniveau aufgrund der geringen Zeit für die Anpassung auch die Höhenkrankheit eine Rolle spielen kann.

MEINE LIEBLINGSTOUR

Meine Lieblingswanderung auf Teneriffa ist die **Runde um den Roque Imoque** (Tour 6). Obwohl die Insel viele überaus sehenswerte Gesichter zeigt, liebe ich die karge Bergwelt des Südens ganz besonders. Neben der wunderschönen Aussicht über den Inselsüden bestechen die Formen und Farben der häufig kahlen Berge, die Relikte der einstigen bäuerlichen Kultur und eine reiche Flora, die sich allerdings nur nach Winterregen in ihrer ganzen Pracht zeigt. Zudem liegt in Ifonche eine der wenigen Einkehrmöglichkeiten beim Wandern auf Teneriffa.

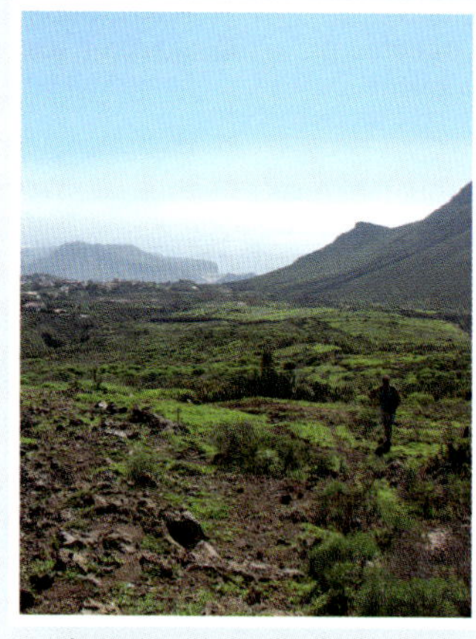

Im Abstieg nach Arona

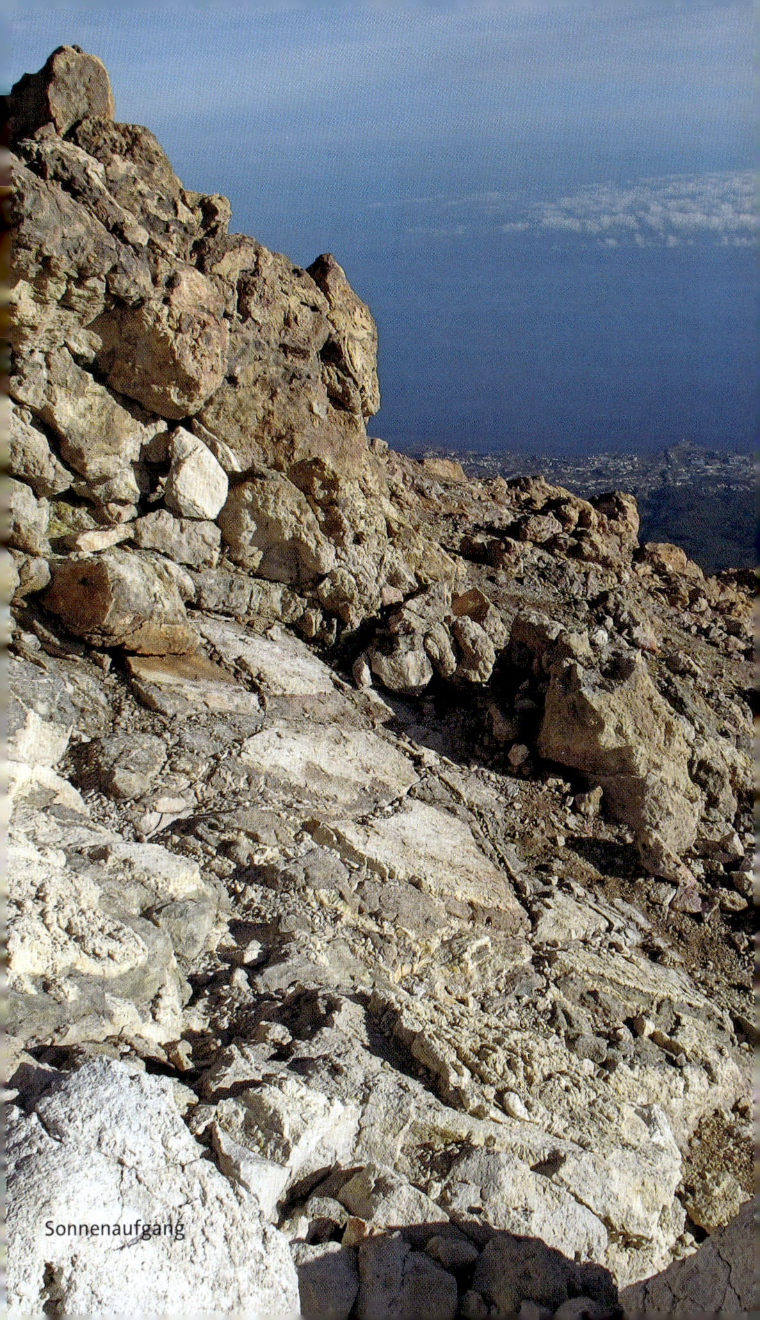
Sonnenaufgang

MEINE HIGHLIGHTS

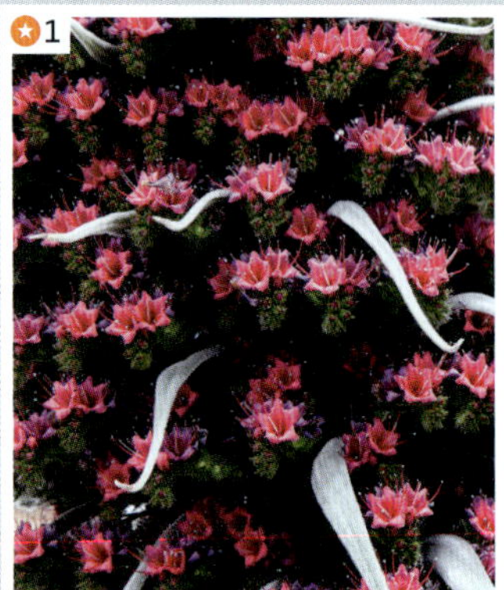

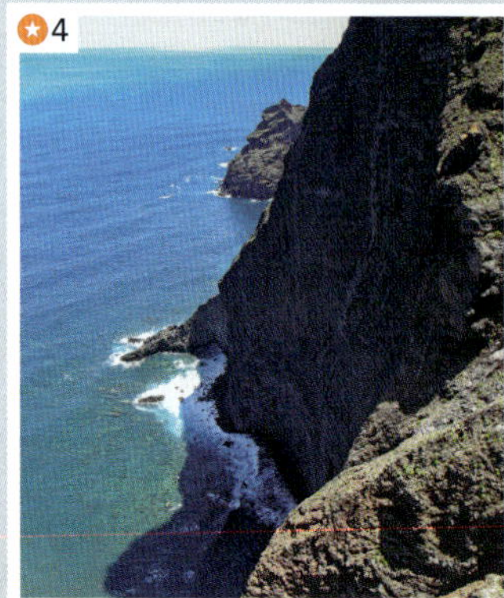

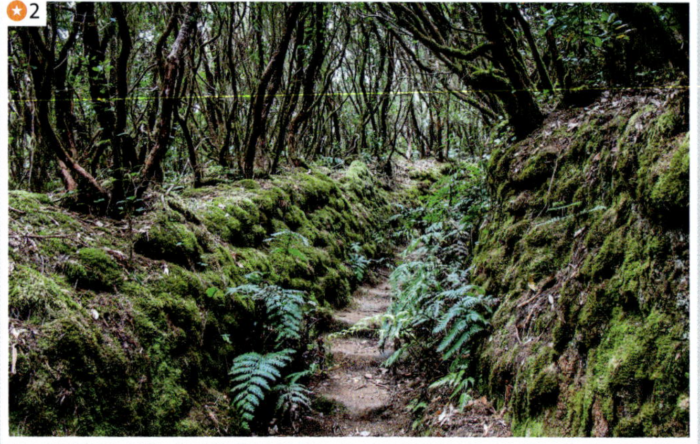

1: Die Blüte von Wildprets Natternkopf
→ alle Touren im Teide-Nationalpark (Touren 60–75), Seiten 212–259

2: Die Nebelwälder am Monte del Agua
→ Tour 15, Seite 74

3: Das Dünengebiet und die Lagune bei El Médano
→ Touren 1 und 2, Seite 28–34

4: Die Westküste im Teno-Gebirge → Tour 13, 14 und 20, Seite 68, 71 und 90

5: Sonnenaufgang am Teide
→ Tour 71, Seite 245

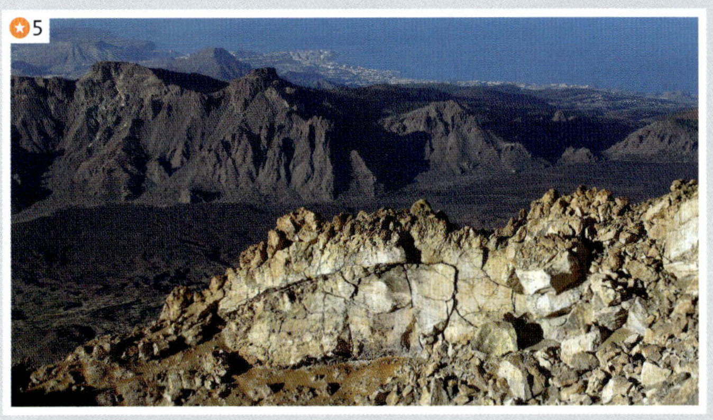

3

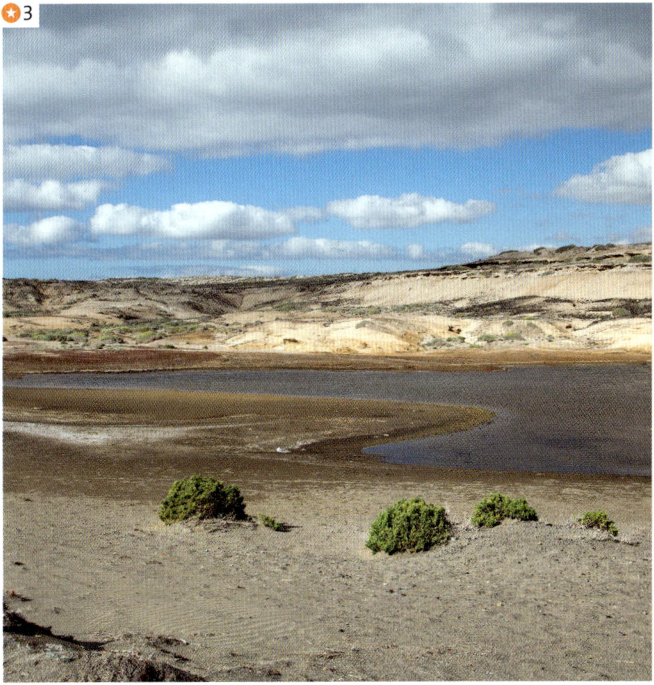

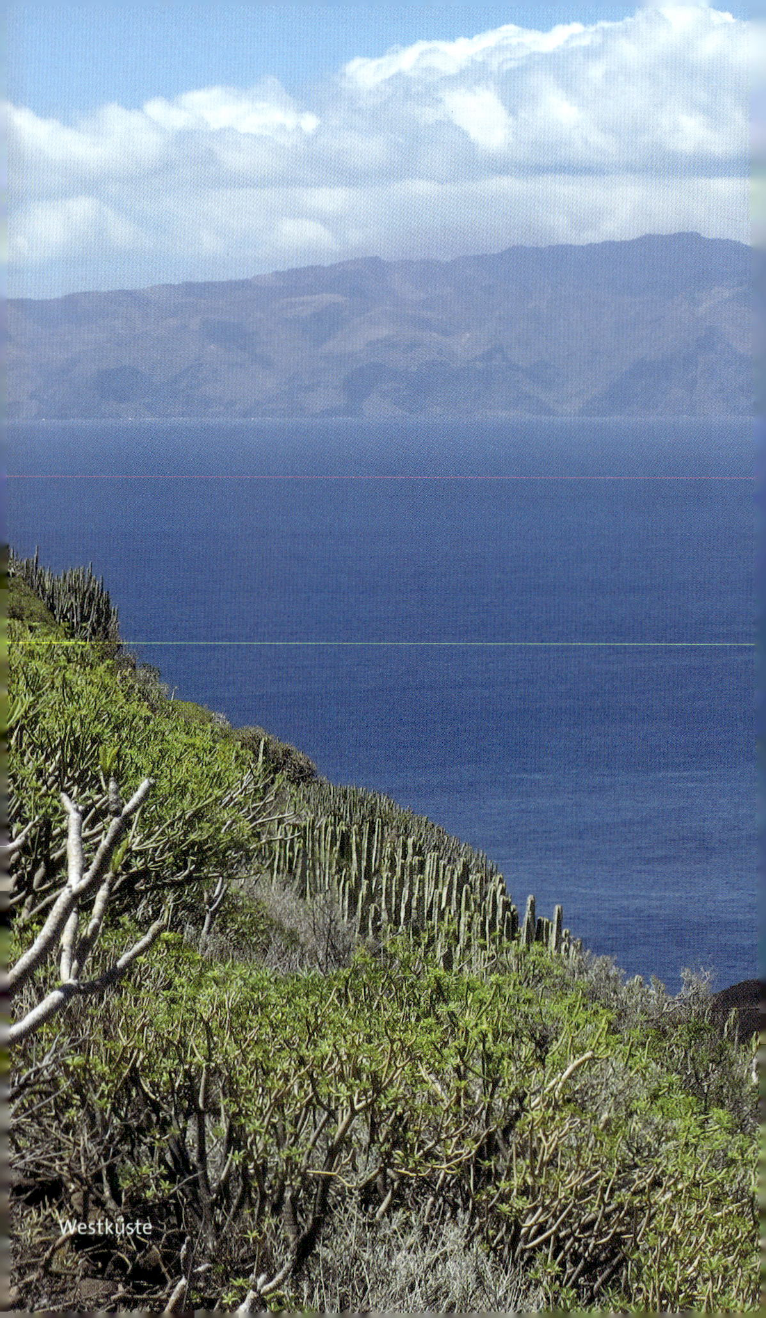
Westküste

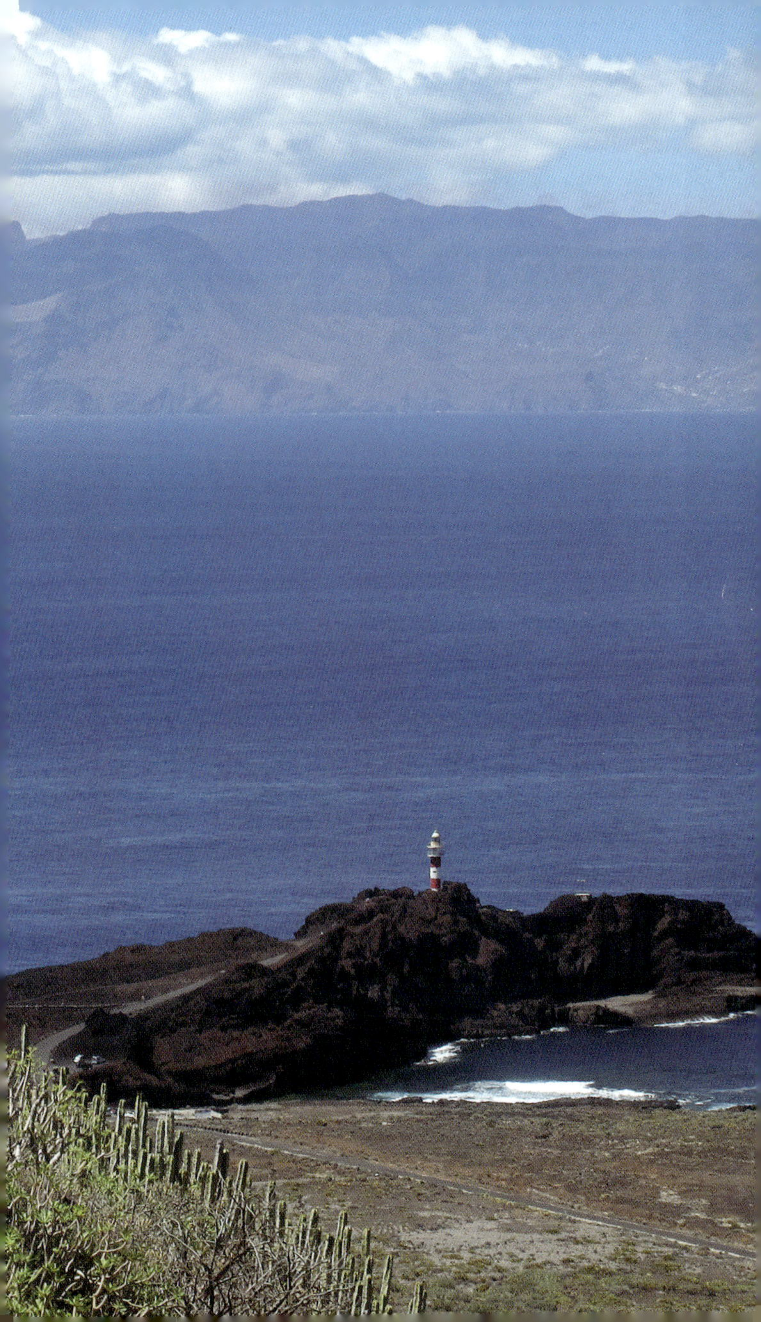

1

AUF DIE MONTAÑA ROJA • 171 m

Wahrzeichen der Südküste

 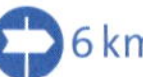 6 km  2:15 h  185 hm  185 hm 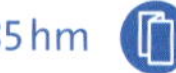  233

START | El Médano, Plaza del Médano
[GPS: UTM Zone 28 x: 349.018 m y: 3.103.041 m]
CHARAKTER | Einfache und aussichtsreiche küstennahe Wanderung auf einen der markantesten Punkte der Südküste. Küstenabschnitte und steinige, aber gute Pfade wechseln sich ab.

Nur wenige Küstenabschnitte Teneriffas verfügen über natürliche Sandstrände. Die größten davon liegen bei El Médano im Süden der Insel. Der Ortsname verrät schon Einiges über die Umgebung des Dorfes; el médano bedeutet nämlich „Wanderdüne". Bei Wind- und insbesondere Kitesurfern ist der Ort weltberühmt, denn hier weht eine sehr beständige, mitunter recht heftige Brise. Doch auch für Wanderer und Naturliebhaber ist die Gegend schon lange mehr kein Geheimtipp. Die Landschaft ist für tinerfinische Verhältnisse einmalig und wäre viel eher auf den östlichen Inseln Lanzarote und Fuerteventura zu vermuten. Ziel dieser Wanderung ist die Montaña Roja, welche einen umfassenden Überblick auf die Dünenlandschaft und den gesamten Süden Teneriffas gewährt.

▶ Auf der **Plaza del Médano** 01 im Ortskern von El Médano wendet man sich dem Meer entgegen und folgt am Südrand des Platzes der Uferpromenade nach rechts in westliche Richtung. An der Playa del Médano entlang kommt man an etlichen Lokalen und einigen Apartmentanlagen vorüber bis

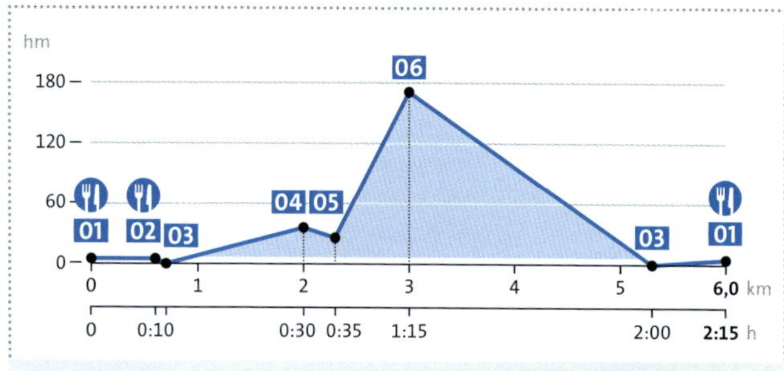

01 Plaza del Médano, 5 m; 02 Ende der Promenade, 5 m; 03 Playa Leocadio Machado, 0 m; 04 Montaña Bocinegro, 36 m; 05 Sattel, 26 m; 06 Montaña Roja, 171 m

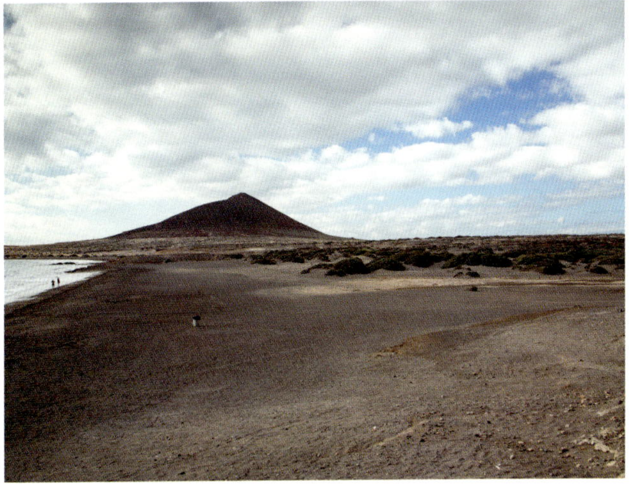
Blick von El Médano zur Montaña Roja

zum Hotel Playa Sur Tenerife am **Ende der Promenade** 02.

Über den Sandstrand links haltend kommt man zu einer Infotafel zwischen Hotel und Meer und steigt von hier direkt zur Uferlinie der **Playa Leocadio Machado** 03 ab. Man folgt dem Strand in südlicher Richtung, wobei es sich in der Regel nahe der Wasserlinie am leichtesten geht. Die Dünen des Hinterlandes sind durch Taue vom frei zugänglichen Strand abgegrenzt und sollten aus Naturschutzgründen nicht betreten werden. Allenfalls lohnt sich ein kurzer Abstecher zur Abgrenzung im Bereich der Mareta Wildpret, der einzigen natürlichen Lagune Teneriffas. Der kleine See zieht insbesondere im Frühling und Herbst immer wieder seltene Zugvögel an. Auch dieser Bereich darf natürlich nur aus respektvoller Entfernung beobachtet, aber nicht betreten werden.

Weiter an der Uferlinie entlang trifft man schließlich einen mit Steinen eingefassten schmalen Weg und folgt dem Wegweiser in Richtung Bocinegro. Nach einem kurzen Anstieg, der an einer Geschützstellung aus dem 2. Weltkrieg vorüber führt, erreicht man schließlich mit der **Montaña Bocinegro** 04 den ersten Höhepunkt der Wanderung.

Der Miniberg direkt an der Küste bietet schon einen ersten prachtvollen Blick über das Meer, der an klaren Tagen bis zur Nachbarinsel Gran Canaria reichen kann. Vom Gipfel steigt man in leicht südwestlicher Richtung auf dem deutlich mit Lavasteinen eingefassten Pfad in einen kleinen **Sattel** 05 ab, lässt hier den Hauptweg rechts liegen und geht geradeaus bis zum breiten Zustiegsweg auf die Montaña Roja. Diesem folgt man nach links bergwärts und erreicht so nach etlichen Kehren den Gipfel der **Montaña Roja** 06. Von hier genießt man einen umfassenden Rundblick über den ganzen Süden Teneriffas und sogar bis zur

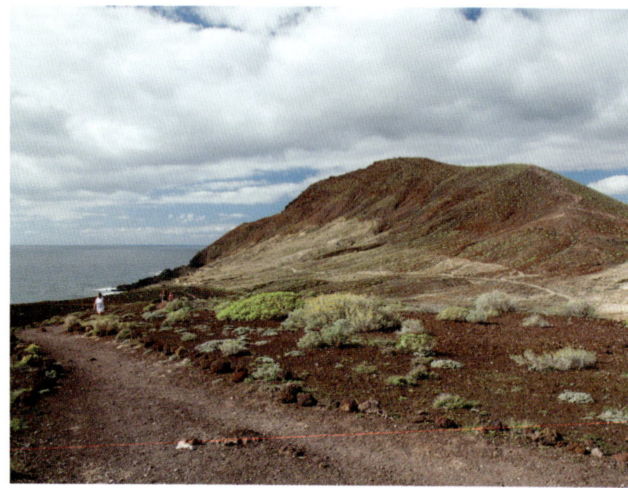

Im Anstieg zur Montaña Bocinegro

Nachbarinsel La Gomera. Für den Abstieg geht es den Serpentinen folgend wieder talwärts und am Fuße des Berges immer geradeaus weiter zurück zum Strand. Hin wendet man sich nach links und erreicht so in kurzer Zeit wieder das dem Dorf zugewandte Ende der **Playa Leocadio Machado** 03 . Von hier geht es über die Promenade zurück zum **Ausgangspunkt** 01.

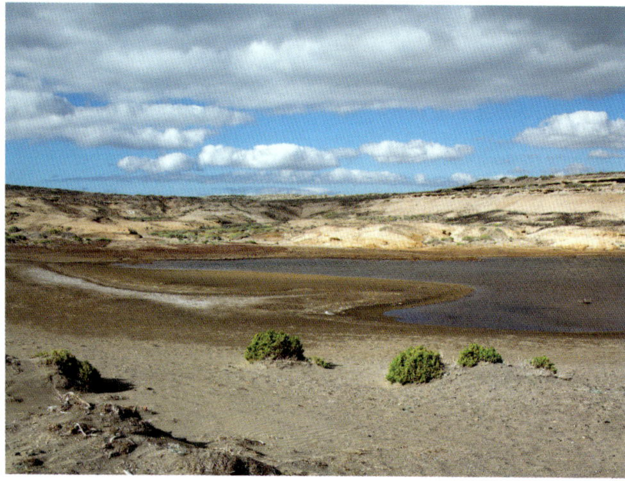

Die Lagune Mareta Wildpret

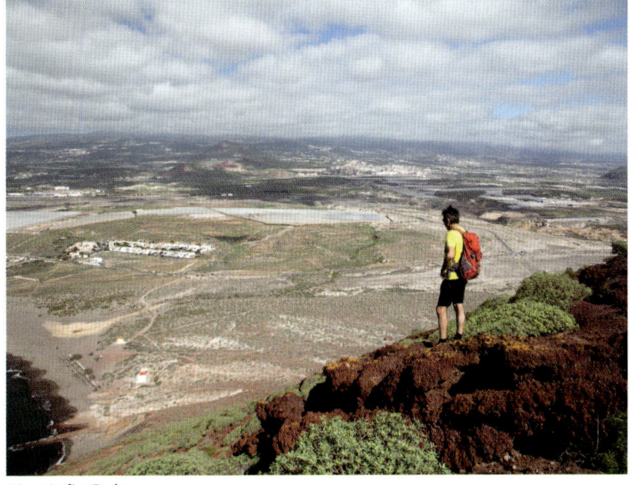
Montaña Roja

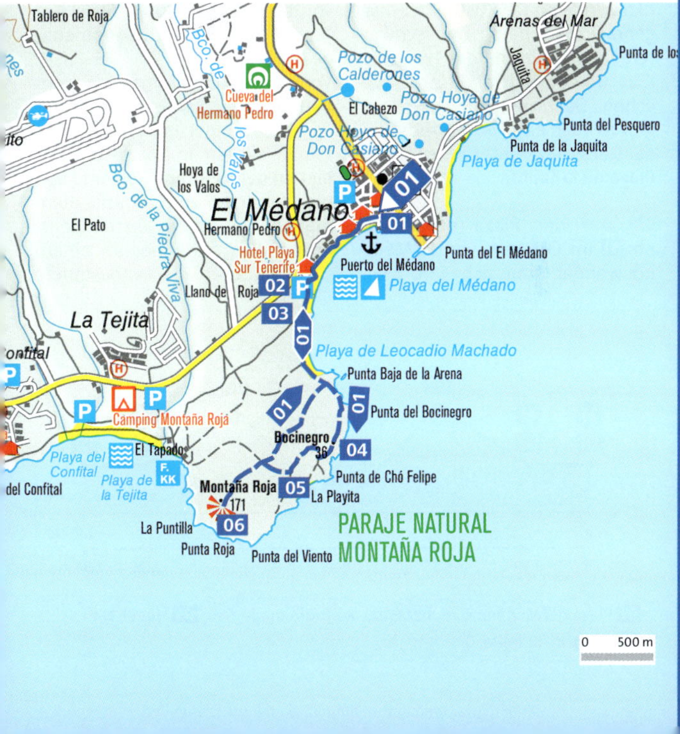

Tablero de Roja
Arenas del Mar
Pozo de los Calderones
Jaquita
Punta de los
Cueva del Hermano Pedro
Bco. de los Valos
El Cabezo
Pozo Hoya de Don Casiano
Punta del Pesquero
Punta de la Jaquita
Playa de Jaquita
Hoya de los Valos
Bco. de la Piedra Viva
El Médano
01
El Pato
Hermano Pedro
Hotel Playa Sur Tenerife
Puerto del Médano
Punta del El Médano
Llano de Roja
02
Playa del Médano
03
La Tejita
01
Playa de Leocadio Machado
Punta Baja de la Arena
Camping Montaña Roja
01
01
Punta del Bocinegro
Bocinegro
36
04
El Tapado
Playa del Confital
Playa de la Tejita
F. KK
del Confital
Montaña Roja
171
05
Punta de Chó Felipe
La Playita
La Puntilla
06
PARAJE NATURAL MONTAÑA ROJA
Punta Roja
Punta del Viento
0 500 m

ZUR PLAYA DE LA TEJITA

Teneriffas längster Sandstrand

 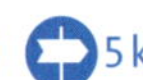 5 km  1:30 h  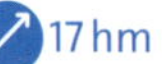 17 hm  17 hm  233

START | El Médano, Plaza del Médano
[GPS: UTM Zone 28 x: 349.002 m y: 3.103.058 m]
CHARAKTER | Leichte Wanderung auf Strandpromenade, über den Strand und auf breiten Wegen durch ein für Teneriffa einzigartiges Dünengebiet.

Rund um ganz Teneriffa finden sich einzelne Sandstrände, welche zu einem erfrischenden Bad im Atlantik einladen. Doch die meisten dieser „Traumstrände" sind nicht natürlich: Sand aus Nordafrika wurde an die Küsten der Insel gebracht, um damit unbeschwerten Genuss abseits der typischen Kies- und Geröllstrände zu ermöglichen. Doch im Süden der Insel gibt es auch natürliche Sandstrände. Der größte unter ihnen ist die Playa de la Tajita.

▶ Auf der **Plaza del Médano** 01 im Ortskern von El Médano wendet man sich dem Meer entgegen und folgt am Südrand des Platzes der Uferpromenade nach rechts in westliche Richtung. An der Playa del Médano entlang kommt man an etlichen Lokalen und einigen Apartmentanlagen vorüber bis zum Hotel Playa Sur Tenerife am **Ende der Promenade** 02.

Vom Ende der Promenade geht man über den Sandstrand zur Linken bis zu einer Infotafel zu den Wanderwegen im Naturschutzgebiet an der Montaña Roja und von hier hinunter zum Strand, dem man bis zu einem ersten deutlichen Weg folgt, der an einem Geländerücken ins Landesinnere

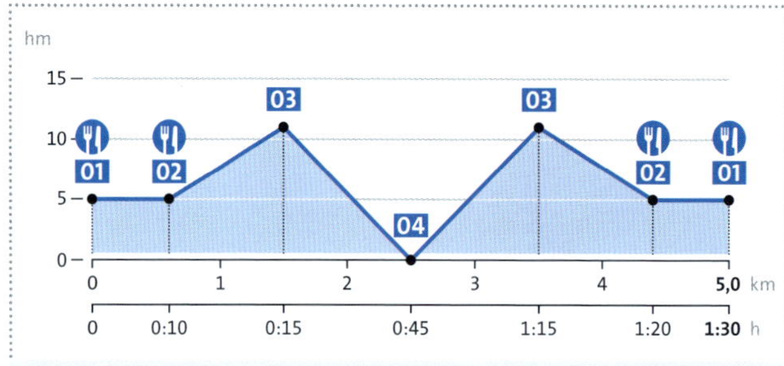

01 Plaza del Médano, 5 m; 02 Ende der Promenade, 5 m; 03 Hügel, 11 m; 04 Playa de la Tejita, 0 m

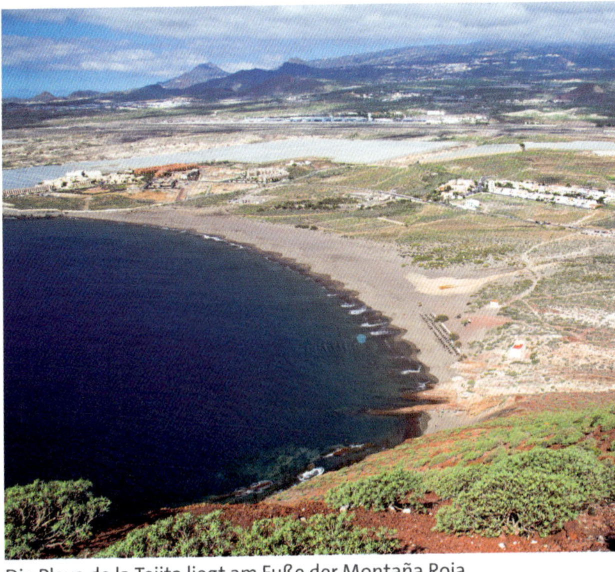

Die Playa de la Tejita liegt am Fuße der Montaña Roja

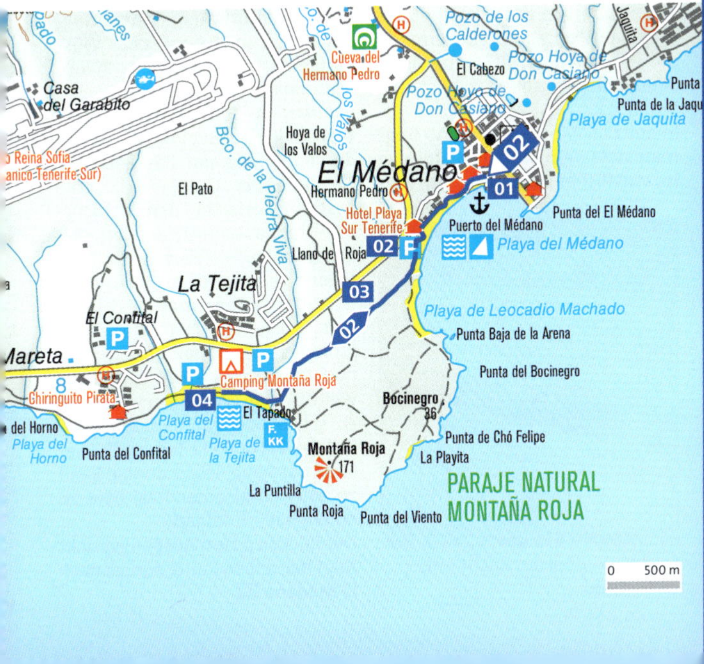

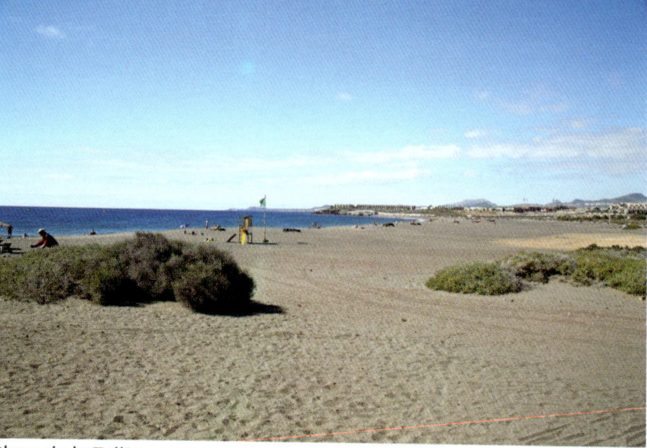

Playa de la Tejita

zieht. Anfänglich etwas undeutlich wird der Weg alsbald breiter und ist von hellen Vulkansteinen eingefasst. Ein Wegweiser zeigt schon in Richtung Playa de la Tajita. Leicht ansteigend gewinnt der Weg sanft an Höhe und erreicht auf einem **Hügel** 03 nahe einer Sendeanlage seinen höchsten Punkt.

In ganz leichtem Auf und Ab folgt man stets dem breiten Hauptweg in westlicher Richtung. Abzweigungen zur Linken, die zu Parkplätzen an der TF-643 führen, bleiben ebenso unberücksichtigt wie Pfade, welche nach rechts zur Montaña Roja hinaufziehen.

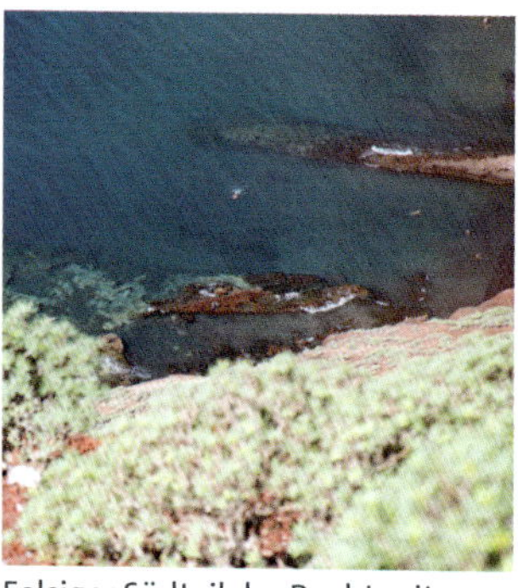

Felsiger Südteil der Bucht mit FKK-Strand

Nach gemütlicher Wanderung durch die pflanzenreiche Wüstenlandschaft kommt schließlich links der ausgedehnteste Sandstrand Teneriffas in Sicht. Wer gleich zu Beginn des Strandes nach links auf das gelbliche Gebäude der Caseta del Cable zustrebt, erreicht den östlichsten Standabschnitt, an den sich im schon leicht felsigen Teil links einer der wenigen offiziellen FKK-Strände Teneriffas anschließt. Um jedoch in die Mitte des Sandstrandes zu gelangen, geht man noch ein kurzes Stück geradeaus weiter nach Westen und kommt so schließlich auf den zentralen Teil der **Playa de la Tajita** 04. Hier lockt der feine, leicht dunkle Sand zu einer erholsamen Rast bzw. zu einem Bad im Atlantik.

Der Rückweg zum Ausgangspunkt folgt der selben Route zurück nach **El Médano** 01 .

RUND UM DIE MONTAÑA PELADA

Einblicke in die Erdgeschichte

 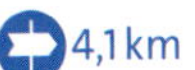 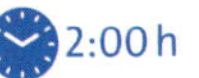 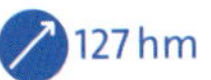 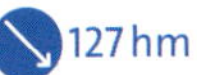 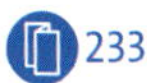

START | Parkplatz am Ende der Avenida Juan Carlos I
[GPS: UTM Zone 28 x: 350.211 m y: 3.104.530 m]
CHARAKTER | Einfache, aber nicht ganz leicht zu findende Rundwanderung um die Montaña Pelada nördlich von El Médano. Gute, aber steinige Pfade, welche zu einem großen Teil nicht mehr markiert sind (Naturlehrpfad in einem schlechten Zustand).

Ohne Zweifel gibt es auf Teneriffa eine Vielzahl an ehemaligen Vulkanen. Jeder davon hat seine ganz eigene Geschichte. Unter diesen ist jene der Montaña Pelada einzigartig; es handelt sich um

Zur Geologie der Montaña Pelada

Auch auf der an Vulkanen reichen Insel Teneriffa nimmt die **Montaña Pelada** (= der kahle Berg) eine Sonderstellung ein. Daher war der Puffkegel bereits wiederholt Gegenstand geologischer Untersuchungen, darunter auch von deutschen Universitäten (z. B. Stuttgart). Mit Hilfe paläomagnetischer Untersuchungen konnte das Alter der Montaña Pelada auf rund 778.000 Jahre bestimmt werden. Sie ist damit wesentlich jünger als die nahe Montaña Roja. An der Südflanke des Kegels finden sich Meeressedimente, welche ca. 30 m über dem heutigen Meeresspiegel liegen.

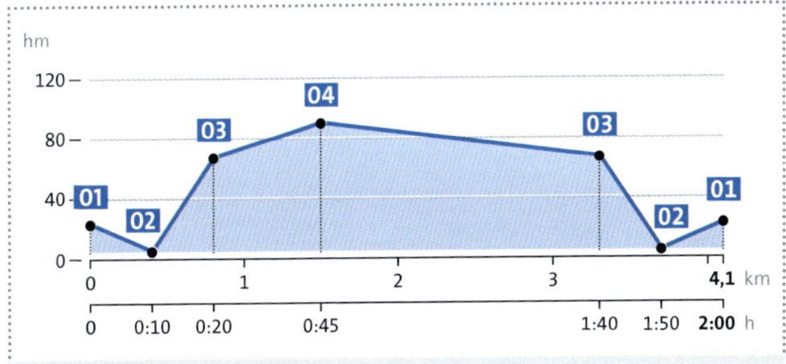

01 Parkplatz Avenida Juan Carlos I, 23 m; 02 Barranco La Barca, 5 m; 03 Weggabelung, 67 m; 04 Westseite Montaña Pelada, 90 m

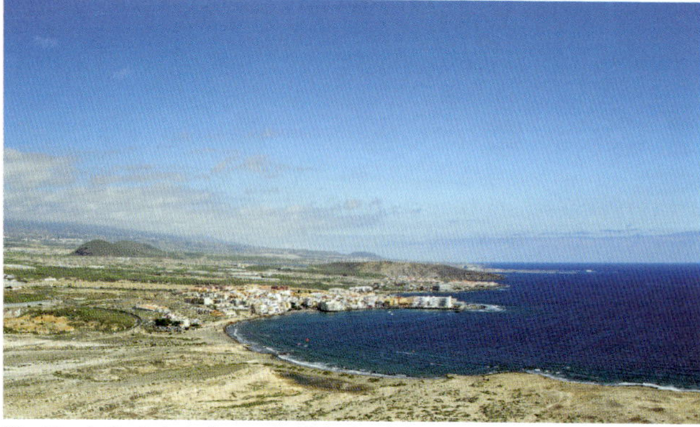

Die Montaña Pelada liegt nördlich El Médano

den einzigen reinen Tuffkegel der Insel, der durch eine Unterwassereruption entstanden ist. Daher wurde das Gebiet durch einen Themenweg erschlossen. Doch leider ist von diesem ambitionierten Projekt nicht mehr viel erhalten geblieben, so dass man derzeit etwas mühsam den richtigen Weg suchen muss.

▶ Vom **Parkplatz am Ende der Avenida Juan Carlos I** 01 folgt man einem relativ undeutlichen Pfad nordwärts, der nach der Querung eines Trockengrabens in eine

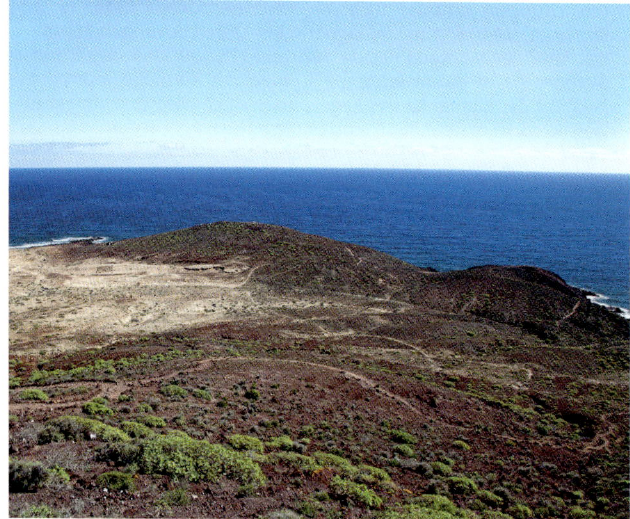

Typische Küstenvegetation

kleine Schlucht hinunterzieht. Nach kurzem Abstieg ist der tiefste Punkt der Route im **Barranco La Barca** 02 erreicht.

Hier wählt man nicht den Trampelpfad, der nach rechts in die kleine Bucht Ensenada de Pelada führt (allenfalls ist hier am Rückweg ein Abstecher für eine kurze Erfrischung im Atlantik möglich), sondern steigt auf dem Pfad an der Nordseite des Barrancos wieder aus der Schlucht auf. Zunächst führt der Pfad in Richtung Küste, schwenkt aber dann auf Nordkurs und leitet zu einer **Weggabelung** 03 an der Südseite der Montaña Pelada.

Hier wendet man sich nach links und steigt an der Süd- bzw. Westseite des Kegels zum höchsten Punkt der Wanderung an der **Westseite der Montaña Pelada** 04 auf. Neben der einzigartigen Geologie besticht die attraktive Trockenvegetation des Kegels, die von verschiedenen Wolfsmilchgewächsen und Korbblütlern dominiert wird. Nur nach winterlichen Regenfällen präsentieren sich diese Pflanzen in sattem Grün.

Von der Westseite des Kegels führt der Pfad im Uhrzeigersinn um den Berg herum. Abstiege in Richtung des „Ökodorfes“ der Regierungsorganisation ITER bleiben unberücksichtigt. Es geht an die dem Meer zugewandte Seite des Vulkankegels, welche durch ihre bizarren Erosionsformen besticht. In leichtem Auf und Ab erreicht man wieder die **Weggabelung** 03, welche bereits am Beginn der Runde passiert wurde.

Hier steigt man nach links wieder in den **Barranco La Barca** 02 ab, um anschließend in einem kurzen Gegenanstieg wieder den **Parkplatz am Ende der Avenida Juan Carlos I** 01 zu erreichen.

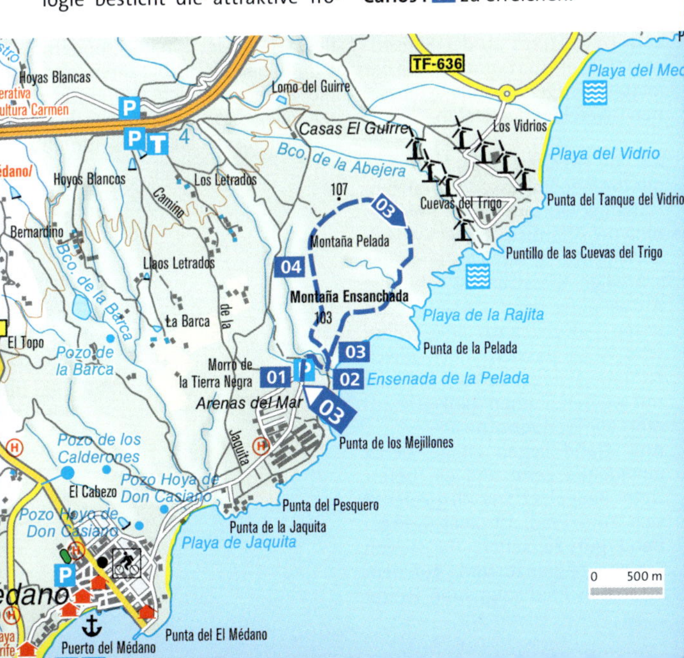

ZUM FARO DE RASCA

Leuchtturm in der Lavawüste

 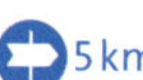 5 km  2:00 h 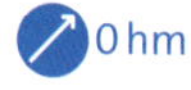 0 hm 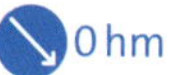 0 hm  233

START | Las Galletas
[GPS: UTM Zone 28 x: 337.147 m y: 3.098.988 m]
CHARAKTER | Einfache, küstennahe Wanderung auf Pfaden und breiteren Feldwegen. Nicht markiert und manchmal undeutlich, aufgrund der Küstennähe aber dennoch in der Regel einfache Orientierung. Da die Tour völlig schattenlos verläuft, kann es im Sommer sehr heiß werden.

Der Süden von Teneriffa ist eine wüstenhafte Region, die sich deutlich vom regenreicheren Norden der Insel unterscheidet. Weite Teile der Region waren vor ihrer touristischen Erschließung durch junge Lavafelder geprägt. Der Weg zum Leuchtturm an der Südspitze der Insel führt durch eines der letzten weitgehend unerschlossenen Lavafelder der Region.

▶ Von **Las Galletas** 01 folgt man der Promenade Paseo Litoral zum Hafenbecken und weiter der Avenida del Atlántico TF-66 in westlicher Richtung. Am Westende des schmalen Kiesstrandes führt die Abzweigung zum Gebäude des Roten Kreuzes nach links. Diese wird noch passiert, doch gleich dahinter zweigt ebenfalls links die mit weißen Steinen flankierte Zufahrt zur Wanderroute ab.
Am Strand liegen einige wenig einladende Zelte und ein befestigter Badeplatz. Der Weg verengt sich zum Pfad, ist aber weitgehend gut zu sehen, da er von Steinen begrenzt wird. Auf dem schmalen Pfad folgt man weiter der Küstenlinie, mitunter von den langen Dornen der ringsum wachsenden Feigenkakteen arg bedrängt. Alsbald liegt die tiefschwarze Lavahalbinsel **Punta Negra** zur Linken.
Man wandert jedoch nicht auf diese Halbinsel hinaus, sondern wählt einen etwas breiteren Pfad nach rechts und geht auf ein höher gelegenes, küstennahes Plateau hinauf. Oben angekommen

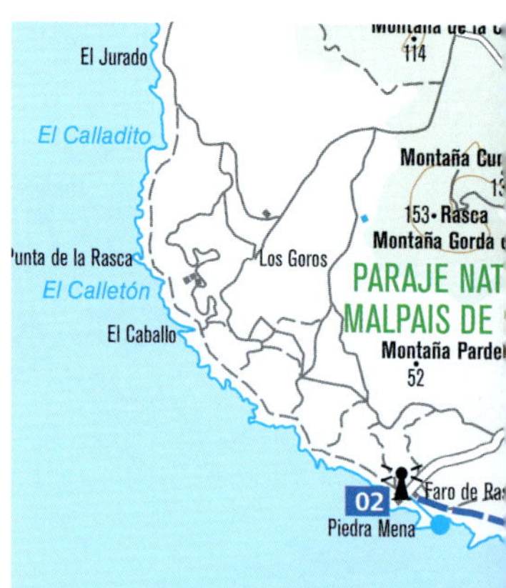

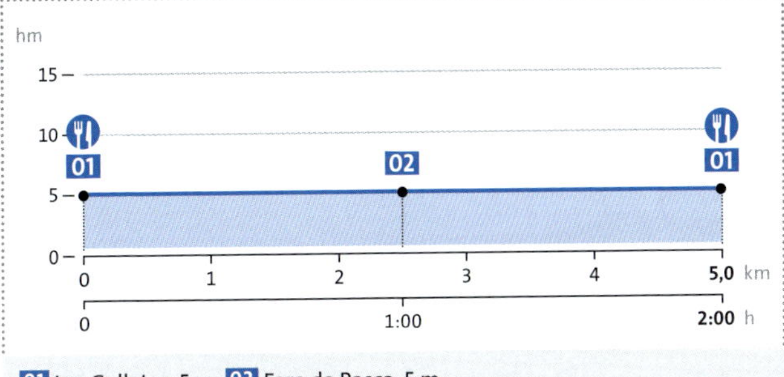

01 Las Galletas, 5 m; 02 Faro de Rasca, 5 m

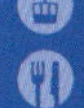
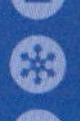

folgt man dem Pfad nach links und nähert sich in der Bucht **El Banco** wieder dem Meer an. Nun wird die Wegsituation wirklich unübersichtlich, denn eine Vielzahl von Pfadspuren und Pisten durchzieht die einst intensiver landwirtschaftlich genutzte Küstenebene. Man orientiert sich möglichst an der Küstenlinie und dringt parallel zum Meer immer weiter gegen Westen vor.

Nach rund einer halben Stunde erreicht der Weg eine riesige Bananenplantage. Nur ein Feldweg findet zwischen den Folienhallen der Plantage und dem Meer Platz; die an diesem Weg gepflanzten Palmen sind von der Trockenheit und den oft wehenden Winden arg in Mitleidenschaft gezogen. An der Westecke der Plantage schweift der Blick erstmals bis zum Ziel der Wanderung, doch noch ist der Leuchtturm nicht erreicht.

Der Feldweg geht in einen steinigen Pfad an der Küste über und die Vegetation verändert sich fast schlagartig: Das Naturschutzgebiet Malpaís de Rasca ist erreicht. Malerische Trockenpflanzen, insbesondere verschiedene

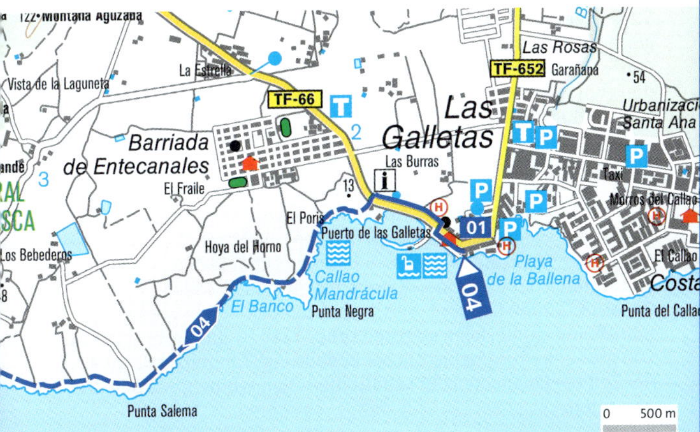

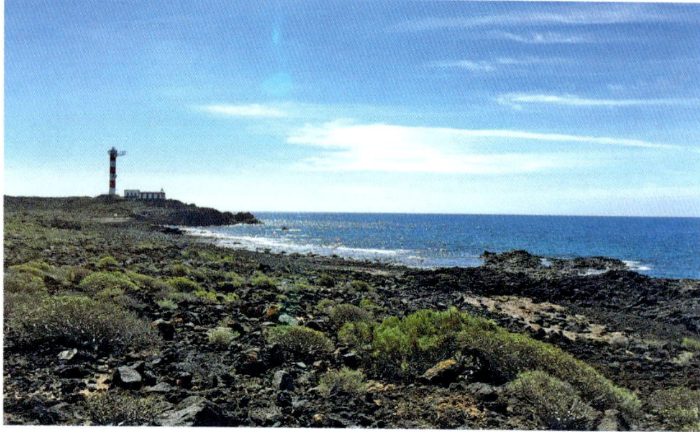

Faro de Rasca an der Südspitze Teneriffas

Wolfsmilchgewächse, säumen den Weg, der immer wieder kleine Gräben quert und in leichtem Auf und Ab der Küste entlang leitet. Schließlich erreicht man den **Faro de Rasca** 02, den einsamen Leuchtturm an der Südspitze Teneriffas.
Der südliche Teil der Nachbarinsel La Gomera ist deutlich zu erkennen. Noch weiter draußen am Horizont ist bei sehr klarem Wetter sogar die höchsten Erhebungen von El Hierro auszumachen, jener bis heute kaum erschlossenen Kanarischen Insel, an der in der Antike das Ende der Welt vermutet wurde.
Für den Rückweg wählt man die schon bekannten Pfade zurück nach **Las Galletas** 01.

Malpaís de Rasca

Schon sein Name drückt die – zumindest in der Vergangenheit – geringe Wertschätzung der Menschen für dieses Gebiet aus. „Malpaís", schlechtes Land, wird es genannt. Doch nur mehr wenige derart junge Lavafelder blieben an der Küste von der touristischen Erschließung unberührt. Ein Grund dafür, dass das Gebiet 1987 unter Naturschutz gestellt wurde. Entsprechend artenreich ist die Tierwelt dieses auf den ersten Blick eher kargen Landstrichs. Zahlreiche Eidechsen, Geckos und Skinke tummeln sich zwischen den Trockensträuchern. Sie finden hier ausreichend Nahrung, insbesondere verschiedenste Heuschrecken und Käfer. Die Larven einer großen Bockkäfer-Art leben allerdings sicher in den an Kakteen erinnernden Sprossen der Kanaren-Wolfsmilch, welche von den Canarios Cardón genannt wird. Neben der bemerkenswerten Geomorphologie und vielen seltenen Lebewesen ist das Reservat auch von großer kulturgeschichtlicher Bedeutung. Zahlreiche Reste aus der Zeit der Guanchen, der kanarischen Ureinwohner, wurden hier gefunden.

VON LOS CRISTIANOS NACH PALM-MAR

Einsamkeit am Rande des Massentourismus

 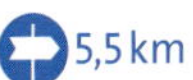

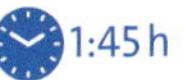

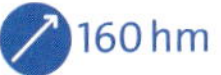

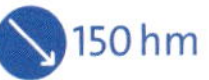

START | Parkplatz Punta del Puerto, Los Cristianos
[GPS: UTM Zone 28 x: 332.877 m y: 3.101.012 m]
CHARAKTER | Küstennahe Wanderung zwischen zwei Tourismusorten durch ein Naturschutzgebiet mit artenreicher Trockenvegetation. Die Orientierung fällt aufgrund der zahlreichen Wege und Pfadspuren nicht immer leicht.

Im Süden von Teneriffa liegen heute die wichtigsten Zentren des Massentourismus. Dem entsprechend stark hat sich die Landschaft dieser Inselregion seit den 1970er-Jahren verändert. Doch schon wenige Meter abseits der teilweise riesigen Anlagen liegen einzelne Naturschutzgebiete, deren wohl bedeutendstes die Malpaís de Rasca sind. Diese Route führt durch den pittoresken Nordteil des Reservats.

▶ Vom **Parkplatz an der Punta del Puerto** 01 am südlichen Ortsrand von Los Cristianos folgt man der Calle Marea in südöstlicher Richtung, bis sie im 90°-Winkel eine Linkskurve beschreibt. An dieser Stelle beginnt ein mit Steinmännchen markierter Schotterweg, der zunächst parallel zur Straße ins Landesinnere führt.

Nach rund 700 m wendet sich der schmaler werdende Weg in südöstliche Richtung und steigt in Folge deutlich auf das südlich der Montaña de Guaza liegende Plateau an. Ein fast unglaubliches Gewirr an schmalen Pfaden durchzieht die Hochebene, den Steinmännchen folgend erreicht man aber nach einer Wegschlei-

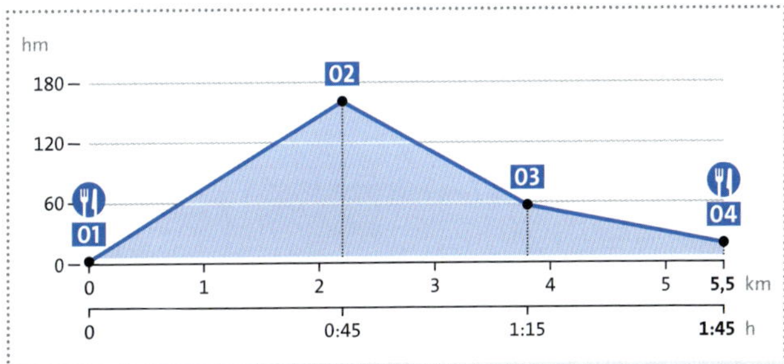

01 Parkplatz Punta del Puerto, 3 m; 02 Mesas de Guaza, 161 m; 03 Straße, 57 m; 04 Palm-Mar, 19 m

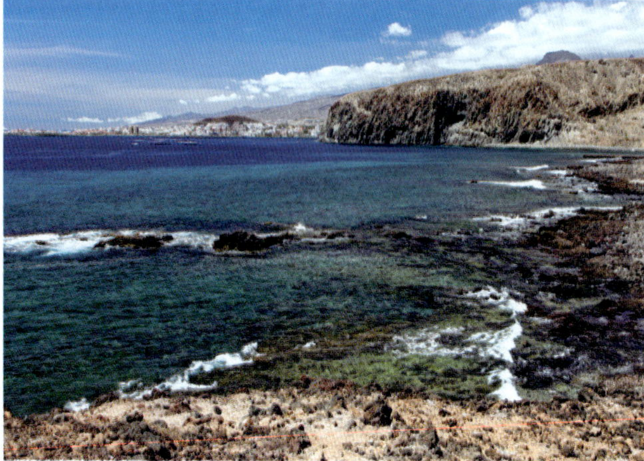

Blick nach Los Cristianos

fe die Plateaufläche der **Mesas de Guaza** 02 und hier auch den höchsten Punkt der Wanderung.

Der schmale Weg mündet hier in eine Fahrstraße, welche zu den kleinen Fincas am Rande des Plateaus führt. Man folgt diesem Fahrweg, der von einer Mauer begleitet wird, in östlicher Richtung. Alsbald heißt es wieder aufpassen, denn es zweigen wiederum zahlreiche Trampelpfade vom Fahrweg ab. Der richtige ist wiederum mit Steinmännchen gekennzeichnet und führt zunächst genau in südliche Richtung. Schon nach rund 200 m trifft man auf eine Weggabelung, an der man sich links hält und schon bald wird der Pfad breiter: es sind die Über-

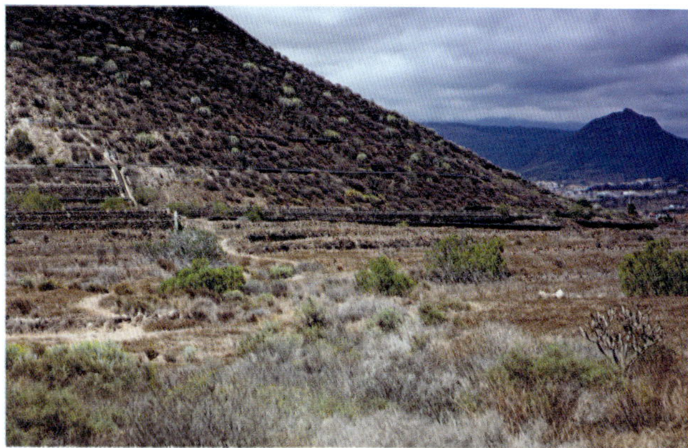

Typische Küstenvegetation

reste einer mittlerweile stark verwitterten Zufahrtsstraße.

Dieser folgt man weiter leicht abwärts, bis man schließlich die **Straße** 03 von der TF-66 nach Palm-Mar erreicht. Auf der Straße wendet man sich nach rechts und kann den Asphalt zunächst noch auf einem Trampelpfad parallel zur Straße vermeiden. An der Bar Rancho de Palm vorüber nähert man sich dem Zielort und betritt **Palm-Mar** 04 durch einen Bogen mit entsprechender Ortsaufschrift. Wenige Meter auf der Avenida El Palm-Mar bringen einen zum Kreisverkehr im Herzen dieser Feriensiedlung.

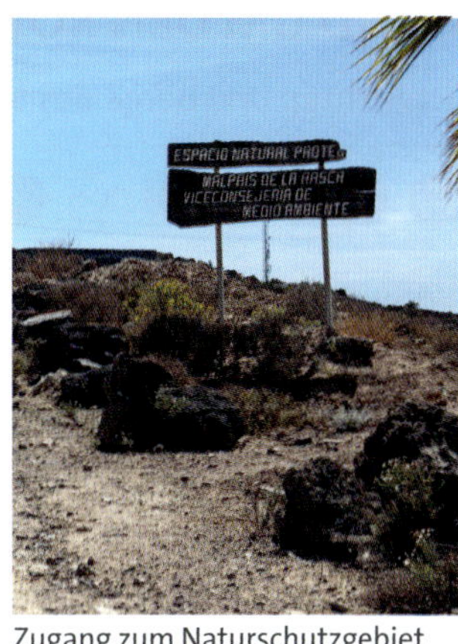

Zugang zum Naturschutzgebiet

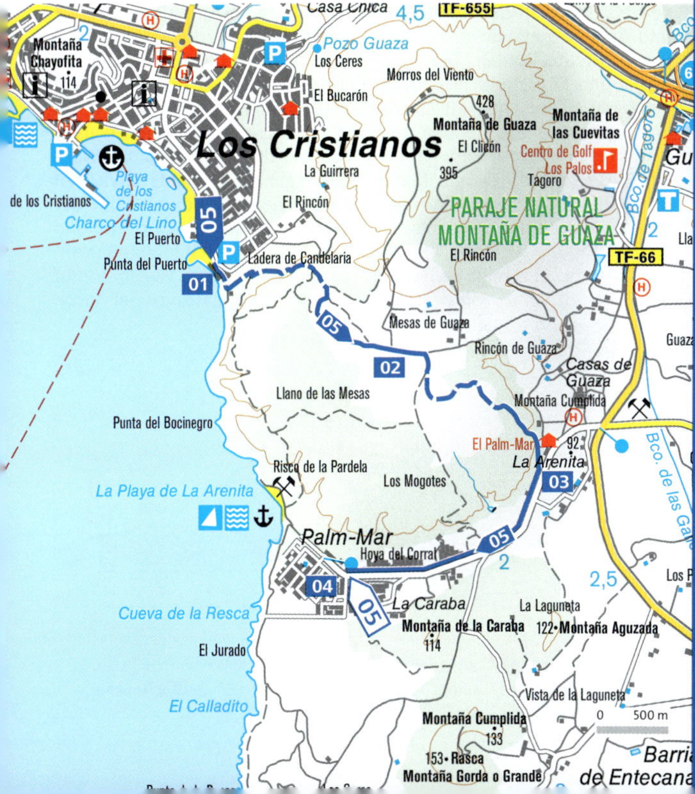

RUND UM DEN ROQUE IMOQUE

Schluchten und Berge des Südens

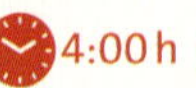

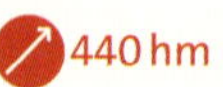

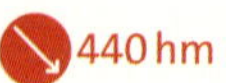

START | Arona
[GPS: UTM Zone 28 x: 334.811 m y: 3.109.575 m]
CHARAKTER | Sehr lohnende, aussichtsreiche Wanderung durch eine der schönsten Bergregionen im Süden Teneriffas. Die Runde folgt großteils guten, aber steinigen Pfaden; kurze Teilstücke am Anfang, in der Mitte und am Ende auf Asphalt.

Einst war die Bergwelt von Südteneriffa wesentlich dichter besiedelt als heute. In den Schluchten und Bergen rund um Arona zeugen bis heute Ruinen, Terrassenfelder und Dreschplätze von der einstigen bäuerlichen Kultur, die erst im Laufe der 1950er-Jahre wohl für immer untergegangen ist. Diese beeindruckende Runde folgt alten Bauern- und Hirtenpfaden durch die einsame Bergwelt.

▶ In **Arona** 01 zweigt die Straße zum Ortsteil Vento von der TF-51 ab. Die Abzweigung ist in Richtung Veto bzw. El Conde beschildert (hier auch Bushaltestelle bzw. beschränkte Parkmöglichkeiten). Man folgt der Calle Mazape bis zu ihrem Ende in **Vento** 02 und biegt hier nach links in die Calle Vento ab. Weniger Meter weiter weisen Schilder den Zugang zu den Wanderwegen nach rechts. Zwischen zwei Häusern hindurch führt der Wanderweg an den Dorfrand und senkt sich sogleich in den Barranco de las Casas ab. Gleich darauf wird auch der Barranco del Ancón

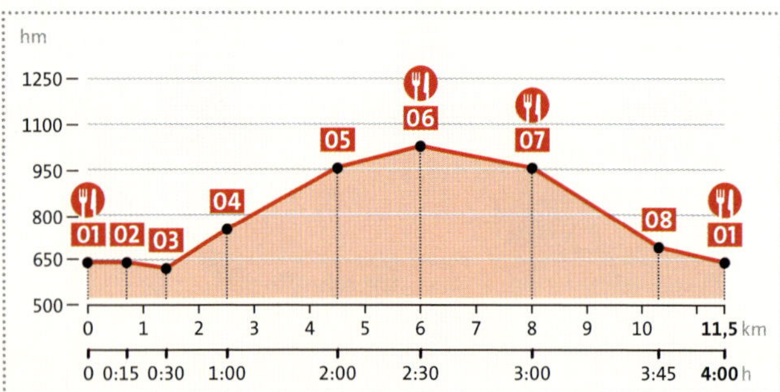

01 Arona, 640 m; 02 Vento, 640 m; 03 Barranco del Rey, 620 m; 04 Degollada de los Frailitos, 750 m; 05 Dreschplatz, 955 m; 06 Ifonche, 1025 m; 07 El Refugio, 953 m; 08 TF-51, 690 m

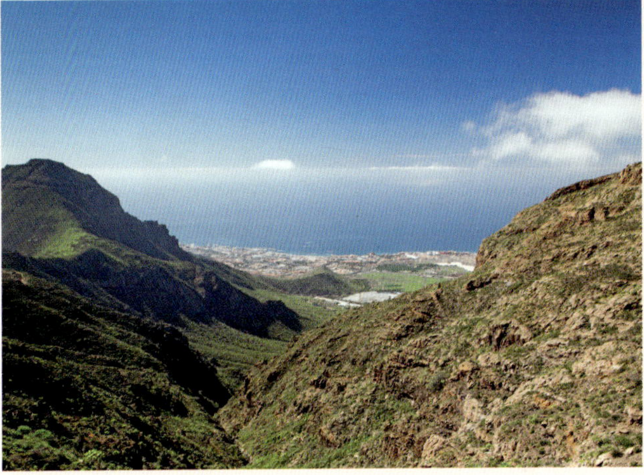
Im Aufstieg nach Ifonche

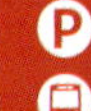
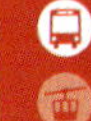
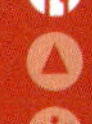
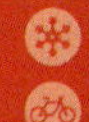
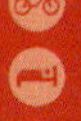

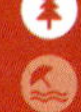

gequert und man trifft auf eine Weggabelung. Während es links zum Conde (siehe Tour 7) geht, folgt die beschriebene Route dem Weitwanderweg GR 131 halbrechts zwischen aufgelassenen Feldern hindurch zu einem Aussichtspunkt hoch über dem Barranco del Rey. Dem Zaun vor dem Abgrund nach rechts folgend steigt man unter einer Felswand hindurch in den **Barranco del Rey** 03 ab, der an dieser Stelle etwa 40 Meter tief in das vulkanische Gestein eingeschnitten ist. In mehreren Serpentinen gewinnt man wieder rasch an Höhe und erreicht die Ruinen einer ehemaligen Finca.

Die Wanderung folgt weiter der rot-weißen Markierung des Weitwanderwegs GR 131 und schwenkt allmählich leicht nach links, um an den Hängen eines Trockentales zu einer ersten Passhöhe emporzuziehen. In einigen Serpentinen erklimmt der Weg die Höhe der **Degollada de los Frailitos** 04, welche erstmals einen gewaltigen Panoramablick in den angrenzenden Barranco de Fanabe und hinunter zur Südwestküste sowie auf die Nachbarinsel La Gomera gewährt. Der weitere Anstieg ist beinahe als Panoramaweg zu bezeichnen und gewinnt in den steilen Flanken des Barranco de Fanabe fast beständig an Höhe. Nur an der Finca Suárez mit einem Dreschplatz verläuft

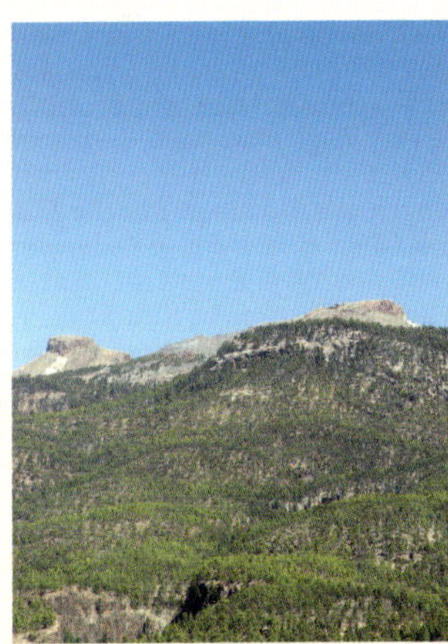
Blick auf die Cañadas

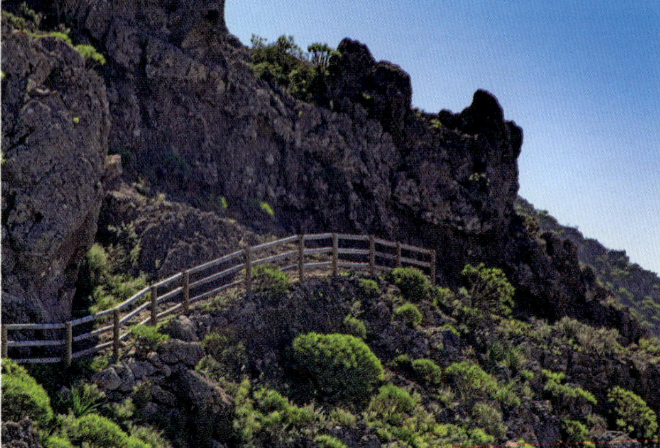

Gesicherte Passage vor dem Dreschplatz

der Pfad für ein kurzes Stück beinahe eben. Doch schon bald geht es an der Süd- bzw. Südwestseite des Roque Imoque wieder steil empor, bis man nach einer kurzen, durch einen Zaun gesicherten Stelle einen **Dreschplatz** 05 zwischen dem Roque Imoque und dem Roque de los Brezos erreicht.
Vom Dreschplatz geht es auf dem weiterhin rot-weiß markierten Weitwanderweg geradeaus weiter, bis man an einer Finca auf eine schmale Nebenstraße trifft. Dieser folgt man nach links und erreicht in einem weiten Rechtsbogen das Dörfchen **Ifonche** 06. Hier liegt eine wichtige Gabelung mehrerer Wanderrouten.
Um nach Arona zurückzukehren, verlässt man in Ifonche den Weitwanderweg und folgt der TF-567 nach rechts. Die nur an Wochenenden oder Feiertagen stärker befahrene Straße führt durch den obersten Teil des Barranco del Rey durch lichten Kiefernwald. Etwa 500 m nach der Schlucht biegt man rechts in eine Schotterstraße ein, welche mit „El Refugio“ beschildert ist. Durch Kulturland mit alten Terrassen erreicht man in sanftem Anstieg das Lokal **El Refugio** 07.
Für den weiteren Abstieg folgt man dem Fahrweg links am Refugio vorbei. Er geht alsbald in einen steinigen Pfad über, der neben mehreren Wasserleitungen abwärts zieht. Mitunter gilt es diese Leitungen zu übersteigen. Der Pfad zerfranst sich mehrmals in mehrere Äste, ist aber stets deutlich zu erkennen. An einer verfallenden Finca geht es links vorbei und direkt auf den Speicherteich Charca de Ancón zu. Knapp vor dem Teich erreicht man einen Feldweg, dem man der linken Seite des Stausees bis zu einer Schotterstraße folgt.
Dieser folgt man nach links, quert über eine Steinbrücke den Barranco del Ancón und erreicht wenig später die **TF-51** 08 oberhalb von Arona. Man folgt nun dieser Straße nach rechts und erreicht so nach etwas mehr als einem Kilometer wieder den Ausgangspunkt in **Arona** 01.

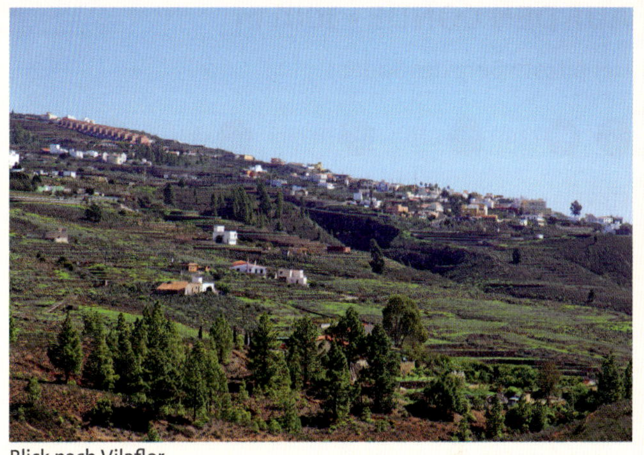

Blick nach Vilaflor

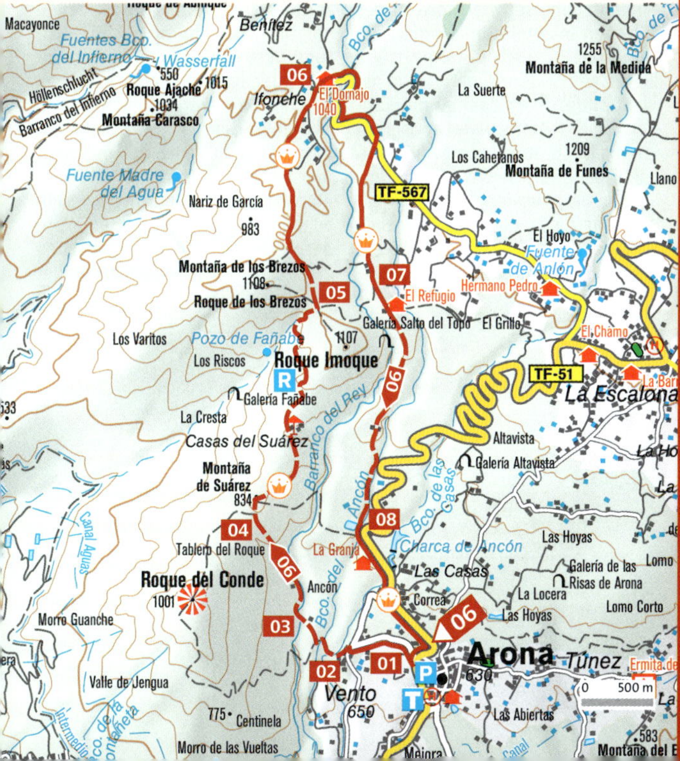

Macayonce
Benítez
Bco. de
Bco. de
Fuentes Bco. del Infierno
Wasserfall
550
1015
Höllenschlucht
Barranco del Infierno
Roque Ajache
1034
Montaña Carasco
06
El Dornajo
1040
Ifonche
La Suerte
1255
Montaña de la Medida
Los Cahetanos
1209
Montaña de Funes
Llano
Fuente Madre del Agua
Nariz de García
983
TF-567
El Hoyo
Fuente de Anlón
Montaña de los Brezos
1108
Roque de los Brezos
05
07
El Refugio
Hermano Pedro
Galería Salto del Topo
El Grillo
Los Varitos
Pozo de Fañabe
Los Riscos
1107
Roque Imoque
El Chamo
TF-51
La Bar
La Escalona
R
Galería Fañabe
Barranco del Rey
06
La Cresta
Casas del Suárez
Altavista
Galería Altavista
Montaña de Suárez
834
08
Bco. de las Casas
Bco. del Ancón
Canal Aguas
04
Tablero del Roque
La Granja
Charca de Ancón
Las Hoyas
Galería de las Risas de Arona
Lomo
Roque del Conde
1001
06
Ancón
Las Casas
La Locera
Correa
Lomo Corto
Morro Guanche
Bco. del
03
06
Las Hoyas
02
01
Arona
630
Túnez
Ermita de
Vento
650
P
T
0
500 m
Valle de Jengua
775
Centinela
Las Abiertas
Intermedio
Co. de la Centinela
Canal
583
Morro de las Vueltas
Montaña del E

AUF DEN CONDE • 1001 m

Der älteste Berg des Südens

 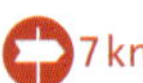 7 km 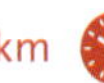 3:30 h 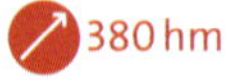 380 hm 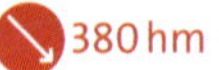 380 hm  233

START | Arona
[GPS: UTM Zone 28 x: 334.680 m y: 3.109.523 m]
CHARAKTER | Mittelschwere Gipfeltour auf alten Bauern- und Hirtenpfaden, die aufgrund des steinigen Untergrunds eine gewisse Trittsicherheit erfordert.

Teneriffa erhielt sein heutiges Gesicht in mehreren vulkanisch sehr aktiven Perioden der Erdgeschichte. Während mit Tenogebirge und Anaga-Halbinsel die meisten der ältesten Inselteile im Norden liegen, gibt es auch einzelne frühe Berge im Süden. Einer davon ist der Conde, der mit seiner markanten Gestalt weitum die Landschaft prägt. Doch auch wenn Millionen Urlauber jährlich einen Blick auf diesen Berg werfen, bestiegen haben ihn die wenigsten! Eigentlich schade, denn die schöne Trockenlandschaft und der herrliche Ausblick belohnen reichlich für den Schweiß des Aufstiegs.

▶ In **Arona** 01 zweigt die Straße zum Ortsteil Vento von der TF-51 ab. Die Abzweigung ist in Richtung Veto bzw. El Conde beschildert (hier auch Bushaltestelle bzw. beschränkte Parkmöglichkeiten). Man folgt der Calle Mazape bis zu ihrem Ende in **Vento** 02 und biegt hier nach links in die Calle Vento ab. Weniger Meter weiter weisen Schilder den Zugang zu den Wanderwegen nach rechts. Zwischen zwei Häusern hindurch führt der

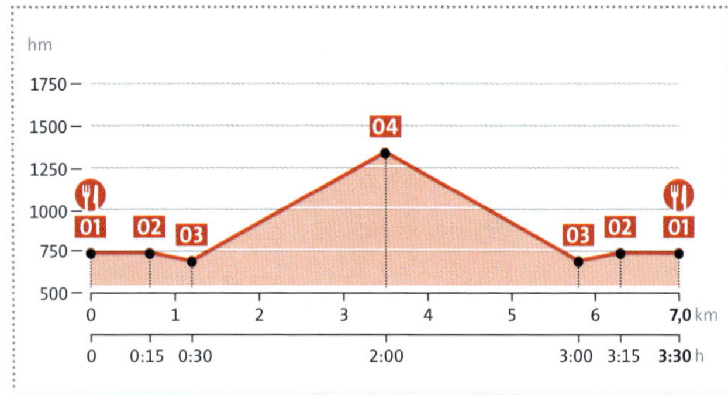

01 Arona, 640 m; 02 Vento, 640 m; 03 Barranco del Rey, 611 m; 04 Gipfel El Conde, 1001 m

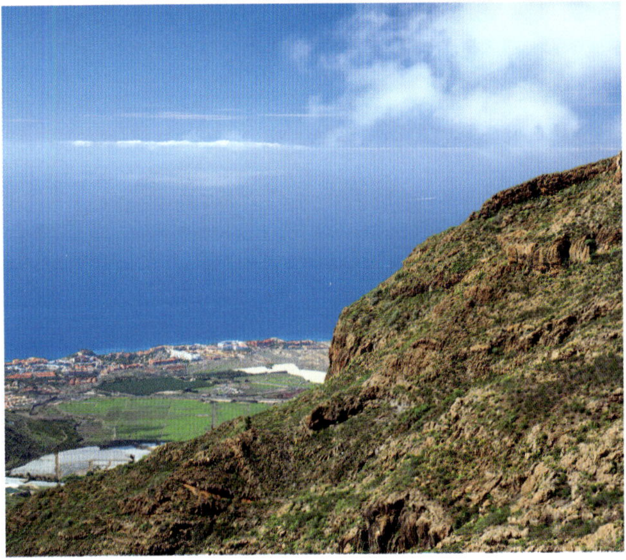

Tiefblick zur Küste

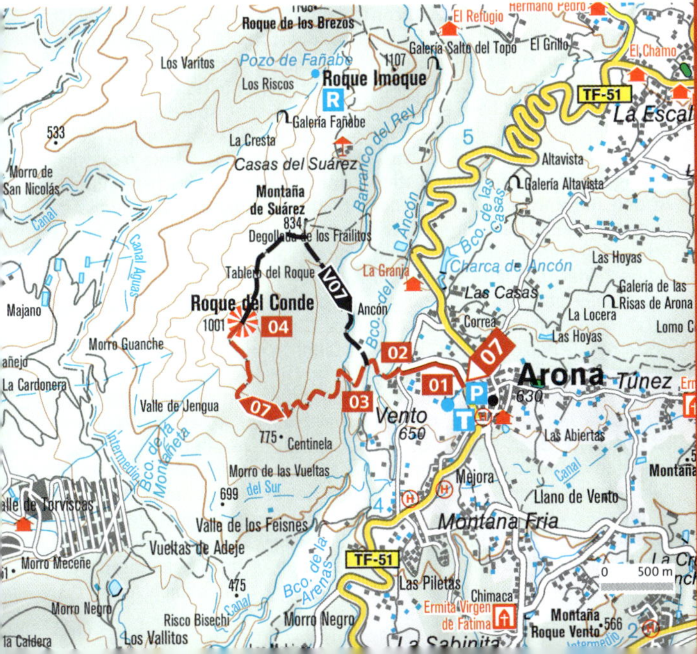

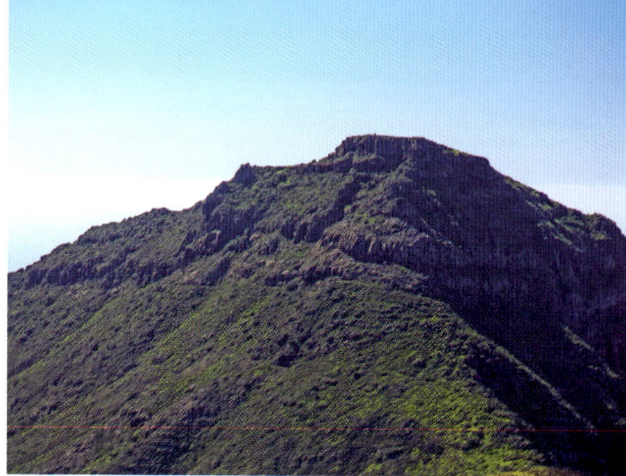
Gipfelplateau des Conde

Wanderweg an den Dorfrand und senkt sich sogleich in den Barranco de las Casas ab. Gleich darauf wird auch der Barranco del Ancón gequert und man trifft auf eine Weggabelung. Hier folgt man der Beschilderung zum Conde nach links und lässt den halbrechts abgehenden Weitwanderweg GR 131 unberücksichtigt.
Wenig später erfolgt der Abstieg in den **Barranco del Rey** 03, der in diesem Bereich die Grenze zwischen den Gemeinden Arona und Adeje bildet. Der alte Saumpfad wurde hier sehr gut in Stand gesetzt und mit Steinmäuerchen und randlichen Pfählen abgesichert. Dies ist auch dringend notwendig, denn auch wenn die Schlucht fast ganzjährig trocken ist, rauscht doch nach Niederschlägen ein wahrer Sturzbach zu Tal und zerstört immer wieder Teile der alten Weganlagen.
Auf dem deutlichen Pfad geht es wieder aus der Schlucht heraus und der Pfad strebt nun stetig dem noch recht fernen Gipfel des Conde entgegen. Die Terrassen an seinen Flanken lässt bis heute deutlich erkennen, dass hier einst Landwirtschaft betrieben wurde. An einem verfallenen Haus mit einem Dreschplatz vorbei, erreicht man ein sehr steiles Stück, über das es im Zick-Zack empor geht. Von Süden her nähert man sich immer mehr dem höchsten Punkt. Nach einem kurzen, flacheren Abschnitt geht es auf steinigem Pfad direkt auf den Gipfel zu. Auch wenn es im Aufstieg nicht immer den Anschein hat, präsentiert sich der **Gipfel von El Conde** 04 als erstaunlich sanft anmutender Tafelberg. Die Aussicht auf den Süden Teneriffas und die steil abfallenden Flanken ist atemberaubend. Auch zum Inselinneren schweift der Blick – zur nahen Felsspitze des Roque Imoque und zum ferneren Vulkankegel des Teide. Für den Rückweg wählt man am einfachsten den schon bekannten Anstiegsweg zurück nach **Arona** 01.

ZWEI-GIPFEL-TOUR BEI IFONCHE

Tiefblicke auf Teneriffas Süden

 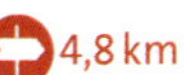 4,8 km 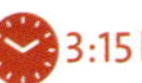 3:15 h 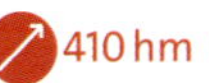 410 hm 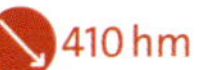 410 hm  233

START | TF-567 vor Ifonche
[GPS: UTM Zone 28 x: 334.442 m y: 3.112.920 m]
CHARAKTER | Technisch nicht sehr anspruchsvolle Wanderung mit Besteigung von zwei Gipfeln. Die steinigen Wege erfordern Trittsicherheit, am Roque Imoque auch etwas Schwindelfreiheit, wenn man ganz auf den Gipfel vorstoßen will.

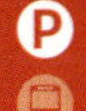

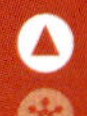

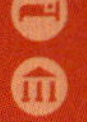

Der Südwesten von Teneriffa ist eine wild zerklüftete, in Teilen wüstenhafte Landschaft, welche neben stark touristisch erschlossenen Gebieten auch zahlreiche abgelegene Bergregionen zu bieten hat. Diese Wanderung führt auf kurzen, aber steilen Wegen zu zwei vergleichsweise leicht erreichbaren Gipfeln zwischen Südküste und Kiefernwäldern am Fuße des Teide.

▶ An der **TF-567 kurz vor Ifonche** 01 zweigt die beschilderte Zufahrt zum Lokal/Hotel El Refugio nach Süden ab. Man folgt dieser Schotterstraße leicht abfallend in südlicher Richtung, bis man einen großen **Ziegenstall** 02 zur Rechten des Weges erreicht. Gleich hinter dem Stall biegt man rechts in einen beschilderten Pfad („La Fuente de las Pilas") ein. Dieser Pfad senkt sich in den oberen Teil des Barranco del Rey ab und leitet in wenigen Minuten zur wasserreichen Quelle **Fuentes de las Pilas** 03 im Grunde der Schlucht. Der Aufstieg auf einem durch die Unwetter im Oktober 2015 etwas mitgenommenen Pfad führt hin-

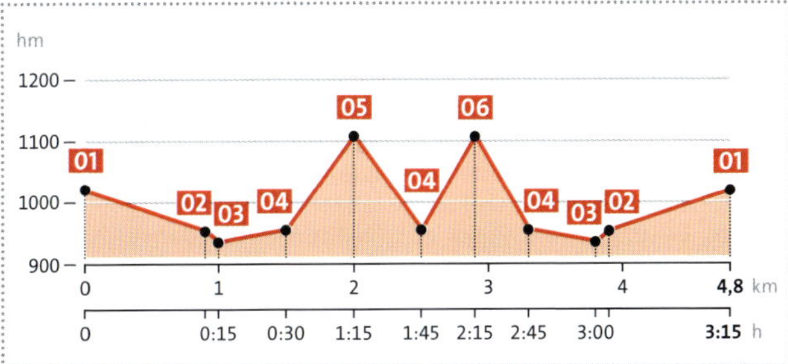

01 TF-567 vor Ifonche, 1019 m; 02 Ziegenstall, 953 m; 03 Fuente de las Pilas, 935 m; 04 Dreschplatz, 955 m; 05 Roque de los Brezos, 1108 m; 06 Roque Imoque, 1107 m

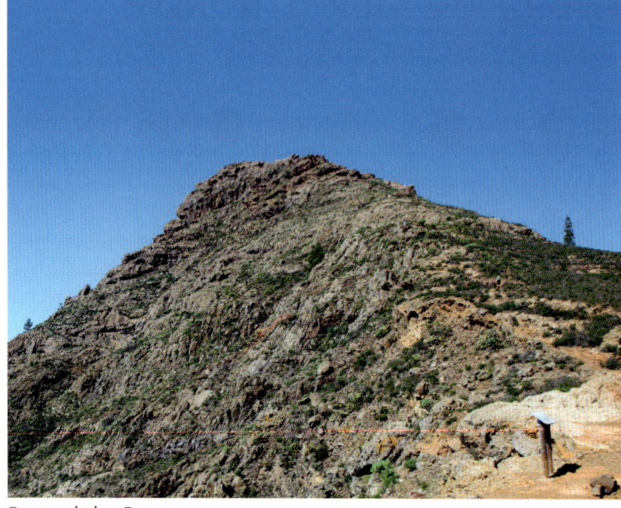

Roque de los Brezos

auf zu einem **Dreschplatz 04** auf einem Sattel zwischen Barranco del Rey und Barranco de Fanabe, direkt am Weitwanderweg GR 131. Dieser Dreschplatz ist der Angelpunkt für die beiden Gipfelbesteigungen. Zunächst steigt man an der in Gehrichtung rechten Seite des Barranco de Fanabe durch felsiges Gelände in westlicher Richtung auf. Rasch an Höhe gewinnend leitet der Pfad in Serpentinen über eine Felskante und führt zuletzt mit geringerer Steigung auf den Gipfel der **Montaña de los Brezos 05**. Von hier genießt man einen atemberaubenden Tiefblick auf die Tourismuszentren von Los Cristianos und Playa de las Americas. Auch die Nachbarinsel La Gomera ist an klaren Tagen sehr deutlich zu sehen.

Vom Gipfel steigt man auf dem Anstiegsweg wiederum zum schon bekannten **Dreschplatz 04** ab, um nach einer kurzen Verschnaufpause gleich mit dem nächsten Anstieg zu beginnen. In südöstlicher Richtung folgt man dem anfangs recht deutlichen Pfad in Richtung der Felspyramide des Roque Imoque, der von manchen Wanderern als das „Matterhorn Teneriffas“ bezeichnet wird. Zunächst ist der Pfad recht deutlich und steigt vergleichsweise sanft an, wird jedoch alsbald steiler und scheint sich am felsigen Gipfelaufbau zu verlieren. Mit Trittsicherheit und ein wenig Schwindelfreiheit sind jedoch die schwierigen Passagen zu meistern und der Gipfel des **Roque Imoque 06** zu erreichen. Allenfalls die letzten Höhenmeter stellen eine leichte Kletterei dar. Auch hier tut sich ein fantastischer Ausblick, insbesondere in Richtung Süden und zum Teide, auf.

Auch nach diesem Gipfel gilt es wiederum, zum **Dreschplatz 04** abzusteigen. Ab hier erfolgt der Rückweg auf dem schon vom Aufstieg bekannten Weg.

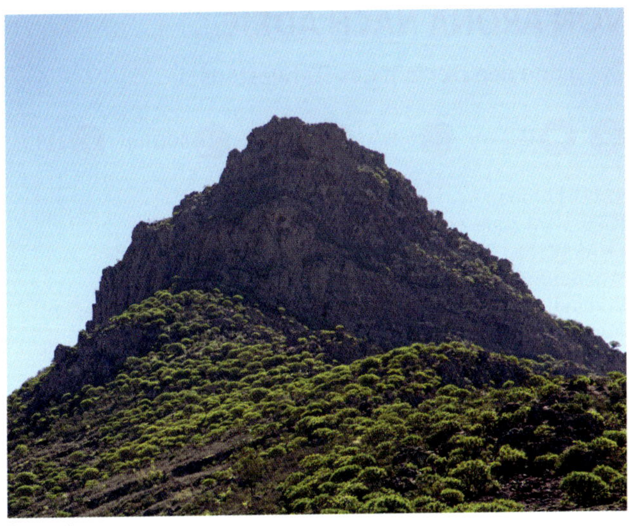

Roque Imoque

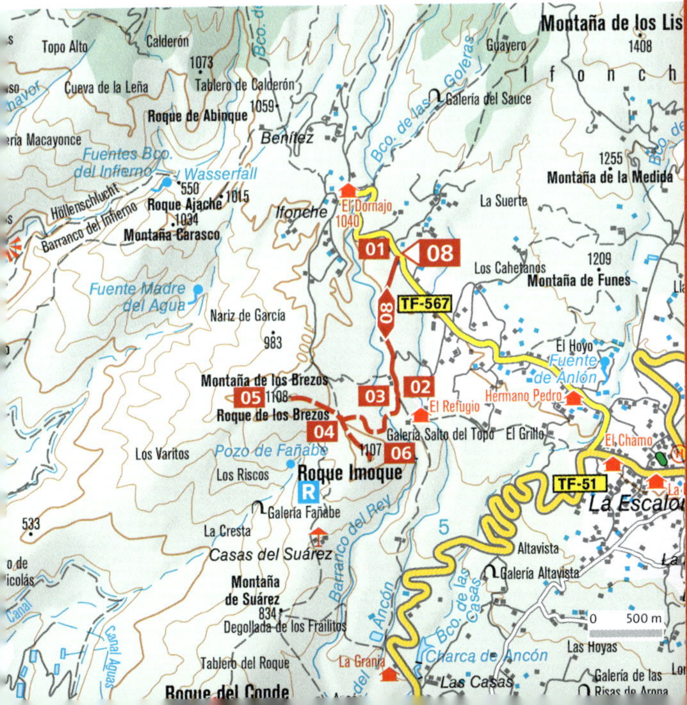

9

VON ARONA NACH ADEJE

Zwischen den Dörfern des Südwestens

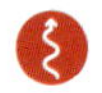 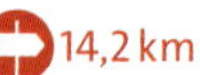 14,2 km 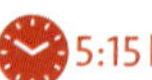 5:15 h 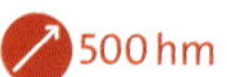 500 hm 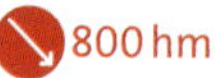 800 hm  223

START | Arona
[GPS: UTM Zone 28 x: 334.683 m y: 3.109.538 m]
CHARAKTER | Eine vergleichsweise lange, aber lohnende Wanderung auf gut angelegten Bergpfaden und alten Verbindungswegen, kurz über wenig befahrene Nebenstraßen. Ausgangs- und Zielort sind mit Bussen der Firma TITSA zu erreichen.

Die Berglandschaft um die schmucken Dörfer Arona und Adeje war einst eine der wichtigsten landwirtschaftlich genutzten Regionen Teneriffas. Noch heute zeugen zahllose Terrassenfelder und verfallene Gehöfte von dieser untergegangenen Welt. Die Wanderung quert durch die ehemaligen Felder, erreicht den Kiefernwald, führt als aussichtsreicher Panoramasteig hoch über der Höllenschlucht und leitet schließlich auf uralten Pfaden nach Adeje.

▶ Bis Ifonche ist der Verlauf dieser Wanderung identisch mit jenem der Tour 6 und verläuft auf dem gut markierten Weitwanderweg GR 131. In Ifonche lohnt sich eine kurze Erfrischung in der Bar/Restaurant El Dornajo, bevor man die recht beträchtliche Wegstrecke nach Adeje in Angriff nimmt.

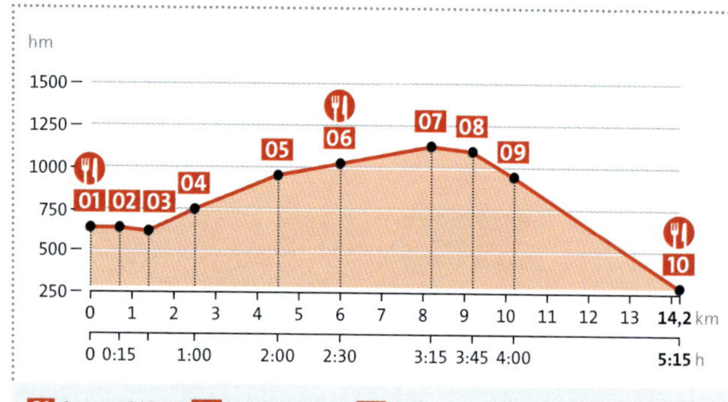

01 Arona, 640 m; 02 Vento, 640 m; 03 Barranco del Rey, 620 m; 04 Degollada de los Frailitos, 750 m; 05 Dreschplatz, 955 m; 06 Ifonche, 1025 m; 07 Barranco de la Fuente, 1130 m; 08 Lomo de las Lajas, 1100 m; 09 Boca del Paso, 950 m; 10 Adeje, 290 m

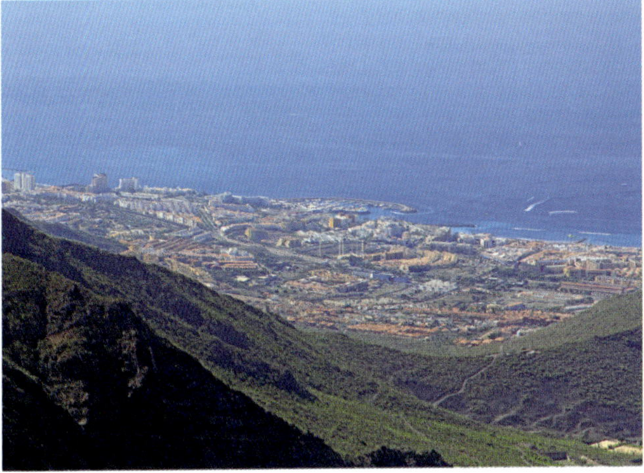

Tiefblick auf Playa de las Americas

In **Ifonche** 06 verlässt man den GR 131 und wendet sich an der Bar El Dornajo auf der schmalen Straße nach links. Nach gut 100 Metern zweigt der beschilderte weitere Weg rechts ab und führt nun als erdiger Pfad aus der Streusiedlung Ifonche hinaus.

Der Weg führt nun durch licht mit Kanarenkiefern bewaldete Hänge. In leichtem Auf und Ab werden einige Geländekuppen überwunden, bis man auf eine Wegkreuzung trifft. Hier lohnt sich ein kurzer Abstecher nach links, der zu einem Aussichtspunkt in den Barranco del Infierno, die berühmte Höllenschlucht, führt. Zurück am Hauptweg folgt man diesem nach links und wandert damit in der ursprünglichen Gehrichtung geradeaus weiter.

Die umgebenden Kanarenkiefern werden größer und in dieser Höhenlage sind bereits recht alte Exemplare zu entdecken. Leicht ansteigend strebt der Steig dem Barranco de la Fuente entgegen. In Felsen am Wegesrand gedeihen recht große Exemplare einer der zahlreichen Arten der Kanaren-Hauswurz. Ein links zu einer Quelle abgehender Pfad bleibt unberücksichtigt und der Pfad leitet in einigen Serpentinen in den höchst gelegenen Teil des **Barranco de la Fuente** 07 hinauf.

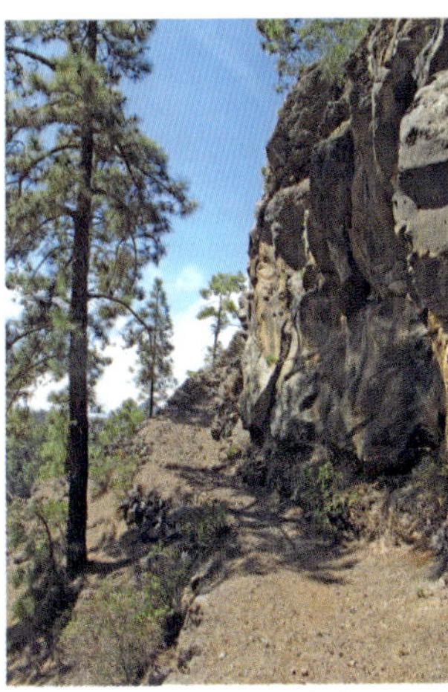

Aussichtsreicher Bergpfad

Über grobes Blockwerk geht es durch die Schlucht und ein aussichtsreicher Steig leitet an ihrer Westseite abwärts in offeneres Gelände. Nachdem man die Schlucht endgültig hinter sich gelassen hat, schwenkt der Pfad in westliche Richtung (nach rechts) und wieder geht es in leichtem Auf und Ab durch mehrere Trockentäler und über Hangrücken.
Etwa eine halbe Stunde nach der Schluchtquerung erreicht man den markanten Höhenrücken **Lomo de las Lajas** **08**. Hier verlässt man die markierte Route in Richtung La Quinta und Taucho und steigt nach links über den Hangrücken in südwestliche Richtung ab. Alsbald finden sich wieder einzelne Markierungen und der Pfad leitet zu einem markanten Felskopf, wo an der **Boca del Paso** **09** das letzte Wegstück beginnt.

Der Kiefernwald ist nun zurückgeblieben und ein alter Saumpfad leitet durch die Trockenhänge abwärts. Teilweise konnte man fast vermuten, in Mexiko zu sein: Unzählige Kakteen und Agaven gedeihen an den Hängen. Zahlreiche Serpentinen leiten durch den steilen Hang abwärts. Doch schließlich werden Gelände und Pfad etwas sanfter und streben einer Sendeanlage entgegen.
Bei der Anlage geht der alte Pfad in einen Schotterweg über, dem man nach rechts zu einer Asphaltstraße folgt. Auf dieser Straße wendet man sich nach links und kommt so in kurzer Zeit an den oberen Ortsrand von Adeje. Hier befinden sich auch der Eingang in die berühmte Höllenschlucht sowie ein bekanntes Restaurant. Durch die Calle Molinos wandert man weiter abwärts und erreicht so in kurzer Zeit den Hauptplatz von **Adeje** **10**.

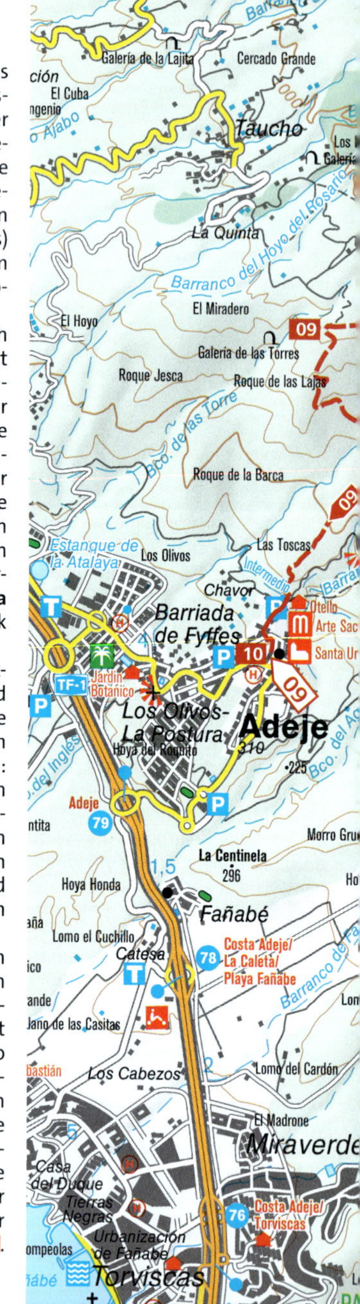

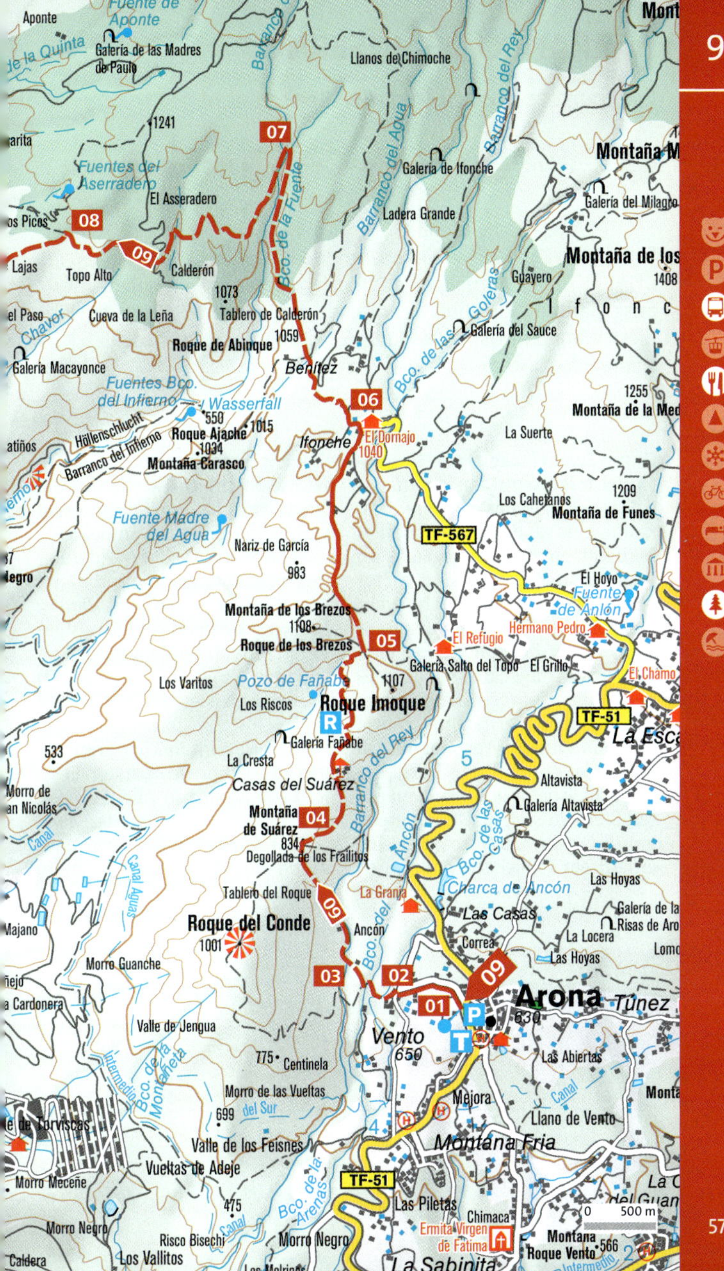
Fuente de Aponte
Aponte
Galería de las Madres de Paulo
Llanos de Chimoche
1241
07
Fuentes del Aserradero
El Asseradero
Galería de Ifonche
Ladera Grande
Montaña de los
1408
08
09
Topo Alto
Calderón
1073
Tablero de Calderón
Cueva de la Leña
Roque de Abinque
1059
Benítez
Galería del Sauce
Galería Macayonce
Fuentes Bco. del Infierno
Wasserfall
550
Roque Ajache
1015
1034
Montaña Carasco
Höllenschlucht
Barranco del Infierno
06
El Dornajo
1040
Ifonche
La Suerte
1255
Montaña de la Med
Los Cahetanos
1209
Montaña de Funes
Fuente Madre del Agua
Nariz de García
983
TF-567
El Hoyo
Fuente de Anlón
Montaña de los Brezos
1108
Roque de los Brezos
05
El Refugio
Hermano Pedro
Galería Salto del Topo
El Grillo
El Chamo
Los Varitos
Pozo de Fañabe
1107
Los Riscos
Roque Imoque
TF-51
533
Galería Fañabe
La Cresta
Casas del Suárez
Altavista
Galería Altavista
Montaña de Suárez
04
834
Degollada de los Frailitos
Barranco del Rey
Bco. de las Casas
Tablero del Roque
La Granja
Charca de Ancón
Las Hoyas
Roque del Conde
1001
Ancón
Las Casas
Correa
La Locera
Las Hoyas
Morro Guanche
03
02
01
09
Arona
630
Túnez
Vento
650
Valle de Jengua
775
Centinela
Las Abiertas
Morro de las Vueltas
Mejora
Llano de Vento
699
Valle de los Feisnes
Montaña Fria
Vueltas de Adeje
TF-51
Las Piletas
Chimaca
475
Ermita Virgen de Fatima
Morro Negro
Risco Bisechi
Morro Negro
Los Vallitos
Los Molrines
La Sabinita
Montaña Roque Vento
566
0 500 m

9

BARRANCO DEL INFERNO

Ökologische Vielfalt in der Höllenschlucht

  7 km  3:00 h 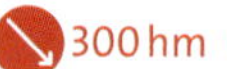 300 hm 300 hm  233

START | Adeje, Calle Molino
[GPS: UTM Zone 28 x: 330.697 m y: 3.112.384 m]
CHARAKTER | Eindrucksvolle Schluchtwanderung auf einem gut ausgebauten Weg ohne technische Schwierigkeiten. Achtung: Für diese Wanderung sind besondere Bestimmungen zu beachten (siehe Info-Kasten).

Ohne Zweifel zählt der **Barranco del Inferno** zu den eindrucksvollsten Landschaften Teneriffas. Kaum eine andere Schlucht beherbergt eine derartige Fülle an Pflanzen und Tieren und bietet obendrein landschaftlich sehr beeindruckende Erlebnisse. Dennoch ist es beinahe schon eine „Gewissensfrage", diese Tour in einen Wanderführer aufzunehmen. Nach jahrelanger Sperre wurde der total sanierte Weg erst im Mai 2015 wieder eröffnet. Doch die Schlucht scheint unter keinem guten Stern zu stehen. Denn bereits am 26. Oktober 2015 ereignete sich erneut ein tödlicher Unfall durch einen Steinschlag. Ob und wann die **Höllenschlucht** wieder für die Öffentlichkeit zugänglich sein wird, stand Ende November 2015 noch nicht fest. Da die Wanderung aber ohne Voranmeldung ohnehin nicht mehr unternommen werden darf, wird sie dennoch hier aufgenommen, wobei auf die speziellen Bedingungen (siehe Info-Kasten) hinzuweisen ist.

▶ Der Weg in den Barranco del Inferno beginnt am obersten Ende der **Calle Molina in Adeje** 01. Direkt neben dem bekannten Restaurant Otello I führen ein paar Stufen hinauf zum Eingang in die

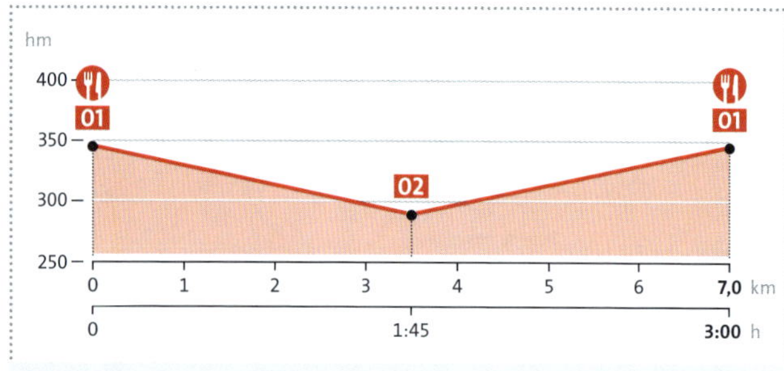

01 Adeje, Calle Molino, 345 m; 02 Wasserfall, 289 m

Zugang zur Höllenschlucht: Ein wohl gehütetes Naturparadies

Nach mehrjährigen Sanierungsarbeiten in Folge von Steinschlägen und Vermurungen des Weges wurde der Wanderpfad in den Barranco del Inferno erst im Mai 2015 wieder eröffnet. Aus Gründen des Naturschutzes in der einmaligen Schlucht wurde jedoch die Besucherzahl auf maximal 20 Personen pro halber Stunde beschränkt. Es ist daher notwendig, für diese Wanderung eine Reservierung vorzunehmen. Für nicht auf Teneriffa lebende Wanderer kostet der Eintritt 11,--, für Kinder zwischen 5 und 12 Jahren die Hälfte. Kinder unter 5 Jahren sind nicht gestattet, bis zum Alter von 16 Jahren ist die Begleitung durch Erwachsene vorgeschrieben.

Für Anrainer gelten deutlich geringere Preise. Für die Reservierung muss der entsprechende Tag und eine Uhrzeit gewählt werden. Die Wanderung darf nur mit Helmen unternommen werden, die im Preis inkludiert sind und am Eingang zur Schlucht ausgegeben werden.

An ausgewählten Tagen finden um 9:30 geführte Wanderungen in die Schlucht statt, diese kosten 19.--. Sie werden in drei Sprachen (Spanisch/Englisch/Deutsch) durchgeführt. Anmeldung über die Homepage zwingend erforderlich.
Alle aktuellen Informationen zu Begehbarkeit der Schlucht und ein Online-Formular zur Anmeldung finden sich (auch in Deutsch) auf http://barrancodelinfierno.es

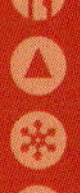

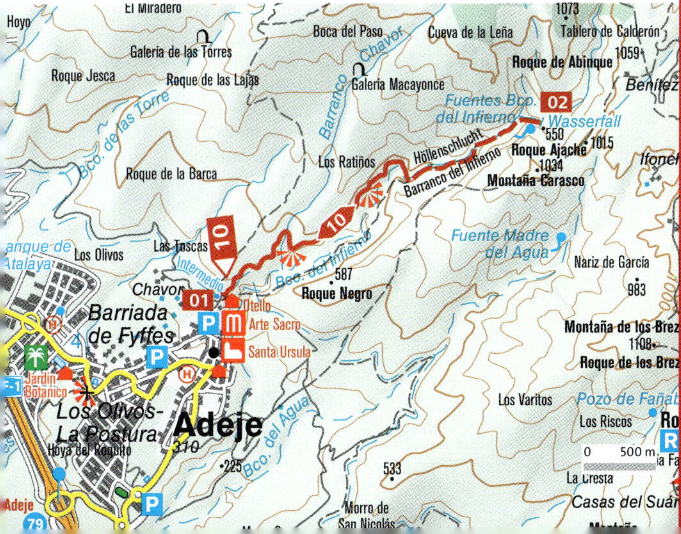

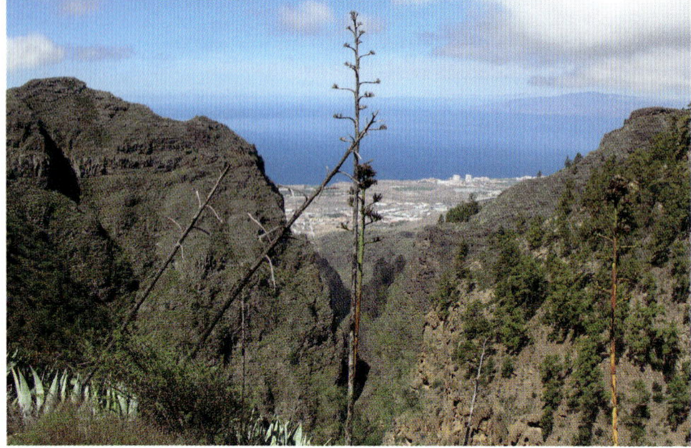

Blick in die Höllenschlucht

Schlucht mit dem Kontrollhäuschen.

Eigentlich erübrigt sich eine Wegbeschreibung, denn in der Höllenschlucht gibt es nur einen einzigen Pfad, der bis zum **Wasserfall** 02 an ihrem (zumindest zu Fuß erreichbaren) Endpunkt führt. Die Orientierung bereitet daher keinerlei Probleme und auch für den Rückweg gibt es zu dem einen Pfad keine Alternative. Daher beschränkt sich die folgende Beschreibung auf einige der naturkundlichen Besonderheiten entlang des Weges. Seinen Namen verdankt der Barranco nicht seiner Gefährlichkeit oder einer alten Geschichte über den Teufel. Vielmehr ist die Schlucht ein regelmäßiger Brutplatz des Sepia-Sturmtauchers (früher als Gelbschnabel-Sturmtaucher bezeichnet); dieser Meeresvogel lässt in der Nacht schaurige Rufe erklingen, welche von den Felswänden widerhallen und der Höllenschlucht zu ihrem Namen verholfen haben.

Im Eingangsbereich des Barrancos

Spektakulärster Abschnitt der Wanderung ist wohl jener, an dem die Schluchtwände immer weiter zusammentreten und nur ein schmaler Streifen des Himmels hoch oben sichtbar bleibt. Zu keiner Zeit des Jahres oder Tages treffen Sonnenstrahlen in diese Engstelle. Eindrucksvoll ist auch der Wasserfall am Ende des Weges, der in mehreren Kaskaden eine Gesamthöhe von rd. 80 Metern in den Schluchtgrund fällt.

ZUR PAISAJE LUNAR

Weiße Mondlandschaft im Kiefernwald

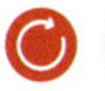  13,5 km 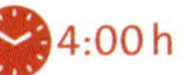 4:00 h 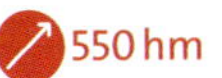 550 hm 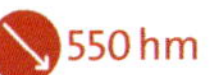 550 hm  233

START | Hauptplatz von Vilaflor
[GPS: UTM Zone 28 x: 339.252 m y: 3.115.883 m]
CHARAKTER | Eine sehr schöne Wanderung auf einem vergleichsweise neu angelegten Wanderweg durch schöne Kiefernwälder und zu einer der landschaftlichen Besonderheiten Teneriffas. Großteils auf guten, aber teilweise steinigen Wegen.

Inmitten der ausgedehnten Kiefernwälder zwischen Vilaflor und den Cañadas liegt eine der eigenartigsten Landschaften Teneriffas. Ein Besuch in der Paisaje Lunar ist daher für alle Liebhaber ausgefallener Landschaftsszenerien ein absolutes Muss.
Die Weiße Mondlandschaft besticht durch ihre eigenartigen Formationen und erinnert mitunter an eine Landschaft, wie sie in alten japanischen Holzstichen zu sehen ist.

▶ Vom **Hauptplatz in Vilafor** 01, der Plaza Doctor Pérez Cáceres, führt der markierte Wanderweg, der sich in seinem ersten Abschnitt mit dem Weitwanderweg GR 131 deckt, leicht abwärts an das Südende des Platzes. Noch ein kurzes Stück folgt man der Calle Castaños, um dann sogleich nach links in die Calle El Canaria einzubiegen. Am Ende der Gasse geht man rechts in die Calle la Callita und schon nach wenigen Metern leitet der links abgehende Wan-

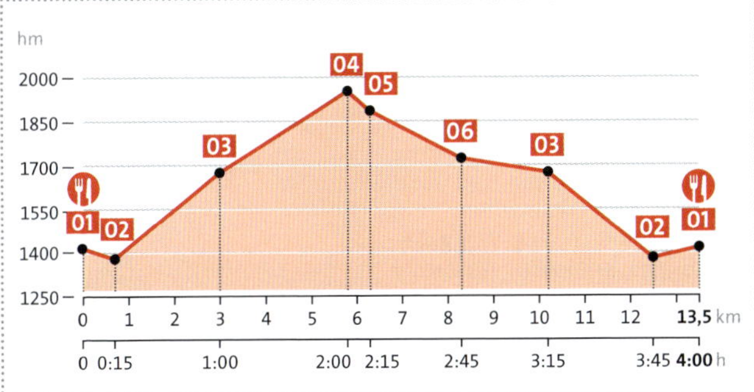

01 Hauptplatz Vilaflor, 1416 m; 02 Ausgang Dorf, 1380 m; 03 Weggabelung, 1675 m; 04 Abzweigung GR 131, 1953 m; 05 Aussichtspunkt Mondlandschaft, 1886 m; 06 Abzweigung Madre del Agua, 1723 m

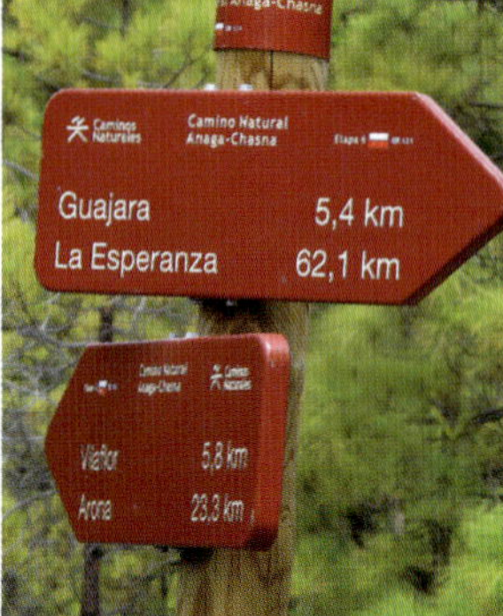

Anstieg auf dem GR 131

derweg an den **Ausgang des Dorfes** 02 hinunter.

Ab hier ist der Wanderweg durch die eindeutigen Markierungen nicht mehr zu verfehlen und führt nach dem Taleinschnitt am Ortsausgang über ein neues Wegstück hinauf zu einem gut in Stand gesetzten alten Saumpfad, der einst für den Viehtrieb vom Süden der Insel in den Norden genutzt wurde. Zunächst geht es noch durch aufgelassene Ackerterrassen, doch alsbald ist der Kiefernwald erreicht, der weite Teile dieser Höhenlage Teneriffas prägt und für den Wasserhaushalt der Insel von größter Bedeutung ist.

Bereits recht weit in den Kiefernwald aufgestiegen, erreicht man die Forststraße in Richtung Madre del Aqua, quert diese und folgt weiterhin dem Wanderweg, um nach rund 100 m eine **Weggabelung** 03 zu erreichen. An dieser Gabelung, auf die man am Rückweg wieder stößt, geht es auf der Trasse des GR 131 geradeaus weiter. Der gut angelegte Pfad gewinnt im Kiefernwald weiter an Höhe, kreuzt eine Forststraße und führt an einem verfallenen Haus vorüber. Bimssteine in der Wald-

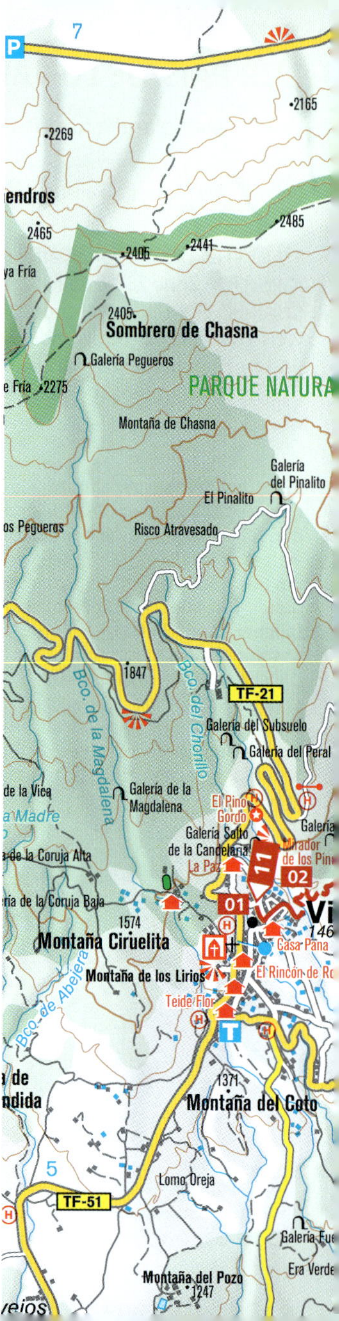

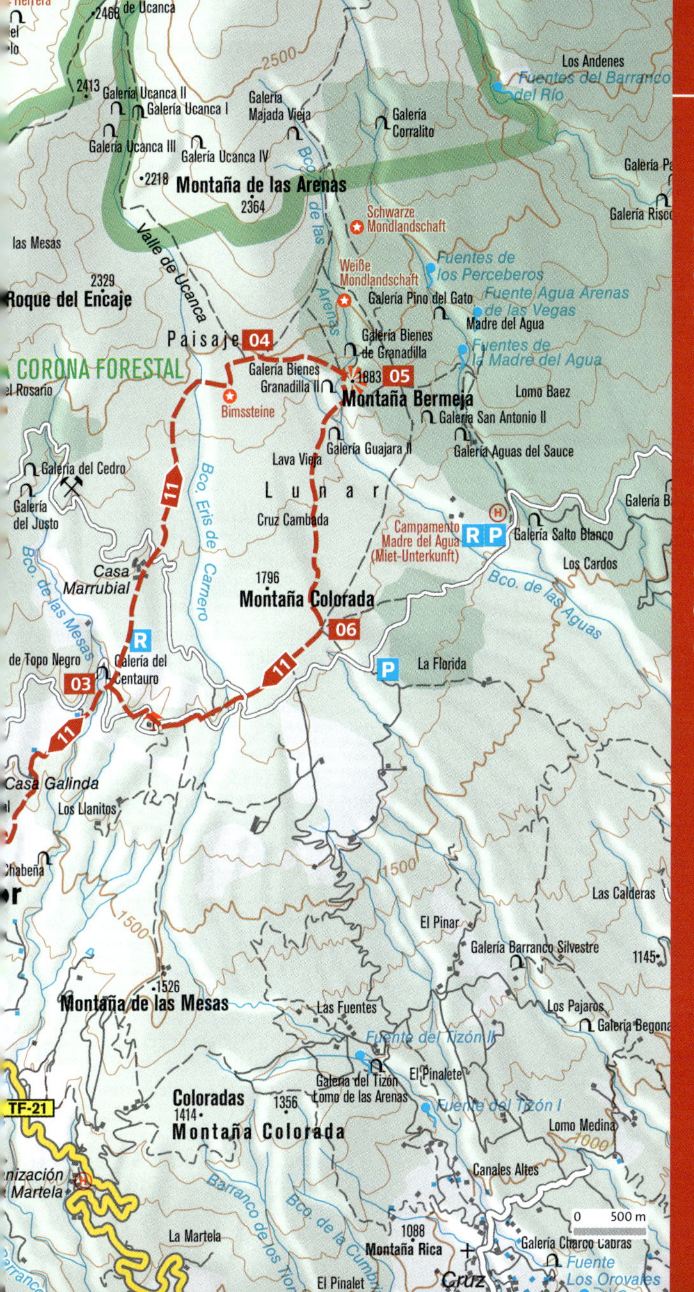
Montaña de las Arenas
Roque del Encaje
CORONA FORESTAL
Paisaje
04
05
06
03
Montaña Bermeja
Montaña Colorada
Montaña de las Mesas
Coloradas
Montaña Colorada
Montaña Rica
Schwarze Mondlandschaft
Weiße Mondlandschaft
Bimssteine
Campamento Madre del Agua (Miet-Unterkunft)
Lunar
Valle de Ucanca
Bco. Eris de Carnero
Bco. de las Aguas
Bco. de las Mesas
Fuentes de los Perceberos
Fuente Agua Arenas de las Vegas
Fuentes de la Madre del Agua
Fuentes del Barranco del Río
Fuente del Tizón II
Fuente del Tizón I
Casa Marrubial
Casa Galinda
La Florida
Galería Ucanca II
Galería Ucanca I
Galería Ucanca III
Galería Ucanca IV
Galería Majada Vieja
Galería Corralito
Galería Pino del Gato
Galería Bienes de Granadilla
Galería Bienes Granadilla II
Galería San Antonio II
Galería Guajara II
Galería Aguas del Sauce
Galería del Cedro
Galería del Justo
Galería del Centauro
Galería Salto Blanco
Galería Barranco Silvestre
Galería Begona
Galería del Tizón
Galería Charco Cabras
Madre del Agua
Lomo Baez
Lava Vieja
Cruz Cambada
Los Andenes
Los Cardos
Los Llanitos
Las Calderas
El Pinar
Los Pajaros
Las Fuentes
El Pinalete
Lomo de las Arenas
Lomo Medina
Canales Altes
La Martela
El Pinalet
TF-21
2500
1500
1000
2468
2413
2218
2364
2329
1883
1796
1526
1414
1356
1145
1088
0
500 m

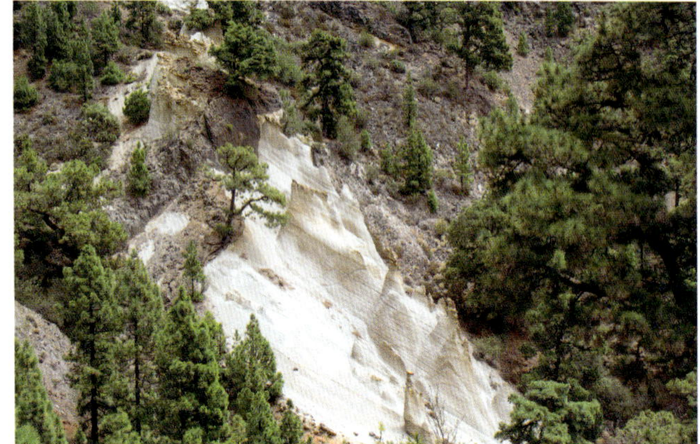

Paisaje Lunar

landschaft sind die ersten Boten der nahenden Mondlandschaft. Bald darauf ist die **Abzweigung** der beschriebenen Wanderung **vom GR 131** 04 erreicht. Während der Weitwanderweg weiter in Richtung Cañadas emporzieht, führt die Wanderung zur Mondlandschaft nach rechts und erreicht wenig später den **Aussichtspunkt an der Mondlandschaft** 05. Weiße und hell ockerfarbene Stein- und Erdpyramiden ragen aus dem grünen Kiefernwald auf und sind in verschiedensten Formen und Größen zu bestaunen.

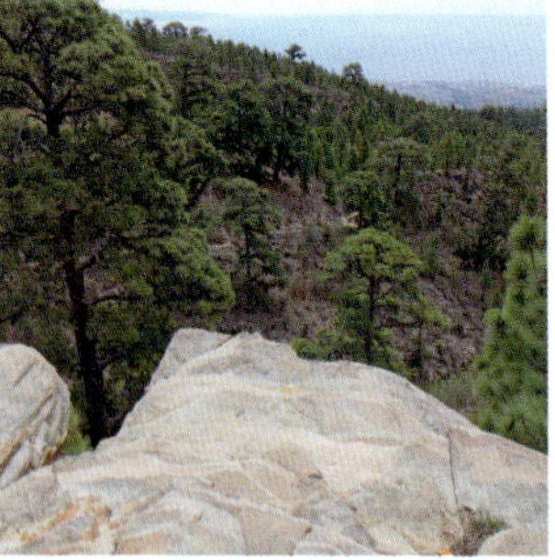

Tiefblick von der Mondlandschaft

Regen, Wind und chemisch-physikalische Reaktionen formen diese Gebilde bis heute und die Paisaje Lunar ist damit eines der wenigen geologischen Phänomene, das sich im Laufe eines Menschenlebens sichtbar verändert.

Vom Aussichtspunkt führt der weitere Weg nur noch bergab. Zunächst geht es sehr steil abwärts und obwohl der Weg gut angelegt wurde, kann es hier durch das lockere Feinmaterial mitunter etwas rutschig sein. Doch das steilste Stück ist nicht sehr lange und bald führt der Steig wieder deutlich sanfter durch den Kiefernwald abwärts. Man erreicht die **Abzweigung zum Waldcamp Madre del Agua** 06. Hier hält man sich halbrechts (Markierung vorhanden) und wandert auf dem Steig knapp oberhalb der Forststraße nach Madre del Agua zurück zur **Weggabelung** 03, welche man bereits beim Aufstieg passiert hat.

Ab diesem Punkt ist die Runde geschlossen und der weitere Abstieg nach **Vilaflor** 01 erfolgt auf der bereits vom Anstieg bekannten Route.

VON LAS PORTELAS NACH MASCA

Aussichtsreiche Tour durch das Reno-Gebirge

 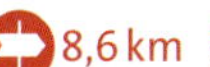 8,6 km 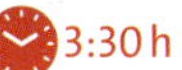 3:30 h 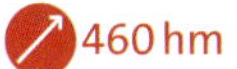 460 hm 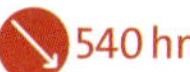 540 hm  233

START | Las Portelas
[GPS: UTM Zone 28 x: 318.740 m y: 3.135.654 m]
CHARAKTER | Diese sehr aussichtsreiche Wanderung im Westen Teneriffas führt auf Bergpfaden und Forstwegen sowie ein kurzes Stück Straße nach Masca, dem bekannten Dorf hoch über der Westküste. Neben der Aussicht besticht die Tour auch durch zahlreiche botanische Seltenheiten.

Das Teno-Gebirge ist bis heute eine eigene Welt abseits des modernen Teneriffa geblieben. Als einer der ältesten Teile der Insel hat es alles zu bieten, was das Herz von Wanderern und Naturfreunden höher schlagen lässt. Auf dieser Tour erlebt man die landschaftliche Vielfalt, genießt bewegende Tiefblicke in die wilden Schluchten und erlebt im Frühling zahlreiche Pflanzen, welche nur hier vorkommen.

▶ Von der Bushaltestelle in **Las Portelas** 01, direkt an der öffentlichen Bücherei gelegen, folgt man der einzigen Gasse durch den Ortsteil Portela Baja hinauf zur TF 436, überquert diese und steigt geradeaus weiter in den Ortsteil Portela Alta auf. Am Albergue de Bolico endet die Straße und man erreicht nach wenigen Metern den Einstieg in den **Camino Real** 02, welcher weiter bergwärts zieht.

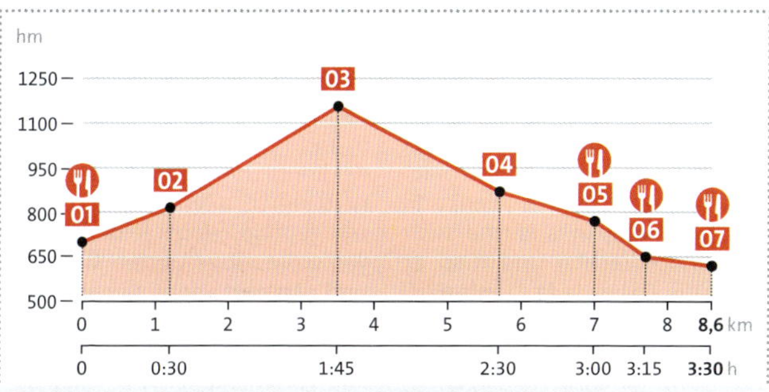

01 Las Portelas, 700 m; 02 Einstieg Camino Real, 815 m; 03 Casas de la Cumbre, 1156 m; 04 Abzweigung, 870 m; 05 Mirador Cruz de Hilda, 770 m; 06 El Turrón, 650 m; 07 Masca, 620 m

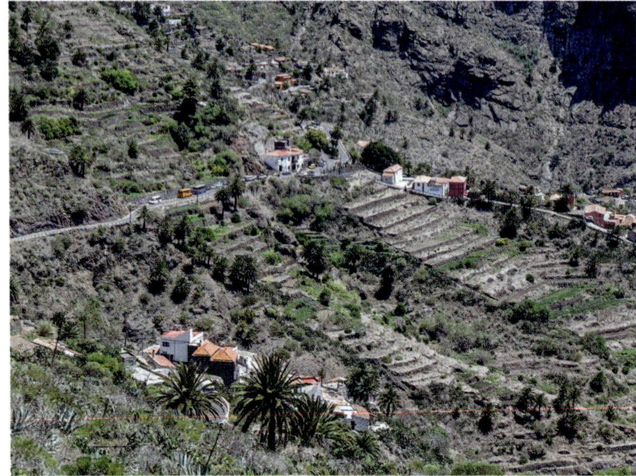

Masca liegt vor Augen

Derartige alte Saumpfade werden oft als „Königsweg“ bezeichnet, was mit der Geschichte der spanischen Eroberung in Verbindung zu bringen ist. Während einige Inseln durch private Investoren erobert und kolonisiert wurden, war Teneriffa eine Insel, deren Inanspruchnahme direkt durch das spanische Königshaus erfolgt. Für die Erschließung der Insel wurden die „Caminos Reales“, die Königswege, angelegt und einem solchen folgt der Anstieg.

Nach zweimaliger Querung von Forststraßen trifft der Königsweg auf eine weitere, der man nach rechts folgt. Alsbald schwenkt die Schotterstraße in südliche Richtung (nach rechts) und man erreicht die **Casas de la Cumbre** **03**, welche an einer wichtigen Kreuzung mehrerer Wege in einem Sattel am Höhenrücken liegen.

Hier verlässt man die Forststraße und wählt den nach rechts abzweigenden Saumpfad, welcher in nordwestlicher bis westlicher Richtung an der Kammlinie der Cumbres de Bolico abwärts führt. Offene Kammlagen und Waldbestände wechseln sich ab und fast in allen Abschnitten ist dieser Weg gut begehbar. Nur einige Steilstücke haben unter den Unwettern im Oktober 2015 etwas gelitten, dürften aber in Zukunft wieder in Stand gesetzt werden.

Nach einem etwas felsigen Teilstück erreicht man schließlich eine **Abzweigung** **04**. Hier hält man sich links und folgt dem anfangs recht breiten Weg, welcher in die Südwestflanke der Cumbres de Bolico hineinzieht. Der Hang wird durch allerlei Trockenpflanzen geprägt, wobei leider mittlerweile die eingeführten Opuntien und Agaven dominieren. Doch kann man dazwischen an felsigen Stellen auch prachtvolle Exemplare verschiedener Arten der Gattung Kanaren-Hauswurz (Aeonium) entdecken.

Der Pfad nähert sich immer mehr der TF 436 und über Steintreppen erreicht man schließlich die Straße am **Mirador Cruz de Hilda** 05. Hier muss man für den weiteren Abstieg nach Masca noch nicht der Straße folgen, sondern wählt links neben dem Panoramacafé eine schmale Nebenstraße, die zu einigen Fincas führt. Von dieser zweigt rechter Hand ein markierter Saumpfad ab und führt ziemlich steil hinunter. Im Weiler **El Turrón** 06 erreicht dieser Pfad wieder die TF 436.

Ab hier gibt es zur Straße keine Alternative. Man folgt der TF 436 nach links und erreicht so in kurzer Zeit das Zentrum des Bergdorfes **Masca** 07.

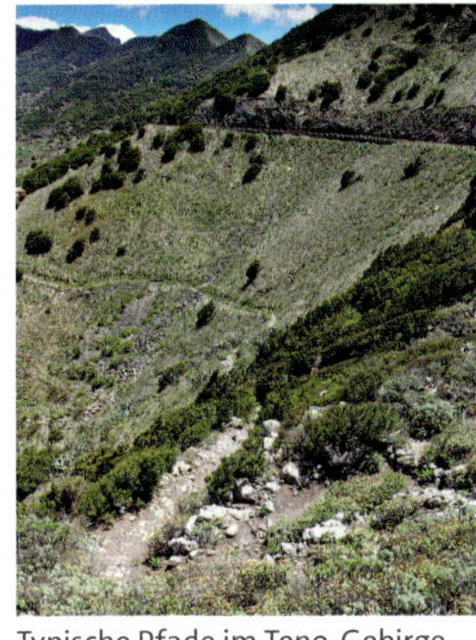

Typische Pfade im Teno-Gebirge

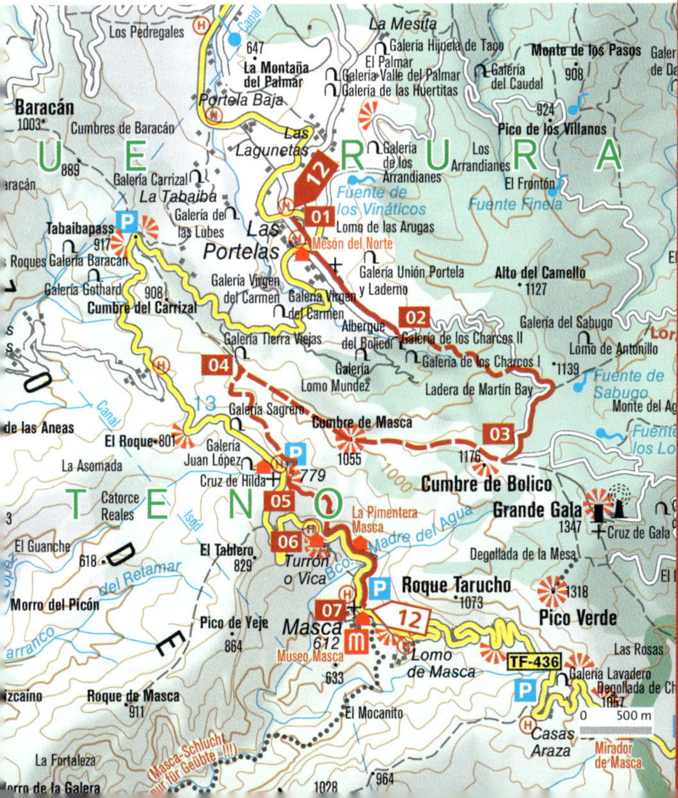

13

DURCH DIE MASCA-SCHLUCHT

Durch die gewaltigste Schlucht Teneriffas

 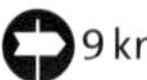 9 km 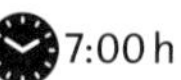 7:00 h  610 hm  610 hm 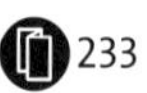 233

START | Masca
[GPS: UTM Zone 28 x: 319.604 m y: 3.132.375 m]
CHARAKTER | Diese beeindruckende Schluchtwanderung führt vom Bergdorf Masca hinunter zur Westküste. Nach Jahre langer Sperre wurde die Schlucht wieder eröffnet und der Weg deutlich saniert. Einziger Wermutstropfen: Boote ab der Playa de Masca verkehren derzeit nicht, man muss wieder aus der Schlucht aufsteigen.

Einst war **Masca** ein entlegenes Bergdorf, das es durch seinen Wasserreichtum zu einem bescheidenen Wohlstand und einer vergleichsweise hohen Lebensqualität gebracht hatte. Dies hat sich heute insofern geändert, als das Dorf nicht mehr „am Ende der Welt“ liegt, sondern zu einem der touristischen Höhepunkte Teneriffas geworden ist. Alle Rundfahrten machen irgendwann hier halt, auch wenn es oft nicht ums Wandern, sondern nur um einen kurzen Zwischenstopp auf der Durchreise geht. Doch während das Dorf mittlerweile fast nur mehr aus Restaurants, Bars und Andenkenläden besteht, hat sich seine Umgebung ihre wilde Schönheit bewahren können. Eine der spektakulärsten Inselwanderungen führt vom Dorf durch die **Masca-Schlucht** an die Westküste.

▶ Die Wanderung durch die Schlucht beginnt am Dorfplatz von **Masca** 01 inmitten des Trubels von Ausflüglern. Markierungen weisen durch die Dorfgässchen den Weg zur Schlucht. Kurz vor der Bar Blanky – Casa Fidel

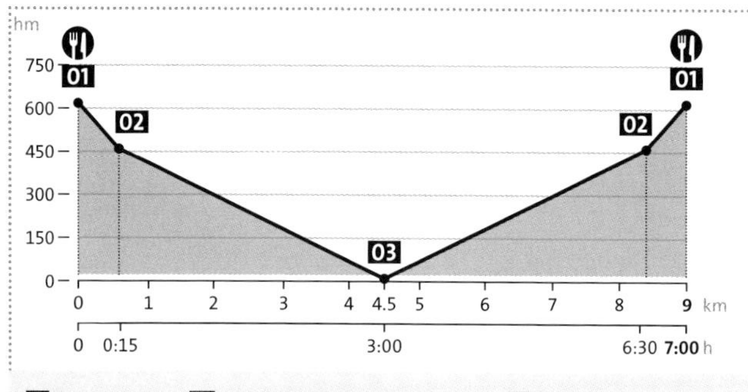

01 Masca, 620 m; 02 Einstieg in die Schlucht, 460 m; 03 Playa de Masca, 10 m

zweigt links der Pfad ab, der dem Barranco entgegenführt. Nach einem Abstieg von knapp 200 Höhenmetern durch altes Kulturland mit Gärten und Terrassen sowie zuletzt einer Querung auf die orografisch linke Seite des Barrancos erreicht man den **Einstieg in die Schlucht 02**.
Zunächst geht es auf einem ziemlich schmalen Steig etwa 10 Meter über dem Schluchtgrund abwärts. Später gilt es, in das Bachbett abzusteigen und diesem zu folgen. Nur bei trockenem Wetter ist dies ein leichtes Unterfangen, die Wanderung sollte keinesfalls bei Regen oder gar bei drohenden Unwettern unternommen werden. Bald erreicht man eine Betonmauer, welche den oberen Barranco zu einem weiten Schotterbecken abriegelt. Hier beginnt die enge, spektakuläre Schluchtstrecke.
Der Steig führt links an der Staumauer vorüber und zieht sich deutlich erkennbar in die Tiefe. Es geht durch ein hölzernes Tor (unbedingt wieder schließen, wenn man es in geschlossenem Zustand vorgefunden hat) und gleich darauf gilt es, eine deutliche Steilstufe zu überwinden. Der Schluchtpfad führt in zahlreichen Windungen in die Tiefe und es bestehen keinerlei Orientierungsprobleme: Es gibt in der Schlucht keinen alternativen Pfad.
In Folge scheinen an zwei Stellen riesige Felsblöcke den Weiterweg zu versperren. Weiße Markierungen und Steinmännchen helfen jedoch weiter und unter leichtem Einsatz der Hände gelingt es in der Regel problemlos, die hemmenden Felsblöcke zu umklettern bzw. zu überwinden.

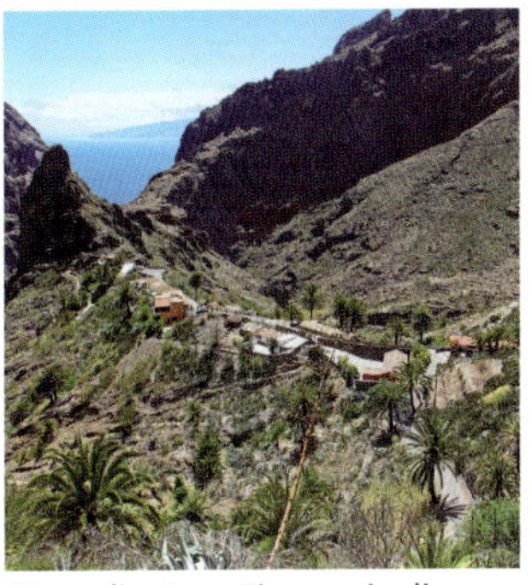
Masca liegt am Eingang in die Schlucht

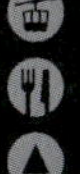
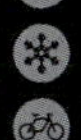
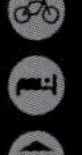

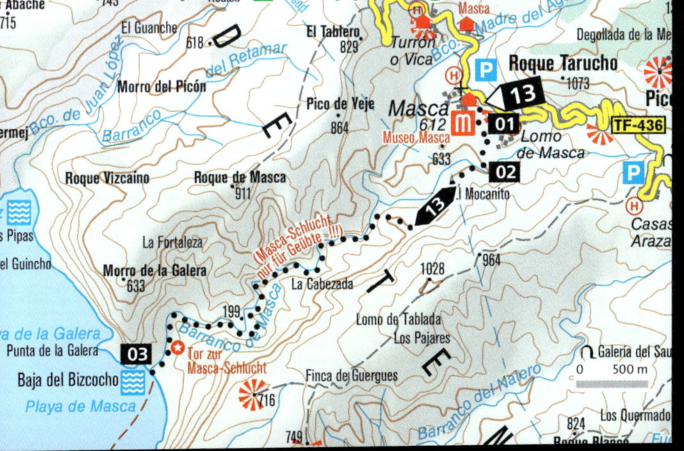

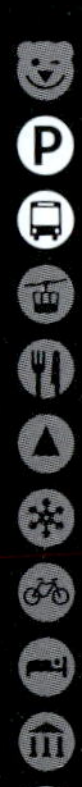

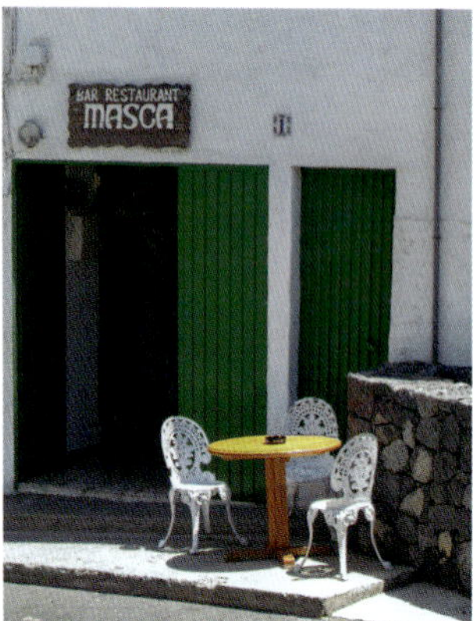

Gemütliche Bar in Masca

Nur in einem kurzen Teilstück wird der Pfad vergleichsweise eben. An dieser Stelle haben frühere Unwetter große Mengen an Schotter und Geröll abgelagert und so den tiefen Grund über die Jahrhunderte aufgefüllt.

Gute 100 Höhenmeter über der Küste wird die Schlucht – es ist zunächst kaum vorstellbar – noch deutlich enger. Der Pfad leitet stetig abwärts, während die Felswände der Masca-Schlucht immer näher zusammenrücken. Wer unter Platzangst leidet, wird sich eines beklemmenden Gefühls kaum erwehren können. Bizarre Felstürme ragen am Schluchtrand auf und müssen in weiterer Folge mehrmals umgangen werden.

Ab einer gewissen Stelle verschafft das Rauschen des Meeres plötzlich Gewissheit – das Ziel der Wanderung ist nicht mehr fern. Doch noch liegt ein Hindernis im Weg: An einer Steilstufe gilt es nochmals, zwei Felsblöcke zu überwinden, eine abschließende Kletterei vor dem Ziel. Der unterste Teil der Schlucht ist auch wieder stärker mit Geröll aufgefüllt, so dass durch das Bachbett der Schluchtausgang trotz einer kurzen Steilstufe gut zu erreichen ist. Schließlich ist der kleine Kiesstrand der **Playa de Masca** **03** erreicht. Der Strand wird zu beiden Seiten von den bis zu 500 Meter hohen Klippen von Los Gigantes eingerahmt.

Da der Bootsbetrieb zur Bucht derzeit eingestellt ist, muss nach der Rast der Aufstieg **zurück nach Masca** **01** unternommen werden.

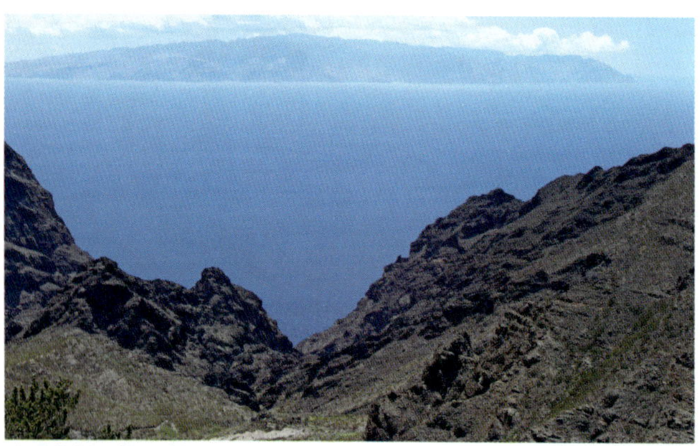
Tiefblick in die Schlucht

AUF DEM GUERGUES-STEIG

Atemberaubender Höhenweg über der Masca-Schlucht

 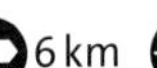6 km 3:30 h 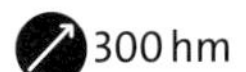300 hm 300 hm 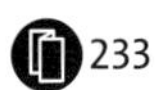233

START | Degollada de Cherfé
[GPS: UTM Zone 28 x: 320.871 m y: 3.131.806 m]
CHARAKTER | Eine abenteuerliche Höhenwanderung auf einem teilweise ausgesetzten Kamm, welche über alte Hirtenpfade führt. Gewaltige Ausblicke sind garantiert.

Diese Höhenwanderung zählt zu den schönsten im Teno-Gebirge wenn nicht auf ganz Teneriffa. Allerdings bleibt sie trittsicheren und schwindelfreien Wanderern vorbehalten, denn der alte Pfad verläuft in luftiger Höhe auf dem zerklüfteten Bergkamm, der die Masca-Schlucht im Norden vom Barranco de Natero im Süden trennt. Dafür sind unglaubliche Tiefblicke garantiert!

▶ Idealer Ausgangspunkt der Wanderung ist der Parkplatz unterhalb der **Degollada de Cherfé** 01 in Richtung Masca. Nur am Morgen ist meist ein freies Plätzchen zu finden, tagsüber wird es hier mitunter schnell voll, wodurch man auf einen etwas höher gelegenen Parkplatz auf dem Sattel ausweichen muss und damit länger auf der Straße absteigen muss.

Vom Parkplatz geht es kurz auf der TF 436 in Richtung Masca, doch zweigt schon in der ersten Kehre unter dem Parkplatz eine Hofeinfahrt ab, der man bis zum Zugang zur Finca **Casas de Araza** 02 folgt. Ein Hinweis und eine Absperrung zeigen darauf, dass das Gelände des Bauernhofs nicht

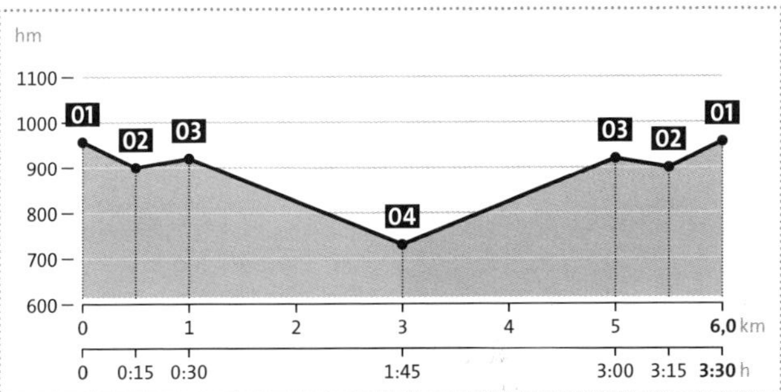

01 Mirador Masca, 957 m; 02 Casas de Araza, 900 m; 03 Kammlinie, 920 m; 04 Finca de Guergues, 730 m

betreten werden darf. Dies ist unbedingt ernst zu nehmen, will man nicht mit einem der gar nicht freundlichen Wachhunde nähere „Bekanntschaft" schließen. Eine Umgehung der Absperrung verläuft unmittelbar rechts an der Hofzufahrt vorbei und führt als schmaler, aber noch gut ausgebauter Steig vom Gehöft weg. Schon nach einer sehr kurzen Strecke tritt der Pfad sehr nahe an den steil abbrechenden Nordhang heran und gibt erste Blicke auf den Barranco de Masca frei. Es folgt ein kurzer Anstieg auf die **Kammlinie 03**. Von hier geht es in eine Senke hinab und man gelangt an den uralten Saumpfad, welcher die Finca Guergues mit dem Rest der Welt verband.

Zwar führt die Route zur Finca in Summe deutlich abwärts, doch in Wahrheit ist der Pfad ein beständiges Auf und Ab an der Kammlinie. Zunächst geht es noch vergleichsweise sanft dahin, doch bald wird die Landschaft und damit der Weg so wild, dass schon mancher Wanderer seine Fähigkeiten überschätzt hat und umgekehrt ist. An manchen Stellen ist

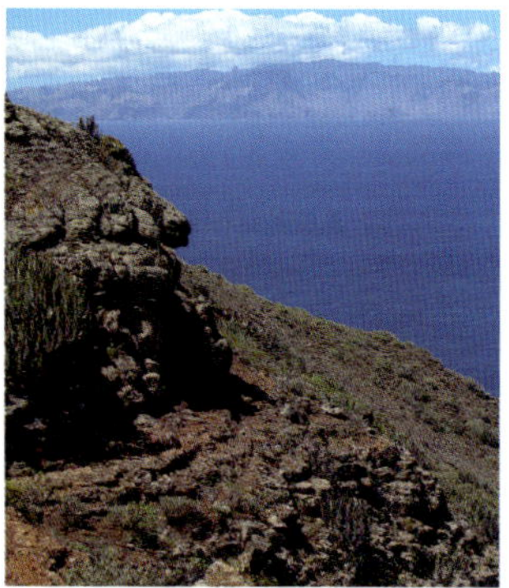

Tiefblick auf das Meer an der Westküste

Achtung

Aufgrund von Vorkommnissen der letzten Jahre verbietet der Grundeigentümer derzeit (Oktober 2022) die Nutzung des Weges, Besitzstörungsklagen sind möglich. Es empfiehlt sich daher eine Umgehung.

der Kamm wild zerklüftet und bietet schwindelerregende Tiefblicke. Manche Abschnitte des Pfades sind durch Steinschlichtungen gesichert oder mit Lavasteinen gepflastert. In einem kleinen Kar trifft man auf ein Holzgatter, das man nach seiner Durchquerung wieder sorgfältig schließt; denn das Gebiet ist bis heute ein wichtiges Weidegebiet für Ziegen. Nach wildem Auf und Ab geht es erneut durch ein Holztor und der Pfad steigt ein letztes Mal sehr deutlich an. Er wechselt nun auf die Nordseite des Kammes und es folgt das exponierteste Teilstück der Route. Ein kurzer Quergang führt durch eine Felswand hoch über der Masca-Schlucht. Schließlich leitet eine Kehre aus dem schwierigen Gelände auf das Plateau Lomo de Tablada.

Ab hier ändert sich das Gelände fast schlagartig: Der schroffe Felsenkamm weicht sanften Wiesenhängen, die nur leicht zum Meer hin abfallen und erst an den Klippen von Los Gigantes enden. Hier stehen die ersten Ruinen alter Bauernhäuser. Die eigentliche Finca Guergues liegt jedoch deutlich tiefer und erfordert einen weiteren Abstieg. An einem alten Dreschplatz links vorbei leitet der Pfad über die verfallenen Ackerterrassen zur Finca La Cabezada und

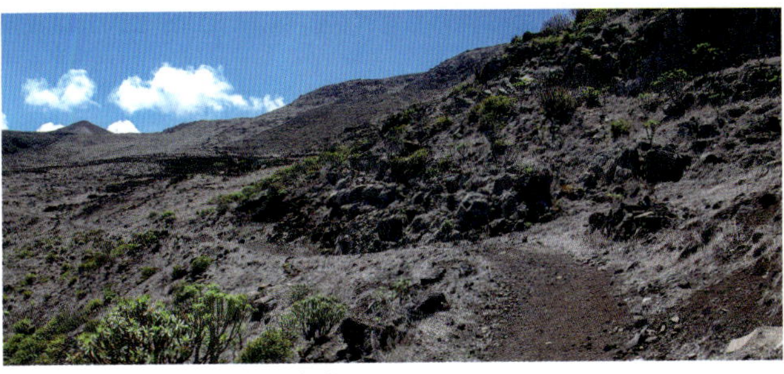

Am Anfang ist der Pfad einfach

schließlich wenige Minuten später zur **Finca de Guergues 04**. Die Strapazen haben sich gelohnt, denn dieser Ort scheint vom Rest Teneriffas Lichtjahre entfernt zu liegen. Herrliche Ausblicke auf das Meer, nach La Gomera und auf die heimischen Pflanzen, welche die Ackerterrassen zurückerobert haben, belohnen für den Anmarsch. Der Rückweg zum Ausgangspunkt verläuft auf derselben Route und erfordert nochmals volle Aufmerksamkeit und viel Kraft, denn ein Großteil des Weges erfolgt nun im Aufstieg. Dafür ergeben sich völlig neue Ausblicke ins Inselinnere und auf den Teide.

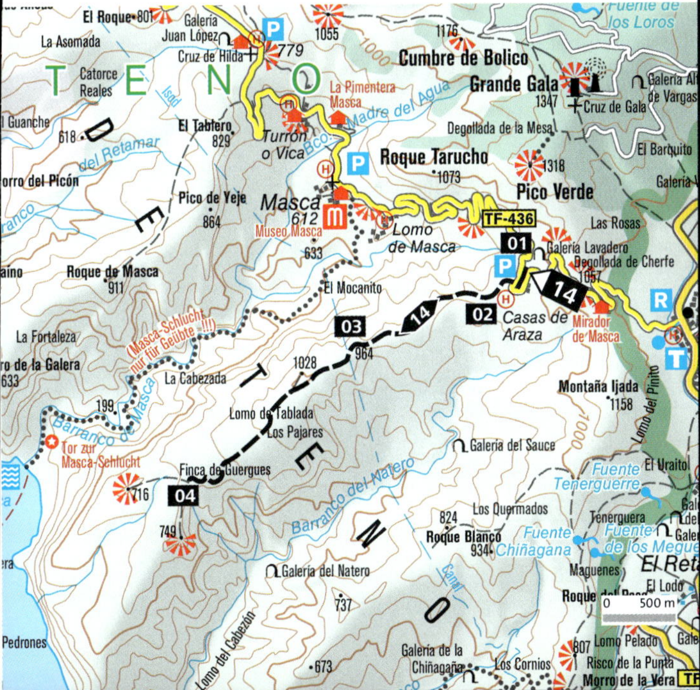

DURCH DEN LORBEERWALD BEI ERJOS

Märchenwald im Teno-Gebirge

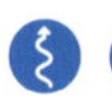 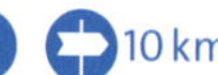 10 km  3:00 h  80 hm  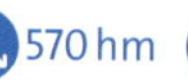 570 hm  233

START | Erjos
[GPS: UTM Zone 28 x: 323.061 m y: 3.134.831 m]
CHARAKTER | Einfache, aber überaus lohnende Wanderung durch einen der ursprünglichsten Lorbeerwälder Teneriffas. Die Route verläuft großteils auf Forst- und Feldwegen sowie auf schmalen Dorfstraßen.

Als undurchdringlicher grüner Teppich überzieht ein ganz besonderer Wald den Nordabfall des Hochplateaus rund um Erjos. Die Wälder am Monte del Agua stellen den wohl ursprünglichsten derartigen Bestand im Teno-Gebirge dar.
Hohe Feuchtigkeit durch die beinahe täglich am Nachmittag aufziehenden Passatnebel spenden dem Lorbeerwald ausreichend Wasser. Zudem erfolgten in den steilen Hängen, welche die Route quert, kaum forstliche Nutzungen des Waldes. Damit führt diese Wanderung beinahe durch einen Märchenwald.

▶ Die Wanderung beginnt direkt an der TF-82 im Ortskern von **Erjos** 01. Bei der kleinen Dorfkirche geht es den Wegweisern folgend in die Calle las Cruces. Wo die Gasse nach rechts in einem rechten Winkel abbiegt, steigt man zur Linken über einen steinigen Pfad zu einem **Hohlweg** 02 im Talgrund ab. Hier hält man sich kurz links und folgt bei nächster Gelegenheit rechts dem Wegweiser in Richtung Monte del Agua.

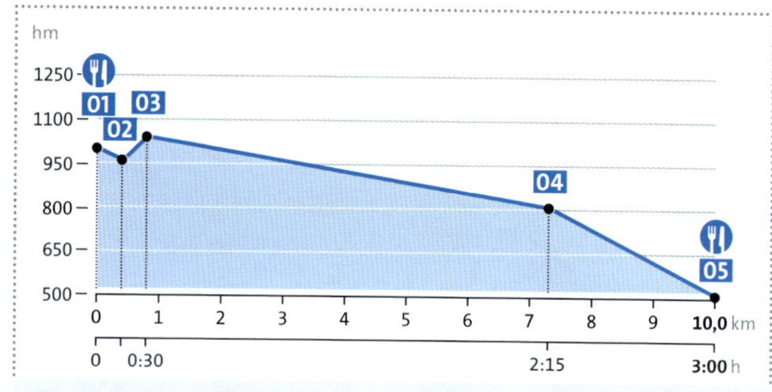

01 Erjos, 1000 m; 02 Hohlweg, 960 m; 03 Funksender, 1040 m; 04 Abzweigung von der Piste, 806 m; 05 El Palmar, 510 m

Nach einem kurzen Aufstieg – der Blick zurück fällt auf das Dorf Erjos – erreicht man bei einem **Funksender** 03 die Forststraße, welche sich durch die „Grüne Hölle" am Monte del Agua windet.
Obwohl der folgende Großteil der Wanderung dieser Schotterstraße folgt, ist die Route alles andere als langweilig, da kaum eine anderer Weg einen derart unbeschwerten Einblick in die Welt des Lorbeerwaldes erlaubt. Schon wenige Meter nach der Sendeanlage versperrt ein Schranken den weiteren Weg für motorisierte Fahrzeuge. Noch ein paar Meter durch die Kulturlandschaft bringen einen an eine Linkskurve, an der an einer Hangkante wie mit dem Lineal gezogen die Welt des Lorbeerwaldes beginnt.
Tritt man in diesen Wald ein, wird es sofort merklich kühler und feuchter. Die dicht stehenden Lorbeerbäume schaffen sich mit Hilfe des Passatnebels ihr eigenes Mikroklima. An einer ersten Spitzkehre wurde vor kurzem eine Aussichtsplattform errichtet, welche einen Blick über den Lorbeerwald erlaubt.
Auch der einfache weitere Weg erlaubt stets, nach den typischen Pflanzen und Tieren des Lorbeerwaldes Ausschau zu halten: Im Unterwuchs erscheint der Wald beinahe kahl, doch an den Böschungen der Forststraße gedeihen insbesondere an felsigen Stellen zahlreiche typisch tinerfinische Pflanzen, wie etwa Aeonien, Kreuzkräuter, der Kanarische Fingerhut und die seltene Kanarische Glockenblume. Zwar fällt die Hauptblütezeit in den Frühling, doch konnte der Autor bei seinem letzten Besuch selbst im November 2015 noch blühenden Fingerhut und Glockenblumen entdecken. Auch die Vogelwelt des Lorbeerwaldes ist sehr speziell: Viele Arten, wie Amsel, Rotkehlchen, Buchfink oder Blaumeise, sind zwar auch aus Mitteleuropa vertraut, sehen aber auf Teneriffa etwas anders aus. Die wahre Besonderheit des Lorbeerwaldes sind jedoch seine Tauben. Lorbeertauben kommen heute nur mehr auf den Kanaren und auf Madeira vor und lassen sich entlang des Weges immer wieder beobachten. Man bleibt stets auf dem Hauptweg und lässt alle abgehenden unmarkierten Pfade unberücksichtigt. Auch der ausgeschilderte Abstiegsweg nach Los Silos (siehe Tour 17) bleibt unberücksichtigt. Erst nach zwei Serpentinen, in denen der Forstweg deutlicher nach unten führt, heißt es wieder aufpassen. An einer fast spitzen

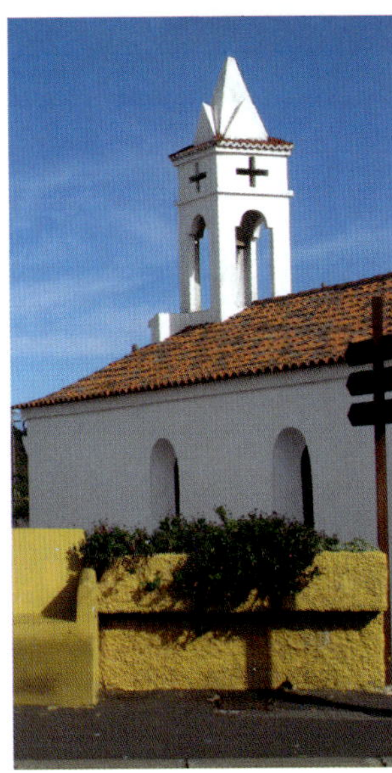
Ausgangspunkt ist die Kirche in Erjos

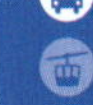
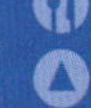

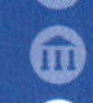

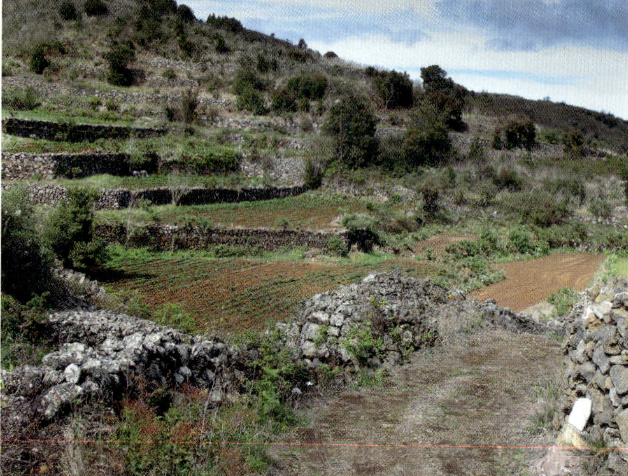

Nur ganz zu Beginn geht es durch Terrassenfelder

Kehre liegt die **Abzweigung von der Forststraße** 04, welche es für diese Route zu wählen gilt. Leicht an Höhe verlierend, verläuft der deutlich schmalere Erdweg für kurze Zeit parallel zur höher liegenden, bisher genutzten Forststraße, wendet sich jedoch bald nach rechts. In einer Kehre bleibt der schmale, nach rechts führende und zusätzlich auch beschilderte Pfad unberücksichtigt. Man verbleibt auf dem breiteren, an dieser Stelle untrassierten Fahrweg, der nach links und anschließend in einigen Kehren an den unteren Rand des Lorbeerwaldes führt.

Ab hier geht es durch altes Kulturland, das heute weitgehend brach liegt. Der schmalere erdige trifft auf eine breitere Schotterstraße mit Markierungen. Dieser folgt man nach links und erreicht wenig später eine asphaltierte Dorfstraße. Hier hält man sich rechts und steigt vorbei an üppigen Gärten die letzten Meter ins Dorfzentrum von **El Palmar** 05 ab.

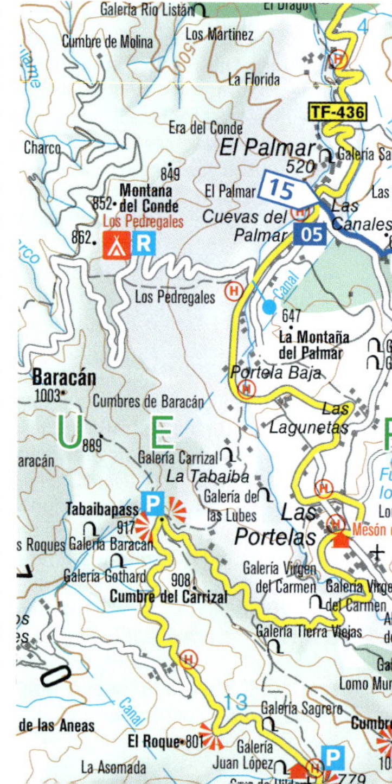

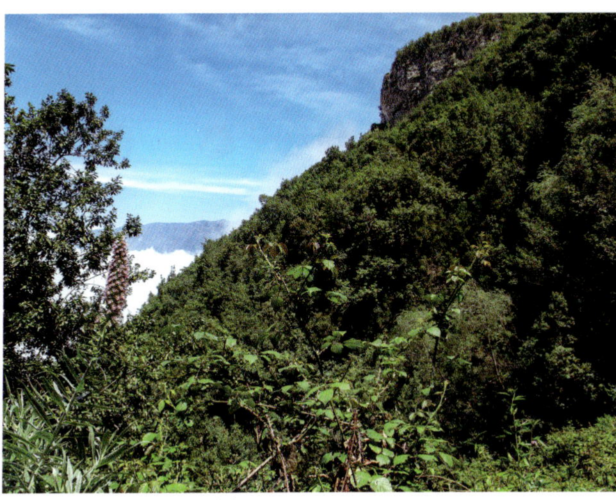

Lorbeerwald am Monte del Agua

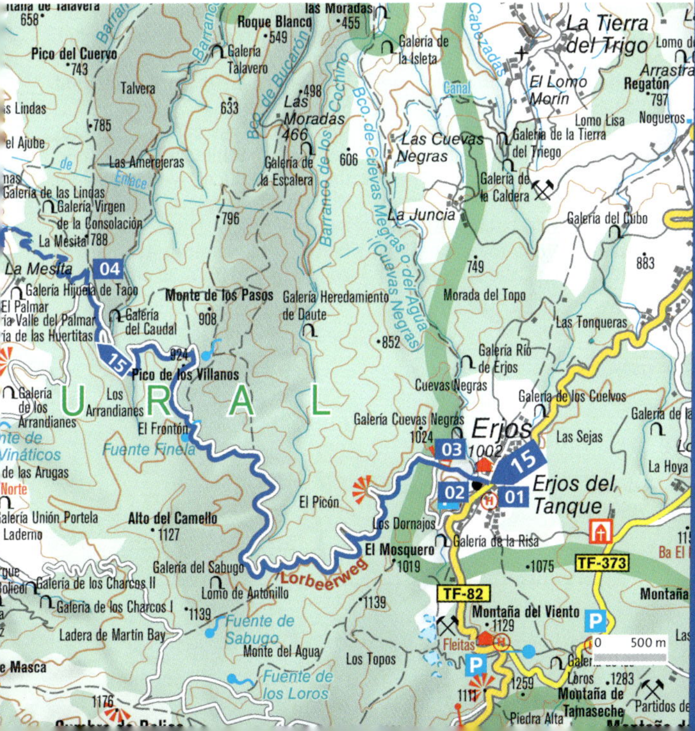

Roque Blanco
549
las Moradas
455
Galería de la Isleta
La Tierra del Trigo
Pico del Cuervo
743
Galería Talavero
Talvera
498
Las Moradas
466
633
Canal
El Lomo Morín
Regatón
797
785
Lomo Lisa
Nogueros
Las Cuevas Negras
Galería de la Tierra del Triego
Las Amerejeras
Enlace
Galería de la Escalera
606
Galería de la Caldera
Galería de las Lindas
Galería Virgen de la Consolación
796
La Juncia
Galería del Cubo
La Mesita 788
La Mesita
04
749
883
Galería Hijuela de Taco
Monte de los Pasos
Galería Heredamiento de Daute
Morada del Topo
Galería del Caudal
908
852
Las Tonqueras
15
924
Pico de los Villanos
Galería Río de Erjos
Cuevas Negras
Galería de los Arrandianes
Los Arrandianes
U R A L
Galería de los Cuelvos
Galería Cuevas Negras
1024
Erjos
1002
03
Las Sejas
El Frontón
Fuente Finela
15
La Hoya
02
01
Erjos del Tanque
El Picón
Alto del Camello
1127
Los Dornajos
Galería de la Risa
El Mosquero
1019
Galería del Sabugo
Lorbeerweg
1075
TF-373
Galería de los Charcos II
Lomo de Antonillo
TF-82
Galería de los Charcos I
1139
1139
Montaña del Viento
1129
Ladera de Martín Bay
Fuente de Sabugo
Monte del Agua
Fleitas
0 500 m
Los Topos
Fuente de los Loros
1176
1259
1283
1111
Montaña de Tamaseche
Piedra Alta

VON LOS SILOS NACH ERJOS

Von der Nordküste in die Berge

  5,2 km 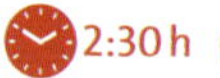 2:30 h 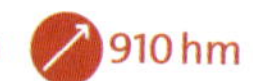 910 hm 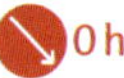 0 hm  233

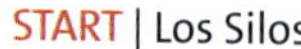

START | Los Silos
[GPS: UTM Zone 28 x: 321.947 m y: 3.138.935 m]
CHARAKTER | Der aussichtsreiche Aufstieg über alte Saumpfade führt durch einsame Schluchten und auch eine typische Kulturlandschaft. Der Höhenunterschied sollte trotz der vergleichsweise guten Wege nicht unterschätzt werden.

Los Silos ist eines der malerischsten Küstendörfer im Norden Teneriffas. Hier hat der Massentourismus noch nicht Einzug gehalten und wird es – bedingt durch die Rauheit der Nordküste – wohl auch so schnell nicht tun. Typisch kanarisches Dorfleben und ein hübsches Erscheinungsbild prägen den Ort. Die Wanderung führt von hier hinauf in die einsame Bergwelt des Teno-Gebirges.

▶ An der Südseite des Hauptplatzes Plaza de la Luz in **Los Silos** 01 überquert man die TF-42 und geht in die Calle Susana, welche dem Berghang entgegenführt. Gute 100 Meter nach Beginn der Gasse bleiben die rechts abgehenden Wanderwege unberücksichtigt, man steigt weiter in der Calle Susana an. Ein Wanderwegweiser zeigt in Richtung Cuevas Negras. Man folgt der Straße bis zu ihrem Ende, das bereits im Barranco de Sibora liegt.
Hier beginnt der eigentliche Wanderweg, ein Schild weist nach links und die Schlucht wird auf einer Holzbrücke gequert. Nach einer zweiten Brücke leitet eine betonierte Piste weiter in den Barranco hinein und führt zu einer Finca.

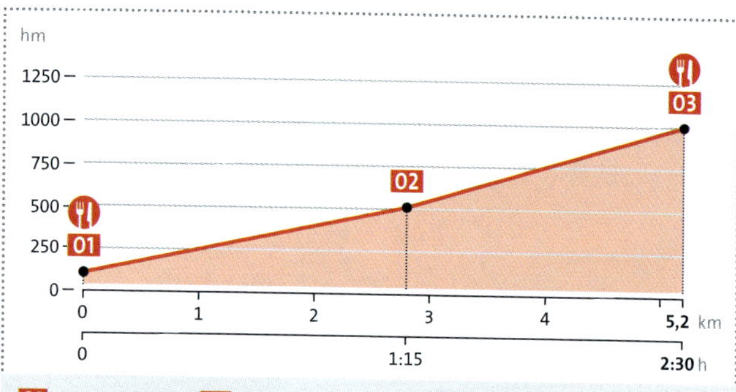

01 Los Silos, 107 m; 02 Cuevas Negras, 510 m; 03 Erjos, 1000 m

Kombination zu einer Rundwanderung

Diese Tour lässt sich mit der folgenden Wanderung 17 zu einer Runde kombinieren. Allerdings sollten die Anforderungen dieser Route nicht unterschätzt werden: Immerhin sind in diesem Fall mehr als 900 Höhenmeter im An- **und** Abstieg zu bewältigen.

Hier weist ein Schild den weiteren Weg und es beginnt ein alter Saumpfad, der zunächst im Bachbett, alsbald jedoch an der Ostflanke der Schlucht emporsteigt. In Serpentinen gewinnt der Pfad rasch an Höhe und allmählich sind die ersten Lorbeerbäume zu entdecken. Schließlich erreicht man die verfallenden Häuser der eins-

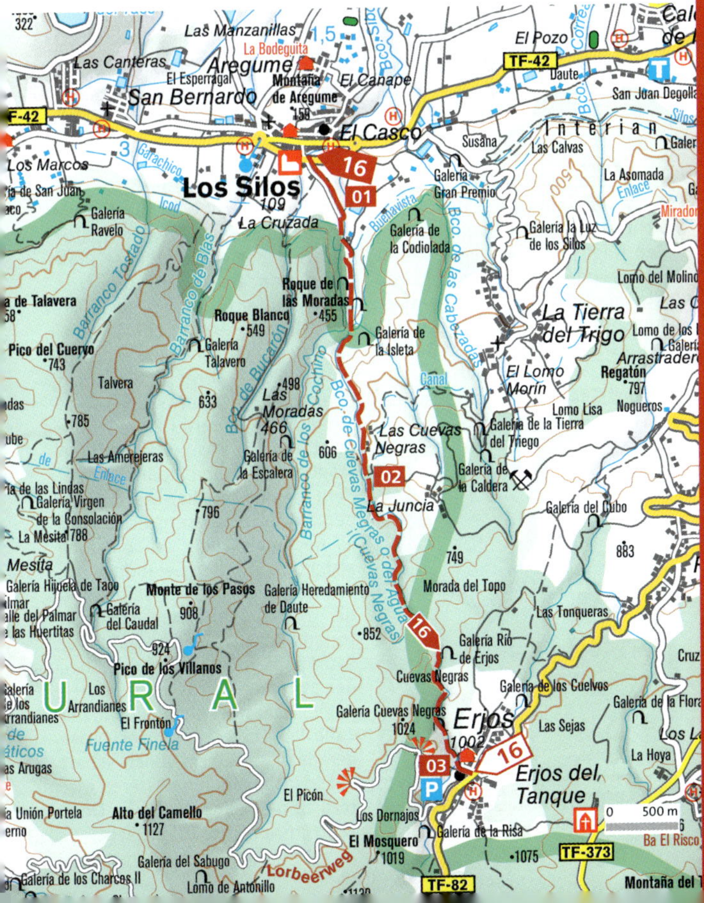

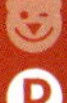

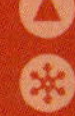

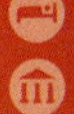

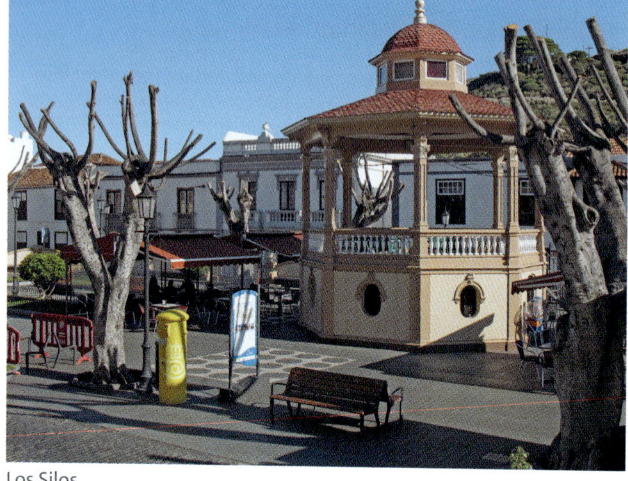
Los Silos

tigen Aussteiger-Siedlung **Cuevas Negras** 02 und damit auch einen wichtigen Kreuzungspunkt.
Man folgt dem geradeaus weiter ansteigenden Pfad (der links abgehende bleibt unberücksichtigt). Durch dichtes Brombeergebüsch geht es weiter. Sollten die Beeren reif sein, wird manchen Wanderer ihr Geschmack enttäuschen: Sie sind bei weitem nicht so süß und aromatisch wie aus Mitteleuropa gewöhnt. Etwas später wechselt der gut markierte Pfad auf die andere Talseite und tritt wenig später in einen geschlossenen Lorbeer-Bestand ein. Der Anstieg wird deutlich steiler und der feuchte Boden sorgt für den einen oder anderen „Ausrutscher“.

Los Silos

Ein alter, gemauerter Platz wurde einst von den Säumern und ihren Tragtieren für eine letzte Rast vor dem finalen Anstieg nach Erjos genutzt. Nach diesem Platz geht es nochmals zügig empor, doch alsbald wird das Gelände sanfter, der Taleinschnitt weiter und der Lorbeerwald macht dem Kulturland Platz. Zuletzt geht der Saumpfad in einen Feldweg über, der zwischen Terrassen hindurch leitet. Man trifft auf das Ende der Calle las Cruzes, folgt der Gasse geradeaus und schließlich scharf links. Nach wenigen weiteren Metern ist die kleine Kirche im Dorfzentrum von **Erjos** 03 erreicht.

VON ERJOS NACH LOS SILOS

Durch den Lorbeerwald in die Küstenniederung

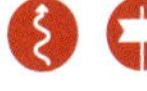  11 km  3:15 h 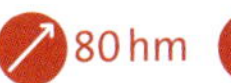 80 hm 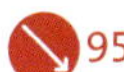 950 hm  233

START | Erjos
[GPS: UTM Zone 28 x: 323.073 m y: 3.134.838 m]
CHARAKTER | Diese fast ausschließlich abwärts führende Wanderung führt durch den Lorbeerwald ins Kulturland der Nordküste. Neben Forststraßen geht es vor allem über alte Saumpfade.

Diese Wanderung führt von einem typischen Bergdorf des Teno-Gebirges hinunter an die Nordküste Teneriffas. Dabei werden die unterschiedlichsten Vegetationszonen durchquert – ein Lehrbuchbeispiel für alle an Botanik Interessierten.

▶ Diese Wanderung beginnt wie Tour 15 durch den Lorbeerwald bei Erjos **01**. Bei der kleinen Dorfkirche geht es den Wegweisern folgend in die Calle las Cruces. Wo die Gasse nach rechts in einem rechten Winkel abbiegt, steigt man zur Linken über einen steinigen Pfad zu einem **Hohlweg 02** im Talgrund ab. Hier hält man sich kurz links und folgt bei nächster Gelegenheit rechts dem Wegweiser in Richtung Monte del Agua. Nach einem kurzen Aufstieg – der Blick zurück fällt auf das Dorf Erjos – erreicht man bei einem **Funksender 03** die Forststraße, welche an den Hängen des Monte del Agua entlang zieht.
Auf der Forststraße geht es für etwa eine Stunde beständig leicht

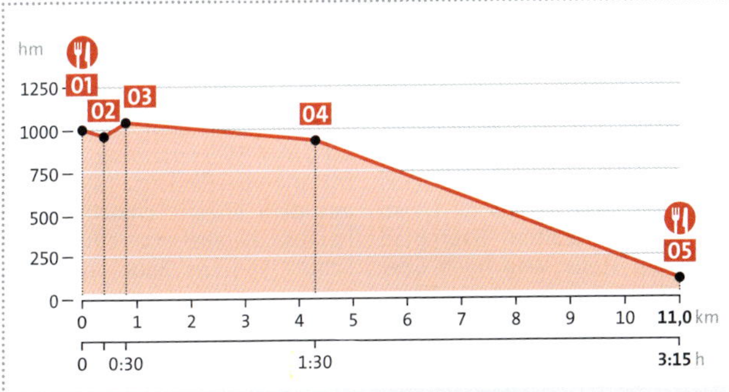

01 Erjos, 1000 m; **02** Hohlweg, 960 m; **03** Funksender, 1040 m; **04** Abzweigung vom Forstweg, 930 m; **05** Los Silos, 107 m

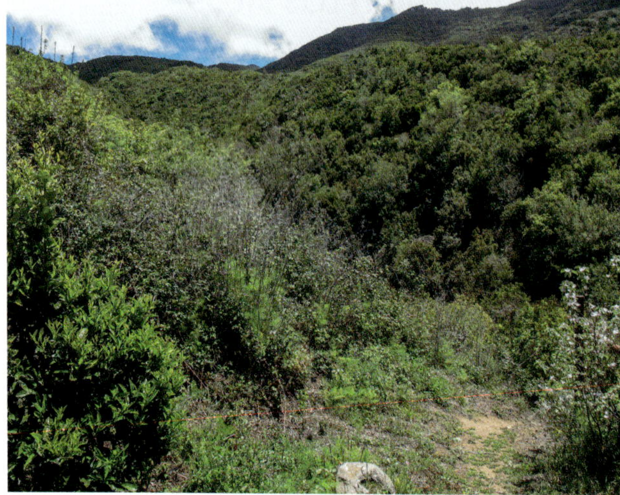

Am Tor in den Märchenwald

abwärts. Nachdem der Weg mehrere Taleinschnitte durchquert hat, wendet er sich Richtung Norden und führt aus dem Barranco del los Cochinos heraus. Nach einem nur licht bewaldeten Teilstück erreicht man die **Abzweigung des Steigs** **04** in Richtung Los Silos (im November 2015 war hier eine völlig neue Beschilderung vorhanden).

Man folgt zunächst dem steil abwärts führenden Pfad, der nach etwa 20 Minuten in eine schmale Forststraße mündet. Auf dieser geht es nach links bis zum Wegweiser La Lavaderos, der nach rechts den Abstieg ins Tal weist. Auf einem uralten Saumpfad leitet der steile Weg hoch über dem Barranco de los Cochinos entlang. Allmählich bleibt der Lorbeerwald zurück und ein Bestand aus Baumheide und anderen Sträuchern begleitet den Weg. Bald kommen auch die ersten Opuntien hinzu, ein untrügliches Zeichen, dass man sich wieder der Zivilisation nähert. Über mehrere Serpentinen nähert man sich einem verlassenen Bauernhof, von dem sich Ausblicke auf die Nordküste, aber auch atembraubende Tiefblicke in den Barranco de los Cochinos ergeben. Hier wendet sich der Pfad links in Richtung des Roque Blanca. Die alte Steinpflasterungen des Saumpfads und handwerklich gut angelegte Brücken erleichtern den Abstieg bzw. das Queren der Bachläufe unterhalb des Roque Blanca.

An einer Wasserleitung vorüber tritt man bei der Finca La Cruzada aus dem engen Schluchtbereich heraus. Parallel zu einer zum Schutz von Los Silos verbauten Schlucht wandert man abwärts, bis man bereits im Dorf die Calle Susana erreicht. Dieser folgt man nach links, quert am Ende der Straße die TF-42 und kommt danach in kurzer Zeit zum Hauptplatz von **Los Silos** **05**.

Kombination zur Rundwanderung

Diese Route kann mit der vorangehenden Wanderung 16 zu einer Runde kombiniert werden. Allerdings sind dann mehr als 900 Höhenmeter im An- **und** Abstieg zu bewältigen, was eine solide Kondition benötigt.

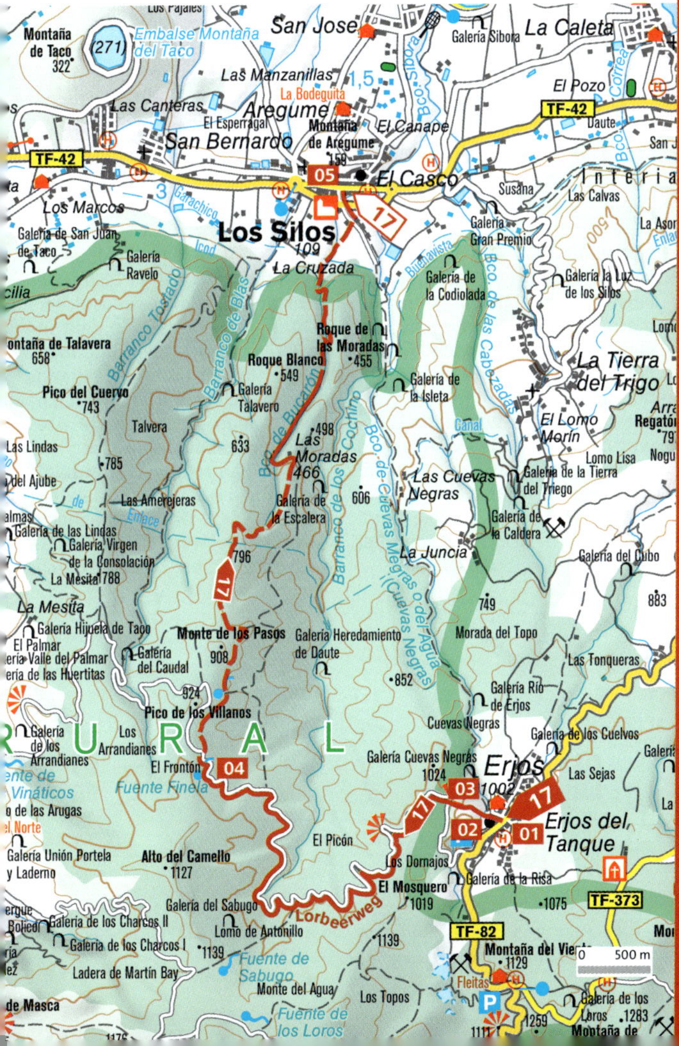

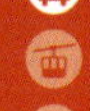
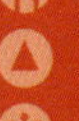
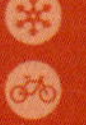

DURCH DIE KULTURLANDSCHAFT UM EL PALMAR

Altes Erbe der Geschichte

 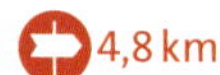 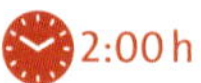 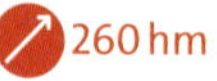 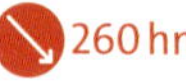 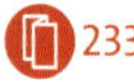

START | El Palmar
[GPS: UTM Zone 28 x: 319.042 m y: 3.136.775 m]
CHARAKTER | Eine an sich einfache Rundwanderung mit einem vergleichsweise steilen Aufstieg auf einem markierten Pfad. Die Runde berührt vor allem die alte Kulturlandschaft um El Palmar sowie ein kleines Stück des Lorbeerwaldes am Monte del Agua.

El Palmar ist ein typisches Beispiel für ein Dorf im Teno-Gebirge. Einst lag hier eine der „Kornkammern" Teneriffas, denn das vergleichsweise wasserreiche Gebiet bot ideale Voraussetzungen für die Landwirtschaft. Ab dem Ende der 1950er-Jahre wurde die Landwirtschaft jedoch weitgehend eingestellt und auch der Massentourismus hielt nicht in El Palmar Einzug. So konnte sich die Landschaft um das Dorf viel von ihrer Ursprünglichkeit bewahren.

Von der TF-436 in **El Palmar** 01 folgt man der Calle El Risquette leicht ansteigend in südöstlicher Richtung. Die Dorfstraße geht in die Calle Susana über, der man weiter in Richtung Dorfrand folgt. Zwischen Gärten hindurch erreicht man die markierte **Abzweigung von der Straße** 02. Hier wendet man sich links und folgt dem Weg zwischen den letzten Häusern des Dorfs allmählich etwas steiler werdend aufwärts. Nach einer Kehre, welche durch

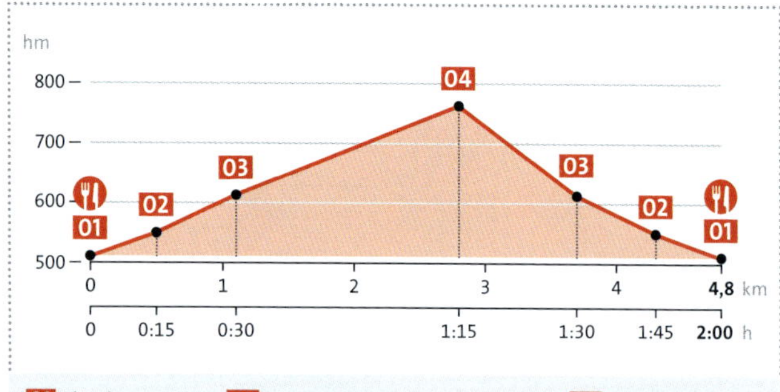

01 El Palmar, 510 m; 02 Abzweigung von Straße, 550 m; 03 Weggabelung, 613 m; 04 Alter Wirtschaftsweg, 763 m

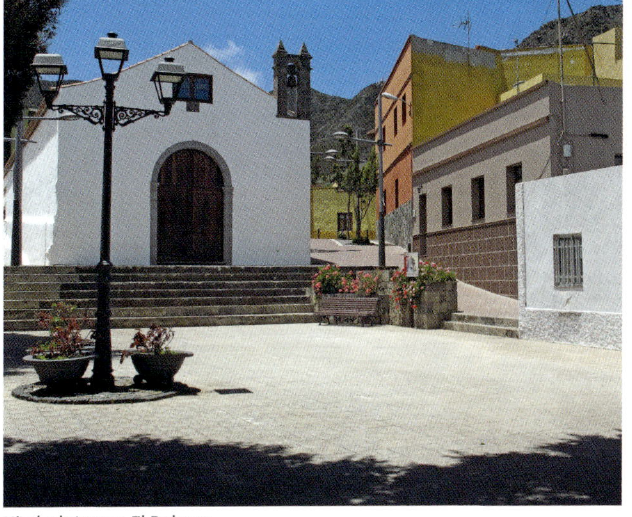

Kirchplatz von El Palmar

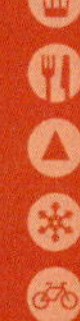

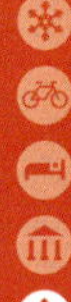

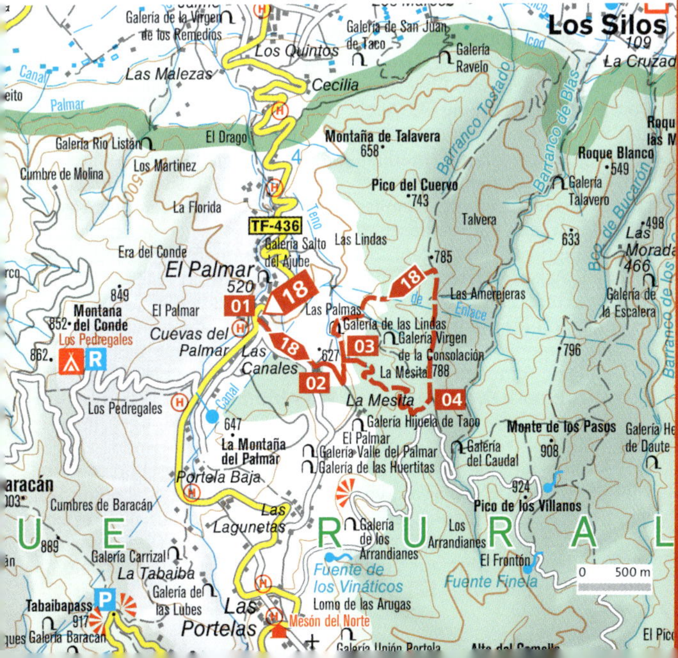

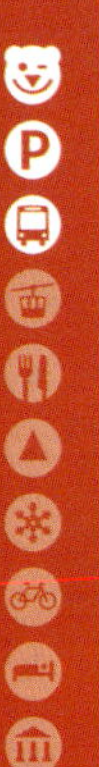

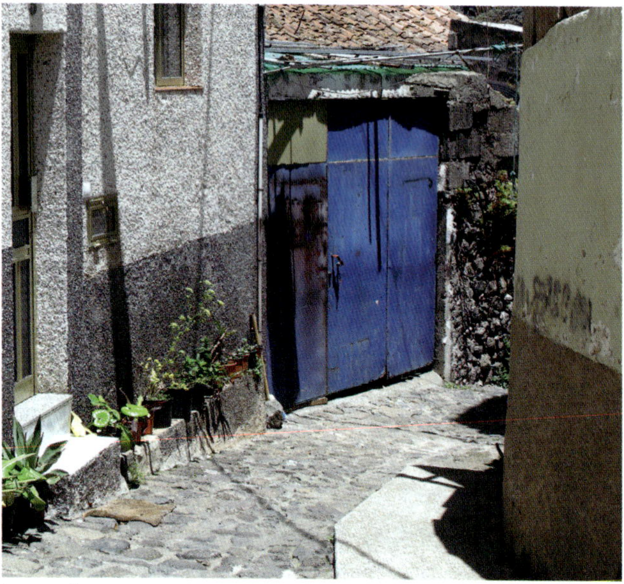

Impressionen

die ehemals bewirtschafteten Terrassen aufwärts leitet, erreicht man schon deutlich über dem Dorf eine **Weggabelung** 03. Auch hier wendet man sich nach links und folgt dem weiß-gelb markierten Weg. Dieser zieht nach einer langen Rechtswendung ziemlich steil durch die Kulturlandschaft dem Hangrücken entgegen. Die meisten Ackerterrassen wurden durch Kakteen und Agaven besiedelt, fast könnte man vermuten, in Mittelamerika zu sein. Nur auf einigen Terrassen wurde im Herbst 2015 noch Kohl angebaut.

An der nächsten Weggabelung hält man sich rechts und steigt weiter auf die Kammlinie auf. Hier breitet sich ein lockerer, von einzelnen Felsen durchsetzter Lorbeerwald aus. Der Pfad leitet nach Süden und trifft auf einen **alten Wirtschaftsweg** 04, den sogenannten Camino de las Cabral (Ziegenweg). Diesem folgt man scharf rechts abwärts (links haltend würde man in wenigen Minuten die Forststraße durch die Lorbeerwälder am Monte del Agua erreichen; siehe Tour 15). In Serpentinen leitet der Weg wieder dem Dorf entgegen und nach einigen Höhenmetern Abstieg bleibt der Lorbeerwald wieder zurück und es umgeben den Wanderer wieder die alten Feldterrassen. Nur einige Pflanzen des Lorbeerwaldes, etwa die Kanaren-Glockenblume, konnten auch in diesen Bereich vordringen. Im weiteren Abstieg trifft man schließlich wieder auf die schon vom Anstieg vertraute **Weggabelung** 03. Ab hier geht es auf dem selben Weg zurück zur **Dorfstraße** 02 und auf dieser nach rechts haltend ins Zentrum von **El Palmar** 01.

VON EL PALMAR NACH TENO ALTO

Runde über die Teno-Hochfläche

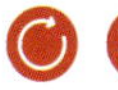 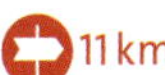  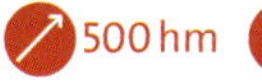 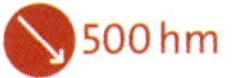 

11 km 3:45 h 500 hm 500 hm 233

START | El Palmar
[GPS: UTM Zone 28 x: 319.044 m y: 3.136.741 m]
CHARAKTER | Diese mittelschwere Rundwanderung führt zu den typischen Landschaften des Parque Rural de Teno. Die Route verläuft durchwegs auf gut trassierten Wegen, die auch fast in allen Bereichen gut markiert sind.

Die Region um El Palmar ist eine der am längsten genutzten Kulturlandschaften Teneriffas. Während die Ureinwohner hier ihre Ziegenherden auf saftige Weiden trieben, brachten die spanischen Eroberer den Ackerbau in diese Region. Der Ackerbau wurde mittlerweile wieder aufgegeben, doch die Ziegenhaltung spielt noch immer eine Rolle, den Ziegenkäse von den Kanaren zählt zu den kulinarischen Besonderheiten der Inseln. Schon bei der Anfahrt nach El Palmar kommt man an einer Käserei mit Ziegenstall und -koppeln direkt an der TF-436 vorbei.

▶ Vom Ortskern des kleinen Dorfes **El Palmar** 01 folgt man zunächst der TF-436 so lange bergwärts, bis rechter Hand die asphaltierte Carreterra Leno Alto abzweigt. Direkt an der Abzweigung nimmt linker Hand auch der heutige Wanderweg seinen Ausgang. Diese Strecke wird als **Calléjon de Teno** bezeichnet und war früher der wichtigste Wirtschaftsweg der Region. Gegenüber der

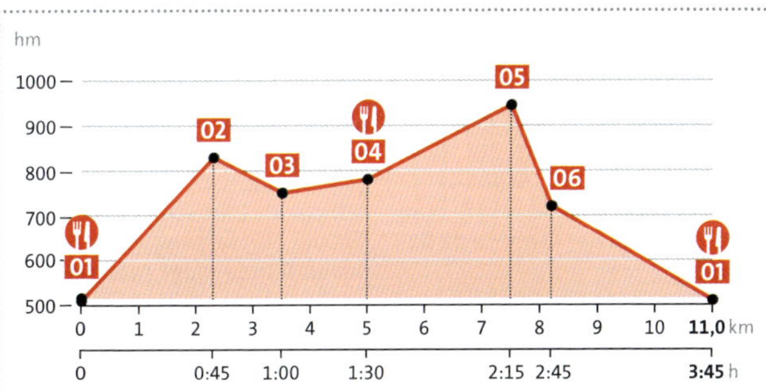

01 El Palmar, 510 m; 02 Cumbre de Baracán, 829 m; 03 Barranco El Charco, 750 m; 04 Los Bailaderos, 780 m; 05 Südflanke El Baracán, 945 m; 06 Tabaiba-Pass, 720 m

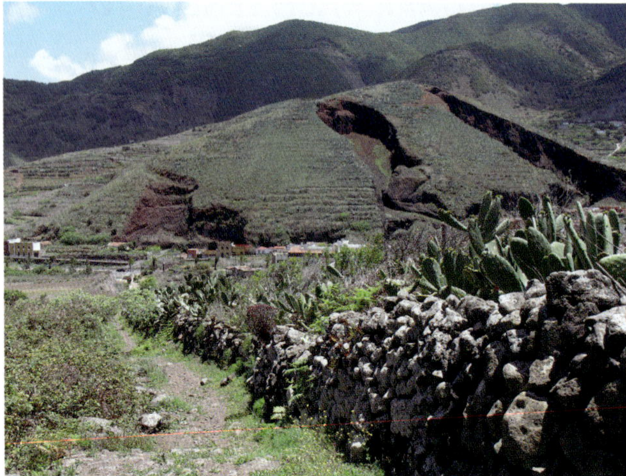

Typisches Kulturland im Teno-Gebirge

Fahrstraße ist dieser Weg mit 4,6 km beinahe nur halb so lang, doch dafür auch wesentlich steiler und für motorisierte Fahrzeuge nicht geeignet.

Diesem alten Pfad folgend geht es zunächst durch terrassiertes Kulturland vergleichsweise sanft aufwärts. Nach einer guten Viertelstunde liegt rechts neben dem Pfad Zona recreativa Los Pedregales und der Anstiegsweg quert eine Asphaltstraße. In diesem Bereich ist der Pfad gut markiert, er schneidet mehrmals die Straße, bietet jedoch stets die Möglichkeit, abseits des Asphalts zu bleiben. Schließlich erreicht man einen Sattel an der **Cumbre de Baracán** 02.

Ab hier verläuft der Pfad für kurze Zeit parallel zur Fahrstraße, entfernt sich jedoch alsbald von dieser und leitet in den **Barranco El Charco** 03 hinab. Es gilt, mehrere Taleinschnitte zu überwinden, bis schließlich der Anstieg ins Dorf beginnt. Ein Feldweg führt schließlich hinauf zur Fahrstraße nach Teno Alto heran, diese wird gequert und es geht auf dem Pfad weiter zu einem Opferplatz aus vorspanischer Zeit. Schließlich leitet der Pfad wieder zur Fahrstraße und nun folgt man dieser bis ins Zentrum des Weilers **Los Bailaderos** 04, größter Ortsteil von Reno Alto.

Einen wichtigen Anhaltspunkt bzw. Informationen zur Region findet man an der Westseite des Dorfplatzes: Eine Tafel informiert über die Besonderheiten und Wanderrouten der Region und ist gleichzeitig ein wichtiger Kreuzungspunkt verschiedener Wege. Für die Fortsetzung der beschriebenen Runde biegt man nach der Bar Teno Alto südwärts (links) in die leicht ansteigende Gasse ein. Wegweiser zeigen unter anderem die Route in Richtung Tabaiba-Pass, der man nun folgt. Nur kurze Zeit auf dem Asphalt bleibend, biegt man nach dem Dorfrand links in den Camino de Baracán ein.

Zunächst geht es durch einen etwas degenerierten Lorbeerwald, der heute fast nur mehr aus Baumheide besteht, bis man schließlich den baumfreien Bergrücken erreicht. Trotz der Kammlage ist der Weg nicht ausgesetzt, aber teilweise ziemlich steinig, so dass eine gewisse Trittsicherheit von Vorteil ist. An der **Südflanke des Baracán** 05 erreicht die Wanderroute ihren höchsten Punkt (zum Gipfel sind es nur wenige Minuten auf einem Trampelpfad). Der Pfad ist nach wie vor deutlich, senkt sich immer mehr ab und erreicht schließlich den **Tabaiba-Pass** 06 direkt an der TF-436.

Eine Schautafel an der Passhöhe informiert über die Entstehung des Talbeckens von El Palmar. Unweit der Tafel beginnt linker Hand der Abstiegsweg zurück zum Ausgangspunkt. Der anfängliche Steig erreicht nach rund 10–15 Minuten einen Feldweg, dem man folgt. Dies ist das einzige Wegstück, das im Herbst 2015 etwas unübersichtlich war, da offenbar einige Wegweiser entfernt worden waren. Doch auf dem Hauptweg bleibend erreicht man schließlich eine Fahrstraße und folgt dieser nach links bis zur TF-436. Nach Querung der Hauptstraße trifft man auf einen zementierten Weg, der wenig später in die alte Dorfstraße Calle Los Llanitos mündet. Dieser folgt man links haltend abseits des Verkehrs auf der heutigen Hauptstraße zurück ins Zentrum von **El Palmar** 01.

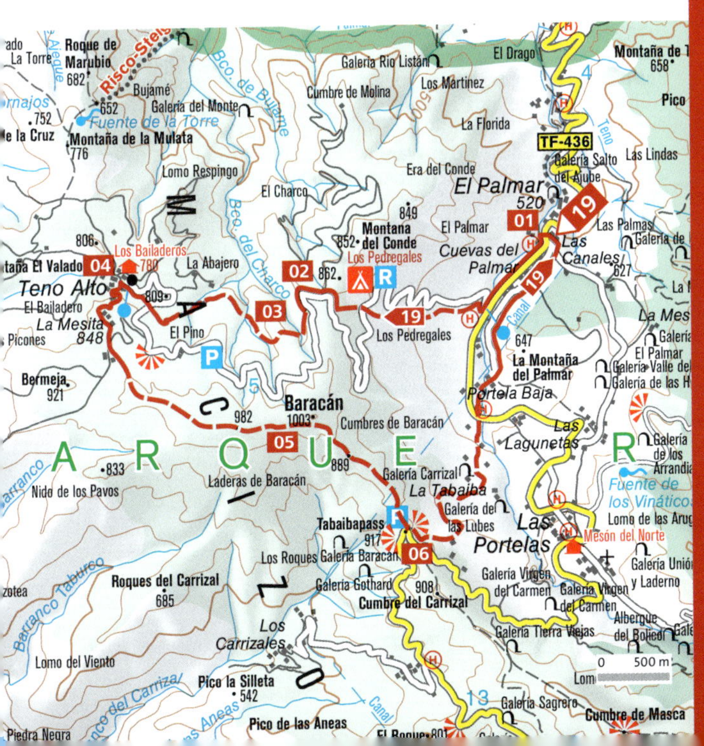

ÜBER DEN RISCO-STEIG NACH TENO ALTO

Historischer Pfad ins Teno-Gebirge

 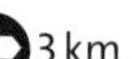 3 km  2:30 h 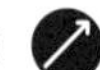 670 hm 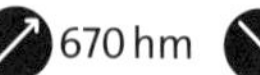 20 hm  233 

START | Barranco de Bujamé
[GPS: UTM Zone 28 x: 316.666 m y: 3.138.617 m]
CHARAKTER | Diese schwierige Wanderung erfolgt zum Großteil auf einem der ältesten Pfade Teneriffas, einst einzige Verbindung zwischen der Nordküste und den Dörfern im Teno-Gebirge. Der Aufstieg erfordert eine solide Kondition und Trittsicherheit.

Manche Urwege, welche heute nur mehr dem Wanderer dienen, hatten einst eine große Bedeutung für die lokale Bevölkerung. Der Risco-Steig ist ein klassisches Beispiel für einen derartigen Weg: Früher war er die einzige Verbindung zwischen dem Teno-Plateau und Buenavista del Norte: Waren aller Art wurden hier transportiert und auch die Särge Verstorbener wurden teilweise über diesen abenteuerlichen Pfad transportiert.

▶ Der Ausgangspunkt dieser Wanderung liegt direkt an der TF-445 rund 2,5 km westlich von Buenavista del Norte. Westlich des **Barranco de Bujamé 01** liegt ein kleiner Parkplatz links der Straße unterhalb eines Wasserspeichers. Hier beginnt der Aufstieg. Im November 2015 befand sich am Einstieg zum Wanderweg eine Hinweistafel, dass der Weg gesperrt sei. Diese Tafel scheint jedoch nach Angaben von Einheimischen schon lange zu stehen

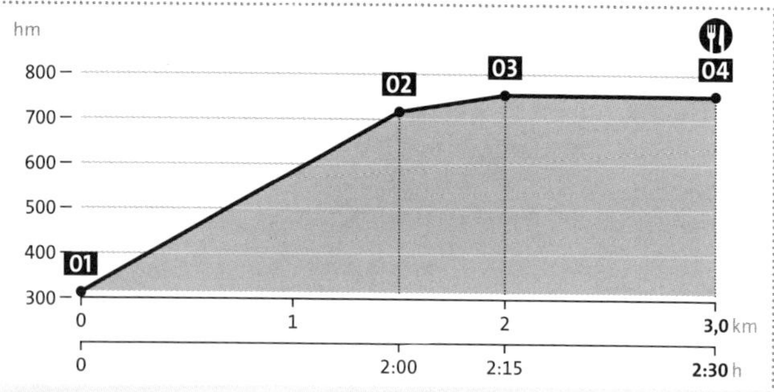

01 Barranco de Bujamé, 119 m; 02 Puerto Malo, 725 m; 03 Montaña de la Mulata, 782 m; 04 Los Bailaderos, 780 m

und soll eher der Abschreckung nicht entsprechend ausgestatteter Wanderer dienen. Man sollte sich jedenfalls eines gewissen Risikos bewusst sein und die Begehung erfolgt jedenfalls auf eigene Gefahr. Der Weg befand sich zu dieser Zeit in einem „normalen“ Zustand.

Zunächst führt der Wanderweg an einem Wasserspeicher vorbei und leitet nach Unterquerung eines Aquädukts in das Bachbett des Barranco hinein. Nach wenigen Metern führen die Pfadspuren nach rechts in eine Seitenschlucht, der man über Felsblöcke und durch dichten Bewuchs folgt. Der Pfad ist deutlich zu sehen, wird aber offenbar nur mehr begrenzt in Stand gesetzt. Stets aufwärts gehend erreicht man schließlich den Einstieg in den Risco-Steig.

Für den Rückweg

Nur konditionsstarke Wanderer ohne Knieprobleme sollten es in Erwägung ziehen, auf dem Risco-Steig zum Ausgangspunkt zurückzukehren. Weit besser erscheint ein Abstieg nach El Palmar (siehe Tour 19), von wo es mit dem Bus zurück nach Buenavista geht. Auch ein Abstieg bis in diesen Ort ist ab El Palmar möglich.

Die folgenden Serpentinen wurden zum Großteil direkt in den Fels geschlagen. Da der Weg früher ein sehr bedeutender Saumpfad war, versuchte man, die Steigungen möglichst gering zu

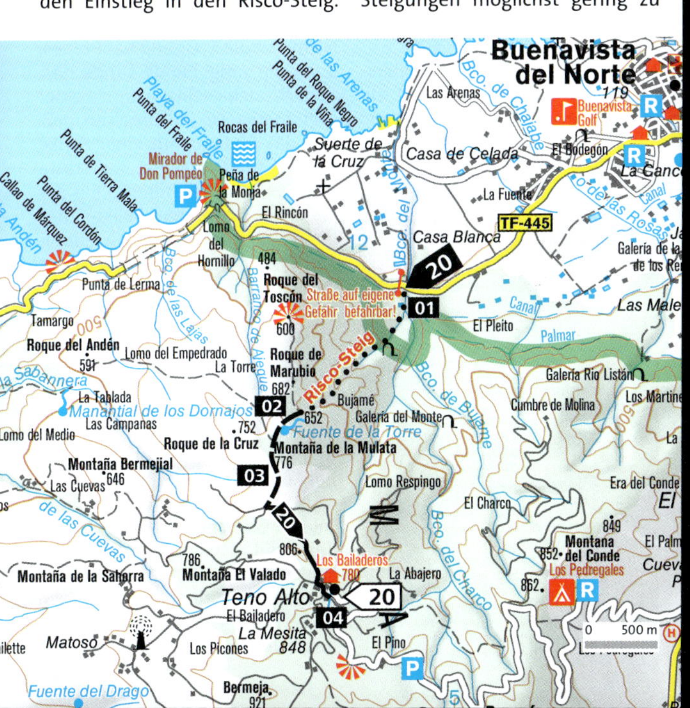

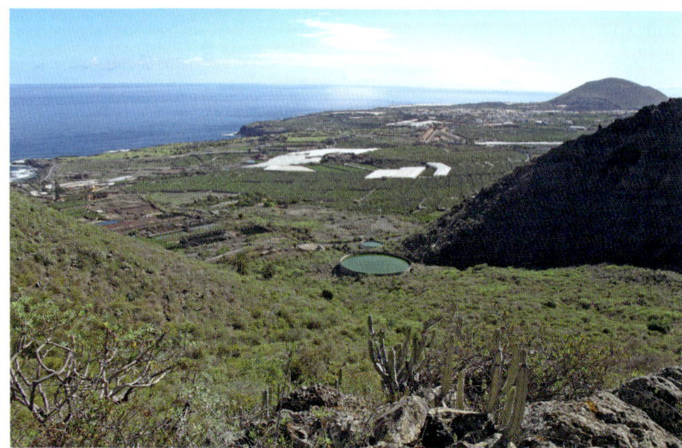
Blick auf die Felder um Buenavista

halten. Teilweise überwindet der Pfad Steilpassagen über in den Fels gehauene Stufen, ansonsten führen unzählige Serpentinen durch die steile Felswand des Roque de Marrubio.

Nach mitunter Schweiß treibendem Aufstieg wird der Pfad allmählich etwas flacher, quert ein

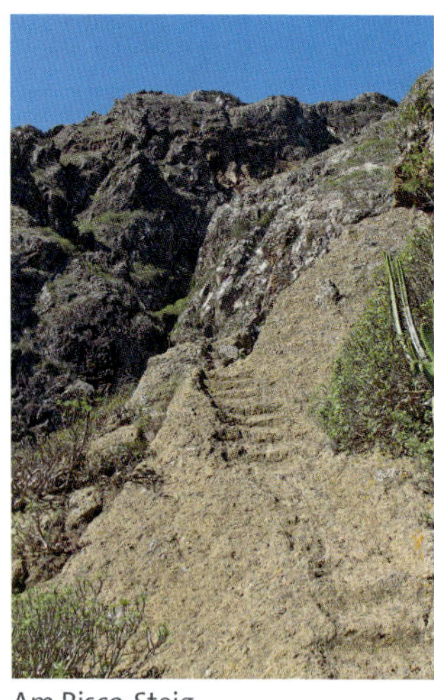
Am Risco-Steig

tiefrotes Felsband aus Vulkangestein und zieht einem Felsvorsprung der Hochebene entgegen. Schließlich ist die Hochfläche des Teno-Plateaus erreicht.

Nicht nur die Steigung des Pfades, auch die umgebende Landschaft ändert sich schlagartig: Felder und markante Vulkanfelsen prägen das Plateau. In einer Senke kommt man an einer Kultstätte der Alt-Kanarier vorüber, eines der wenigen sichtbaren Relikte, das die spanische Eroberung „überlebt“ hat. Nur mehr mäßig steigt der Weg an, bis man schließlich am **Puerto Malo** **02** das schwierige Wegstück endgültig hinter sich lässt.

Durch alte, mittlerweile schon stark überwucherte Feldterrassen gelangt man auf einen Fahrweg und folgt diesem zum höchsten Punkt der Wanderung, der an seinem Sattel der **Montaña de la Mulata** **03** liegt. Hier geht es nach links und alsbald sind die ersten Häuser der Höhensiedlung erreicht. Unmittelbar darauf ist man im Zentrum von **Los Bailaderos** **04** angekommen.

AUF DEN ROQUE EL TOSCÓN

Logenplatz über der Nordküste

 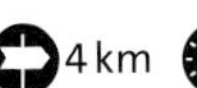 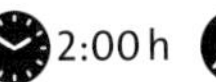 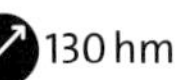 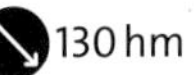 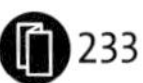

4 km 2:00 h 130 hm 130 hm 233

START | Los Bailaderos
[GPS: UTM Zone 28 x: 316.043 m y: 3.136.674 m]
CHARAKTER | Eine kurze, im letzten Stück auf den Gipfel aber vergleichsweise anspruchsvolle Wanderung. Zunächst geht es über Nebenstraßen und Wege, zum Gipfel aber nur mehr auf Pfadspuren in leichter Kletterei.

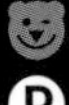

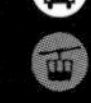

So sanft die uralten Kulturlandflächen auf dem Plateau des Teno-Gebirges auch sein mögen – an seinen Rändern bricht das Massiv unglaublich wild und steil gegen die Küste hin ab. Der Roque El Toscón ist einer der Eckpfeiler des Massivs – ein atemberaubender Ausblick zur Nordküste ist garantiert, es sei denn, der berühmt-berüchtigte Nebel in der Region behindert wieder einmal die Sicht.

▶ Von **Los Bailaderos 01**, größter Ortsteil von Teno Alto, folgt man dem beschilderten Weg in Richtung Risco-Steig. Zunächst steigt die Dorfstraße und später der Feldweg leicht an und überwindet den Rücken der **Montaña de la Mulata 02**, bevor sich die Route leicht abzusenken beginnt.
Über den Einschnitt von **Puerto Malo 03** erreicht man die Landschaft am oberen Ausstieg des Risco-Steigs, die eine fast schon bizarre Mischung aus alten Terrassenfeldern und vulkanischen Felsen darstellt. Es geht nun dem eigentlichen Einstieg des alten Abstiegsweges nach Buenavista entgegen, doch bleibt dieser

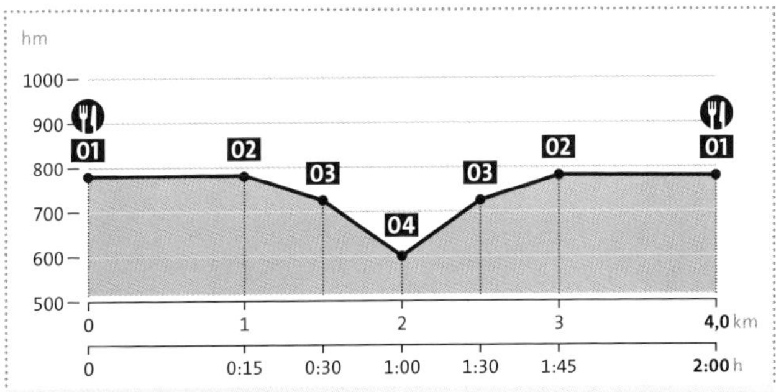

01 Los Bailaderos, 780 m; 02 Montaña de la Mulata, 782 m; 03 Puerto Malo, 725 m; 04 Roque El Toscòn, 600 m

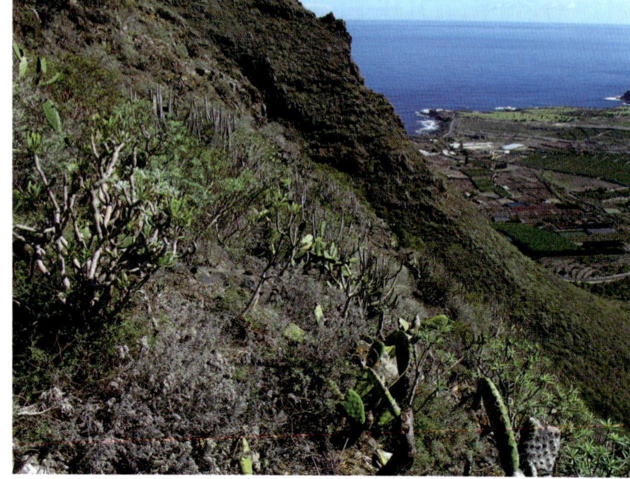

Tiefblick zur Küste

markierte Pfad rechts liegen. An einer Kultstätte der Altkanarier rechts vorüber hält man sich stets in nördlicher Richtung, der Weg bzw. Pfad ist ab hier nicht mehr markiert, aber mit einigem Orientierungssinn dennoch leicht zu finden. Aber Achtung, bei Nebel sollte man spätestens an dieser Stelle umdrehen, dem der Grat ist vergleichsweise schmal und fällt zu beiden Seiten sehr steil ab.

Der Steig führt alsbald über einen felsigen Grat, an dem der Einsatz der Hände stellenweise nötig wird, hinunter zu einem Sattel. Von hier sind es nur mehr wenige Schritte bis zum Gipfel des **Roque El Toscón 04**.

In sehr luftiger Höhe – immerhin 600 Meter über dem Atlantik – genießt man den Tiefblick nach Buenavista und auf die Nordküste. Fast senkrecht fällt die Wand zur Küstenebene hin ab und nur wer schwindelfrei ist, wird den Ausblick wirklich genießen können. Im Frühling sind am Berg und auf dem letzten Wegstück auch etliche Pflanzen zu entdecken, welche nur im Teno-Gebirge vorkommen. Auch ist das Blockwerk ein idealer Rückzugsraum für Eidechsen,

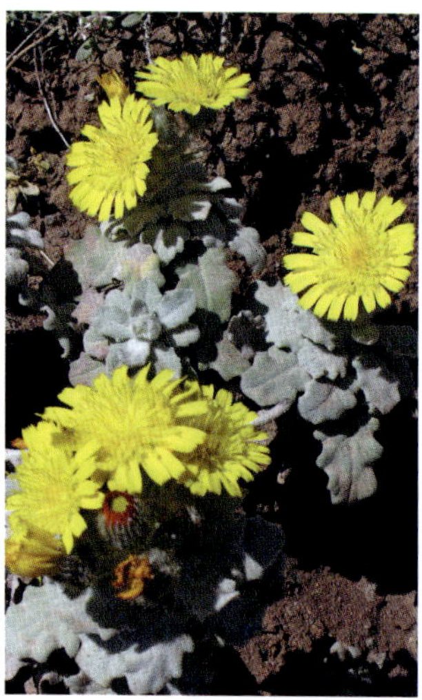

Endemit am Wegesrand

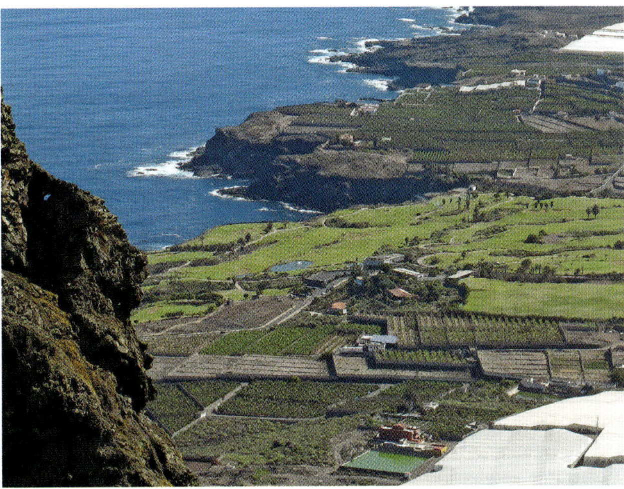

Tiefblick zur Küste

und so manche Männchen der Westkanareneidechse erreichen eine stattliche Länge um 40 cm.

Für die Rückkehr nach **Los Bailaderos** **01** wählt man den schon vom Anmarsch bekannten Weg.

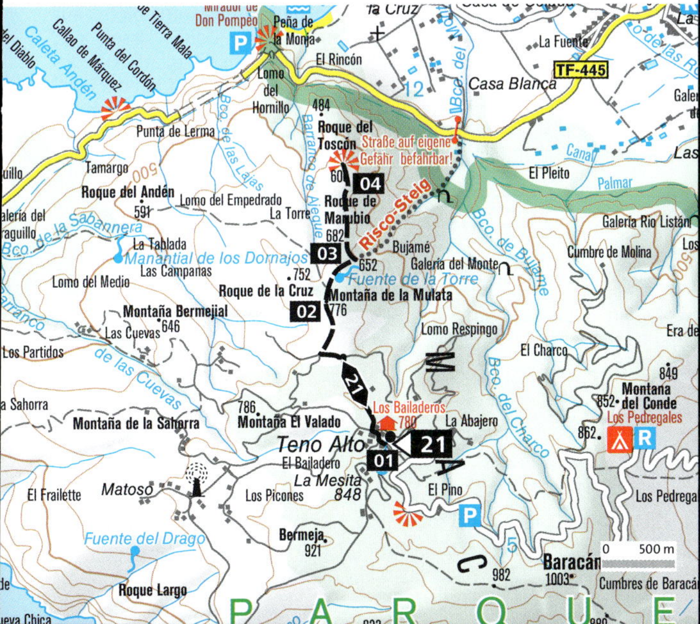

ÜBER DIE GALAS

Aussichtspunkte zwischen Erjos und Santiago

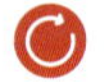 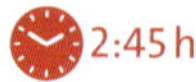 8 km 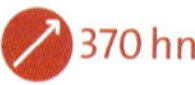 2:45 h 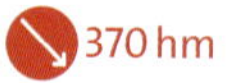 370 hm  370 hm 233

START | Bar Fleytas an der TF-82
[GPS: UTM Zone 28 x: 322.945 m y: 3.133.713 m]
CHARAKTER | Eine zum Großteil technisch einfache Rundwanderung, welche nur im Aufstieg zum Kleinen Gala etwas Trittsicherheit erfordert. Aufgrund der zahlreichen Wege im Gebiet und der nicht immer perfekten Beschilderung ist allerdings ein gewisser Orientierungssinn erforderlich.

Trotz ihrer vergleichsweise geringen Höhe bieten die Gipfel der Galas sehr schöne Ausblicke auf weite Teile des Teno-Gebirges, aber auch ins Inselinnere bis zum Teide. Besonders der Tiefblick nach Masca ist sehr malerisch und lohnt schon für sich. Doch im Frühling wird die Wanderung wirklich bezaubernd: Zahllose, vor allem gelbe Blüten bereichern die Landschaft und Pflanzenfreunde werden so manche Besonderheit am Wegesrand entdecken können.

Von der **Bar Fleytas** 01 an der TF-82 steigt man auf einem Schotterweg in einigen Kehren zu den **Teichen** 02 am Sattel oberhalb von Erjos ab. Diese Gewässer wurden zwar durch den Menschen angelegt, doch stellen sie eines der wenigen Süßwassergebiete auf Teneriffa dar. Daher lassen sich hier zahlreiche Vogelarten beobachten, welche sonst auf der Insel nur sehr selten zu finden sind. Zwischen den Teichen geht man geradeaus in westlicher Richtung

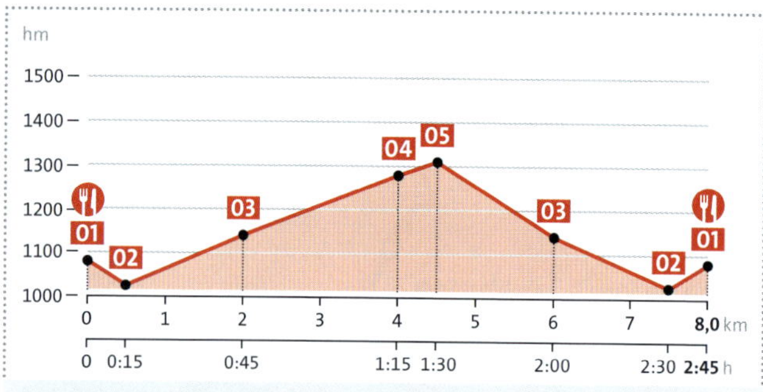

01 Bar Fleytas, 1080 m; 02 Teiche, 1025 m; 03 Wegkreuz, 1140 m; 04 Pico Gala, 1279 m; 05 Cruz de Gala, 1310 m

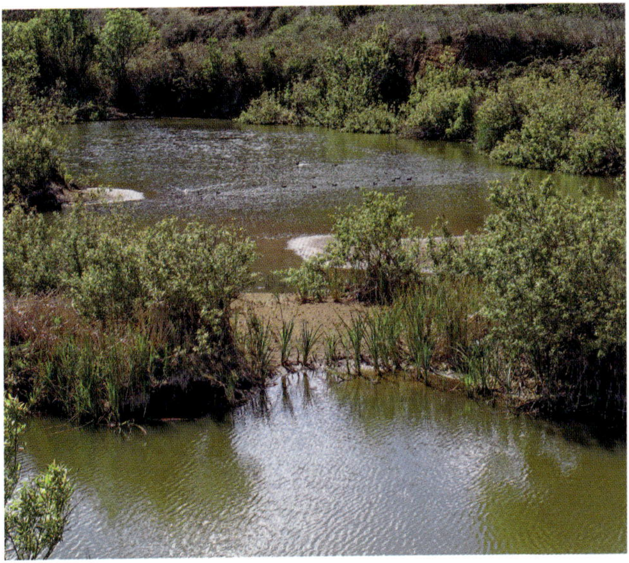

Teiche bei Erjos

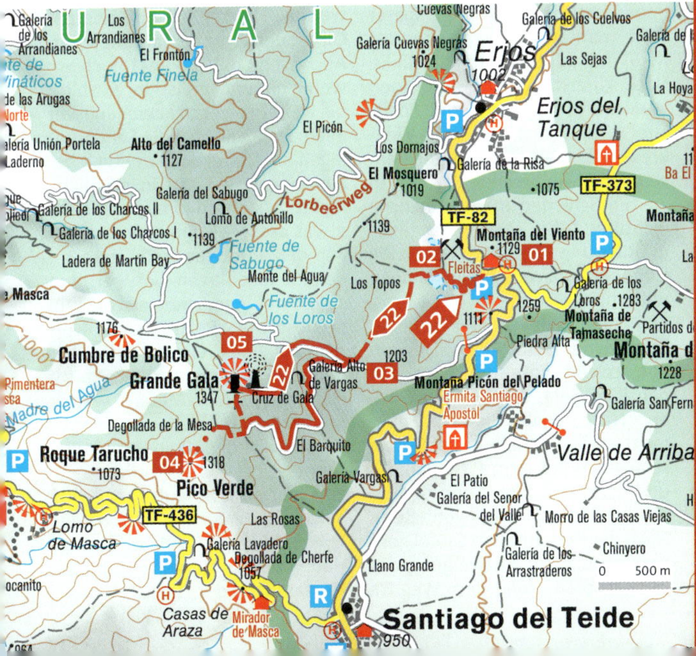

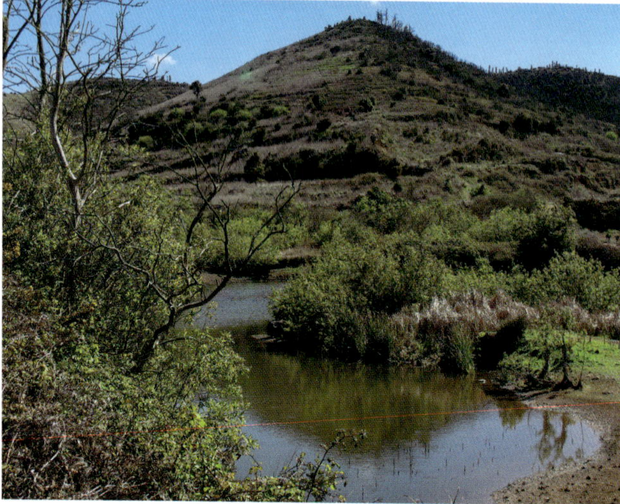

Teiche bei Erjos

weiter und lässt den nach rechts (Norden) abgehenden Feldweg unberücksichtigt. Wenig später trifft man auf den Wanderweg Nr. 51 und folgt diesem nach links. Nach kurzem Anstieg durch den Wald trifft man auf eine Forststraße und hier auf ein **Wegkreuz** 03. Man folgt weiter dem weg Nr. 51 halbrechts, der nun in weiten Schleifen in südwestliche Richtung führt. Zwei nach links in Richtung Santiago del Teide führende Abzweigungen bleiben unberücksichtigt.

An jener Stelle, an der sich der Pfad in nördliche Richtung wendet, zweigt links der Steig auf den Pico Gala, den Kleinen Gala, ab. Nach einem kurzen, aber recht steilen Aufstieg steht man schließlich auf dem **Pico Gala** 04 und kann von hier einen umfassenden Panoramablick genießen.

Nach der Rast auf dem Gipfel geht man zurück zur Abzweigung des Anstiegspfads, folgt dem Weg Nr. 51 ein kurzes Stück zurück und biegt links auf eine Forststraße ab, welche in kurzer Zeit zum zweiten Gipfel, dem **Cruz de Gala** 05, leitet. Auch wenn dieser Punkt noch ein wenig höher liegt, ist der Ausblick bei weitem nicht so bewegend, vor allem, weil er durch die Senderanlagen am Gipfel doch deutlich beeinträchtigt ist. Nur in nördliche Richtung sieht man hier vielleicht etwas besser als am Kleinen Gala. Für den Rückweg geht man an den Sendeanlagen vorüber und steigt auf der Schotterstraße in nordöstliche Richtung ab, bis man auf eine Kreuzung trifft. Hier hält man sich rechts und erreicht nach guten 500 Metern wieder das **Wegkreuz** 03, das schon vom Anstieg auf den Kleinen Gala bekannt ist.

Von hier geht es auf dem schon bekannten Weg hinunter zu den **Teichen** 02 und zuletzt wenige Höhenmeter aufwärts zur **Bar Fleytas** 01 an der TF-82.

VON ERJOS NACH SANTIAGO

Aussichtspfade im Teno-Gebirge

  8 km 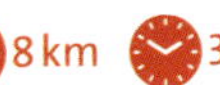 3:00 h  400 hm 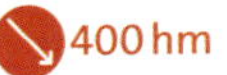 400 hm  233

START | Erjos
[GPS: UTM Zone 28 x: 323.005 m y: 3.134.778 m]
CHARAKTER | Diese mittelschwere Streckenwanderung führt auf Feld- und Waldwegen sowie über Bergpfade durch die Berglandschaft zwischen Erjos und Santiago. Ein kurzes Teilstück an der Degollada de Mesa erfordert Trittsicherheit.

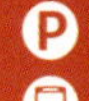
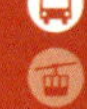

Auf dieser Streckenwanderung lernt man einen schönen Bereich des Teno-Gebirges intensiv kennen. Tiefblicke auf Masca und seine bekannte Schlucht bereichern die Wanderung ebenso wie eine vielfältige Pflanzenwelt.

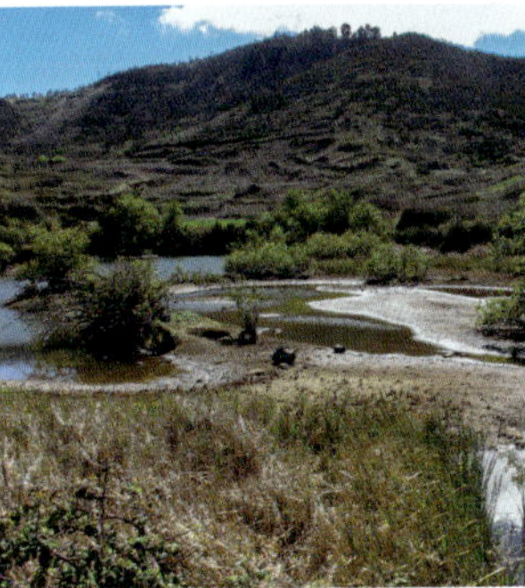
Teiche bei Erjos

▶ Von der Kirche in **Erjos** 01 folgt man ein kurzes Stück der TF-82 in Richtung Santiago, verlässt jedoch nach etwa 100 Metern die Hauptstraße und biegt links in die Calle la Union ein. Auf diese Weise lässt sich nicht nur der teilweise star-

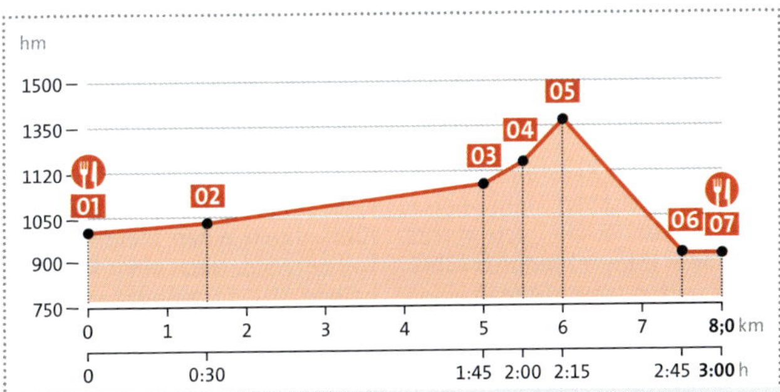

01 Erjos, 1000 m; 02 El Mosquero, 1030 m; 03 Casas de Cumbre, 1156 m; 04 Degollada de Mesa, 1230 m; 05 Kleiner Gala, 1369 m; 06 TF-82, 920 m; 07 Santiago del Teide, 920 m

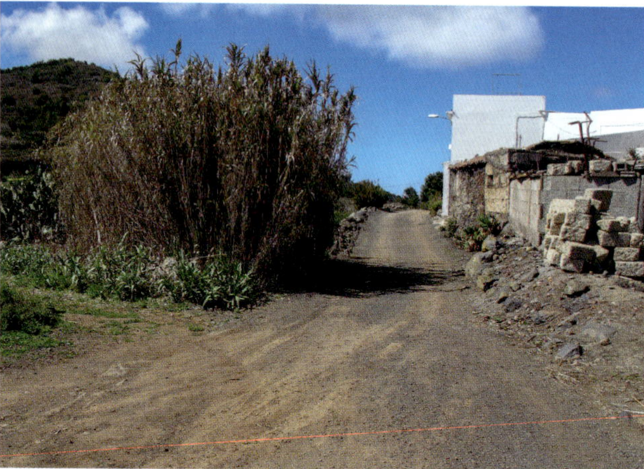

Knapp vor Santiago

ke Verkehr auf der Hauptstraße meiden, sondern auch eine etwas weiter ausladende Kurve abschneiden.

Nach ca. 400 Metern trifft man wieder auf die TF-82, überquert die Hauptstraße und biegt rechts in einen Feldweg ein (Verkehrsschilder 10 km/h, 7,5 t an der Abzweigung). Der Feldweg führt zunächst abwärts zuerst zu einem weißen Haus und erreicht wenig später die Teiche im Talbecken von **El Mosquero** 02. Die Teiche sind Anziehungspunkt für zahlreiche auf Teneriffa seltene Vogelarten.

Nun folgt man dem breiten Erdweg, der zwischen dem ersten und zweiten Teich nach rechts auf einem Damm hindurch führt. Rechts haltend erreicht man einen links aufwärts führenden Dammweg. Dieser leitet zum Wanderweg hinauf, der in Richtung Gala bzw. zum Sattel von Los Topos aufsteigt.

Zunächst verläuft der Wanderweg auf einem Fahrweg, doch in einer Rechtskurve biegt er vom Fahrweg ab (im November 2015 war der Wegweiser an dieser Stelle umgerissen, doch ein Steinmännchen markiert den Einstieg). Neben einer Steinmauer entlang erreicht man einen in zahlreichen Serpentinen ansteigenden Wegabschnitt, der schließlich zur asphaltierten Straße zum Großen Gala am Sattel von Los Topos aufsteigt.

In einer Spitzkehre zweigt zuerst nach rechts ein abgesperrter Forstweg ab und wenig später biegt man in den Wanderweg ab, der um die Absperrung herum führt. Der Forstweg senkt sich in einer Spitzkehre deutlich ab und führt durch einen kleinflächigen Lorbeerwald. Nach einer knappen halben Stunde mündet von links ein Waldweg ein und man wandert geradeaus weiter zu einem breiten Sattel mit den **Casas de Cumbre** 03.

Hier wendet man sich scharf links und folgt dem Pfad, der an den Westhängen des Großen Gala zur

Degollada de la Mesa führt (ein Wegweiser deutet in Richtung Saltadero). Der aussichtsreiche Pfad verläuft durch einen sehr pflanzenreichen Hangabschnitt, der das Herz von Blumenfreunden im Frühling höher schlagen lässt. Durch die artenreiche Trockenvegetation erreicht man schließlich die **Degollada de Mesa** 04. Von hier steigt man nach rechts auf den Gipfel des **Kleinen Gala** 05 auf, wo sich eine prachtvolle Aussicht auftut. Dieses Wegstück erfordert allerdings eine gewisse Trittsicherheit, denn der Pfad ist felsig und bietet einen fast atemberaubenden Tiefblick.

Zurück an der Degollada de Mesa geht man rechts und folgt dem Felspfad, der in Richtung Santiago del Teide abzusteigen beginnt. Da dieser Wegabschnitt in einem Bereich liegt, der häufig von Nebel betroffen ist, kann er feucht und rutschig sein. Nach kurzem Abstieg mündet der Pfad in eine Forststraße, der man für wenige Meter nach links folgt und sogleich nach rechts in den markierten Pfad abbiegt, der in Richtung Santiago beschildert ist. Man bleibt nun stets auf dem markierten Pfad, bis man schließlich die **TF-82** 06 erreicht.

Ab hier gibt es zur Hauptstraße keine Alternative: Man folgt ihr nach rechts und erreicht wenig später den Dorfkern von Santiago del Teide 07.

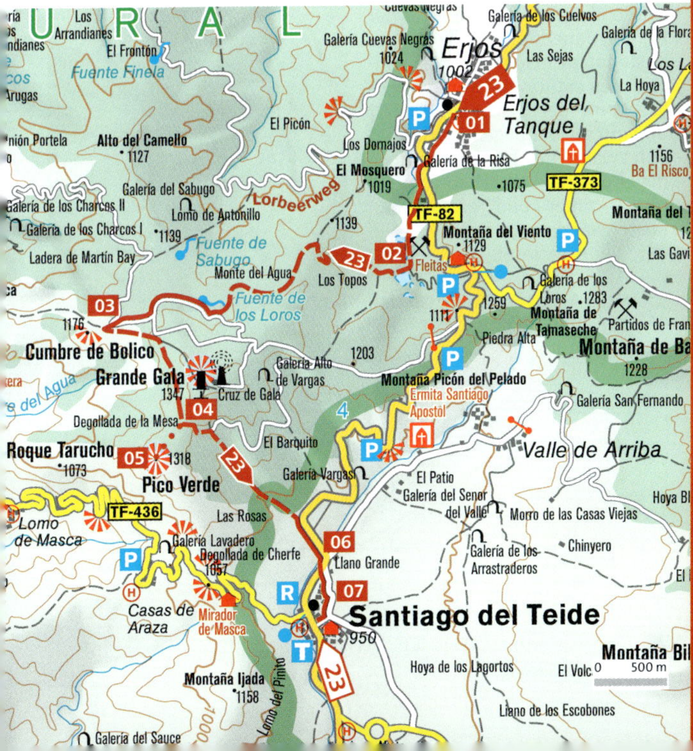

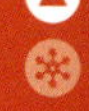

24

KÜSTENWANDERUNG BEI SAN JUAN DE LA RAMBLA

Am wilden Atlantik

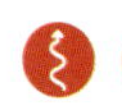
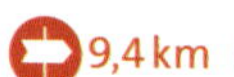

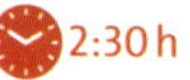

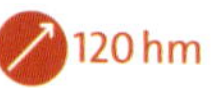

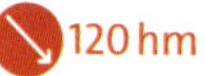

START | Las Aguas
[GPS: UTM Zone 28 x: 339.301 m y: 3.142.131 m]
CHARAKTER | Diese einfache Küstenwanderung führt über Feldwege, Nebenstraßen und Pfade durch die Kulturlandschaft an der Nordküste Teneriffas. Obwohl man einen schönen Strandabschnitt erreicht, ist das Baden nur bei einigermaßen ruhiger See empfehlenswert.

Bevor die TF-5 zu ihrer heutigen Größe ausgebaut wurde, war der Norden Teneriffas nur durch alte Küstenpfade erschlossen. Bei winterlichen Stürmen waren diese Wege oft der Gischt ausgesetzt und nur schwer begehbar. Das hat sich zwar deutlich geändert, doch die alten Pfade bestehen zum Teil noch immer und ermöglichen Küstenwanderung auf der „wilden" Seite der Insel.

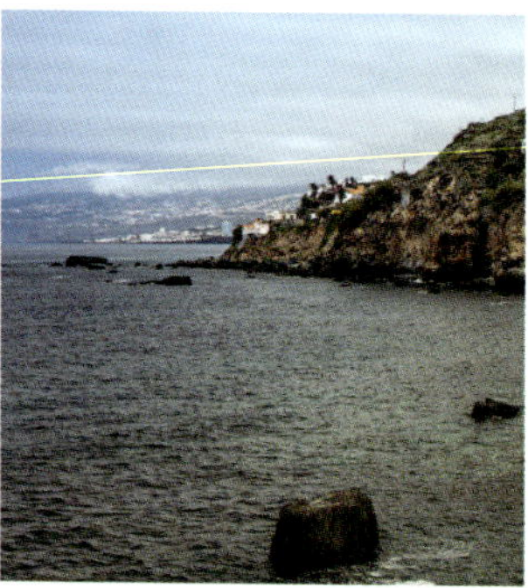
Blick über die raue Nordküste

▶ In **Las Aguas** 01, einem Ortsteil von San Juan de la Rambla, folgt

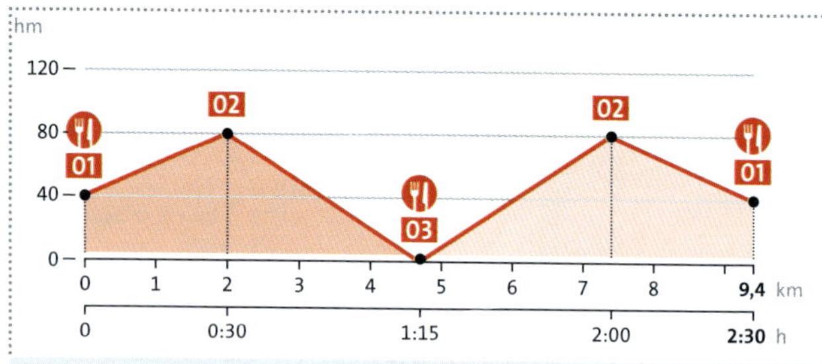

01 Las Aguas, 40 m; 02 Hügel östlich El Rosario, 80 m;
03 Playa del Socorro, 0 m

Achtung

Die Wanderung entlang der steinigen Küste kann nur bei Ebbe und ruhiger See sicher begangen werden.

man der Avenida de las Aguas bis zu ihrem Ende und biegt dort rechts in die Calle Destila ein. An einigen Lokalen vorüber erreicht man in kurzer Zeit das Ende der Straße und damit einen deutlich schmaleren Weg. Dieser leitet am Lokal Tasca el Embarcadero vorüber und geht in den alten Küstenpfad Camino los Alenes über.

Der Pfad leitet in einen kleinen Barranco hinein und quert ihn über eine Brücke. In leichtem Auf und Ab geht es in östlicher Richtung an der Nordküste entlang. Am Nordrand von einigen Bananenfeldern erreicht man nahtlos den Camino Ribera del Mar. Dieser führt zu einem Aussichtspunkt an der Küste direkt unterhalb des Mirador del Rio an der TF-5.

Weiter dem Küstenpfad folgend kommt man in den Ortsteil El Rosario mit der gleichnamigen Ermita del Rosario, an einem kleinen Platz gelegen.

Nach El Rosario geht der Pfad in den Camino Ramla de los Caballos über, der an einem **Hügel östlich von El Rosario** 02 den höchsten Punkt der Küstenwanderung erreicht. In Kehren absenkend und wieder aufsteigend führt der Pfad an einer weiteren Siedlung vorüber, um schließlich ein nur landwirtschaftlich genutztes Gebiet zu erreichen, in dem allerdings viele Bereiche brach liegen und so fast einer Wildnis gleichen. Der Küste stets ostwärts folgend erreicht man schließlich den dunklen Strand **Playa del Socorro** 03 .

Bei Surfern ist dieser Strand zwar recht beliebt, doch zum Baden ist er nur für erfahrene Schwimmer und auch das nur bei entsprechendem Seegang geeignet.

Der Rückweg nach **Las Aguas** 01 erfolgt auf der selben Route.

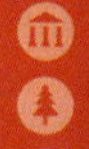

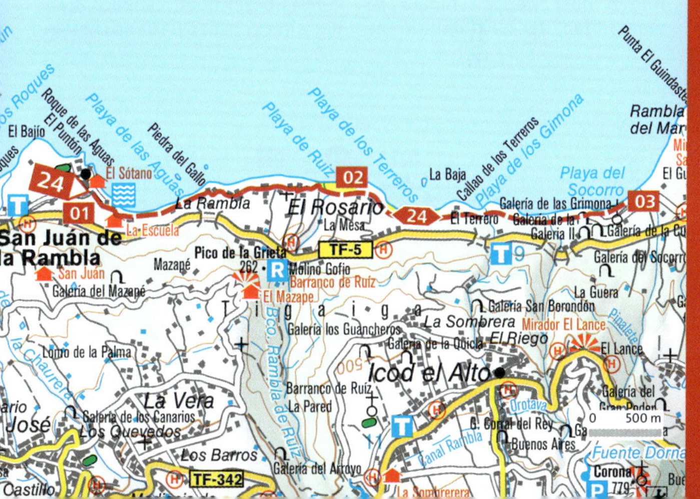

IN DEN BARRANCO DE RUÍZ

Geschützte Schlucht an der Nordküste

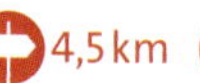
4,5 km
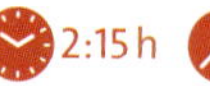
2:15 h

260 hm
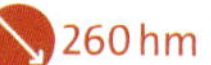
260 hm

233

START | Parkplatz TF-5
[GPS: UTM Zone 28 x: 340.636 m y: 3.141.674 m]
CHARAKTER | Diese Wanderung führt durch den untersten Teil des Barranco de Ruíz. Durch die Schlucht geht es auf schmalen Pfaden zum Aussichtspunkt auf einer wenig befahrenen Nebenstraße.

Die meisten der bekannten Schluchtenwanderungen Teneriffas (siehe Touren 10 und 13) liegen im Süden und Westen der Insel. Doch auch der Norden hat mit dem Barranco de Ruíz eine sehr sehenswerte Schlucht zu bieten. Diese kurze Wanderung führt durch den untersten Teil der Schlucht.

▶ Vom **Parkplatz an der TF-5** 01 direkt am Ausgang des Barranco de Ruíz gelangt man an der Westseite des Platzes bei der Infotafel über Treppen hinauf zu einem Pfad, der nach links in die Schlucht hineinführt. Schon nach gut 100 m zweigt rechts ein Pfad ab, dem man in wenigen Minuten zu einem **Aussichtspunkt** 02 unterhalb eines Wasserreservoirs folgen kann. Von hier genießt man bereits einen recht ansehnlichen Blick über die Nordküste, doch ist dies nur ein erster Eindruck, der sich im Laufe der Wanderung noch steigern wird.
Zurück auf dem Schluchtweg folgt man diesem nach rechts weiter in den Taleinschnitt hinein. Der Pfad wird als Camino del Risco de las Pencas bezeichnet. Ziemlich steinig leitet er in den Barranco hinein

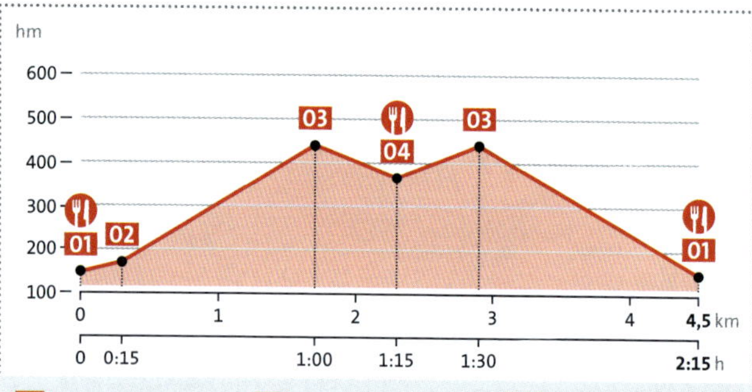

01 Parkplatz TF-5, 147 m; 02 Aussichtspunkt, 170 m; 03 Cruz de Pedro Domínguez, 440 m; 04 Aussichtspunkt Orilla de la Vera, 366 m

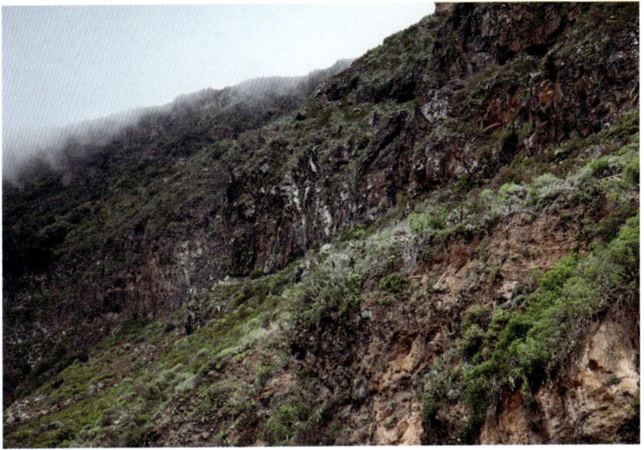

Am Aufstieg in die Schlucht

und führt direkt unter einer Felswand hindurch. In diesem Teil der Schlucht gedeiht eine artenreiche Trockenvegetation und besonders im Frühling bestechen die gelben Blütenkerzen der verschiedenen Arten von Kanaren-Hauswurz. Nach Passieren der Felswand lei-

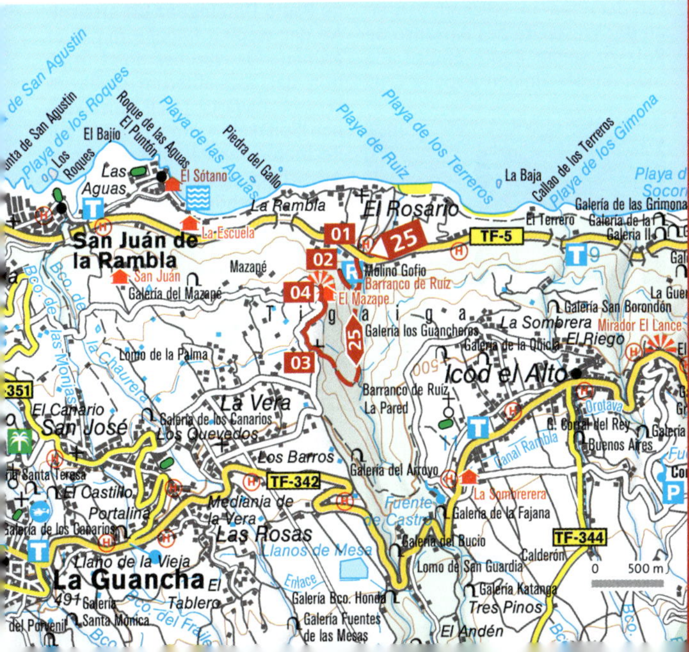

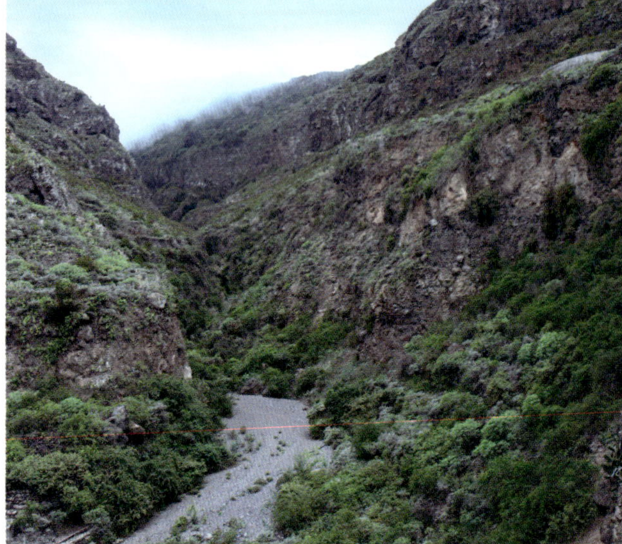

Eingang des Barrancos

tet der Pfad in etlichen Kehren an der Westseite des Barranco de Ruíz zu seiner Kante empor, die man an der kleinen Kapelle **Cruz de Pedro Domínguez** 03 erreicht. An der weißen Kapelle mit ihrer grünen Tür vorüber folgt man nun der asphaltierten Orilla de la Vera abwärts. Nach einer kleinen Spitzkehre erreicht man zur Rechten einen Parkplatz, der zum **Aussichtspunkt an der Orilla de la Vera** 04 gehört. Von hier öffnet sich ein großartiger Blick über die Nordküste und den Ausgangsbereich der Schlucht, der auch von Ausflüglern per Leihwagen gerne besucht wird.

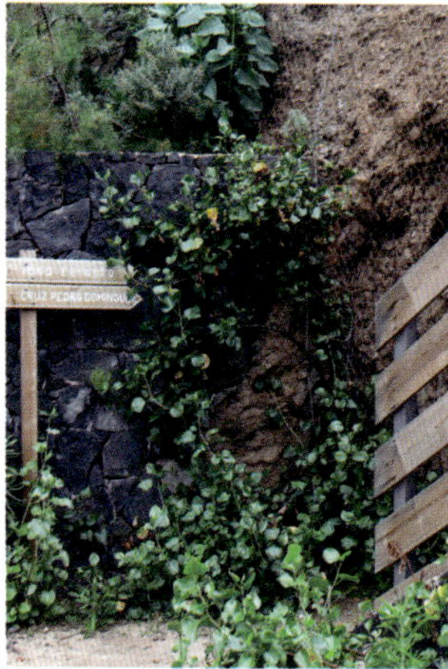

Am Beginn der Tour

Um zum Ausgangspunkt zurückzukehren, steigt man nach genüsslicher Rundschau auf der Orilla de la Vera wieder zum **Cruz de Pedro Domínguez** 03 auf, um auf dem selben Weg durch die Schlucht wieder zum **Parkplatz an der TF-5** 01 zurückzukehren. Den Abstecher zum Aussichtspunkt am Schluchtausgang kann man sich am Rückweg getrost ersparen.

DURCH DAS SCHUTZGEBIET RAMBLA DE CASTRO

Altes Herrenhaus an der Nordküste

 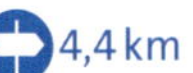 4,4 km  2:00 h 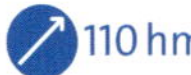 110 hm 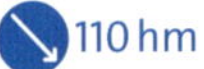 110 hm  233

START | Calle Las Rosas in Toscal-La Longuera
[GPS: UTM Zone 28 x: 345.211 m y: 3.142.750 m]
CHARAKTER | Eine einfache Küstenwanderung auf einem der alten Verbindungswege entlang der Nordküste Teneriffas. Neben den naturkundlichen Besonderheiten wartet am Wendepunkt der Tour ein altes Herrenhaus auf seine Entdeckung.

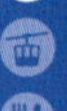

Die alten Küstenpfade auf der Nordseite Teneriffas waren einst die einzige Landverbindung zu den oft entlegenen Siedlungen und Ansitzen. Erst ab den 1950er-Jahren wurden moderne Straßen gebaut und die alten Pfade verloren ihre Bedeutung. Heute sind sie „nur" mehr für Wanderer von Interesse, welche die verloren gegangene Welt der Nordküste entdecken wollen.

▶ In der **Calle Las Rosas** 01 in Toscal-La Longuera findet sich an der Kreuzung mit der Calle Geranios der Einstieg zum beschriebenen Küstenpfad. An der Kreuzung wendet man sich nach links (Westen) und erreicht so nach wenigen Metern den Beginn des Küstenpfades, der bereits in vorspanischer Zeit existiert haben dürfte. Zunächst geht es über einen Pflasterweg an den Rand des Schutzgebiets Rambla de Castro. Später wechselt der Untergrund des Pfades, betonierte Teilstücke, Erd- und Steinpfade und weitere Pflasterstrecken wechseln sich ab.

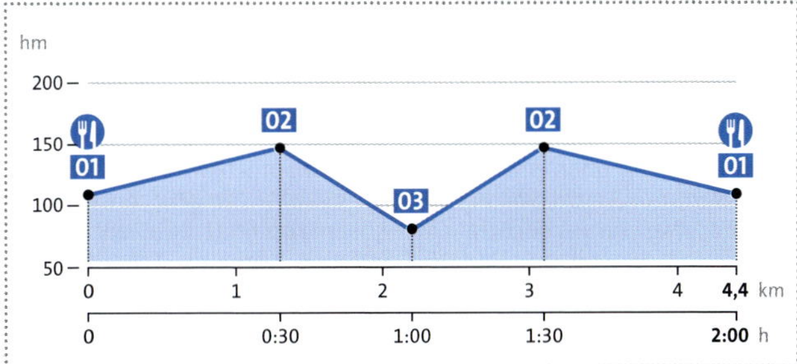

01 Calle Las Rosas, 109 m; 02 Hangrücken, 147 m;
03 Casona de los Castro, 80 m

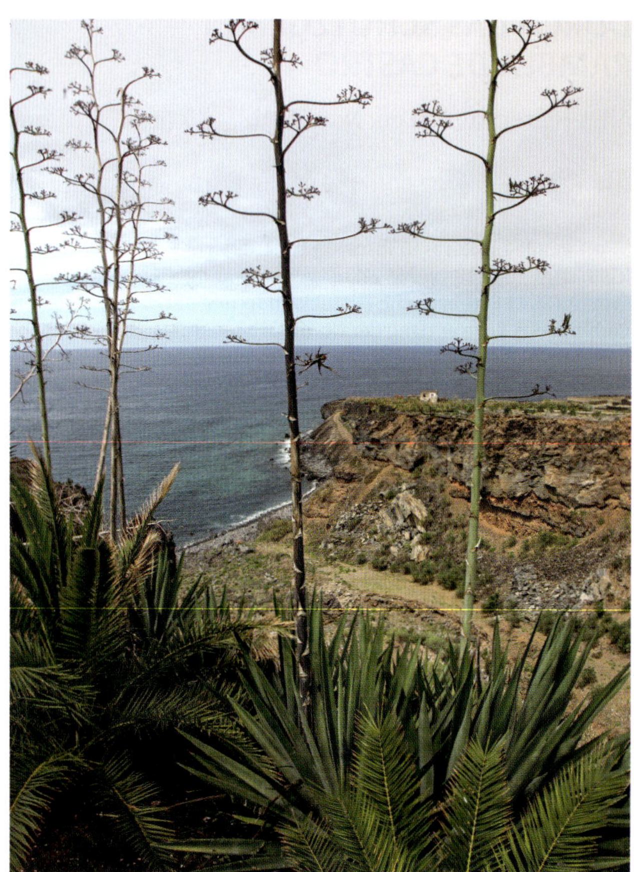

Palmenwäldchen

Nach etwas mehr als 20 Minuten quert der Pfad unterhalb einer neuen Siedlung über eine Brücke einen Barranco. Leicht ansteigend leitet der Weg nun aus der Schlucht heraus und erreicht am **Hangrücken** 02 westlich des Einschnitts seinen höchsten Punkt. An einer Schranke rechts haltend erreicht man einen Küstenabschnitt, der eine freie Sicht über den Atlantik gewährt. Die Felder und Gärten der Umgebung – neben Bananen werden hier Orangen und sogar die anspruchsvollen Avocados angebaut – zeigen, dass dieser Küstenabschnitt eine der fruchtbarsten Regionen Teneriffas ist. Nach der Querung einer weiteren Schlucht, des Barranco de Godínez, erreicht man schließlich an einer einstigen Festung (Abstecher möglich) vorüber die **Casona de los Castro** 03. Das verlassene

Zustand der Wege

Der beschriebene Küstenpfad war bereits in der Vergangenheit (z. B. 2013), aber auch nach den Unwettern im Oktober 2015 wiederholt zumindest abschnittsweise gesperrt. Es empfiehlt sich daher, vor Antritt der Wanderung Informationen über die Begehbarkeit des Weges einzuholen.

Herrenhaus wurde im 17. Jh. durch die einflussreiche Familie Castro an dieser Stelle errichtet. Eine gleich oberhalb liegende Quelle versorgte den Ansitz und seine Ländereien reichlich mit Wasser. Für den Rückweg zum **Ausgangspunkt** 01 wählt man die selbe Strecke, nun geht es in östlicher Richtung zurück.

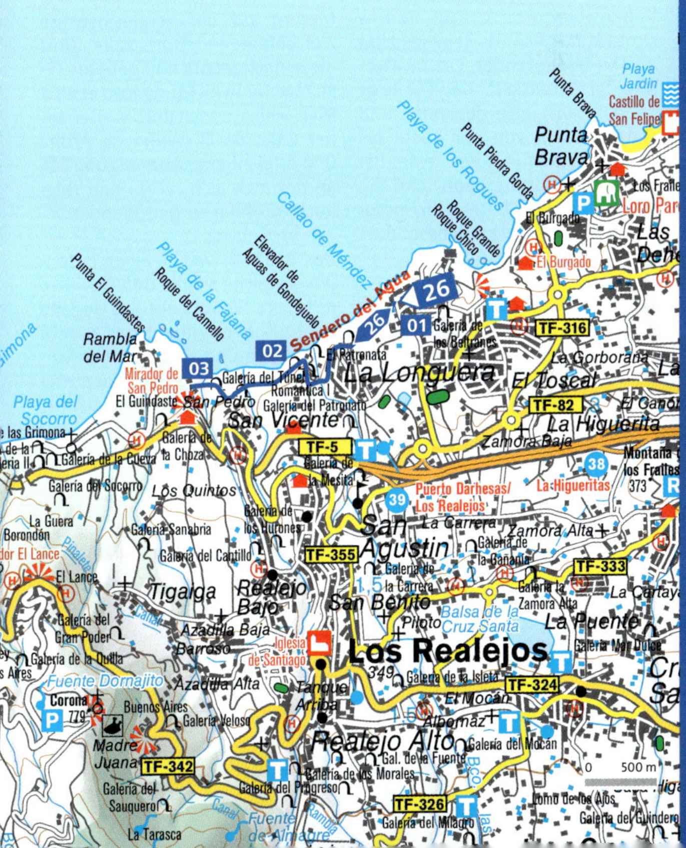

VON LOS REALEJOS NACH CHANAJIGA

In den Wald von Corona

  14 km  5:00 h 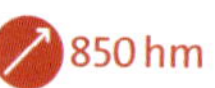 850 hm  850 hm  233

START | Realejo Alto
[GPS: UTM Zone 28 x: 344.676 m y: 3.140.120 m]
CHARAKTER | Diese mittelschwere Wanderung führt über Dorfstraßen, Waldwege und Forststraßen in ein Erholungsgebiet im Naturpark Corona. Sie erschließt die unteren Höhenstufen des Schutzgebiets vom Kulturland bis in den Wald.

Neben Puerto de la Cruz und La Orotava hat sich Los Realejos zum dritten bedeutenden Ort im Orotava-Tal entwickelt. Der Ort liegt an der Westseite des Tales und erstreckt sich von der Küste bis hinaus an den Fuß des Teide. Bei dieser Wanderung kann man die unteren und mittleren Höhenstufen und ihre Vegetation besonders gut kennen lernen.

▶ Von der Kirche auf der Plaza Viera y Clavijo in **Realejo Alto** 01 folgt man der Calle de El Medio de Arriba in südlicher Richtung aufwärts. Schon nach etwa 500 Metern auf der vergleichsweise viel befahrenen Dorfstraße führt diese nach rechts und geht als TF-342 weiter in Richtung Icod el Alto. Man bleibt jedoch links weiter auf der Calle de El Medio de Arriba und erreicht eine **Abzweigung** 02, an der man sich rechts hält (hier auch Infotafel zu den Wanderwegen im Gebiet).
Der Asphalt weicht einer Betonpiste, welche sich in den Barranco de la Lora hinaufzieht. Die Gegend wird zusehends ländlicher, es geht an Feldern und einige Ställen vorüber. Nach rund einem Kilometer kommt man an eine T-Kreuzung,

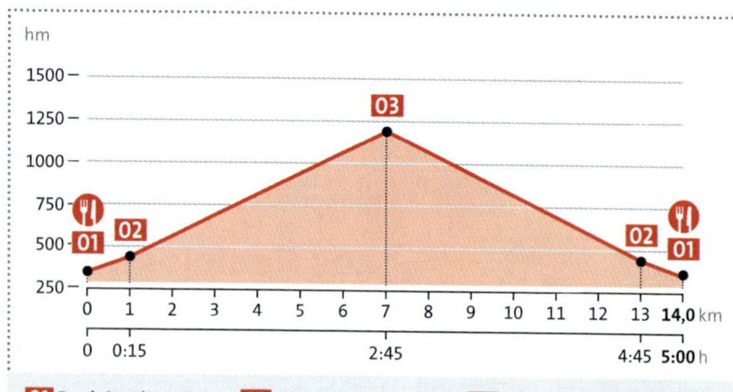

01 Realejo Alto, 350 m; 02 Abzweigung, 440 m; 03 Chanajiga, 1190 m

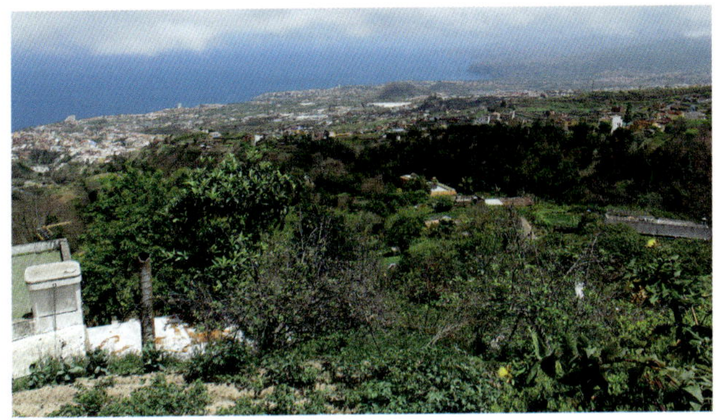

Blick über das Orotavatal

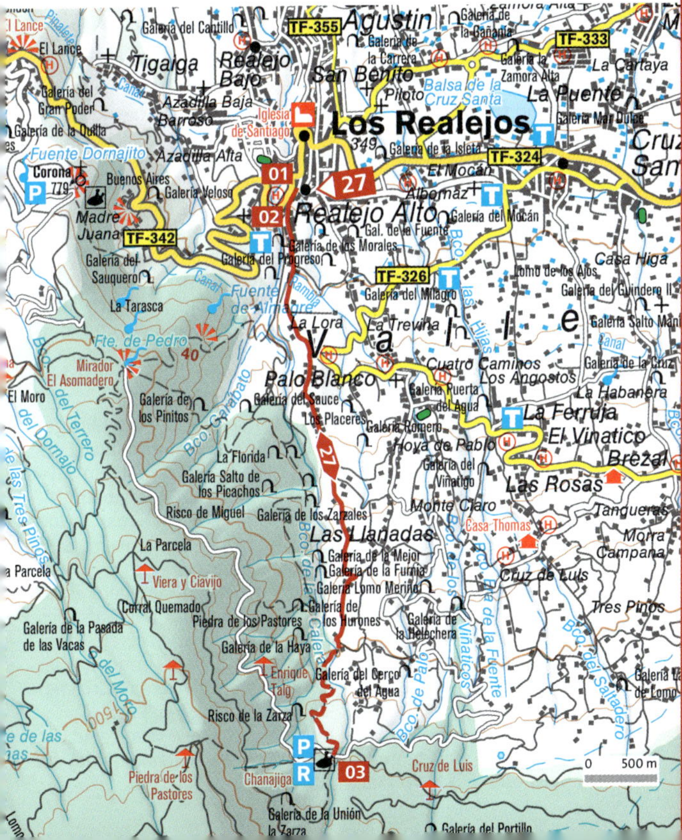

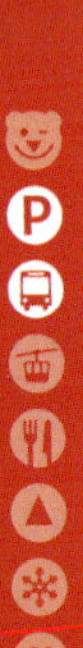

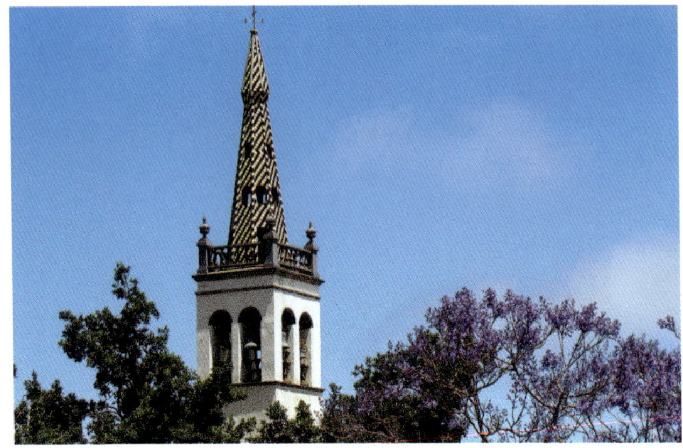
Kirchturm Realejo Alto

an der man sich links hält. Zunächst nur sanft ansteigend wird der Weg alsbald ziemlich steil und leitet in den Barranco de La Calera hinein. Alte Terrassenfelder säumen den gut angelegten Pfad, der beständig an Höhe gewinnt. Das Gelände ist teilweise etwas unübersichtlich, doch an jeder Gabelung oder Abzweigung von Seitenwegen helfen gelb-weiße Markierungen und manchmal auch Wegweiser bei der Wahl der richtigen Route.

Auf einem kurzen asphaltierten Wegstück geht es an den letzten Häusern vorüber, und links haltend kommt man wieder auf den Pfad, der nach einem Flachstück zu einem der interessantesten Teilstücke der Route führt. In etlichen Serpentinen führt der Pfad in den Lorbeerwald Til de Los Pavos, eines der wenigen Relikte dieses Waldtyps abseits von Teno-Gebirge und Angab-Halbinsel. Im Schatten des Waldes geht es sich auch an warmen Tagen sehr angenehm, so dass der Anstieg leichter fällt, als es die Steigung vielleicht vermuten ließe. Wenige Meter nach der Querung eines Bachbetts erreicht man ein wichtiges Wegstück, denn hier kreuzen sich Routen in die verschiedensten Richtungen.

Es gilt hier, zunächst rechts zu gehen und die Abzweigung des Weges nach La Llanadas (nach links, Osten) zu ignorieren. Schon 100 m weiter findet sich die nächste Gabelung, an der man sich links (bzw. geradeaus) hält und den nach rechts wegführenden Verbindungsweg „Camino de Las Traviesas" ebenfalls ignoriert.

Man wandert also weiterhin geradeaus durch den Barranco. Eine Wasserleitung begleitet ein kurzes Stück diesen Wegabschnitt. Schließlich erreicht man eine Forststraße, der man nach links aufwärts folgt.

Wieder in Serpentinen geht es an das letzte Teilstück des Aufstiegs und schließlich ist das Freizeitareal von **Chanajiga** 03 erreicht. Hier laden Picknickbänke und Grillstellen zu einer längeren Rast.

Auf dem selben Weg geht es schließlich nach **Realejo Alto** 01 zurück.

ZUM MIRADOR EL ASOMADERO

Am westlichen Steilhang des Orotava-Tales

 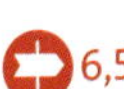 6,5 km  2:30 h  500 hm  500 hm  233

START | Kirche Icod el Alto
[GPS: UTM Zone 28 x: 342.302 m y: 3.140.802 m]
CHARAKTER | Diese mittelschwere Wanderung führt über Dorfstraßen, Forststraßen und Waldwege zu Aussichtspunkten über das Orotava-Tal und zu einer Quelle, die durch eine Marienerscheinung bekannt wurde.

Das Orotava-Tal ist ohne Zweifel eine der faszinierendsten Landschaften Teneriffas. Durch seine über Jahrhunderte geformte Kulturlandschaft und Relikte der früheren Vegetation entstand hier eine Beispiel für die moderne tinerfinische Landschaft. Einen sehr guten Überblick über das Tal genießt man an der Steilflanke an seiner Westseite.

▶ Von der kleinen **Kirche in Icod el Alto** 01 folgt man der Calle El Terrero steil aufwärts. Die Gasse ist in manchen Abschnitten extrem steil und es fällt zumindest an feuchten Tagen gar nicht leicht, auf dem Asphalt nicht den Halt zu verlieren. Nach schweißtreibendem Aufstieg erreicht man schließlich bei einem Doppelhaus – eines in Rosa, das andere Blitzblau – die **Carretera La Corona** 02. Dieser Straße folgt man nach links. Mit nur geringem Höhenunterschied geht es fast eben durch die höchst gelegenen Siedlungsteile von Icod el Alto. Allmählich bleiben die Häuser zurück und die

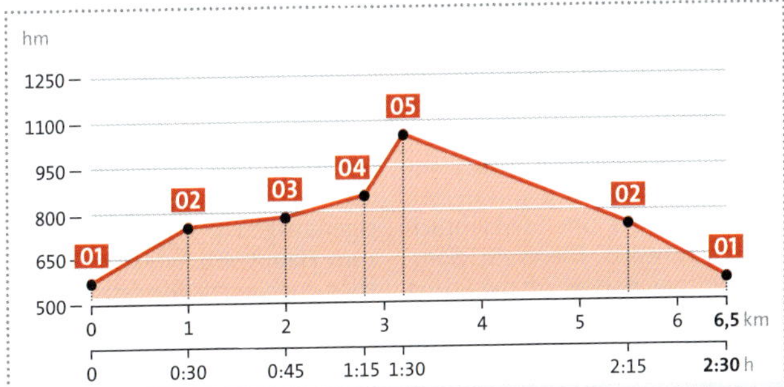

01 Kirche Icod el Alto, 570 m; 02 Carretera La Corona, 750 m; 03 Mirador La Corona, 780 m; 04 Fuente Pedro, 850 m; 05 Mirador El Asomadero, 1050 m

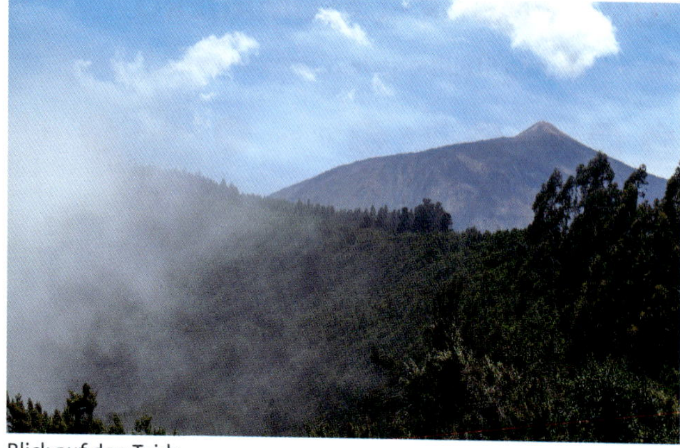

Blick auf den Teide

Straße quert einen Barranco mit einer großen Lavahöhle. Nach der Schlucht gelangt man schließlich an das Ende der asphaltierten Strecke. Links erkennt man einen gepflasterten Weg, der an zahlreichen Funkmasten vorbei wenige Meter hinunter zum **Mirador La Corona** **03** führt. Der Aussichtspunkt liegt an den steilen Westhängen des Orotavatales, Ladera de Tigaiga genannt. Am Aussichtspunkt steht eine kleine offene Kapelle und gleich daneben ein Windsack, der von Drachenfliegern und Paragleitern zur Einschätzung der Windsituation genutzt wird.

Zurück am Ende der asphaltierten Straße folgt man einem auf den ersten Metern gepflasterten Feldweg direkt am Steilabbruch weiter aufwärts. Die erste, ziemlich verwachsene Abzweigung zur Linken ignorieren wir, doch in die zweite biegen wir ein. Der teilweise sehr staubige Weg führt zwischen Terrassenfeldern steil aufwärts. Der Fahrweg beschreibt eine weite Kurve und führt an einem Haus mit einem kleinen Bildstock in der Umgrenzungsmauer und weiteren Sendemasten vorbei. An einer Kreuzung geht man geradeaus weiter und bleibt immer auf dem Hauptweg, der steil aufwärts führt. Dichtes Gebüsch aus Baumheide und einzelnen Büschen des Lorbeerwaldes begleiten den Aufstieg, der allmählich das Kulturland verlässt. Erneut kommt man an eine Pistenkreuzung, an der ein Wegweiser („Fuente Pedro") nach rechts weist. Nur mehr schwach ansteigend folgt man der Piste und erreicht nach knapp 200 Metern eine neuerliche Abzweigung. Man folgt dem Wegweiser nach links und geht durch dichten Lorbeerbusch hinauf zur **Fuente Pedro** **04**. Nach dem Abstecher zu diesem ganz eigenartigen Ort geht es zurück zum Hauptweg, wo sich der Anstieg nach rechts fortsetzt.

Ein nochmaliger Anstieg bringt einen in kurzer Zeit zum Aussichtspunkt **Mirador El Asomadero** **05**, der an einem einzelnen Sendemasten nochmals eine umfassende Aussicht über das Orotavatal und seine westlich

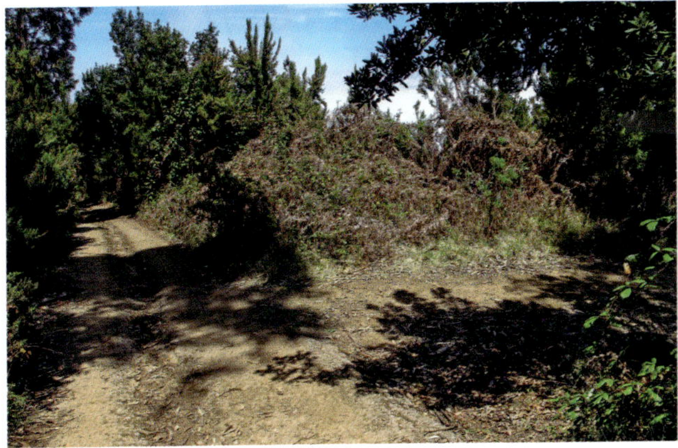

Piste im Aufstieg

begrenzende Steilwand bietet. Hier besteht auch die Möglichkeit, nach Realejo Alto abzusteigen bzw. die Wanderung mit Tour 27 zu verbinden (siehe dort). Bei der beschriebenen Variante kehrt man auf demselben Weg zur **Kirche in Icod el Alto** 01 zurück, wobei man den Abstecher zur Fuente Pedro auslässt.

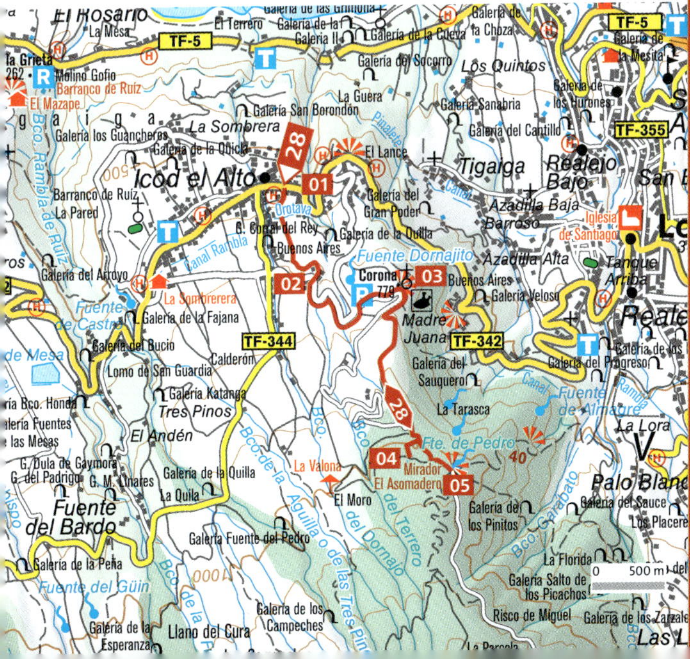

DURCH PUERTO DE LA CRUZ ZUM LORO PARQUE

Wo der moderne Tourismus seinen Anfang nahm

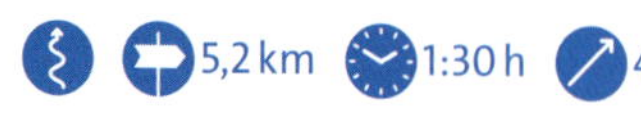

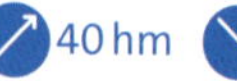

233

START | Lago Martiánez
[GPS: UTM Zone 28 x: 348.963 m y: 3.144.538 m]
CHARAKTER | Dieser einfache Stadtspaziergang führt fast stets am Meer entlang vom modernen Strandbad in Puerto de la Cruz über den einstigen Hafen zur meistbesuchten Sehenswürdigkeit der Kanarischen Inseln.

Puerto de la Cruz gilt als mondäner Urlaubsort an der Nordküste Teneriffas, denn hier nahm der moderne Tourismus auf der Insel seinen Ausgangspunkt. Auch wenn mittlerweile die neuen Tourismushochburgen im Süden der Stadt den ersten Rang abgelaufen haben, sind die malerische Felsenküste mit schwarzen Sandstränden und Lavaklippen sowie die riesigen Meeresschwimmbäder noch immer einen Besuch wert. Nur die Hotelhochhäuser schmälern den positiven Eindruck.

▶ Idealer Ausgangspunkt für die Stadtwanderung sind die Meerwasserbecken um den **Lago Martiánez** 01 am östlichen Rand der Strandzone von Puerto de la Cruz. Auf der mondänen Promenade vor den Anlagen spaziert man in westliche Richtung und erreicht wenig später den schwarzen Strand der Playa San Telmo, an der eine kleine Kirche in den gepflegten Anlagen steht. Die Kapelle San Telmo wurde 1626 von Seefahrern und Fischern für ihre Schutzheiligen auf der Klippe La Caleta erbaut.

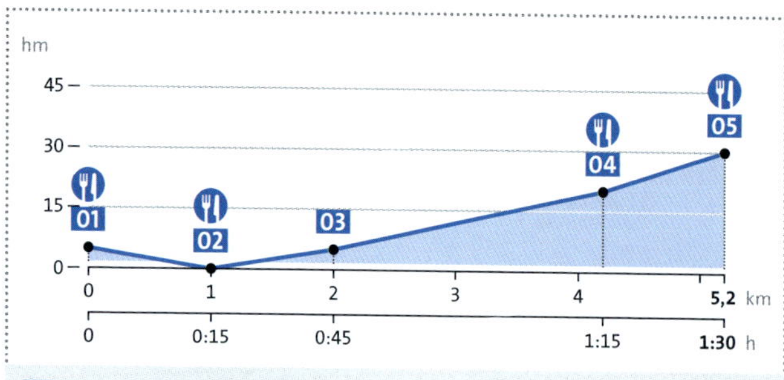

01 Lago Martiánez, 5 m; 02 Playa del Muelle, 0 m; 03 Castillo San Felipe, 5 m; 04 Punta Brava, 20 m; 05 Loro Parque, 30 m

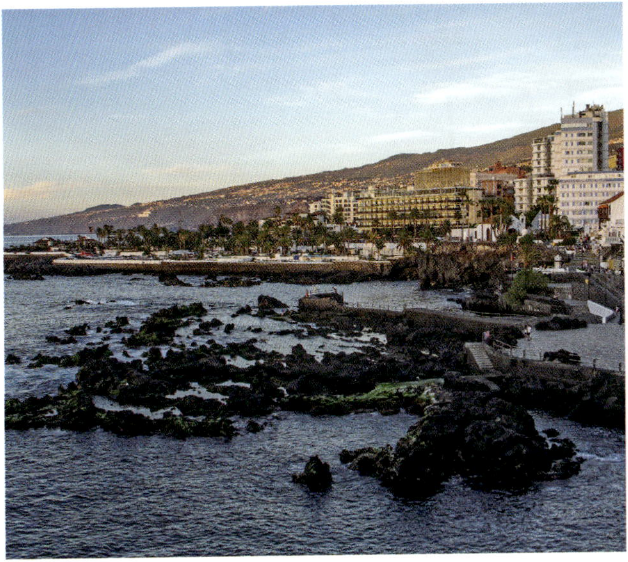

Blick über die Lavabecken

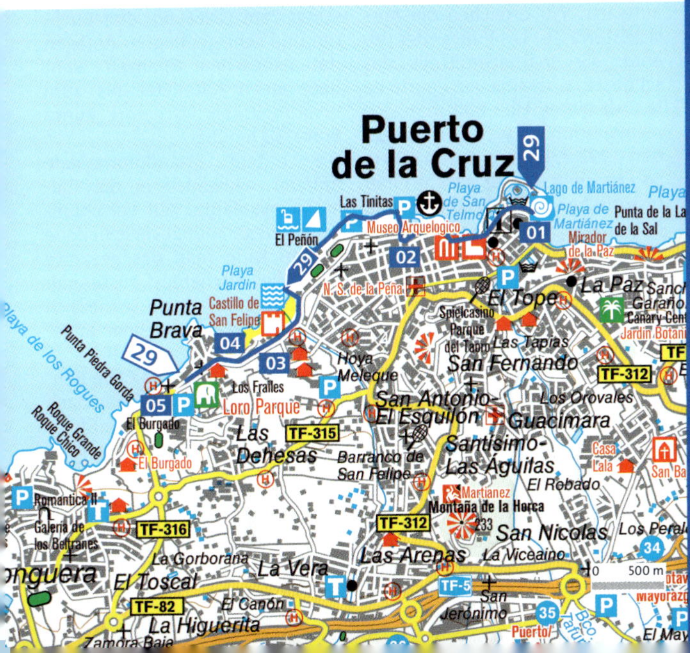

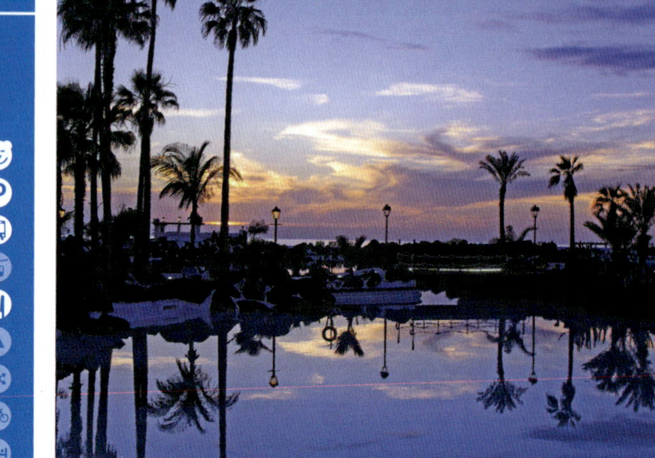

Abendstimmung an der Playa Martianez

Über Stufen geht es ein wenig abwärts und sogleich wieder aufwärts. Wir erreichen die Aussichtsterrasse La Punta del Viento, die spätnachmittags das schönste Panorama von Puerto de la Cruz bietet. Hier hält man sich rechts, um nach wenigen Metern den 1992 erbauten Europa-Platz zu erreichen. Dieser gleicht einer historischen Festungsanlage und beherbergt das Tourismusbüro. Auf der Westseite des Platzes erreicht man die kleine **Playa del Muelle** 02 mit der ältesten Hafenanlage von Puerto de la Cruz. Hier wurde der Ort als Hafen der im Landesinneren gelegenen Stadt La Orotava gegründet.

Vom Hafenbecken folgt man weiter der Küstenlinie, wobei der nun folgende Bereich durch seine Nutzung als Parkplatz etwas entwertet wird. Doch allmählich bleiben die geparkten Fahrzeuge ein wenig zurück und man erreicht die Playa Jardin und gleich darauf das **Castillo San Felipe** 03. Der weit geschwungene Strand mit schwarzem Lavasand, drei Buchten und sehr gepflegten Anlagen mit exotischen Pflanzen zieht über einen Kilometer bis zum ursprünglichen Fischerort **Punta Brava** 04 hinüber.

Die untere Strandpromenade mündet schließlich in die Calle Guanyanfanta. Auf verschlungenen Wegen durch verschiedene Gassen kann man das gesamte ehemalige Fischerdorf küstennah umrunden, bis man schließlich am Ende der Calle Pelinor angelangt ist.

Kurz nach rechts in die Calle Bencomo abzweigend, trifft man nach wenigen Metern auf eine Fußgängerpassage zur Linken, der man nur mehr wenige Meter hinaus zur Avenida **Loro Parque** 05 und damit auch dem Eingang in diesen multifunktionalen Park – Zoo, Botanischer Garten und Erlebniswelt in Einem – folgt.

ZUM CAFÉ VISTA PARAISO

Logenplatz über Puerto de la Cruz

 6,5 km 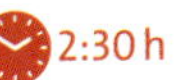 2:30 h 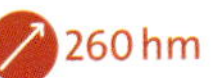 260 hm 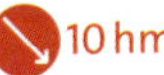 10 hm 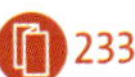 233

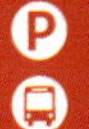

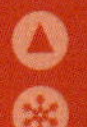
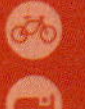
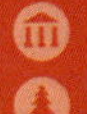

START | Pirámides de Martiánez
[GPS: UTM Zone 28 x: 348.787 m y: 3.144.182 m]
CHARAKTER | Abwechslungsreiche, zumeist leichte Streckenwanderung auf gepflasterten Promenaden und Straßen bzw. abseits der Stadt auf Feldwegen und Pfaden durch Plantagen und eine Schlucht. Der Schlussanstieg kann bei Nässe beschwerlich sein.

Diese Wanderung führt vom Tourismusort Puerto de la Cruz zu einem der schönsten küstennahen Aussichtspunkte der Region. Selbst die Hotelburgen der Stadt scheinen von hier oben nur mehr klein und die Stadt offenbart ihre malerische Lage im untersten Teil des Orotavatales.

▶ An der Westseite des Einkaufszentrums **Pirámides de Martiánez** 01 folgt man ein kurzes Stück der Calzada Martiánez aufwärts, biegt jedoch sogleich in den Treppenweg Camino las Cabras ein, auf dem der Aufstieg in den Ortsteil La Paz beginnt. Nach steilem, durch die Treppen aber einfachen Aufstieg erreicht man die breite Promenade Calle San Amaro, der man nach links folgt. Erster Höhepunkt der Wanderung ist die Aussichtsplattform **Mirador de la Paz** direkt an der **Ladera de Martiánez** 02, jener Felsenklippe, welche den Stadtkern von Puerto de la Cruz im Nordosten begrenzt.

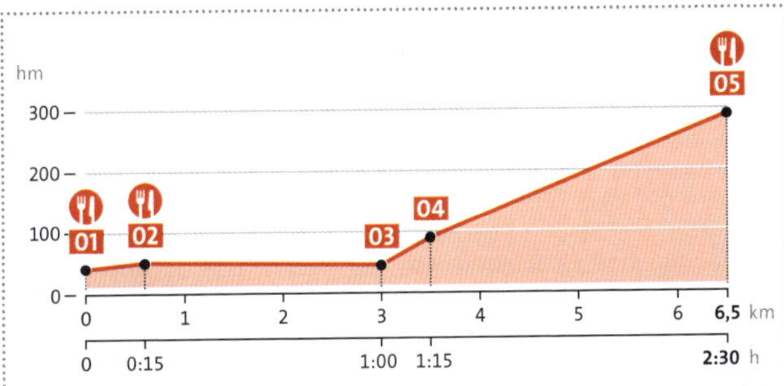

01 Pirámides de Martiánez, 40 m; 02 Ladera de Martiánez, 50 m; 03 Barranco de la Arena, 45 m; 04 Parkplatz Bollulo, 90 m; 05 Café Vista Paraiso, 290 m

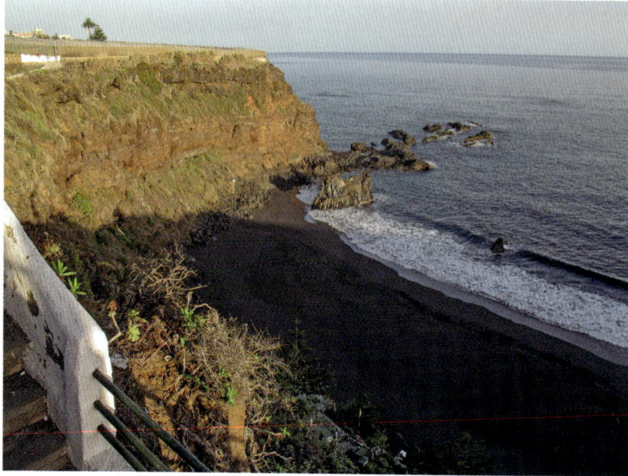

Playa Bollulo

Nachdem man die Aussicht genossen hat, folgt man weiter der Promenade nach Westen, welche in diesem Abschnitt direkt am Krippenrand entlang führt und gewaltige Blicke auf die Playa Martiánez und die nordwestliche Küste Teneriffas gewährt. Vor dem Hotel Semiramis endet die Promenade und man folgt einer Treppe rechts hinauf zur Calle Leopoldo Cólogan Zulueta. Dieser Straße folgt man nach links und kommt damit an den Rand der Hotel- und Apartmentsiedlung La Paz bzw. zum Beginn des Camino de la Costa. Die Asphaltstraße geht in einen gepflasterten Weg über, der wenig später die TF-31 unterquert und in die landwirtschaftlichen Nutzflächen mit ihren teilweise sehr großen Bananenplantagen hinunter leitet. Auch der Pflasterweg erreicht sein Ende und auf einem steinigen Pfad geht es in den **Barranco de la Arena** 03. Nach kurzem Gegenanstieg aus der Schlucht trifft man auf eine

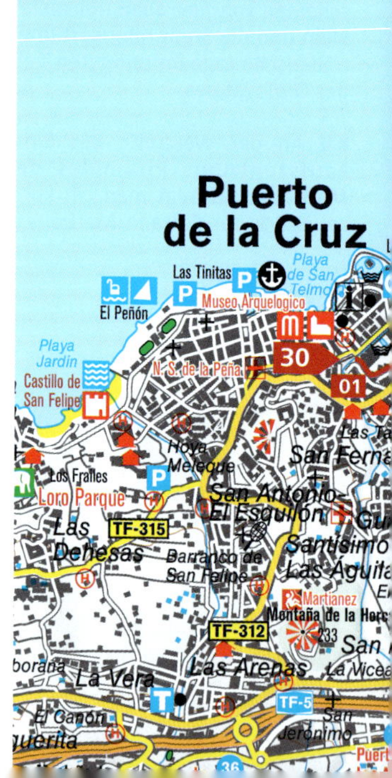

schmale Straße, der man nach links folgt.

Die Straße endet am **Parkplatz oberhalb der Playa Bollulo** 04. Dieser Strand, der einige Meter unterhalb liegt, gehört zu den schönsten Sandbuchten Teneriffas, ist jedoch zum Baden nur an windstillen Tagen und auch dann nur für geübte Schwimmer (Unterströmungen!) zu empfehlen. Für die Fortsetzung der Wanderung bleibt man auf dem Promenadeweg, der direkt an der Abbruchkante der Steilküste nach Osten verläuft. Wer nicht schwindelfrei ist, sollte lieber keinen Blick in die Tiefe riskieren – der Weg ist aber breit genug, um auch ohne Schwindelgefühle begangen zu werden.

Zwischen der Begrenzungsmauer einer Bananenplantage und dichtem Gebüsch scheint sich der Pfad zu verlieren, führt jedoch hindurch und verläuft kurz hinter der Mauer. Schließlich erreicht man eine Schlucht hoch über dem häufig wild aufgewühlten Meer. Rechts haltend leitet ein Steig durch diesen Barranco. Je nach Jahreszeit ist der Weg nicht immer leicht zu finden, denn die Vegetation überwuchert sehr schnell alle menschlichen Spuren.

Doch in der Regel ist der Pfad gut zu finden und zu begehen. Nach Unterquerung einer Rohrleitung steigt man rechts über eine Betontreppe zu einer schmalen Straße auf. Dieser folgt man nach links. Es folgen etliche Abzweigungsmög-

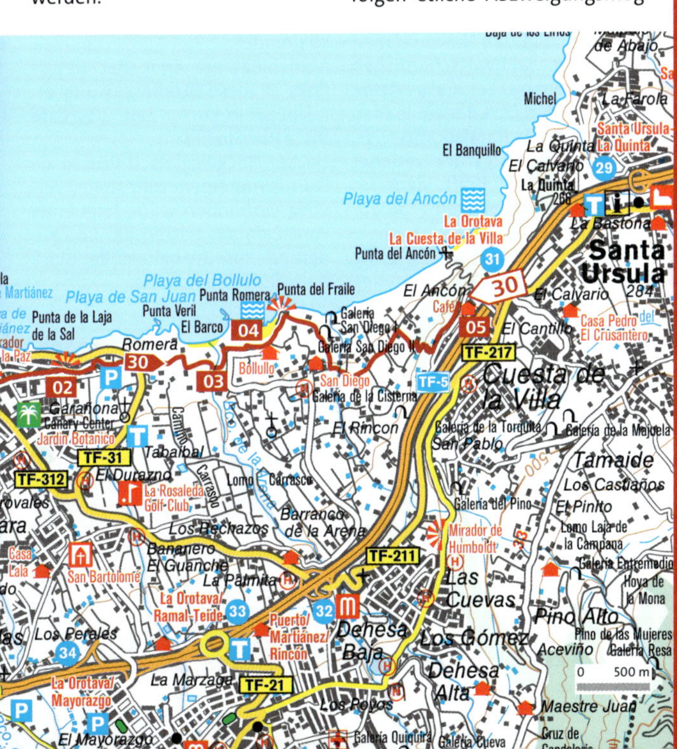

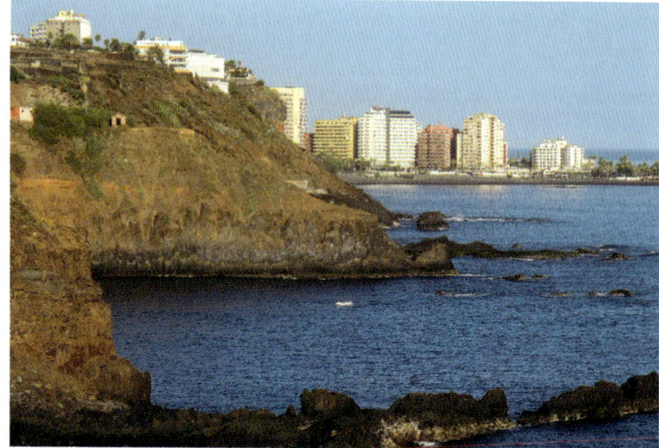

Blick auf Puerto de la Cruz

lichkeiten, doch helfen gelb-rote Pfeile, den richtigen Weg zu finden. Man folgt den Nebenstraßen durch die landwirtschaftlichen Nutzflächen bis zur Casa Victor, vor der nach rechts der steile Pfad zum Café Vista Paraiso abzweigt. Dieses letzte Wegstück verlangt nochmals etwas Kraft, denn es geht auf dem steinigen Pfad zunächst in der Falllinie nach oben, bevor Serpentinen die Steigung etwas verringern. Der Aufstieg endet mit einer langen Treppe, welche in die Calle Vista Paraiso mündet.

Man biegt am Ende der Treppe links in diese Straße ein und erreicht so in kurzer Zeit das **Café Vista Paraiso** 05.

Da der Rückweg nach Puerto de la Cruz mit einem sehr steilen Abstieg verbunden wäre, folgt man vom Café am besten der Beschilderung zur Bushaltestelle oberhalb der Schnellstraße.

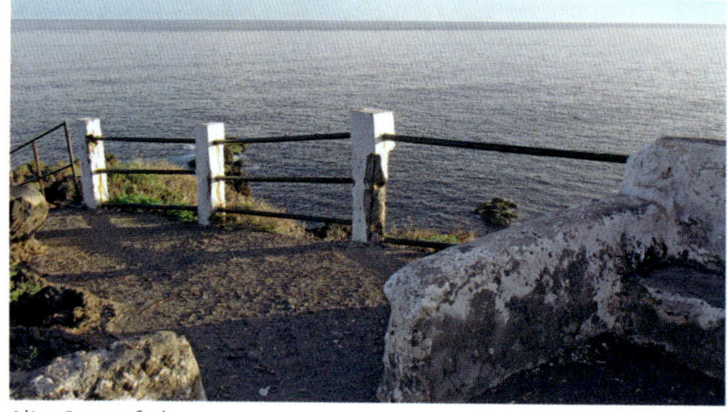

Alter Saumpfad

STADTRUNDGANG OROTAVA

Durch den historischen Stadtkern

 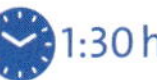 3,6 km 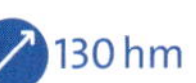 1:30 h 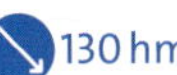 130 hm  130 hm 233

START | Estación de Guaguas
[GPS: UTM Zone 28 x: 351.139 m y: 3.141.721 m]
CHARAKTER | Dieser Stadtspaziergang führt durch die Altstadt von La Orotava und damit zu den schönsten Gebäuden und Plätzen der historischen Stadt. Ausblicke auf das unterste Orotavatal und die Küste bereichern den Rundgang.

La Orotava liegt im fruchtbaren, gleichnamigen Tal und ist eine der ältesten Städte Teneriffas. Im Gegensatz zu vielen anderen Ortschaften auf den Kanaren blieb der historische Stadtkern bis heute weitgehend erhalten. Daher ist ein Rundgang durch das historische Zentrum besonders lohnend.

▶ Man beginnt den Rundgang am Busbahnhof **Estación de Guaguas** 01. Durch die Calle Alfonso Trujillo an der Westseite des Bahnhofs geht man aufwärts und erreicht die Avenida de Canarias, der man nach rechts folgt. Die TF-21 wird überquert und die Avenida leitet weiter dem historischen Stadtkern entgegen. Am Ende der Straße biegt man links in die Calle Calvario ein und erreicht nach wenigen Schritten die **Plaza de la Constitución** 02, einer der schönsten Plätze der Stadt.
Man erreicht den Platz in seiner Nordostecke an der Iglesia de San Agustín. Rund um den Platz entwickelte sich aus 12 ländlichen Anwesen, den sogenannten Doce Casas, der ursprüngliche Ortskern von La Orotava. Das heutige Stadtbild entstand nach dem Erdbeben von 1705. Der von schatten-

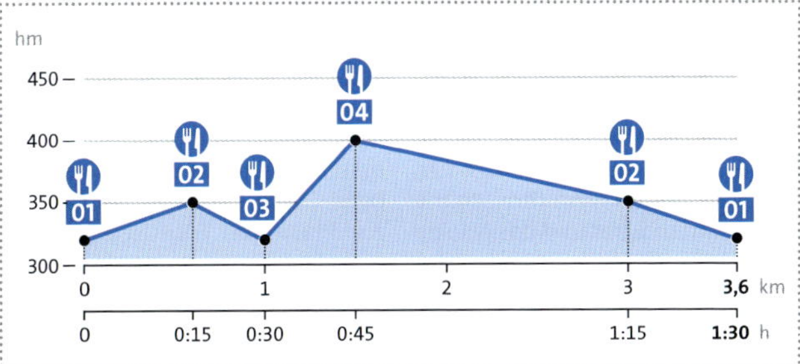

01 Estación de Guaguas, 320 m; 02 Plaza de la Constitución, 350 m;
03 Santo Domingo, 320 m; 04 Plaza San Francisco, 400 m

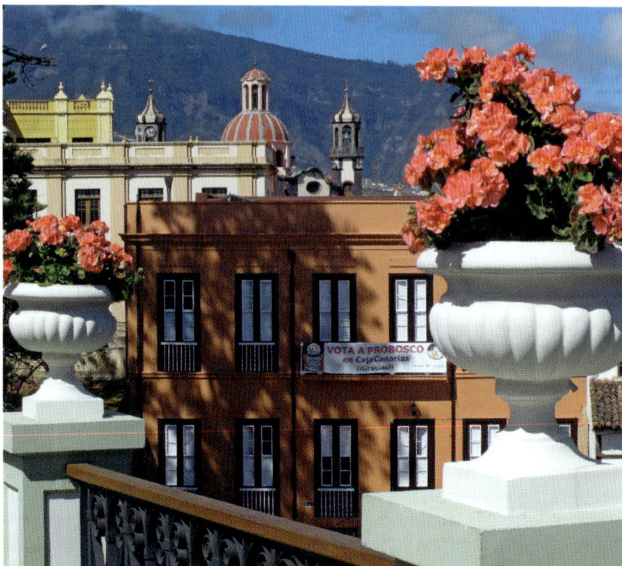

An der Plaza de la Constitucíon

spendenden Bäumen umrahmte Hauptplatz beherbergt in seinem Zentrum einen typischen Kiosk mit Terrassencafé und bietet sich für eine erholsame Rast nach dem Stadtrundgang an.

Man setzt die Runde an der Nordwestseite des Platzes fort und wendet sich hier rechts in die Calle Tomás Zerolo. Diese Straße wird von prachtvollen Villen gesäumt, die zu einem Teil auf neben den Häusern angebrachten Tafeln erklärt werden. Man folgt der Straße bis zur Kirche **Santo Domingo** 03. Hier befinden sich weitere schöne Herrschaftshäuser und das Museo de Artesanía Iberoamerico, das Textilien und Keramiken aus Südamerika präsentiert.

Von der Kirche geht es durch die Calle Viera in südwestliche Richtung und am Ende der Straße biegt man links in die Calle Cólogan ein. Die Gasse leitet zur Plaza Casañas mit der Kirche Nuestra Señora de la Conceptión. Nach dem Erdbeben von 1705 wurde das Gotteshaus im barocken Stil wieder aufgebaut.

Etwas oberhalb der Kirche folgt man nun der aufwärts führenden Calle Colegio und gelangt so zu den Casas de los Balcones an der Calle San Francisco. Diese Anwesen sind die bekanntesten kanarischen Landhäuser Teneriffas und bestechen durch prächtige Fassaden und eindrucksvolle Holzbalkone. Man sollte zumindest bis zur **Plaza San Francisco** 04 weitergehen, um einen umfassenden Eindruck zu bekommen. Auch ein kurzer Abstecher bergwärts kann lohnen, denn hier liegt das Mühlenviertel El Farrobo. Etliche Wassermühlen aus dem 17. und 18. Jahrhundert stehen hier dicht gedrängt nebeneinander. Von der Plaza San Francisco geht es die Calle Hermano Apolinar zum Botanischen Garten Hijuela del Botánico. Dieser Garten ist eine Außenstelle der größeren Anlage von La Paz in Puerto de la Cruz. Schräg gegenüber befindet sich der Eingang zum Jardin Victoria, einer großzügigen Gartenanlage in französischem Stil.

Durch die Calle León und die Calle San Agustín kehrt man an die **Plaza de la Constitución** 02 zurück und gönnt sich die verdiente Pause im Terrassencafé. Ab hier folgt man dem schon bekannten Weg zurück zur **Estación de Guaguas** 01.

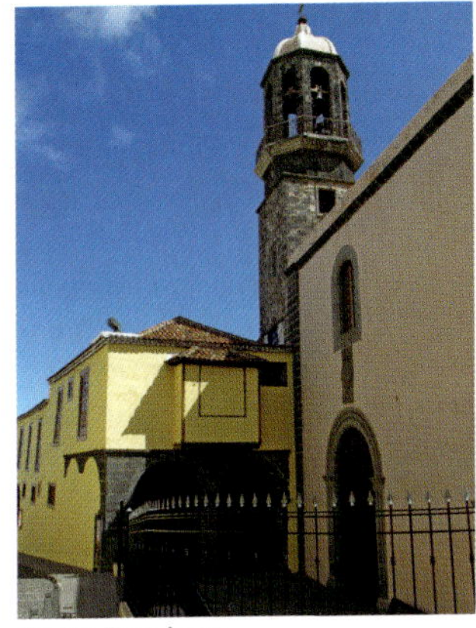

Santo Domingo

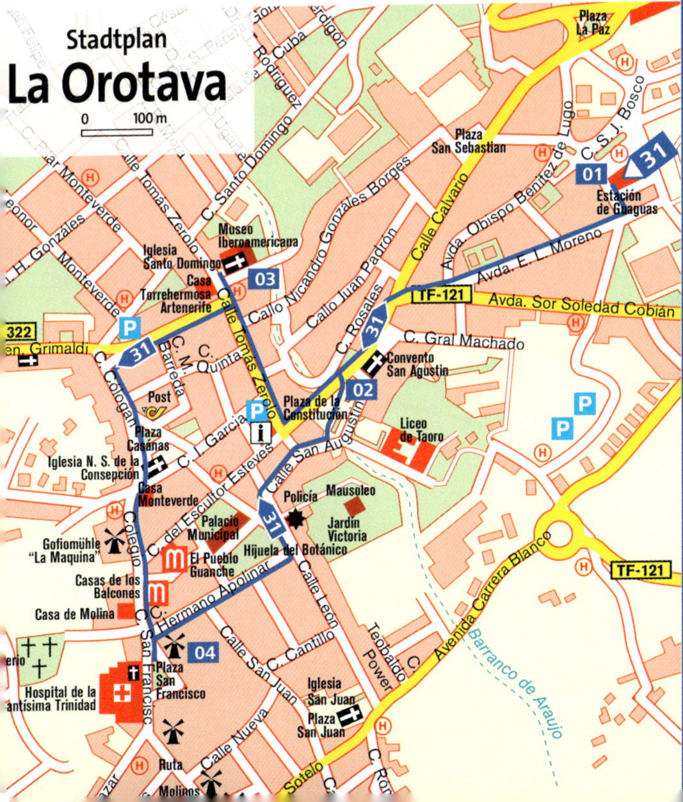

Stadtplan La Orotava

0 100 m

DURCH DAS VAL DE OROTAVA

Teneriffas fruchtbarste Tallandschaft

 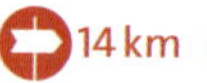 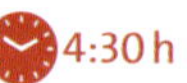 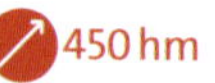   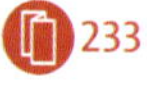

14 km | 4:30 h | 450 hm | 1200 hm | 233

START | Fischzucht Aguamansa
[GPS: UTM Zone 28 x: 352.316 m y: 3.140.124 m]
CHARAKTER | Mittelschwere Wanderung mit längeren, zum Teil sehr steilen Abstiegen durch Kiefernwald, Schluchten und gegen Ende durch die Terrassenlandschaft im unteren Orotavatal. Nicht durchgehend gut markiert, daher guter Orientierungssinn erforderlich.

Bei dieser Wanderung im Orotavatal durchquert man die verschiedensten Vegetationszonen der tinerfinischen Nordseite und kann damit erkennen, welche klimatischen Faktoren zur Schichtung der Flora der Insel beitragen.

▶ Von der **Fischzucht in Aguamansa** 01, direkt an der TF-21 gelegen, folgt man dieser Straße in der Linkskehre ein kurzes Stück abwärts und biegt gleich nach der Kurve rechts in den markierten Pfad ab, der in den Barranco de la Arena hinunter leitet. Stets dem Lauf der Schlucht folgend, geht es abwärts und man trifft etwas weiter unten im Barranco auf den Camino de Mamio, dem man nach rechts folgt.
Nach der Durchquerung einer weiteren Schlucht, des Barranco de las Auges, erreicht man eine Infotafel und damit die **Abzweigung vom Camino de Mamio** 02.

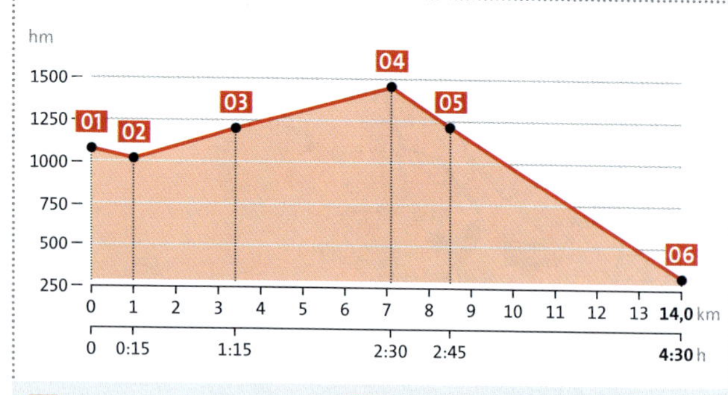

01 Fischzucht Aguamansa, 1075 m; 02 Abzweigung Camino de Mamio, 1017 m; 03 Choza El Topo, 1200 m; 04 Choza Almadi, 1450 m; 05 Cruz de la Lajita, 1210 m; 06 Mirador de Humboldt, 320 m

Von hier steigt man nach rechts auf dem Camino Nuevo zur Pista del Mamio auf und folgt dieser Forststraße nach links in den Kiefernwald hinein. Nächstes Zwischenziel ist die **Choza El Topo** 03, eine Unterstandshütte im prächtigen Kiefernwald, an welcher sich mehrere Wege treffen.

Man folgt dem breiten Forstweg, der in diesem Abschnitt Teil des Weitwanderwegs GR 131 und daher sehr gut markiert ist. Es gilt, den gewaltigen Barranco del In-

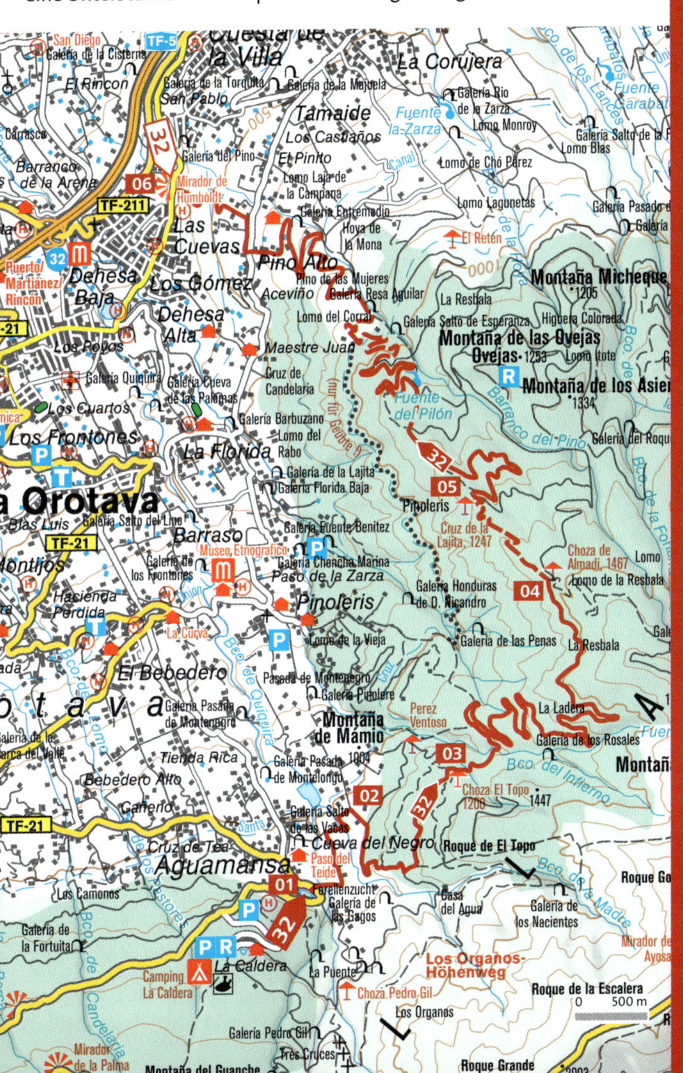

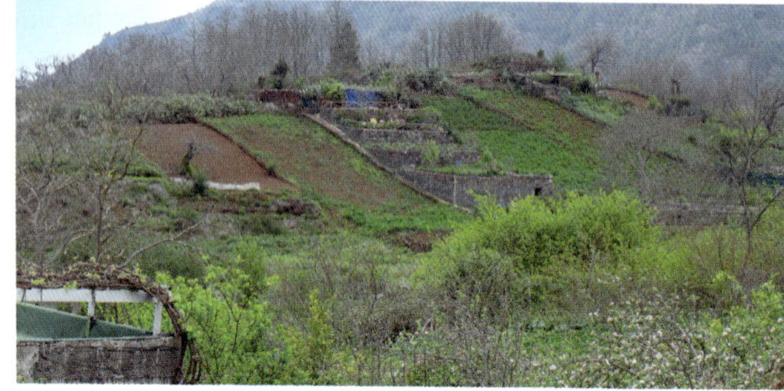
Kulturlandschaft prägt das Tal von Orotava

fierno (nicht zu verwechseln mit jenem an der Südküste; siehe Tour 10) und den nicht minder eindrucksvollen Barranco del Madre Agua zu durchqueren. Nach den Schluchten wird der Kiefernwald allmählich etwas lichter und wer sich umdreht, kann den Blick bis zu den Cañadas und zum Teide schweifen lassen. Doch dieser Genuss währt nur kurz, denn alsbald treten die Bäume wieder dichter zusammen und verstellen zumeist die Sicht. Es folgen mehrere, teils steile Serpentinen am Ostrand der Schluchten und schließlich führt der Weg um einen Felsen herum in offenes Gelände. Mit nur mehr mäßigem Höhenunterschied erreicht man schließlich den Rastplatz an der **Choza Almadi** 04.

Hier beginnt der Abstieg, der es wahrlich in sich hat, sind doch mehr als 1000 Höhenmeter zu bewältigen. Beim Rastplatz verlässt man den breiten Forstweg und damit die Trasse des GR 131. Man wählt einen Waldweg zur Linken, der auf der Kammhöhe abwärts führt. An den folgenden Wegkreuzungen geht man ebenfalls links und erreicht so den nächsten Rastplatz am **Cruz de las Lajitas** 05. Von hier genießt man einen perfekten Ausblick über das gesamte Orotavatal. Der weitere Abstieg folgt einem Forstweg, der mitunter sehr steil abwärts führt. Mit dem Tiefersteigen bleibt der Kiefernwald allmählich zurück und macht einer eigenwilligen Mischung aus Baumheide und Lorbeer Platz. Hier gedieh einst ein echter Lorbeerwald, doch wurde dieser durch den Menschen weitgehend abgeholzt und durch den heutigen Buschwald ersetzt. Bei den folgenden Abzweigungen geht es jeweils wieder links weiter. Schließlich erreicht man westlich des bewaldeten Rückens von Ovejas einen Forstweg, der quer durch den Hang vom Orotavatal wegführt. Am Ende dieses Weges trifft man auf eine Forststraße, der man abermals nach links folgt. In mehreren Serpentinen und einzelnen Abschnitten durch die nunmehr schon beginnende Terrassenlandschaft geht es in Richtung Pino Alto.

Zuletzt geht der Weg in eine asphaltierte Straße über, die bis in das Dorf **Pino Alto** 06 hinunter führt. Unmittelbar bei der Kirche trifft man auf die Dorfstraße; hier liegt auch eine schöne Aussichtsterrasse auf das Orotavatal, die einen letzten Blick über die prachtvolle Landschaft gewährt.

VON AGUAMANSA ZUR CALDERA

Kurzwanderung zum Waldkrater

 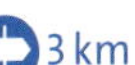 3 km  1:00 h  125 hm  125 hm  233

START | Fischzucht Aguamansa
[GPS: UTM Zone 28 x: 353.367 m y: 3.138.075 m]
CHARAKTER | Diese einfache Wanderung ist etwas für Zwischendurch oder wenn an einem Nebeltag das Wetter so gar nicht mitspielt und längere Wanderungen um Aguamansa und die Caldera ein Sicherheitsrisiko darstellen. Trotz der Kürze der Wanderung bekommt man einen ersten Eindruck von den Besonderheiten der Region.

Das Gebiet um Aguamansa und den kleinen Krater La Caldera ist eine der schönsten Wanderregionen auf der Nordseite Teneriffas. Hier gibt es für jeden Anspruch die passende Tour – die Vorstellung beginnt mit einem kurzen Einstieg in dieses Gebiet.

▶ An der **Fischzucht in Aguamansa** 01 überquert man die TF-21 und findet gleich unterhalb der Einfahrt in die Fischzucht den gemauerten Treppenzustieg zu verschiedenen Wanderwegen, unter anderem auch zum berühmten Pilgerweg nach Candelaria (siehe Tour 38). Man steigt in diesen Weg ein, verlässt ihn aber schon nach wenigen Metern nach rechts (Wegweiser Caldera). Der Pfad verläuft parallel zur TF-21 und gewinnt in einer Serpentine etwas an Höhe, bevor er in einem weiten Bogen zur Zufahrtsstraße zur Caldera führt.
Diese wird gequert und jenseits führt der Pfad weiter durch den

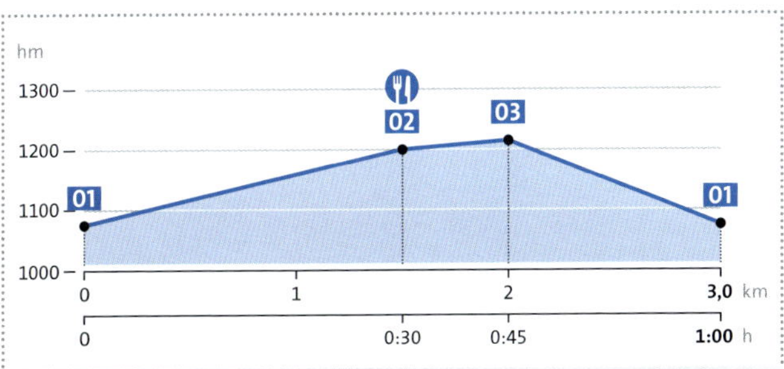

01 Fischzucht Aguamansa, 1075 m; 02 La Caldera, 1200 m;
03 Choza Pedro de Gil, 1215 m

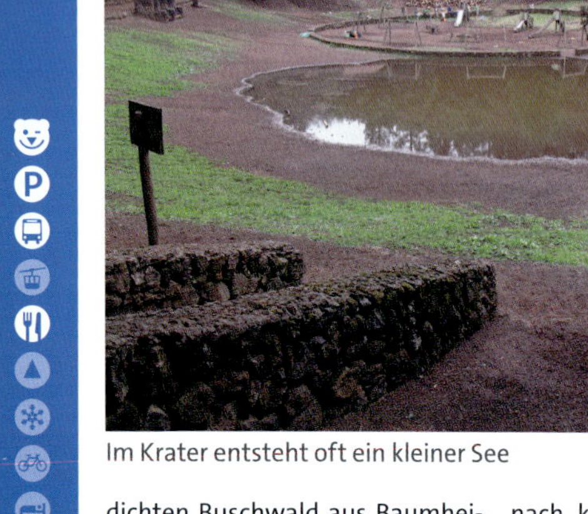

Im Krater entsteht oft ein kleiner See

dichten Buschwald aus Baumheide und Gabelstrauch. Nach einem kurzen weiteren Aufstieg erreicht man **La Caldera** 02, den kleinen Krater mitten im Wald mit seinem Freizeitgelände und dem kleinen Lokal. Am Lokal rechts vorüber folgt man der breiten Forststraße in südöstlicher Richtung, bis man nach kurzer Zeit und nur leicht ansteigend die Unterstandshütte **Choza Pedro de Gil** 03 erreicht. Hier verlässt man auch schon wieder den breiten Weg und biegt nach links in den mit Steinen eingefassten Pilgerweg ab, der in einem kurzen Abstieg zur **Fischzucht in Aguamansa** 01 zurückführt.

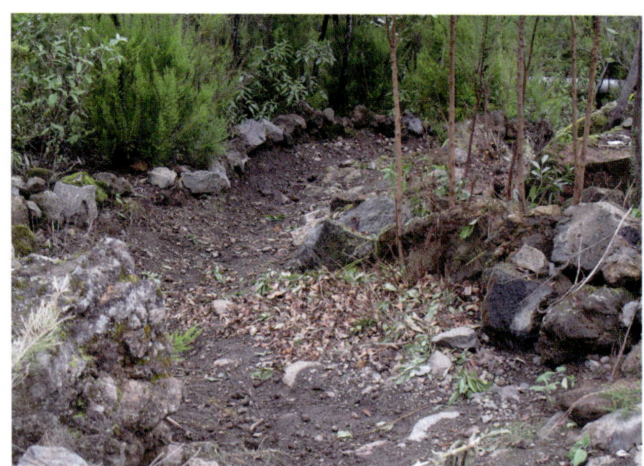

Am Aufstieg zum Waldkrater

Die Fischzucht in Aguamansa

Die sehr bekannt Fischzucht (Piscifactoría) war einst eine Baumschule, in der Bäume für die Wiederaufforstung der tinerfinischen Wälder herangezogen wurden. Die Baumschule wurde 1950 geschlossen und ein findiger Kopf kam auf die Idee, das reichlich vorhandene Quellwasser für die Zucht von Forellen zu nutzen.
Bei freiem Eintritt kann man in der Fischzucht in den Becken mit den unterschiedlichen Größenklassen das Wachstum der Regenbogenforellen sehr gut nachvollziehen. Zudem findet sich in der Fischzucht ein kleines Arboretum mit rund 40 verschiedenen Gehölzen, darunter verschiedene Kiefernarten. Wer eine Kochgelegenheit auf der Insel hat oder plant, einen der Grillplätze an der Caldera zu nutzen, kann von Montag bis Freitag von 10 bis 14 Uhr auch frische Forellen kaufen.

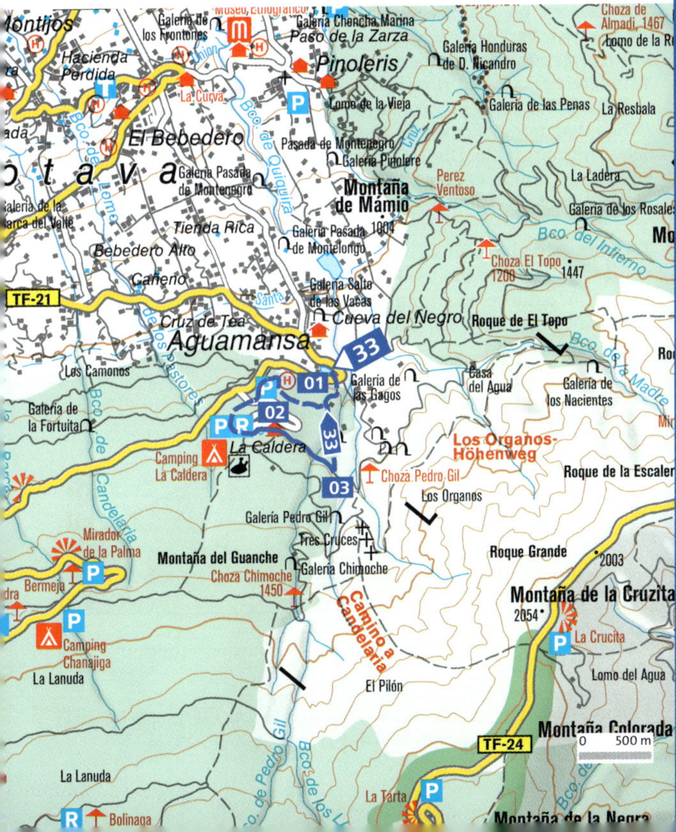

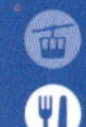

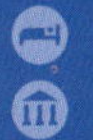

RUNDWANDERUNG ZUR CHOZA CHIMOCHE

Vom Krater in den Kiefernwald

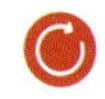 6 km 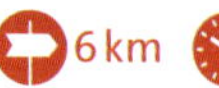2:00 h 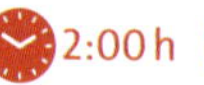270 hm 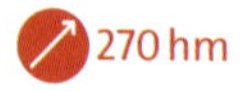270 hm 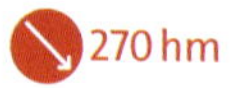233 

START | La Caldera
[GPS: UTM Zone 28 x: 352.885 m y: 3.137.814 m]
CHARAKTER | Diese technisch einfache, aber zum Teil relativ steile Rundwanderung führt auf Waldwegen und Forststraßen durch einen der schönsten Kiefernwaldbereiche um Aguamansa.

Die Caldera oberhalb von Aguamansa ist der wohl wichtigste Kreuzungspunkt verschiedener Wanderwege an der Nordflanke von Teneriffa. Es bieten sich vielfältige Wandermöglichkeiten aller Schwierigkeitsgrade. Diese Runde gibt einen umfassenden Einblick in das Gebiet.

▶ Vom Parkplatz bei **La Caldera** 01 folgt man der breiten Forststraße in östliche Richtung nur leicht ansteigend bis zur Schutzhütte **Choza de Pedro Gil** 02. In der Felswand gegenüber liegt eine ergiebige Quelle, die für ihr besonders reines Wasser bekannt ist.
An der Unterstandshütte biegt man nach rechts in den Wallfahrtsweg in Richtung Candelaria ein. Vorbei an den „Drei Kreuzen", Tres Cruces, einer kleinen Gebetsstätte für Pilger, gewinnt der Pfad in zahlreichen Serpentinen beständig an Höhe und leitet durch sehr schöne Bereiche des Kiefernwaldes. Ein quer verlaufender

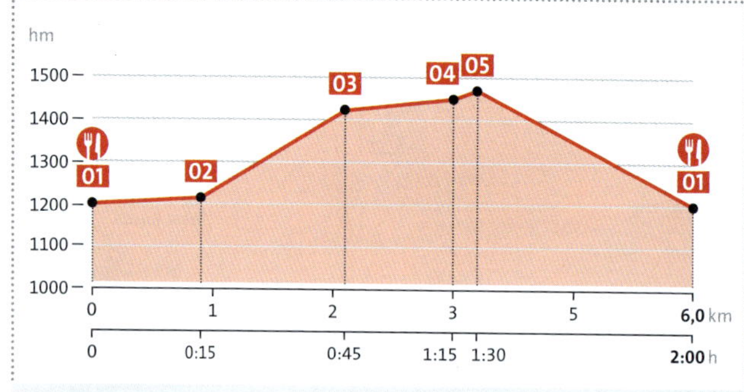

01 La Caldera, 1200 m; 02 Choza de Pedro Gil, 1215 m; 03 Camino Forestal, 1422 m; 04 Choza Chimoche, 1450 m; 05 Weggabelung, 1470 m

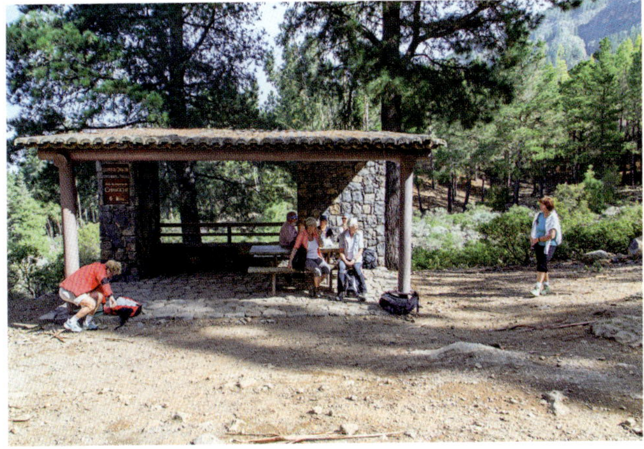

Rast an der Choza

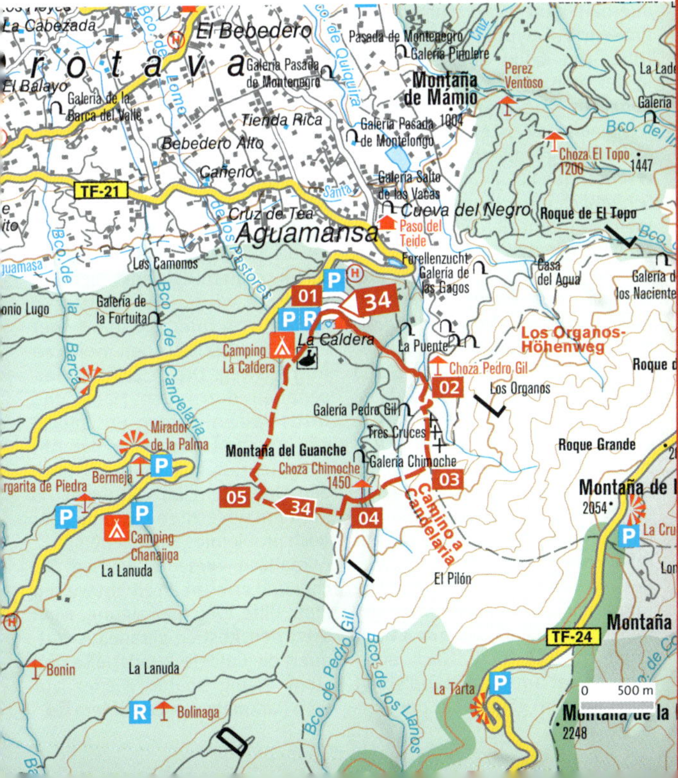

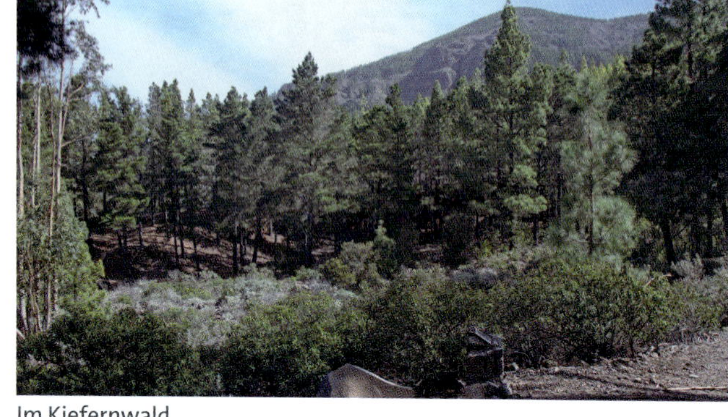

Im Kiefernwald

Forstweg bleibt unberücksichtigt und man steigt weiter durch die Serpentinen bergwärts. Etwas oberhalb geht es an einigen sehr großen Eukalyptus-Bäumen vorüber, ein Relikt aus jener Zeit, in der man noch wenig über die Bedeutung des Kanarischen Kiefernwaldes wusste und an eine Aufforstung mit dem schneller wachsenden Eukalyptus dachte.
Schließlich erreicht man ein Wegkreuz, an dem der Pilgerweg geradeaus weiter aufwärts zieht und der **Camino Forestal** **03** den Zugang zum Organos-Höhenweg bzw. zur Choza Chimoche gewährt. An diesem Kreuzungspunkt geht man nach rechts und folgt dem Camino Forestal auf fast gleich bleibender Höhe in westliche Richtung. Es geht durch zwei Schluchten im Wald, an deren Felswänden die blaugrünen Rosetten der Gold-Greenovie auffallen. Über einen offenen Bereich mit feingrusiger Lava tritt man wieder in dichteren Kiefernwald ein und erreicht eine Forststraße, der man nach rechts bis zur **Choza Chimoche** **04** folgt. Nach einer kurzen Rast am Unterstand steigt man auf dem gegenüber der Hütte von der Forststraße abzweigenden Pfad etwas weiter in den Wald auf. Der Weg ist mit Steinen eingefasst und führt zu einer undeutlichen **Weggabelung** **05**. Hier zweigt links der Zustieg in Richtung Montaña de Limón ab, für die Rückkehr zur Caldera geht man jedoch geradeaus weiter.
In leichtem Auf und Ab leitet der Pfad durch den Wald, an einer lichten Stelle zur Rechten kann man bei besonders klarem Wetter bis zur Nachbarinsel La Palma sehen. Allmählich senkt sich der Waldpfad wieder zur Forststraße hin ab. Man quert sie und findet etwas zur Rechten den weiteren Abstiegsweg. Dieser zieht in Serpentinen durch den Hang und tritt in einen dichten Buschwald ein. Abschnittsweise ist der Abstieg sehr steinig und war nach den Unwettern im Oktober 2015 in einem schlechten Zustand, aber noch problemlos zu begehen.
Allmählich wird der Abstieg flacher und erreicht an einem weiten Platz eine Wegabzweigung. Man setzt den Abstieg geradeaus fort, quert die Caldera-Rundstraße und steht wenig später wieder auf dem Parkplatz von **La Caldera** **01**.

AUF DEM ÓRGANOS-HÖHENWEG

Zu den Orgelpfeifen im Orotavatal

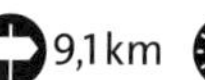

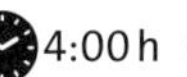

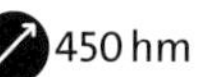

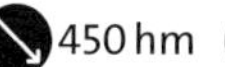

START | La Caldera
[GPS: UTM Zone 28 x: 352.904 m y: 3.137.812 m]
CHARAKTER | Diese abwechslungsreiche Höhenwanderung verläuft teilweise einfach auf Forstwegen, verfügt aber auch über steile und ausgesetzte Wegpassagen auf schmalen Pfaden. Trittsicherheit und Schwindelfreiheit sind erforderlich. Auch die Orientierung ist nicht immer einfach.

Der Rundweg um die Orgelpfeifen zählt sicher zu den schönsten Routen auf Teneriffa: Unberührte Natur und atemberaubende Ausblicke lassen das Herz des geübten Wanderers höher schlagen. Doch leider ist es definitiv keine Tour für Anfänger – manche Wegstücke sind ausgesetzt und verschaffen einen ordentlichen Adrenalin-Kick.

▶ Wie zuvor bei Wanderung 34 beschrieben, folgt man von **La Caldera 01** der breiten Forststraße bis zur **Choza de Pedro Gil 02** und biegt dort nach rechts in den Pilgerweg nach Candelaria ein. Auf dem zuerst breiten, später schmäler werdenden Pfad geht es in Serpentinen steil aufwärts. An den **Tres Cruces**, drei Holzkreuzen, vorbei, erreicht man eine Forststraße und quert diese. Schließlich trifft man auf den quer verlaufenden **Camino Forestal 03**, der von rechts von der Choza Chimoche herüber führt.
Hier hält man sich links (ab diesem Punkt war der Weg im November 2015 gesperrt). In beständigem

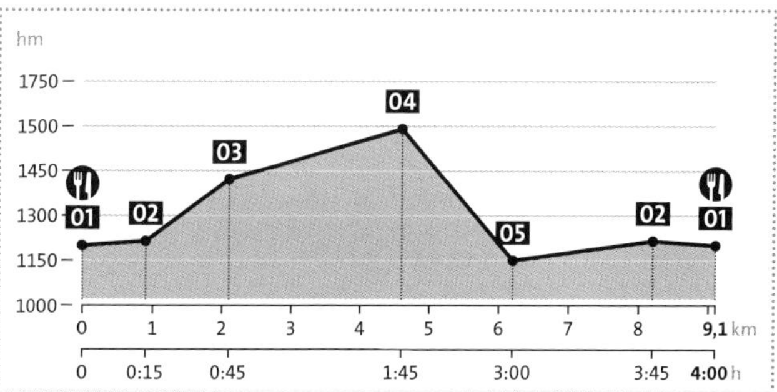

01 La Caldera, 1200 m; 02 Choza de Pedro Gil, 1215 m; 03 Camino Forestal, 1422 m; 04 Roque de la Escalera, 1591 m; 05 Forststraße, 1150 m

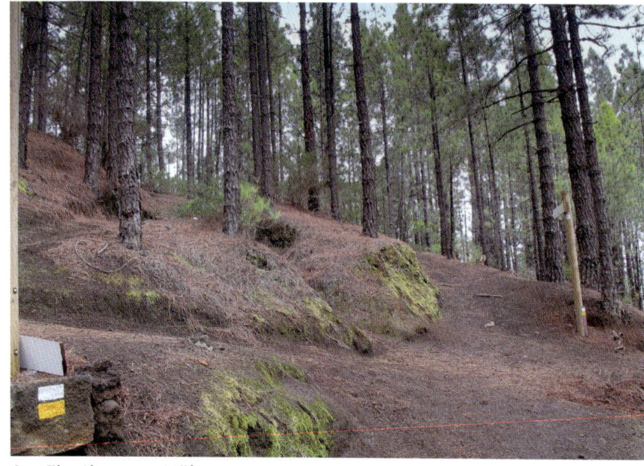

Am Einstieg zum Höhenweg

Auf und Ab quert der Pfad die bewaldeten Hänge und führt dabei wiederholt durch kleine Schluchten oder an steilen Felsabsätzen vorbei. Allmählich wird der Weg anspruchsvoller, da er zusehends durch schrofferes Gelände führt. Wie bei seit Urzeiten begangenen Pfaden üblich, folgt auch dieser dem Gelände und zieht durch Rinnen, durchmisst Waldpassagen und leitet teilweise auch über offene Felshänge. Schließlich verläuft der Pfad direkt oberhalb der Felsformationen **Los Organos**.

Hier trifft man endlich auch auf die Schlüsselstelle des Weges: Hinter einem Sattel mit Aussichtspunkt auf einem Felsvorsprung fällt der Blick tief in einen Barranco – Schwindelgefühle können aufkommen. Der Pfad führt abwärts und direkt zu einer Felsnase, die auf dem ausgesetzten, jedoch breiten Steig umrundet wird. Eisengeländer an den Felswänden geben zwar eine gewisse Sicherheit, doch sind hier Schwindelfreiheit und Trittsicherheit unbedingt von Vorteil, will man die fantastische Landschaft richtig genießen. Die rund 30 Meter lange Schlüsselstelle endet in einem Seitenbarranco; hier ist das Gelände zwar immer noch extrem, doch die Vegetation verdeckt den schauerlichen Tiefblick. Weiter geht es durch die nun verschwenderisch bewachsene Schlucht, in der auch zahlreiche Vertreter der typischen Flora Teneriffas gedeihen. Und er folgt das wohl schönste Stück des Kiefernwaldes am Wegesrand.

Nächster wichtiger Wegpunkt ist der **Roque de la Escalera 04**, bei dem man nach einem leichten Anstieg auf eine Weggabelung trifft. Man wandert links haltend abwärts und erreicht alsbald ein Steilstück, das es zu überwinden gilt. Nach einem in die Knie gehenden Abstieg läuft der Pfad auf einen bewaldeten Rücken hinaus und wird sanfter. Man erreicht eine Forststraße und folgt dieser nach links. In Folge ist die Orientierung nicht ganz einfach: Nach der übernächsten engen Kurve zweigt

etwas nach dieser ein mit Steinmännchen markierter Steig nach links ab. In zahllosen Serpentinen geht es durch den Wald weiter abwärts, bis man schließlich neuerlich eine Forststraße erreicht, der man kurz nach rechts folgt.
Wiederum setzt sich knapp nach der Kurve der Waldsteig am linken Wegrand fort und erneut führt der Abstieg die Hänge hinunter. An der nächsten **Forststraße** **05** lösen sich die Orientierungsprobleme: Ab hier ist der weitere Weg als GR 131 durchgehend gut markiert. Man hält sich links. Stets auf der markierten Hauptpiste bleibend, erreicht man in leichtem Anstieg wieder die **Choza de Pedro Gil** **02** und bald darauf den Ausgangspunkt **La Caldera** **01**.

Mögliche Wegsperren

Der ausgesetzte Teil des Höhenweges wurde nach den Unwettern im Herbst 2015 für längere Zeit gesperrt. Im November 2017 waren die Wegsperren zwar beseitigt, ob dies aber einer „offiziellen" Freigabe entspricht, konnte nicht in Erfahrung gebracht werden. Mit kurzen Umleitungen war der Weg begehbar.

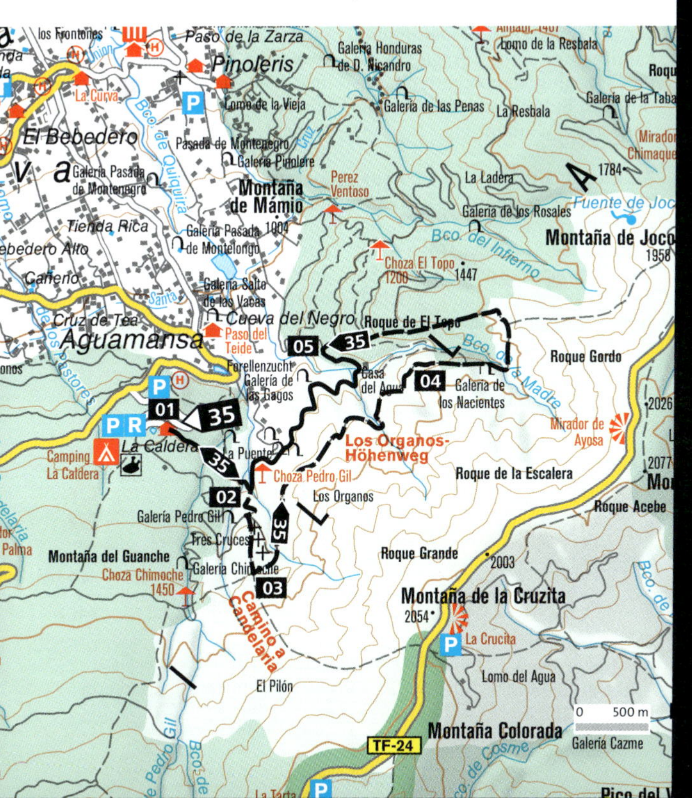

RUND UM AGUAMANSA

Auf halber Höhe zu den Cañadas

  8 km 2:45 h 180 hm 180 hm 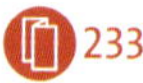 233

START | Aguamansa
[GPS: UTM Zone 28 x: 352.813 m y: 3.138.480 m]
CHARAKTER | Diese Rundwanderung um Aguamansa auf Forstwegen und Waldpfaden gibt einen guten Einblick in die Kulturlandschaft und die Wälder am Fuße des Teide.

Herzstück dieser Wanderung um Aguamansa ist der Barranco Madre del Agua, eine wasserreiche Schlucht, deren Quellen bereits vor der spanischen Eroberung bekannt waren und in Folge für die Bewässerung der Ackerterrassen und den Betrieb von Mühlen herangezogen wurden.

Direkt an der TF-21 in **Aguamansa** 01 beginnt gegenüber dem Restaurante Los Andes der Camino de la Orilla. Man folgt der Asphaltstraße aufwärts. Sie geht alsbald in einen geschotterten Weg und wenig später in einen Pfad über. Am Übergang zwischen Kulturland und dichtem Gebüsch aus Baumheide zieht der Weg in nordwestliche Richtung. Schließlich kommt man eine **Abzweigung** 02, an der man sich links hält und leicht ansteigend in kurzer Zeit die **Pista de Benijos** 03 erreicht.
Auf dieser Forststraße wendet man sich nach links und folgt ihr bis zur TF-21. Die Straße wird durch eine Unterführung unterquert und der Wanderweg steigt anschließend die letzten Höhenmeter zum Freizeitareal **La Caldera** 04 auf. Am Ausflugslokal

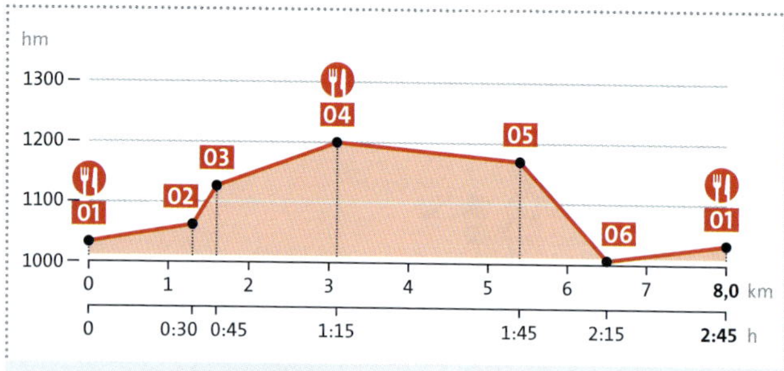

01 Aguamansa, 1033 m; 02 Abzweigung, 1062 m; 03 Pista de Benijos, 1127 m; 04 La Caldera, 1200 m; 05 Casa del Agua, 1170 m; 06 Camino del Mamio, 1007 m

an der Caldera vorüber erreicht man eine Forststraße, der man in südöstlicher Richtung leicht ansteigend folgt.
Am Unterstand Choza de Pedro Gil vorüber wandert man auf der Forststraße bis zur **Casa del Agua** 05. In diesem alten Wasserhaus wurde einst das gesamte Wasser für La Orotava gesammelt und verteilt. Die reichen Quellen liegen etwas oberhalb im Barranco und sind über den Camino del Agua zu erreichen (siehe Hinweis).
Für die Fortsetzung der beschriebenen Runde steigt man beim Wasserhaus nach links ab. Als-

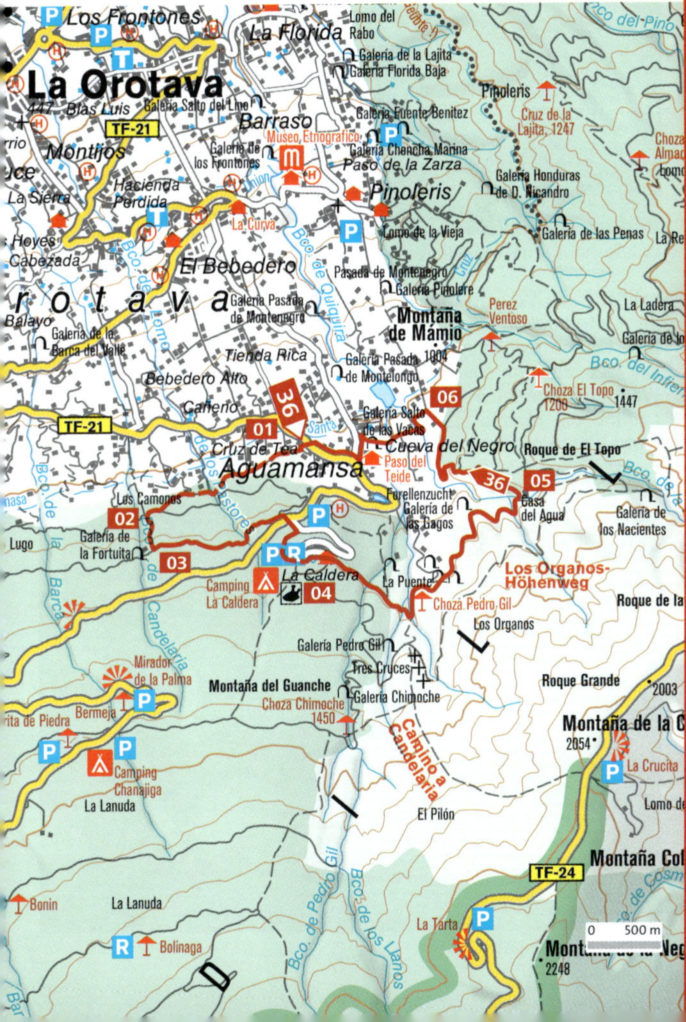

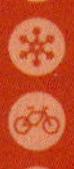

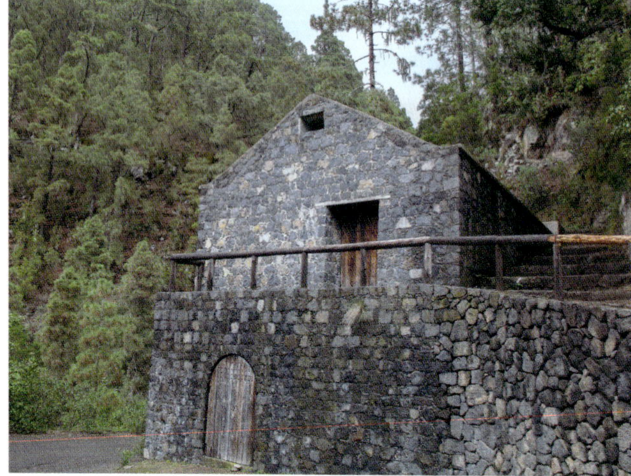

Wasserhaus am Rande der Schlucht

bald tritt der Weg aus dem Wald ins Kulturland hinaus und nach zwei Kehren hält man sich an einer Weggabelung abermals links. Wenig später erreicht man so den **Camino del Mamio** 06. Diesem früher sehr wichtigen Verbindungsweg folgt man nach links und steigt durch mehrere Kurven zur TF-21 auf. Auf der Hauptstraße wendet man sich nach rechts und erreicht so in wenigen Minuten den Ausgangspunkt in **Aguamansa** 01.

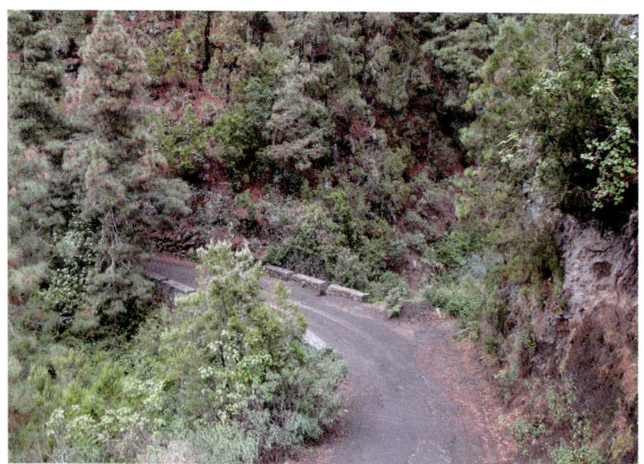

Malerischer Wegabschnitt

RUNDWANDERUNG VON LA CALDERA

Zwischen Freizeitareal und Dorf

 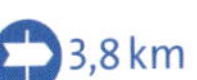 3,8 km 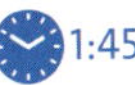 1:45 h 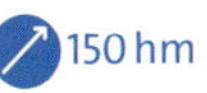 150 hm 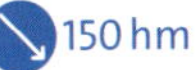 150 hm  233

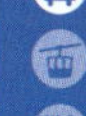
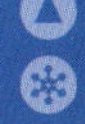

START | La Caldera
[GPS: UTM Zone 28 x: 352.792 m y: 3.137.762 m]
CHARAKTER | Diese leichte Rundwanderung auf markierten Pfaden und Forstwegen bietet sich neben anderen (Touren 34 und 36) als „Einstiegstour“ für die Erkundung des Wandergebiets um Aguamansa an. Sie ist für jeden bewältigbar und bietet dennoch umfassende Eindrücke.

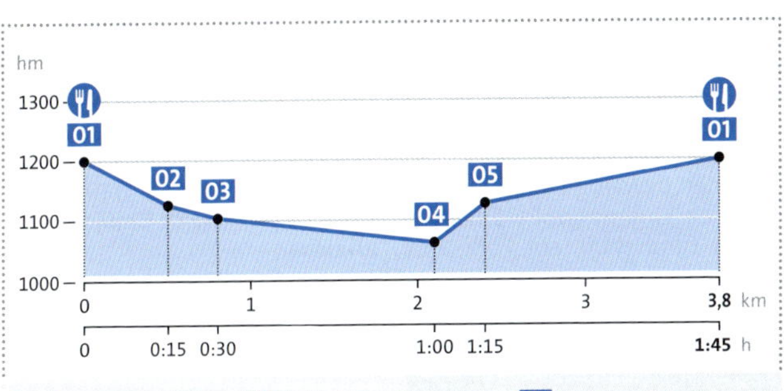

01 La Caldera, 1200 m; 02 Pista de Benijos, 1126 m; 03 Pista los Caballos, 1104 m; 04 Abzweigung, 1062 m; 05 Pista de Benijos, 1127 m

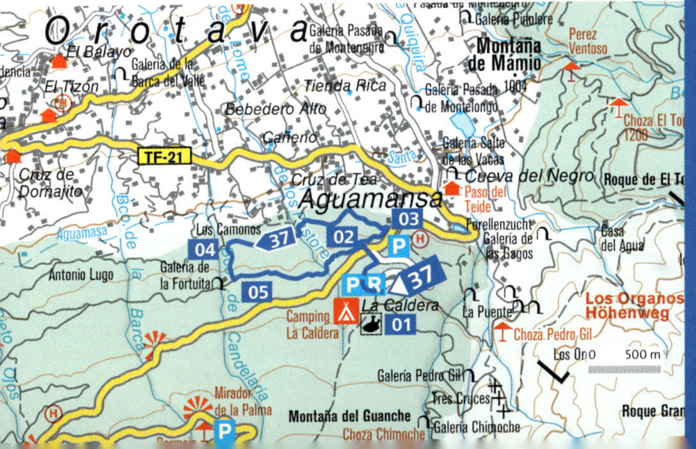

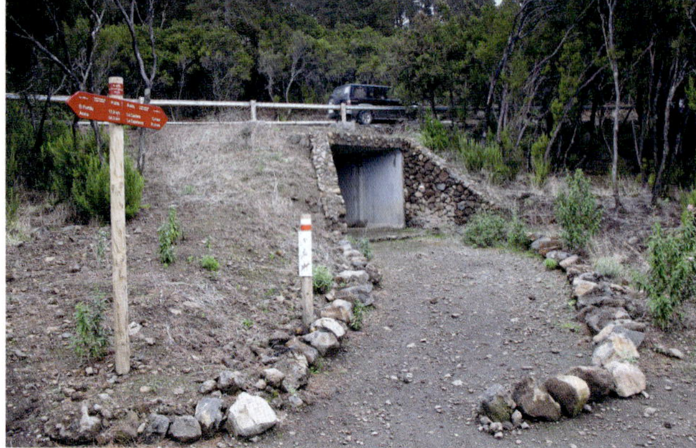
Am Ende des Abstiegs

Diese einfache Wanderung bildet neben anderen Touren (34 und 36) den idealen Einstieg um das Wandergebiet von Aguamansa.
Für jeden bewältigbar, bieten sich dennoch eindrucksvolle Einblicke in die Landschaft am Fuße des Teide.

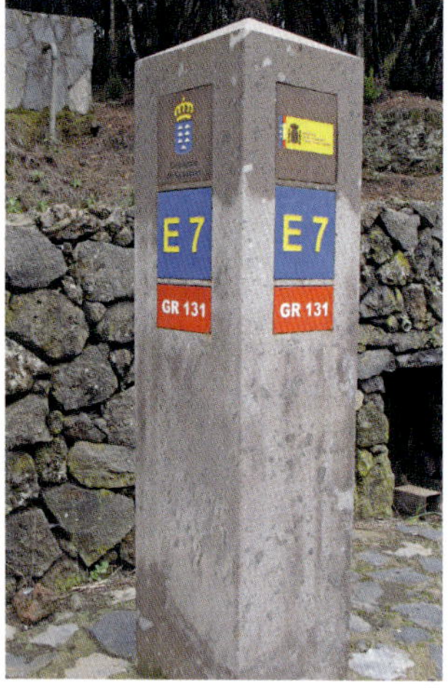

Säule mit den unterschiedlichen Wegmarkierungen

An der Westseite des Parkplatzes von **La Caldera** 01 folgt man dem Wanderweg hinunter zur TF-21 und unterquert diese Straße durch einen kleinen Tunnel, um sogleich die **Pista de Benijos** 02 zu erreichen.
Diesem Forstweg folgt man nach rechts und wandert am Übergang zwischen Kiefernwald und Baumheide-Gagelstrauch-Gebüsch wieder nahe an die TF-21 heran. Hier trifft man auf die **Pista los Caballos** 03 und wendet sich auf dieser nach links. Knapp über den Kulturlandterrassen um Aguamansa geht es nun in westlicher Richtung durch den Hang, bis man eine **Abzweigung** 04 der markierten Runde erreicht.
Hier steigt man nach links auf und erreicht so einen Punkt an der **Pista de Benijos** 05.
Erneut wendet man sich auf dieser Forstpiste nach links und kommt so in kurzer Zeit zur Unterführung an der TF-21 zurück. Nach der Querung der Straße erfolgt der kurze Schlussanstieg auf dem schon bekannten Weg zurück nach **La Caldera** 01.

VON AGUAMANSA NACH ARAFO

Der alte Pilgerweg nach Candelaria

 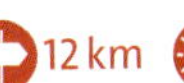

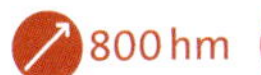

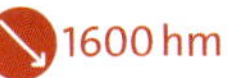

START | La Caldera
[GPS: UTM Zone 28 x: 352.794 m y: 3.137.786 m]
CHARAKTER | Diese mittelschwere Streckenwanderung beginnt mit einem steilen Aufstieg durch Kiefernwald und über Lavahänge. Es folgt ein lang gezogener Abstieg auf Forstwegen und Pfaden, und am Ende geht es auf einer steilen Straße nach Arafo.

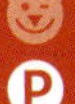
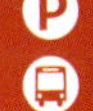
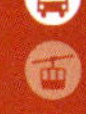
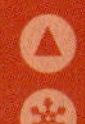
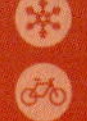

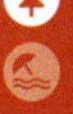

In Candelaria liegt die wichtigste Wallfahrtskirche des gesamten Kanarischen Archipels. Aus allen Teilen Teneriffas führten einst viel begangene Pilgerpfade in den Gnadenort. Der wohl bekannteste ist jener vom La Orotava. Diese Wanderung folgt dem schönsten Teilstück des Pilgerwegs über die Cumbre Dorsal.

▶ Die beschriebene Route beginnt beim Freizeitareal in **La Caldera** 01 (Alternativ wäre auch ein Einstieg bei der Fischzucht in Aguamansa möglich). Von hier folgt man der breiten Forststraße nach Osten bis zum Unterstand **Choza de Pedro Gil** 02 mit der in der gegenüberliegenden Felswand sprudelnden Quelle.

Hier biegt man nach rechts in den Pilgerweg ein, der als Erdpfad aufwärts leitet. An den drei Holzkreuzen von Tres Cruces gewinnt der Pilgerweg stetig an Höhe. Durch den Kiefernwald ansteigend erreicht man eine Forst-

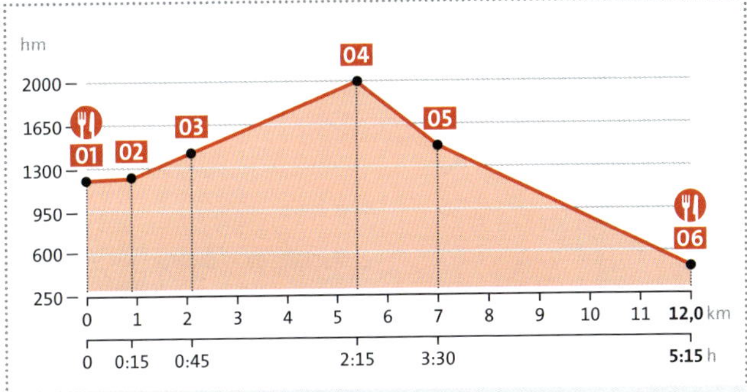

01 La Caldera, 1200 m; 02 Choza de Pedro Gil, 1215 m; 03 Camino Forestal, 1422 m; 04 Las Crucitas, 1993 m; 05 Barranco de Casme, 1470 m; 06 Arafo, 470 m

straße, welche man quert und den Anstieg auf dem Pfad weiter fortsetzt. Schließlich trifft man auf den querenden **Camino Forestal** **03** (siehe auch Touren 34 und 35).

Der Pilgerweg quert den Waldpfad und steigt weiter an. Allmählich wird der Kiefernwald deutlich lichter und der Pfad immer steiler. Ehe man die Waldgrenze erreicht, wandert man an einer bunten Lavaformation vorüber. Ein kurzes Flachstück verschafft eine Verschnaufpause, bevor der Weg wieder stark steigt. Bald darauf gilt es eine Steinmauer zu überwinden und ein letztes Steilstück leitet über eine Felskanzel und durch Ginstergebüsch zur TF-24, die man am Parkplatz **Las Crucitas** **04** erreicht.

Man überquert die Straße und findet einige Meter rechts des Parkplatzes den Einstieg in eine Forststraße, auf welcher der Abstieg beginnt. Durch eine eigentümliche Landschaft geht es abwärts, magere Kiefern gedeihen im kargen Sandboden. Auch der Belag des Weges ist eigenartig – es handelt sich um einen weichen Vulkanschutt. Die Forststraße beschreibt weite Serpentinen, doch lassen sich diese auf dem stets deutlich erkennbaren Pilgerpfad abschneiden. Schließlich gibt es jedoch zur Forststraße keine Alternative und man erreicht auf dieser ein Hochtal, das vom schwarzen Vulkankegel der Montaña de las Arenas Negras dominiert wird. Hier quert der Weg eine unscheinbare Schlucht, den **Barranco de Casme** **05**.

Gegen Ende des bizarren Vulkangebiets erreicht man einen Unterstand, an dem man links abzweigt. Kastanienbäume am Wegesrand zeigen an, dass dieser Bereich einst landwirtschaftlich genutzt wurde – Kastanien waren in Notzeiten eine wichtige Alternative bzw. ein Ersatz für Getreide. Auf einer folgenden Lichtung endet der Fahrweg und man setzt

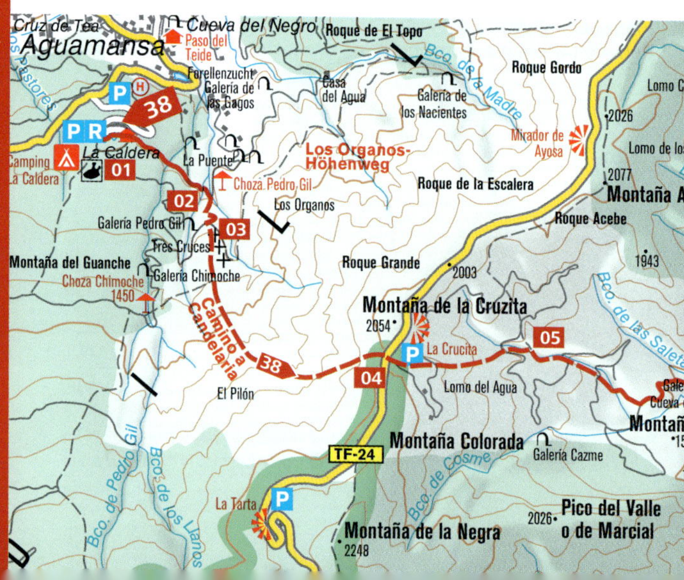

den Abstieg auf dem alten, gepflasterten Pilgerpfad fort. Wie im Anstieg führen zahllose Serpentinen im Kiefernwald talwärts. Bei etwa 1000 Metern Seehöhe trifft man auf die ersten Ackerterrassen, welche heute kaum mehr bewirtschaftet werden.

Doch noch ist der Wald nicht zu Ende, und eine letzte Steilstufe im Kiefernwald wird überwunden. Doch nach diesem Abschnitt tritt der Pfad endgültig in das Kulturland hinaus, das jedoch von dichtem Gebüsch überwuchert wird, seit es nicht mehr landwirtschaftlich genutzt wird. Zwei Wasserhäuser erinnern an das einstige Bewässerungssystem.

Alsbald folgt nun der wahrscheinlich unangenehmste Teil der Wanderung: Man biegt in die von rechts heranführende Straße ein und muss nun dem Asphalt bis in den Ortskern von Arafo folgen. An einer Weggabelung hält man sich links, biegt aber nach wenigen Metern rechts in die Calle de Eduardo Curbelo Fariña ein. Die Straße geht nach einer Kreuzung in die Calle La Libertad über. Durch diese Straße kommt man direkt auf die Plaza de San Juan, den Hauptplatz von **Arafo** 06.

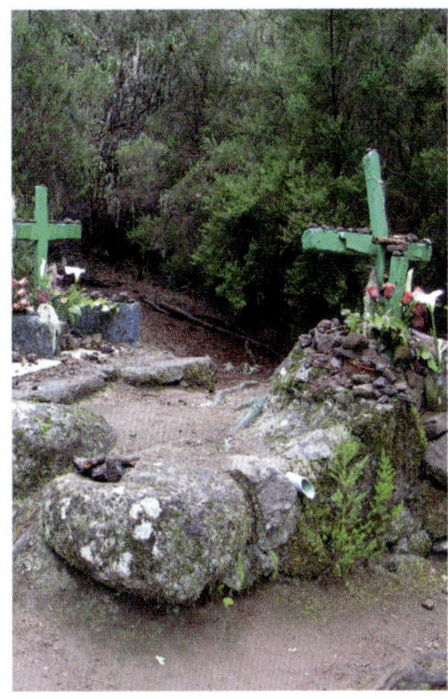

Andachtsstätte Tres Cruces

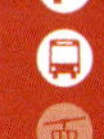

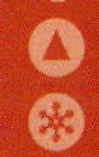

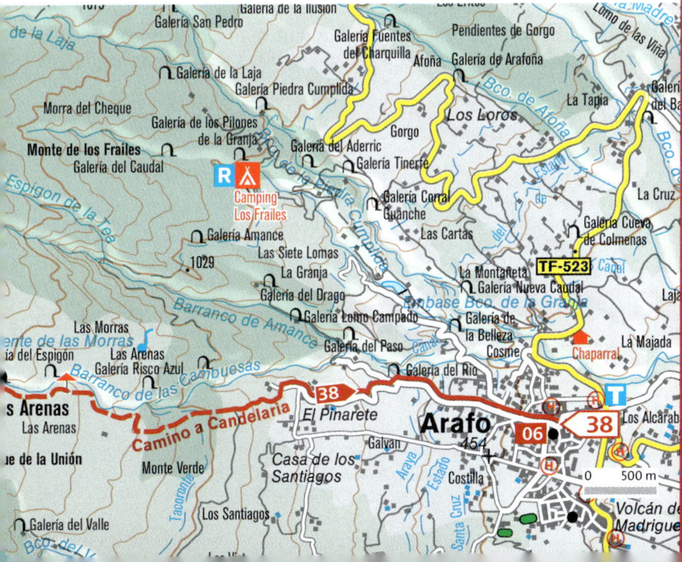

39

AUF DIE MONTAÑA DEL LIMÓN

Von Kiefernwald umringter Gipfel

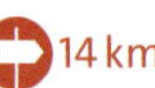

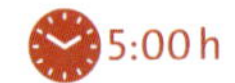

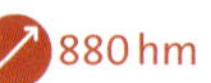

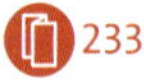

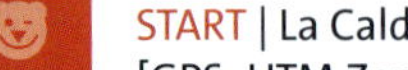
START | La Caldera
[GPS: UTM Zone 28 x: 352.813 m y: 3.137.771 m]
CHARAKTER | Mittelschwere Wanderung auf Forststraßen und Bergpfaden, welche überwiegend durch den Kiefernwald führt. Es ist ein gewisser Orientierungssinn erforderlich, da die Markierung ab der Choza Chimoche zu wünschen übrig lässt.

Die Montaña del Limón ist ein Gipfel im Übergangsbereich vom Kiefernwald der Cumbre Dorsal zur Landschaft der Cañadas. Der Gipfel liegt bereits im Teide-Nationalpark und unterliegt daher einem strengen Schutz: Das Mitnehmen von Pflanzen und Steinen ist nicht gestattet.

▶ Vom Freizeitareal **La Caldera** 01 folgt man dem als Radroute beschilderten Forstweg direkt zur Unterstandshütte **Choza Chimoche** 02. Alle alternativen Anstiege (siehe etwa Tour 34) würden die ohnehin recht lange Wanderung nur unnötig erschweren.
Gegenüber der Hütte zweigt ein mit Steinen eingefasster Pfad von der Forststraße ab. Diesem folgt man leicht ansteigend auf eine Verflachung im Kiefernwald, an der man auf eine leider sehr undeutliche **Weggabelung** 03 trifft. Geradeaus führt der deutliche Pfad wieder zurück nach La Caldera, für den Anstieg zur Cumbre hält man sich jedoch links. Da dieser Pfad sehr wenig begangen

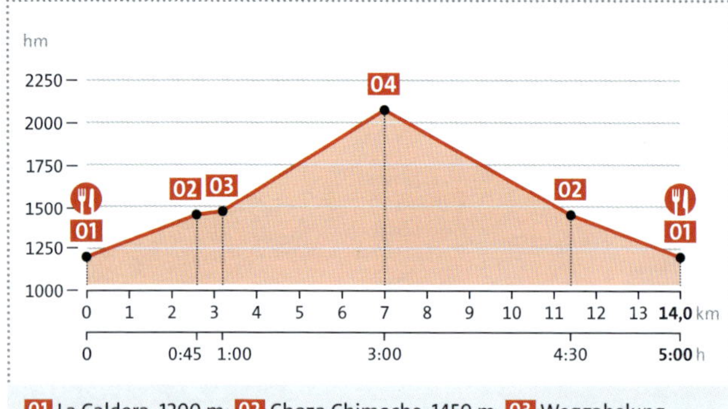

01 La Caldera, 1200 m; 02 Choza Chimoche, 1450 m; 03 Weggabelung, 1470 m; 04 Montaña del Limón, 2074 m

wird, ist er nicht deutlich zu sehen und häufig von Kiefernnadeln bedeckt. Nur große Steinmännchen weisen auf den Verlauf des Anstiegs hin. Doch bald wird die Pfadspur etwas deutlicher und gewinnt zügig an Höhe.

Man quert eine Forststraße und setzt den Aufstieg auf dem Pfad fort, bis man an einer Kehre neuerlich auf eine Forststraße trifft. Doch auch diese verlässt man sogleich wieder nach links und bleibt auf dem nunmehr recht deutli-

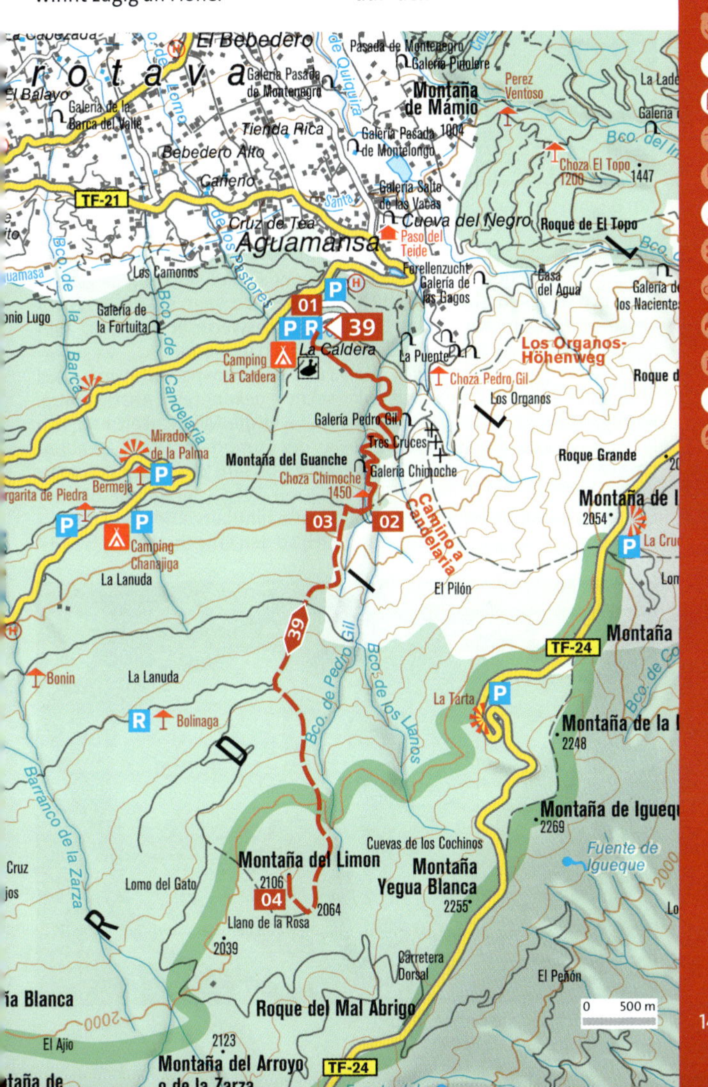

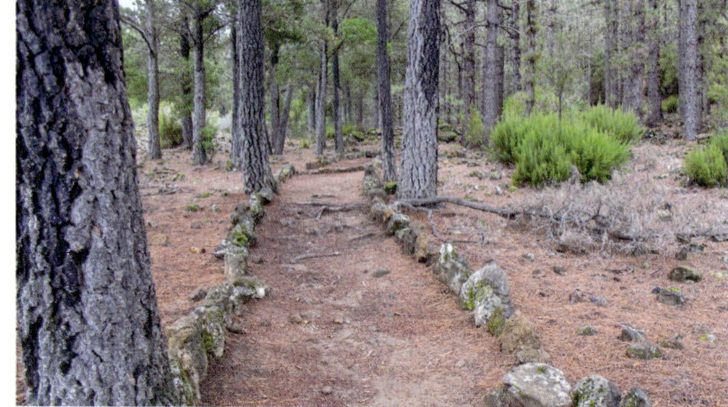

Am Beginn des Aufstiegs

chen Pfad. Im schütteren Wald nähert er sich der Waldschlucht Barranco de Pedro Gil deutlich an und führt am Rande des Einschnitts teilweise steil aufwärts. Nachdem das obere Ende der Schlucht bereits überschritten wurde, trifft man auf den markierten Wanderweg der Nationalparkverwaltung, der von der TF-24 auf den Gipfel führt (siehe Tour 62). Diesem folgt man nach rechts und erreicht wenig später den Gipfel der **Montaña del Limón** 04. Da der Gipfel noch im bewaldeten Bereich liegt, ist die Aussicht vergleichsweise bescheiden, aber dennoch lohnend.

Für den Rückweg wählt man den schon bekannten Anstiegsweg. Nur wer die Möglichkeit hat, sich an der Cumbre-Straße TF-24 abholen zu lassen, kann über den markierten Weg (siehe Tour 62) zur Straße hinüberwandern und spart sich so den langen Abstieg.

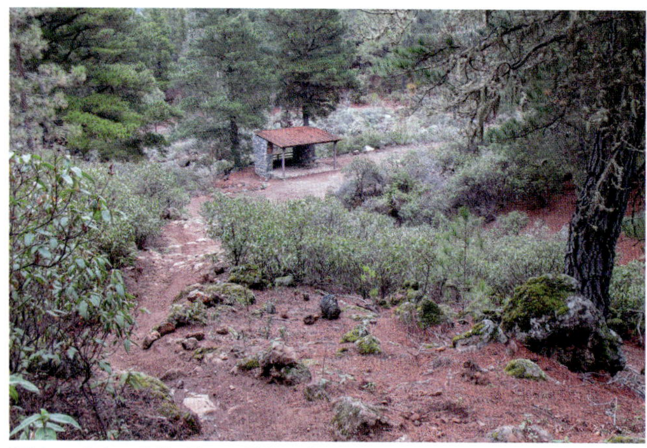

Blick zurück auf die Choza Chimoche

STADTRUNDGANG LA LAGUNA

Durch die erste Hauptstadt Teneriffas

 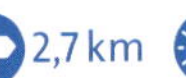 2,7 km 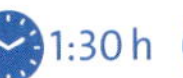 1:30 h 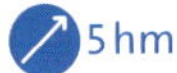 5 hm 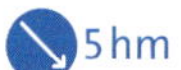 5 hm  233

START | Plaza del Adelantado
[GPS: UTM Zone 28 x: 371.436 m y: 3.151.870 m]
CHARAKTER | Der einfache Stadtspaziergang führt durch wesentliche Teile der historischen Altstadt von La Laguna und lässt sich durch Besuche der wichtigsten Sehenswürdigkeiten (fast) beliebig verlängern.

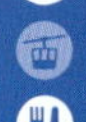

San Cristóbal de La Laguna, wie die Stadt mit vollem Namen heißt, war bis 1723 die Hauptstadt von Teneriffa. Ihre führende politische, wirtschaftliche und kulturelle Rolle hat – Las Palmas de Gran Canaria vielleicht ausgenommen – die wohl schönste Altstadt der Kanarischen Inseln entstehen lassen. Die zahlreichen Baudenkmäler führten dazu, dass die Altstadt von La Laguna am 4. Dezember 1999 in die Liste des UNESCO-Weltkulturerbes aufgenommen wurde. Noch heute ist La Laguna Bischofssitz und Universitätsstadt. Nur die politische Hoheit musste die Stadt an das nahe Santa Cruz abtreten.

▶ Idealer Ausgangspunkt für einen Rundgang durch die Altstadt von La Laguna ist die **Plaza del Adelantado** 01 in der südöstlichen Ecke des Zentrums. Ein schöner Baumbestand beschattet viele der Bänke am Platz und lädt zum Verweilen ein. Schon rings um den Platz gerät man bei Betrachtung der malerischen Gebäude, wie etwa des Palacio de Nava, der Casa Padre Anchieta oder des Klosters Santa Catalina, ins Schwärmen. Besonders die

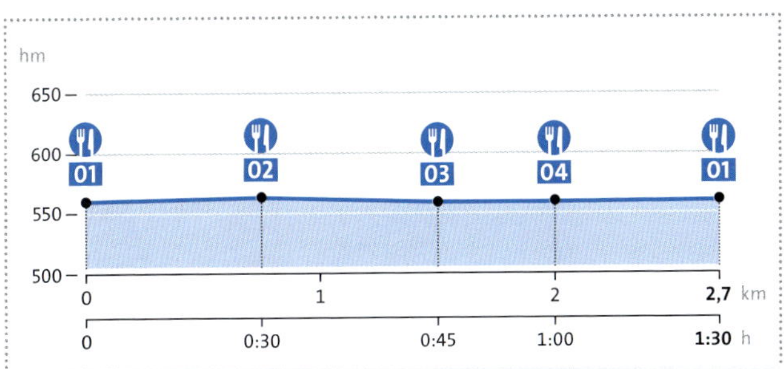

01 Plaza del Adelantado, 560 m; 02 Nuestra Señora de La Concepción, 563 m; 03 Parque de la Constitución, 559 m; 04 Plaza del Cristo, 559 m

Steinfassade des Palacio de Nava besticht durch die handwerklich hochwertige Bearbeitung.
Vom Platz folgt man der Calle Obsidio Rey Redondo in nordwestlicher Richtung. Die Prachtstraße wird von weiteren Prunkbauten gesäumt. Jedenfalls einen Abstecher wert ist der Innenhof der Casa Alvarado Bracamonte, in dem sich eine Tourismusinformation befindet, denn nur wenige der prächtigen Innenhöfe sind zugänglich. Typisch für die Bürgerhäuser im Straßenverlauf sind die Holzbalkone, die anfangs aus tinerfinischem Lorbeerholz und in späterer Zeit aus südamerikanischen Edelhölzern gebaut wurden. Im weiteren Verlauf der Straße liegt an ihrer rechten Seite die Kathedrale San Cristóbal de La Laguna, die Bischofskirche der ganzen Insel. Auch sie ist für Kunstinteressierte einen Besuch wert. Der Bau wurde im Jahr 1511 begonnen, die klassizistische Fassade und die Kuppel stammen jedoch erst aus dem 20. Jahrhundert. Am Teatro Lael und der Casa de los Marqueses de Torrehermosa vorüber, erreicht man schließlich am Nordende der Calle Obsidio Rey Redondo die **Iglesia de Nuestra Senora de la Concepcíon** 02. Auffälligstes Merkmal dieser ältesten Kirche in La Laguna ist ihr siebenstufiger, mit Säulen geschmückter Glockenturm. Im Inneren des Gotteshauses verdienen die bemalten, reich verzierten Holzdecken und das Taufbecken besondere Beachtung.
Von der Kirche wendet man sich gegen Norden und geht durch die Callejón de Belén zur Plaza de Junta Suprema de Canarias. Auf dem dreieckigen Platz wendet man sich nach rechts und spaziert in südöstlicher Richtung durch die Calle San Agustín. Nächste Höhepunkte des Stadtrundgangs sind die Iglesia y Hospital de Nuestra Senora de los Dolores sowie der Convento San Agustín. Das letztgenannte Kloster ist eines der

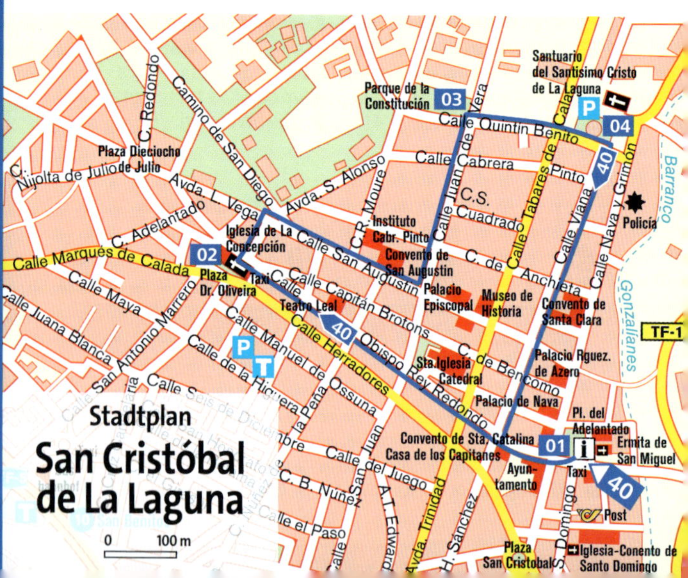

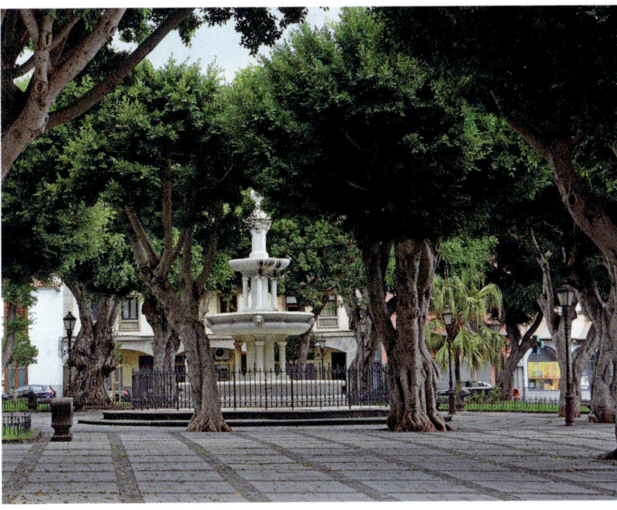
An der Plaza de Adelantado

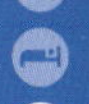

ältesten heute noch bestehenden Gebäude der Kanaren.

Nach diesen Sehenswürdigkeiten biegt man nach links in die Calle Juan de Vera und folgt dieser Straße bis zum **Parque de la Constitución** 03. Der „Park der Verfassung" lädt nicht nur zum Verweilen ein, er entführt – zumindest in Gedanken – auch in die Geschichte Lateinamerikas. Denn hier finden sich Statuen der berühmten Freiheitskämpfer Simón Bolívar und José Martí, welche bis heute für die politische Landschaft in Mittel- und Südamerika von großer Bedeutung sind.

Vom Park folgt man der Calle Quintín Benito nach Osten und erreicht so in kurzer Zeit die **Plaza del Cristo** 04.

Um dem Verkehr auf der Hauptstraße zu entgehen, schwenkt man am Platz rechts in die Calle Viana ein und folgt dieser Altstadtgasse (auch hier liegen etliche sehenswerte Gebäude), bis sie wieder auf die Calle Obsidio Rey Redondo trifft, in welcher der Stadtrundgang begonnen hat. Hier wendet man sich nach links und erreicht so in kurzer Zeit den Ausgangspunkt an der **Plaza del Adelantado** 01.

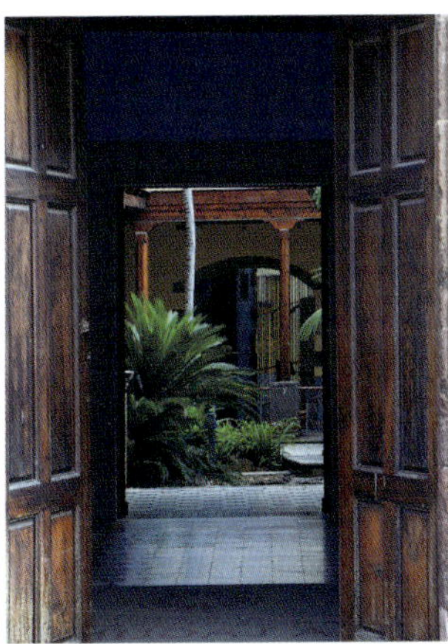
Innenhof eines Herrenhauses

VON PUNTA DEL HIDALGO NACH CHINAMADA

Von der Küste in die Vergangenheit

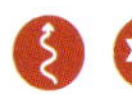
 4,6 km
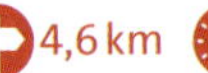 1:45 h
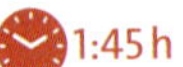 500 hm
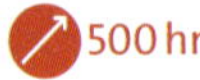 10 hm
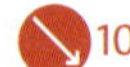 233

START | Punta del Hidalgo
[GPS: UTM Zone 28 x: 371.436 m y: 3.161.123 m]
CHARAKTER | Diese mittelschwere Bergwanderung beginnt zwar an der Küste, führt aber durch eine wilde Schlucht und erfordert daher etwas Trittsicherheit und Schwindelfreiheit. Der Weg ist gut in Stand gehalten und durchgehend markiert.

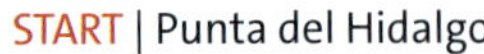

Die Barrancos an der Nordseite des Angab-Gebirges sind heute eine der abgeschiedensten Landschaften Teneriffas. Sie sind daher ein Dorado für Naturfreunde. Doch das Gebirge war nicht immer so einsam: Das weiche Gestein bot den Menschen die Möglichkeit, Höhlendörfer anzulegen, welche zum Teil erst in den 1970er-Jahren aufgelassen wurden.

▶ **Punta del Hidalgo** 01 ist einer der wenigen Badeorte in Teneriffas Norden und nur für geübte Schwimmer wirklich lohnend. Die Wanderung beginnt am Kreisverkehr am Ende der Hauptstraße. An der Nordseite des Kreisels steht eine Infotafel, welche über den Wanderweg informiert (PR-TF 10). Über eine Schotterstraße steigt man anfangs in den eindrucksvollen Barranco del Rio ab, doch ab hier geht es nur mehr bergauf.
Auf schottrigem Pfad geht es zu einer Tafel, welche die Schutzgebietsgrenze des Parque Rural de

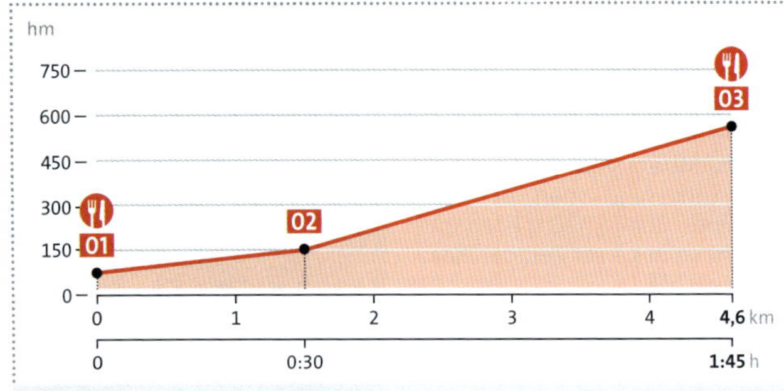

01 Punta del Hidalgo, 75 m; 02 Südfuß Roque de dos Hermanos, 150 m; 03 Chinamada, 560 m

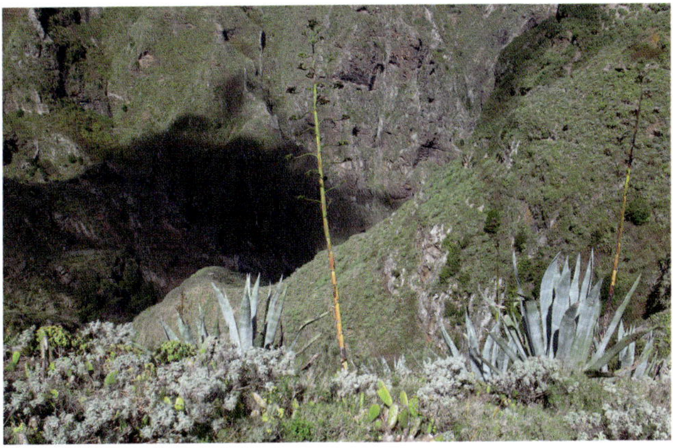

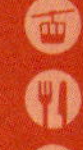
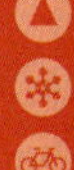
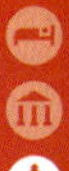

Aufstieg durch den Barranco

Anaga anzeigt. Über eine Holzbrücke quert man die Schlucht und trifft sogleich auf den gut ausgebauten, aber recht anspruchsvollen Steig, der an der Nordseite der Schlucht ins Landesinnere führt. Küstennah wachsender Sukkulentenbusch mit zahlreichen Wolfsmilchgewächsen und Kanaren-Hauswurz flankiert den Pfad, der

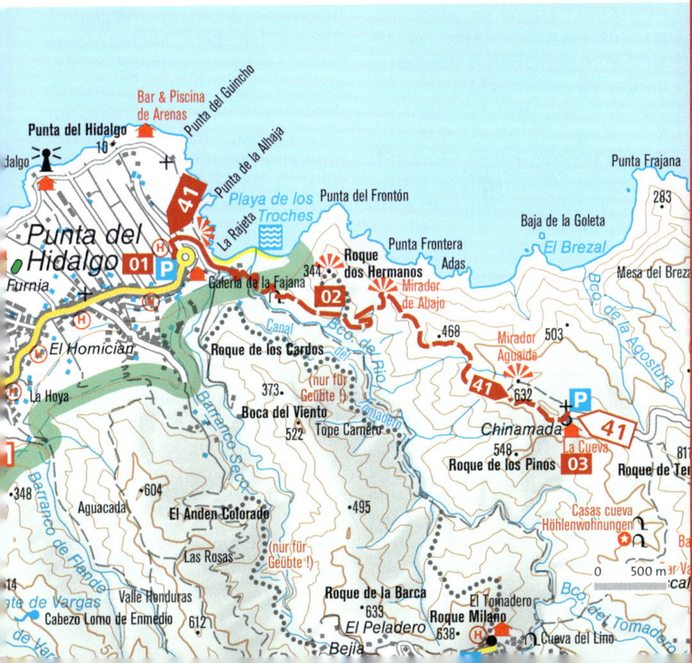

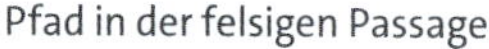
Pfad in der felsigen Passage

in steilen Serpentinen rasch an Höhe gewinnt. Über den Aussichtspunkt Era de los Almácigos erreicht man nach einer weiteren Kehre den **Südfuß des Roque de Dos Hermanos** **02**. Der abenteuerlich aus dem Fels geschlagene Steig führt direkt durch die Wände und ein kurzes Stück tritt er sogar auf einen Felsgrat hinaus – Schwindelfreie sind hier deutlich im Vorteil.

Doch bald ist diese Schlüsselstelle überwunden und der Pfad leitet in die etwas weniger steilen Hänge oberhalb des Barranco del Rio zurück. Doch auch hier bleibt der Steig abwechslungsreich und durchaus anspruchsvoll. Es gilt, eine kleinere Nebenschlucht auszugehen. Nach einem anschließenden flacheren Stück steigt der Weg wieder deutlich an und erklimmt einen Höhenrücken, der einst landwirtschaftlich genutzt wurde und erste Terrassenfelder aufweist.

Der Steig ist weiterhin gut angelegt und ein Paradebeispiel für die frühere Fertigkeit der Wegbauer. Gut zu begehen durchmisst er selbst steilste Lavahänge. Hinter einer Felsnase tauchen plötzlich die Häuser von Chinamada vor den Augen des Wanderers auf. Der nunmehr erstaunlich sanfte Weg führt in seinem letzten Teilstück durch schmale Terrassenfelder, bis er schließlich an der zwischen 1988 und 1990 erbauten Kirche von **Chinamada** **03** endet.

Das Dorf ist eine Gründung der Altkanarier. Der weiche Fels erlaubte es auch diesem Steinzeitvolk, Wohnhöhlen in das Gestein zu schlagen. Von außen wirken diese „Wohnungen" heute nicht mehr wie Höhlen, sondern zeigen normale weiß getünchte Fassaden. Erst dahinter liegen die eigentlichen Wohnhöhlen. Nach Jahren mit großer Abwanderung hat Chinamade heute wieder rund 300 Einwohner.

ZUM CRUZ DEL CARMEN

Vom Höhlendorf in den Lorbeerwald

 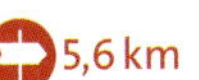 5,6 km 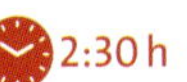 2:30 h 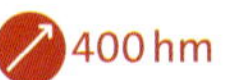 400 hm 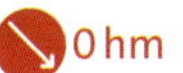 0 hm  233

START | Chinamada
[GPS: UTM Zone 28 x: 373.723 m y: 3.160.121 m]
CHARAKTER | Diese Streckenwanderung führt auf Pfaden und guten Waldwegen von einem der Höhlendörfer im Anaga-Gebirge ins Herz des Lorbeerwaldes. Die landschaftlichen Kontraste sind beeindruckend.

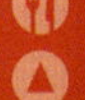

Diese Route führt zum überwiegenden Teil durch den feucht-kühlen Lorbeerwald von Las Mercedes, einem der Märchenwälder Teneriffas. Beeindruckend sind neben dem einzigartigen Wald über weite Strecken auch die kunstvoll angelegten Erdpfade, welche teilweise über in den Boden geschlagene Treppen ansteigen.

▶ Von der Kirche von **Chinamada** 01 folgt man der an den meisten Tagen nur wenig befahrenen Straße in Richtung Las Carboneras. Während eine Variante des markierten Wanderwegs länger der Straße folgt, biegt man für die beschriebene Route etwa 700–800 m nach dem Dorf nach rechts in den markierten PR TF-10 ein. Die Trasse des Wanderwegs leitet stets an der Südwestseite des Roque de Tenejia durch steile Hänge bergwärts und ist durchgehend gelb-weiß markiert. In leicht südöstlicher Richtung strebt der Pfad dem Anaga-Hauptkamm entgegen und erreicht schließlich einen Sattel bei **Las Escaleras** 02.

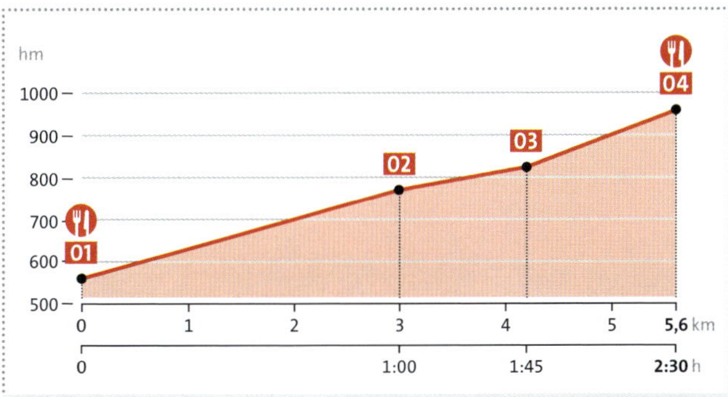

01 Chinamada, 560 m; 02 Las Escaleras, 770 m; 03 Casas del Rio, 824 m; 04 Cruz del Carmen, 958 m

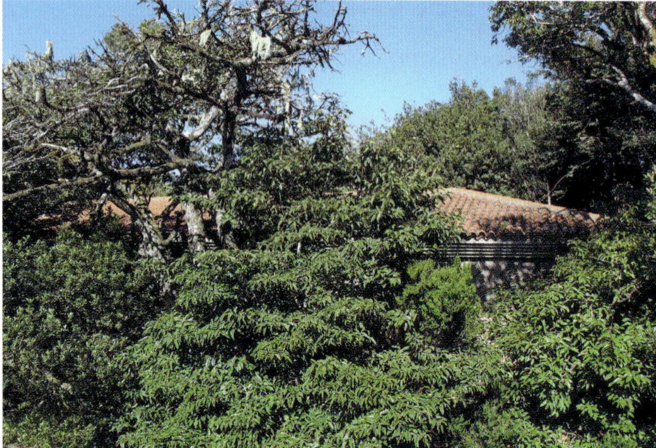

Cruz del Carmen liegt im dichten Lorbeerwald

In einem kurzen, aber recht steilen Hangstück schrauben sich etliche Serpentinen nach oben und schließlich erreicht man die Straße TF-145. Man überquert die Straße und folgt dem parallel zur Fahrbahn verlaufenden markierten Pfad, der durch Terrassenfelder hindurch führt. Nochmals erreicht man die Straße und damit auch die wenigen Gebäude von **Casas del Rio** 03.

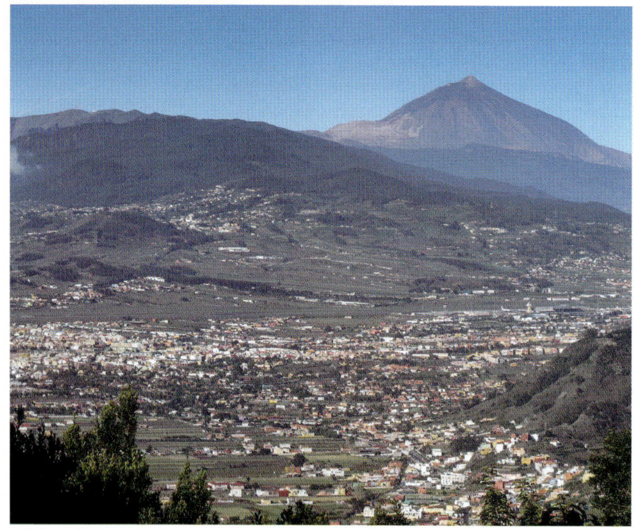

Blick auf den Teide

Ab hier folgt man kurz der TF-145. Nur selten stört der Verkehr, bis man an einer Linkskurve wieder die Abzweigung des Wanderpfads zur Rechten erreicht. Bei einem Strommasten biegt man rechts in diesen Weg ein. In den Boden gescharrte Erdtreppen leiten sanft abwärts in ein schattiges Tal, alsbald steigt der Pfad wieder an und führt in Serpentinen in das Herz des Lorbeerwaldes.

Düstere Finsternis macht sich im Inneren des Waldes breit und an Nebeltagen können die Bäume mit ihrem teilweise dichten Flechtenbehang fast etwas gruselig wirken. Stets den Markierungen folgend, quert man eine Forststraße und macht sich an den letzten Aufstieg in Richtung Zielpunkt.

Die letzte Hangstufe wird auf einem gut trassierten Serpentinenweg mit angenehmer Steigung überwunden und erlaubt beste Einblicke in die fantastische Vegetation des Lorbeerwaldes. Ist die Höhe erklommen, bietet der Aussichtspunkt östlich des **Cruz del Carmen** 04 einen herrlichen Überblick über den Wald von Las Mercedes und – wenn man das Glück hat, dass noch kein Passatnebel eingefallen ist – auch weit darüber hinaus. Bis zur Cumbre Dorsal an der Ostseite des Teide kann der Blick reichen.

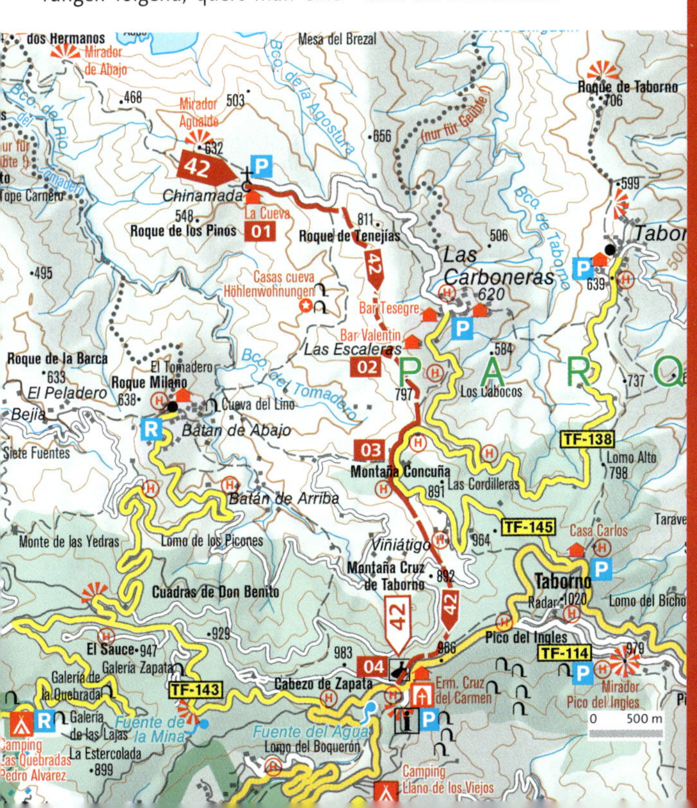

43

VON PUNTA DEL HIDALGO NACH BATÁN DE ABAJO

Durch die wilde Schlucht ins Bergdorf

  9,2 km  4:30 h 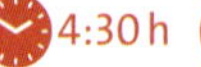 450 hm 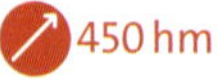 450 hm 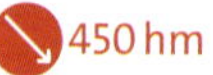 233 

START | Punta del Hidalgo
[GPS: UTM Zone 28 x: 371.057 m y: 3.161.150 m]
CHARAKTER | Diese mittelschwere Wanderung führt durch eine der schönsten Schluchten des Anaga-Gebirges von der Küste in ein abgeschiedenes Bergdorf. Die Route führt zunächst fast weglos durch die Schlucht und anschließend auf schmalen Pfaden ins Dorf.

Die Dörfer des Anaga-Gebirges waren bis in die 1950er-Jahre ein von der Außenwelt beinahe abgeschlossener Mikrokosmos mit einer ganz eigenen Kultur und Wirtschaftsweise.
Dies hat sich erst durch die verkehrstechnische Erschließung allmählich verändert. Doch noch immer weht der Hauch der Vergangenheit durch diese Landschaft, welche auch heute auf den alten Pfaden nur mit Mühe erreicht werden kann.

▶ Vom Kreisverkehr am Ende der Hauptstraße in **Punta del Hidalgo** 01 steigt man bei der Infotafel zu den Wanderwegen der Region zunächst wie bei Tour 41 beschrieben in den Grund des Barranco del Tomadero ab. Hier geht man jedoch nicht über die Brücke, sondern folgt dem undeutlichen Pfad, welcher am Grund der Schlucht talaufwärts zieht. Der mehr oder weniger deutliche Pfad führt direkt durch das Bett der Schlucht. An manchen Stellen ist er deutlich

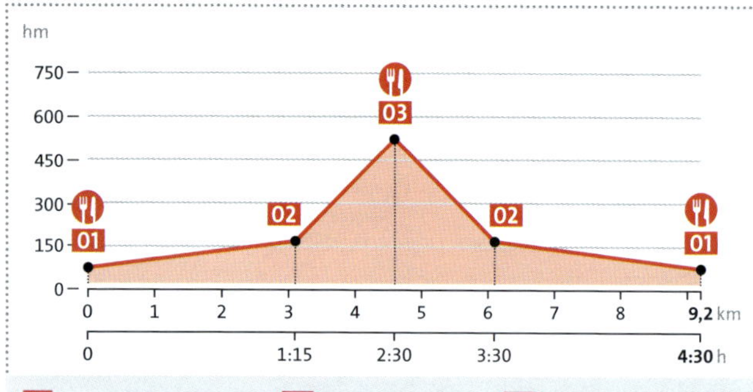

01 Punta del Hidalgo, 75 m; 02 El Tornadero, 168 m; 03 Batán de Abajo, 522 m

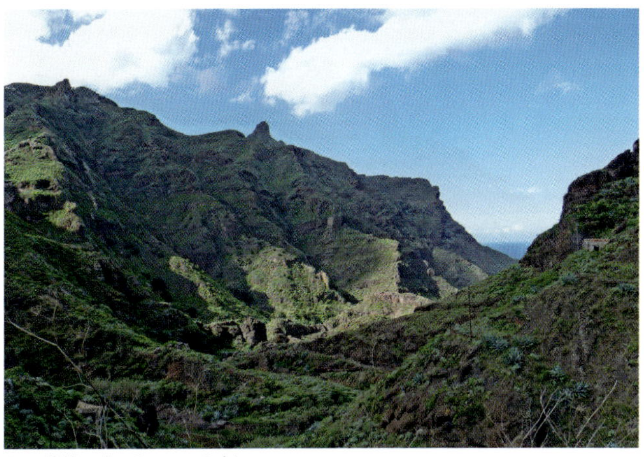

So wild ist das Anaga-Gebirge

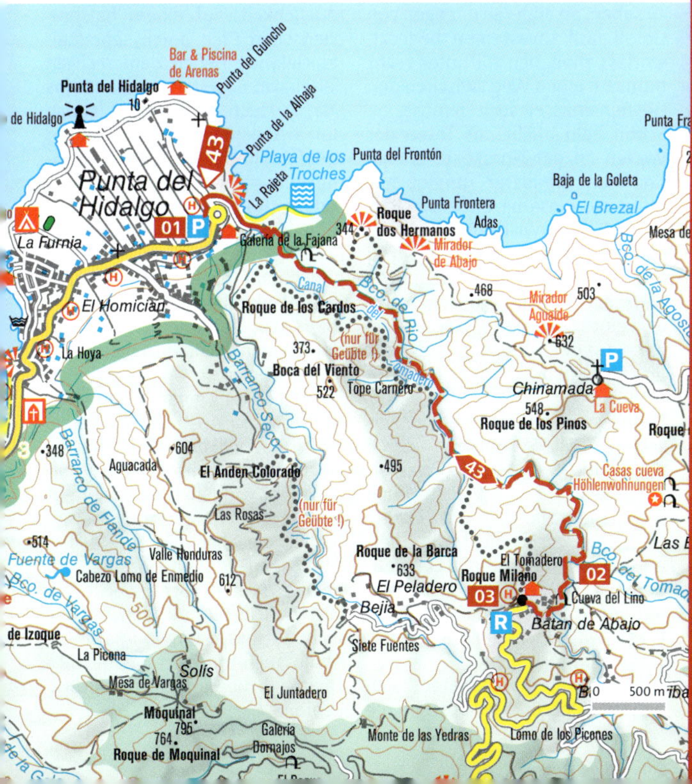

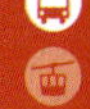
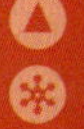
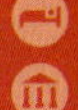

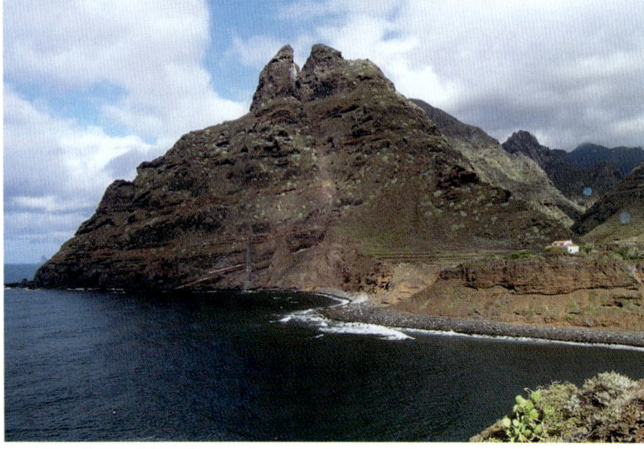

Der „Zwillingsfelsen“

zu sehen, an anderen dagegen von Geröll und Lavasteinen bedeckt, so dass man sich mitunter recht mühsam einen Weg zwischen den Gesteinsmassen suchen muss.

Schon bald bleibt das Tosen der Wellen an der Nordküste zurück und den Wanderer umgibt nur mehr die einsame Stille des Barranco. Es gilt, zwischen dem Geröll einen Weg weiter ins Tal hinein zu finden und dies ist nicht immer ganz leicht. Aber immerhin gibt es keine Orientierungsprobleme, denn aus der Schlucht gibt es über ihre Flanken praktisch kein Entrinnen.

Nach einer mitunter endlos erscheinenden Wanderung durch die Schlucht kommt der Wasserkanal, welcher rechts oben durch die steilen Hänge zieht, immer näher an den Schluchtgrund heran und bei der Lokalität **El Tornadero** 02 tritt der Kanal schließlich auf den Pfad durch den Barranco. Hier steht auch ein verfallenes Wasserhaus.

Wenige Meter weiter teilt sich die Schlucht und es besteht die Möglichkeit, auf einem halsbrecherischen Pfad durch sehr steiles Gelände neben dem rechten Seitenarm des Barranco direkt ins Dorf aufzusteigen. Dies ist jedoch nur trittsicheren Wanderern zu empfehlen. Der ebenfalls mühsame, aber nicht ganz so exponierte Aufstieg folgt weiter dem Haupttal nach links und in einer weiten Schleife über zahllose Serpentinen hinauf nach **Batán de Abajo** 03. Links abgehende, markierte Pfade (Las Carboneras bzw. Cruz del Carmen) bleiben dabei unberücksichtigt.

Für den Abstieg gibt es keine Alternativen zum Anstiegsweg, es sei denn, man will die auf den Karten verzeichnete Route über den Barranco Sec wählen. Dies ist nur gut trainierten Wanderern zu empfehlen, die absolut schwindelfrei sind, denn es gibt einzelne sehr abenteuerliche Schlüsselstellen. Wer sich in Summe den Abstieg nicht zutraut, kann von Batán de Abajo auch mit dem Bus nach La Laguna bzw. Santa Cruz zurückkehren.

ZUM PICO DEL INGLES

Zwischen den Dörfern von Anaga

 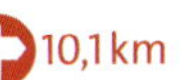 10,1 km 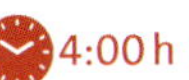 4:00 h 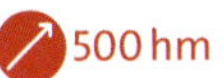 500 hm 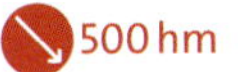 500 hm 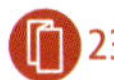 233

START | Cruz del Carmen
[GPS: UTM Zone 28 x: 374.760 m y: 3.156.743 m]
CHARAKTER | Mittelschwere Streckenwanderung auf gut ausgebauten Wanderwegen bzw. Verbindungspfaden zwischen den Dörfern. Ein großer Teil der Route ist mit Wegweisern und weiß-gelben Markierungen versehen.

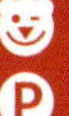

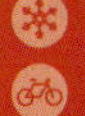
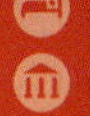

Diese Wanderung könnte man beinahe als Paradetour durch das Anaga-Gebirge bezeichnen, denn sie bietet alles, was dieser Teil Teneriffas zu bieten hat: märchenhafte Lorbeerwälder, einsame Täler mit Terrassenfeldern, entlegene Dörfer, bizarre Lava-Landschaften und, und, und ...

▶ Am **Cruz del Carmen** 01 herrscht mitunter geschäftiges Treiben, denn dieser Punkt an der Hauptstraße durch das Anaga-Gebirge wird gerne und viel besucht. Doch schon wenige Schritte bringen den Wanderer in die typische Einsamkeit dieser Region. Rechts vom Lokal am Ausgangspunkt folgt man der beschilderten Route des Wanderwegs PR TF-10 in Richtung Punta del Hidalgo. Sofort tritt man in einen dunklen Lorbeerwald ein und folgt dem breiten Pfad abwärts. Stets auf diesem Weg bleibend, quert man eine Forststraße und folgt ihm abwärts in einen Taleinschnitt.

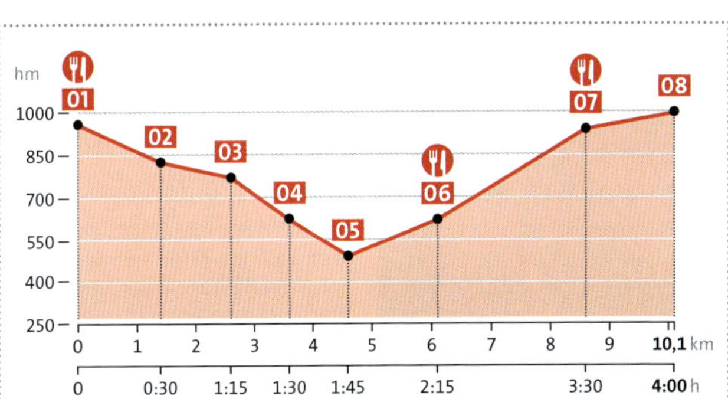

01 Cruz del Carmen, 958 m; 02 Casas del Rio, 824 m; 03 Las Escaleras, 770 m; 04 Las Carboneras, 620 m; 05 Barranco, 490 m; 06 Taborno, 620 m; 07 Casas Carlos, 939 m; 08 Pico del Inglés, 995 m

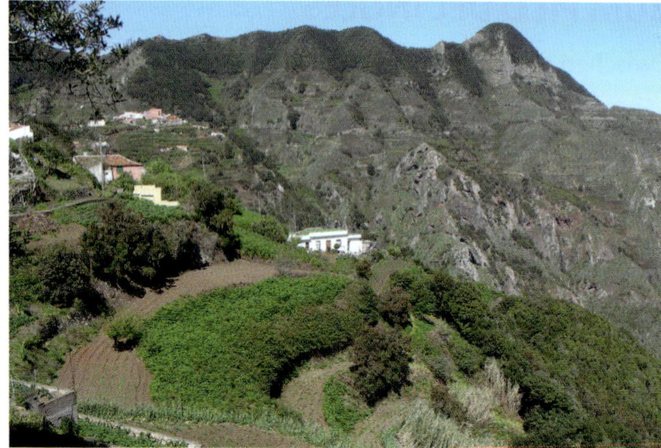

Typische Kulturlandschaft im Anaga-Gebirge

Nach Querung eines bescheidenen Bachlaufs steigt der Weg leicht an und führt auf die TF-145. Man folgt nun der Straße nach links und gelangt zu den **Casas del Rio** **02**. Hier biegt man rechts in einen Feldweg ein, der durch die Kulturlandschaft an einer Finca vorbeiführt und schließlich wieder die TF-145 erreicht.

Man quert die Straße und folgt dem Pfad, der früher einer der wichtigsten Dorfverbindungswege der Region war. In problemloser Wanderung erreicht man den Sattel von **Las Escaleras** **03**, an dem sich eine Wegkreuzung mit mehreren Wegweisern befindet. Hier biegt man rechts ab, um die beschriebene Route fortzusetzen. Der Pfad mündet nach einigen teils steil abwärts führenden Passagen mit einer Treppe erneut in die TF-145, der man nach links in das Dorf **Las Carboneras** **04** folgt.

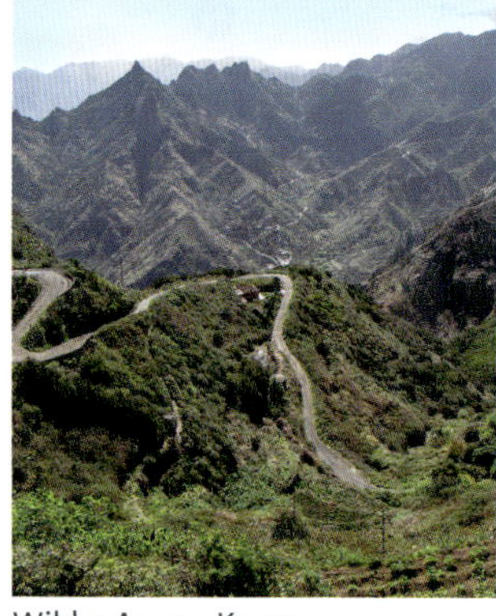

Wilder Anaga-Kamm

Von der Dorfstraße zweigt bei einer Infotafel gegenüber der Bar Valentin der alte Dorfverbindungsweg Richtung Taborno ab. Der alte Saumpfad wurde sehr kunstvoll angelegt und überwindet das folgende Teilstück in steilem Gelände ohne nennenswerte Schwierigkeiten. Über eine betonierte Rampe erreicht man an einer Linkskurve den Saumpfad, der in einen tief eingeschnittenen **Barranco** **05**, den **Barranco de Taborno**, hinunterzieht. Im Grund der Schlucht wird ein Bach gequert und der anschließende Aufstieg ins Dorf nimmt seinen Anfang. Der Pfad mündet schließlich in die TF-138 und man folgt dieser Straße links nach **Taborno** 06.

Am südlichen Rand des Dorfes trifft man am Platz für die Linienbusse auf eine Infotafel mit dem weiteren Wegverlauf. Man folgt der auf der Ostseite des Platzes abgehenden Steinrampe aufwärts. Über diesen Weg wurden einst die landwirtschaftlichen Produkte der Region mit Tragtieren oder auf dem eigenen Rücken zu den Märkten der Hauptstadt gebracht. Man folgt den zahlreichen Serpentinen und in die Erde geschlagenen Stufen und lässt die links abgehenden Wege nach Afur unberücksichtigt.

Während der Pfad zunächst durch offenes Gelände mit Gebüschen verläuft, tritt er in seinem weiteren Verlauf wieder in den Lorbeerwald ein. Hier ist der alte Saumpfad zwar immer noch gut trassiert, aber der Untergrund ist zumeist feucht und daher etwas rutschig. Wo der Anstieg flacher wird, erreicht man ein Haus mitten im Wald und bald darauf die TF-12 an der **Casa Carlos** 07.

Von der Casa Carlos wendet man sich auf der TF-12 nach rechts und erreicht nach der Abzweigung der TF-145 von der Hauptstraße einen links abgehenden Pfad, der wieder in den Lorbeerwald hinauf führt. Serpentinen überbrücken die letzten Höhenmeter und an einem Maschendrahtzaun vorbei senkt sich der Pfad zu einer Straße hin ab. Dieser folgt man nach links und erreicht so in kurzer Zeit den **Pico del Inglés** 08. Ein Aussichtspunkt beim verfallenden Restaurant bildet bei nebelfreiem Wetter den abschließenden Höhepunkt der Wanderung.

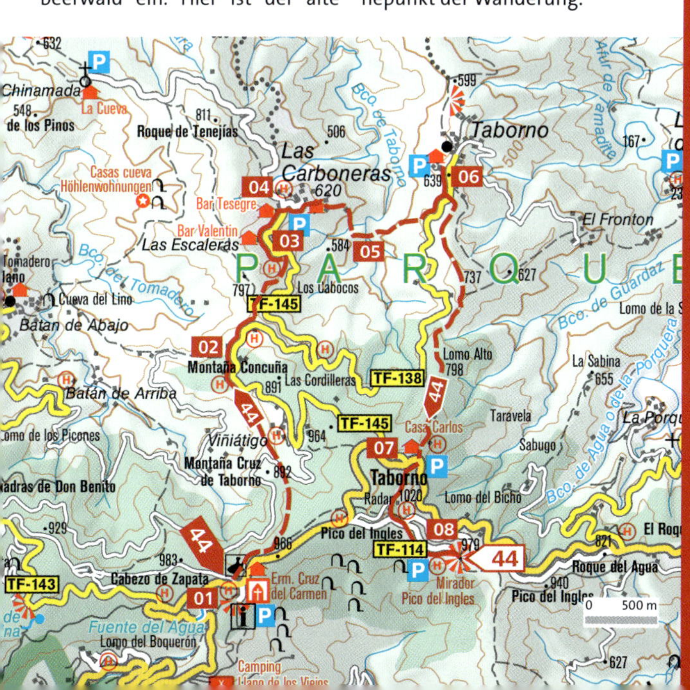

45 RUND UM DEN ROQUE DE TABORNO

Der markanteste Berg der Anaga-Halbinsel

 3,6 km 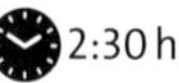 2:30 h 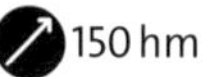 150 hm 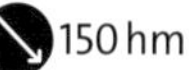 150 hm 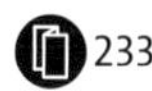 233

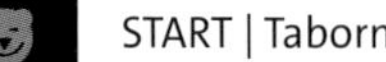

START | Taborno
[GPS: UTM Zone 28 x: 376.312 m y: 3.159.555 m]
CHARAKTER | Anspruchsvolle Rundwanderung auf Steigen und Pfadspuren hoch über der Küste. Trittsicherheit und Schwindelfreiheit sind unbedingt erforderlich.

Immer wieder ist in diversen Büchern und Webforen vom „Matterhorn des Anaga-Gebirges“ zu lesen. Und obwohl der Roque de Taborno wohl nicht ganz an dieses berühmte Vorbild heranreicht, prägt seine bizarre Form die gesamte Umgebung. Die beschriebene Runde führt um diesen einzigartigen Berg, bleibt jedoch unerfahrenen Wanderern vorbehalten, denn die Gesamtumrundung setzt Trittsicherheit und Schwindelfreiheit voraus.

▶ In **Taborno** **01** folgt man der Dorfstraße bis zum Kirchplatz. Schon hier kann ein Problem auftreten, das bei dieser Runde immer wieder auftritt: Es gibt unterschiedliche Möglichkeiten, diese Runde zu gehen und die erste Entscheidung gilt es bereits am Kirchplatz zu treffen. Eine Möglichkeit besteht darin, am Kirchplatz rechts vorüber in Richtung Aussichtspunkt Mirador Fuente de Lomo zu gehen und knapp unterhalb des Aussichtspunktes dem Weg nach links bis zu einer Wasserstelle zu folgen. Diese Wasserstelle erreicht man jedoch auch, wenn man am Kirchplatz links den alten Pfad Vereda el Concherio nutzt. Wie dem auch sei, in beiden Fällen ist die Wasserstelle nach

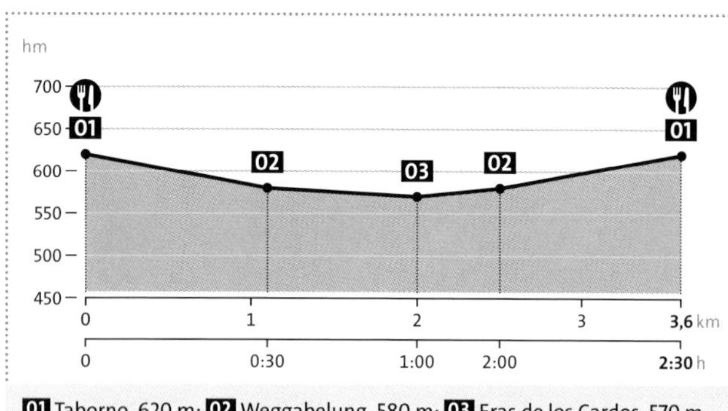

01 Taborno, 620 m; **02** Weggabelung, 580 m; **03** Eras de los Cardos, 570 m

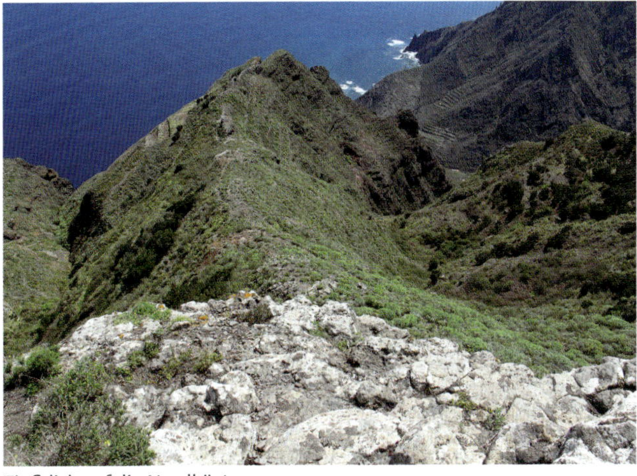

Tiefblick auf die Nordküste

einem kleinen Lorbeerbestand ein wichtiger Orientierungspunkt. Von der Wasserstelle hält man sich annähernd auf den Gipfel zu. An einem Haus geht man oberhalb vorbei und quert bald darauf ein Gatter in einem Weidezaun, das man nach dem Passieren unbedingt wieder schließen muss. In teilweise recht kraftraubendem Auf und Ab geht es weiter in Richtung Küste, bis man eine

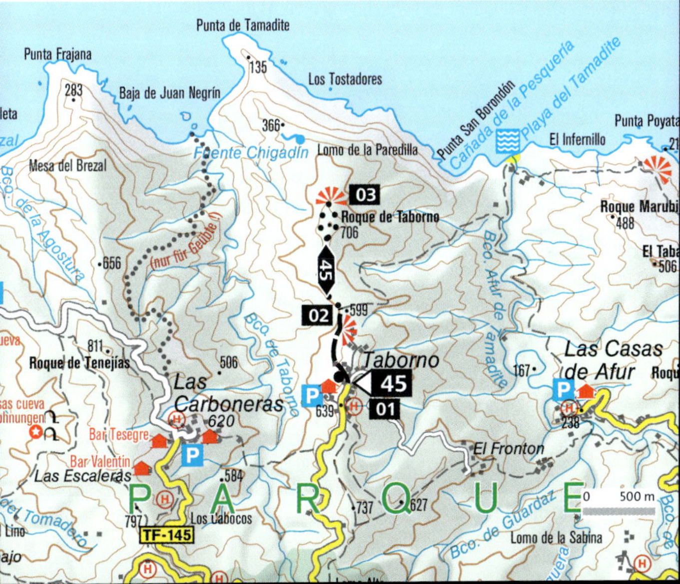

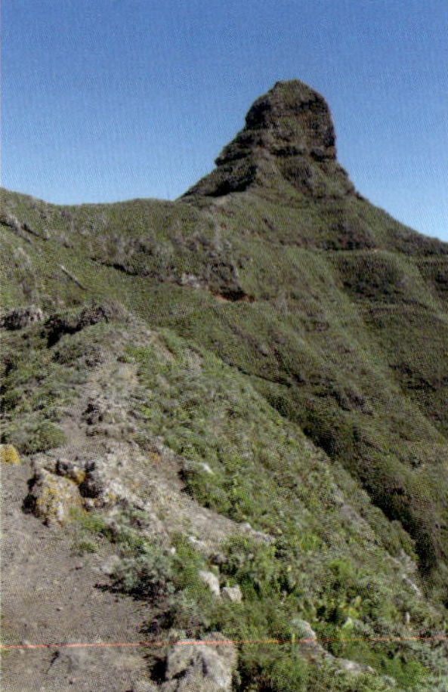
Der schmale Pfad zur Küste

leider recht undeutliche **Weggabelung 02** erreicht.
Hier hält man sich links und beginnt mit der Umrundung des Roque de Taborno im Uhrzeigersinn. Es geht immer wieder über Felsplatten steil aufwärts, bis man schließlich die dem Meer zugewandte Seite des Felskolosses erreicht und hier über einen Trampelpfad zum spektakulären Aussichtspunkt **Eras de los Cardos 03** absteigen kann. Allerdings ist dieses Vergnügen nur etwas für absolut schwindelfreie Wanderer.
Zurück auf dem deutlicheren Pfad setzt man die Umrundung nach links fort. Ein schmaler Pfad führt hinauf zum Südgrat des Roque (leider gibt es hier viele Trampelpfade, wahrscheinlich von Ziegen, welche im Nichts enden) und erreicht auf diesem schließlich wieder die **Weggabelung 02**, an der man auch schon beim Anmarsch vorbeigekommen ist. Ab hier bereitet die Orientierung keine weiteren Probleme und man kehrt auf dem schon bekannten Weg nach **Taborno 01** zurück.

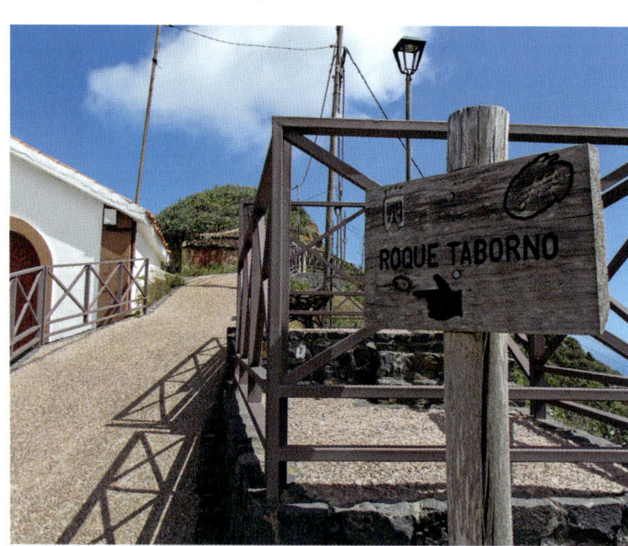

Nur der Beginn der Tour ist eindeutig

DURCH DIE VUELTAS DE TAGANANA

Die schönsten Serpentinen Teneriffas

  4 km  1:45 h  0 hm 650 hm 233

START | Cruz de Taganana
[GPS: UTM Zone 28 x: 379.758 m y: 3.157.826 m]
CHARAKTER | Bequeme Wanderung auf einem gut ausgebauten Saumpfad durch den Lorbeerwald und durch alte Kulturlandschaft. Im Wald ist es zumeist feucht und der Weg kann daher rutschig sein.

Eine alte Volksweisheit aus dem Anaga-Gebirge erzählt, dass der Weg nach Taganana so viele Kurven hat wie ein Jahr Tage. Der alte Saumpfad ist in der Tat ein Meisterwerk früherer Wegebaukunst. In früherer Zeit war dieser Pfad das einzige Band, welches das Dorf Taganana mit der Außenwelt verband.

Die Route beginnt direkt an der TF-12 beim **Cruz de Taganana** 01. Unmittelbar hinter dem Forsthaus beginnt der markierte Wanderweg, der zunächst zu einem Sattel unterhalb des Roque de los Pasos führt. Hier mündet von rechts ein anderer Wanderweg ein, der von El Bailadero herüberzieht.
Bei einem steinernen Häuschen beginnen die eigentlichen Vueltas (= Kehren, aber auch Rundungen und Wendungen). Sie führen hinunter in eine bewaldete Schlucht, den Barranco de la Iglesia. In tatsächlich unzähligen Kehren steigt man in den fantastischen Lorbeerwald ab. Kaum in einem anderen Bereich Teneriffas ist dieser Urwald derart schön ausgeprägt wie in diesem.
Vor rund 70 Millionen Jahren begann die Blütezeit dieses Wald-

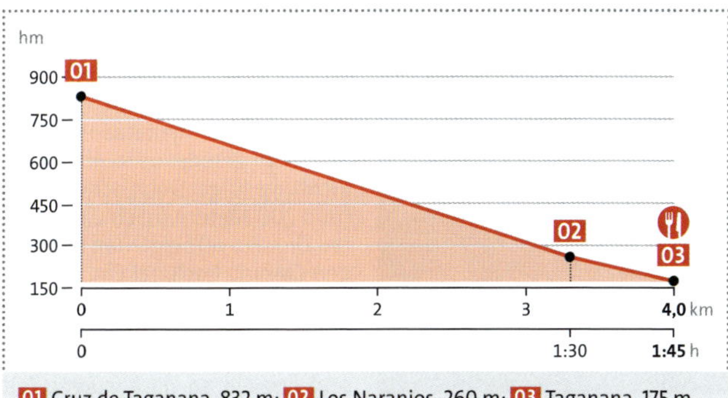

01 Cruz de Taganana, 832 m; 02 Los Naranjos, 260 m; 03 Taganana, 175 m

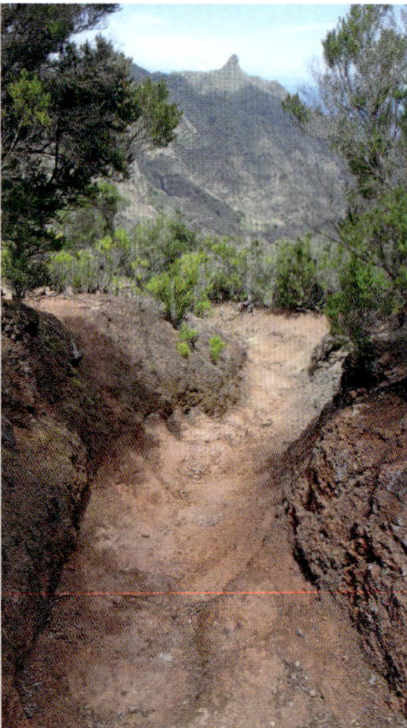

Die Vueltas ziehen durch den Hang

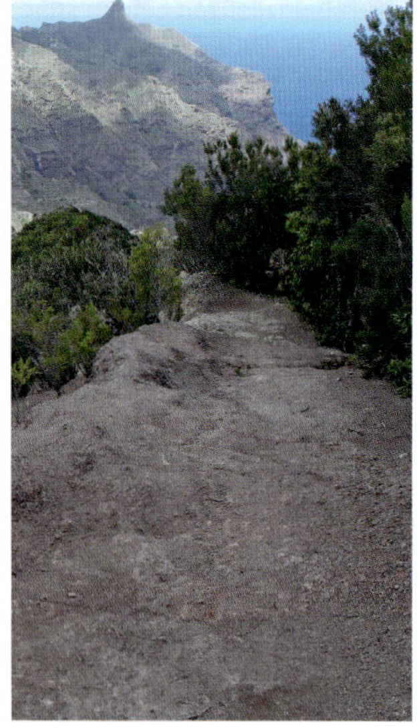

Der Beginn der berühmten Kurven

typs, der damals beinahe den gesamten Mittelmeerraum und die angrenzenden Gebiete einnahm. Mit dramatischen Klimaveränderungen im Laufe der Erdgeschichte wurde der Lorbeerwald jedoch immer weiter zurückgedrängt und konnte sich nur auf den atlantischen Inseln zwischen den Azoren im Norden und den Kanaren im Süden halten. Mit der Kolonisierung der Inselwelten durch die Spanier und Portugiesen begann jedoch durch die Abholzung auch hier der Niedergang dieses Waldtyps, so dass er heute zu den gefährdetsten Lebensraumtypen im Hoheitsgebiet der Europäischen Union zählt.

Bei der Wanderung durch die Vueltas kann man alle Eigenschaften des Lorbeerwaldes hautnah erleben und auch viele seiner Tiere und Pflanzen entdecken. Nach Durchquerung des Waldes lichtet sich allmählich der Baumbestand und geht in einen Buschwald über, in dem Baumheide dominiert. Auch dieses Dickicht lichtet sich allmählich und man tritt in die Kulturlandschaft oberhalb von Taganana ein, die durch zahllose Terrassen geprägt ist. In der abwechslungsreichen Kulturlandschaft trifft man schließlich auf eine Weggabelung, an der man sich rechts hält. Auf die ersten Häuser trifft man im Ortsteil **Los Naranjos** 02. Hier trifft man auf den Camino Fajanetas-Portugal, dem man geradeaus in nördlicher Richtung folgt. Doch schon nach rund 200 Metern (nach einer weiten Linkskurve) biegt man rechts in den Camino Portugal ein, der nun etwas steiler abwärts leitet und auf eine Straße trifft. Hier wendet man sich abermals nach rechts und erreicht so nach kurzer Zeit den Kirchplatz von **Taganana** 03.

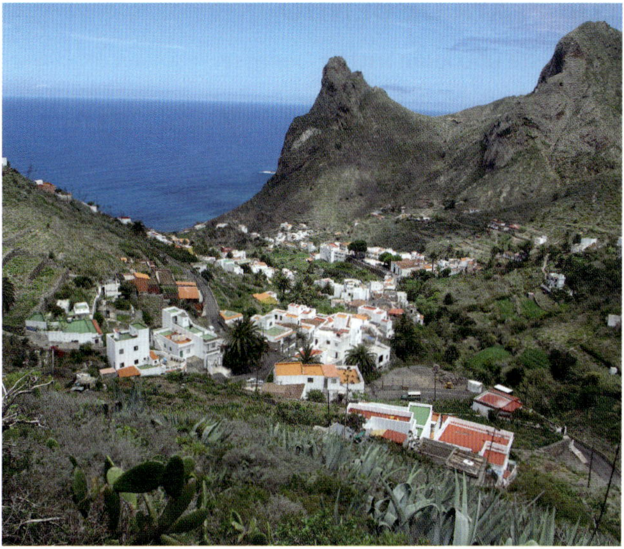

Blick über Taganana

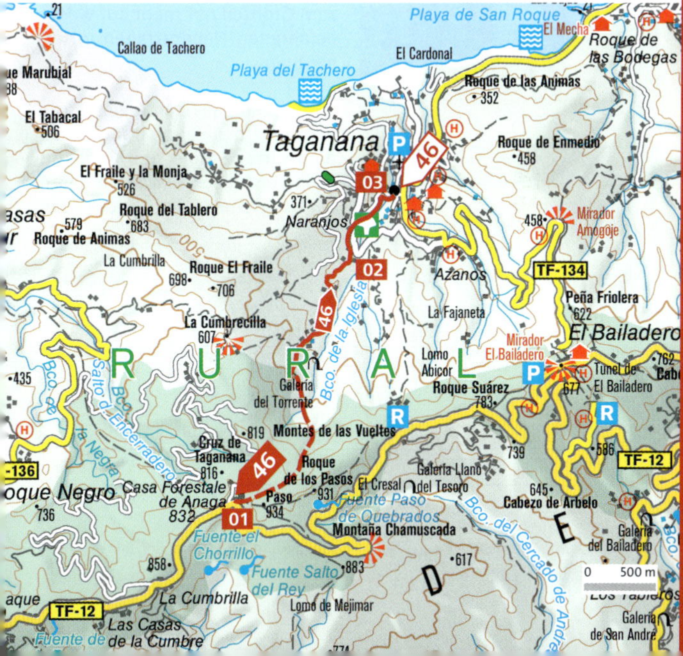

ZUR PLAYA DE BENIJO

Nordküste und kulinarische Genüsse

 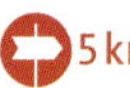 5 km 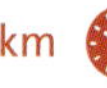 2:15 h  160 hm 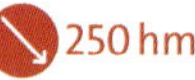 250 hm  233

START | Taganana
[GPS: UTM Zone 28 x: 380.980 m y: 3.159.888 m]
CHARAKTER | Diese Streckenwanderung führt von Taganana an die schöne Nordküste der Anaga-Halbinsel und folgt dabei Nebenstraßen und alten, leider schon sehr verwachsenen Pfaden. Dafür locken in Küstennähe etliche gute Ausflugslokale.

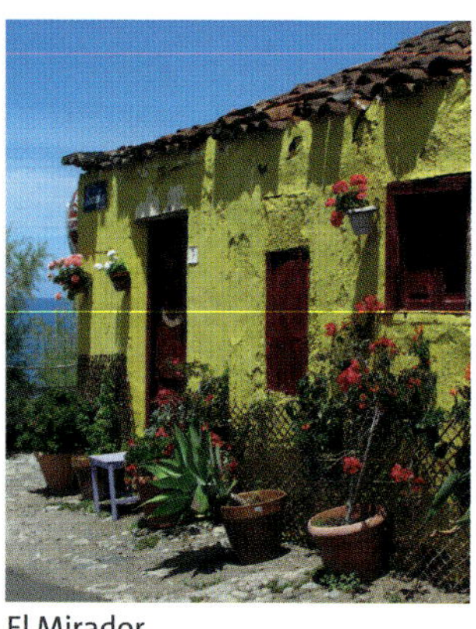

El Mirador

Zur Erweiterung der Wanderung durch die Vueltas von Taganana (siehe Tour 46) bietet sich diese Tour an, welche zu einem malerischen Streifen der Nordküste Teneriffas führt.
Nach den Unwettern im Oktober 2015 lässt sich die Wanderung zum Großteil nur mehr auf wenig befahrenen Nebenstraßen unternehmen.

▶ Vom Kirchplatz in **Taganana** 01 folgt man der Hauptstraße TF-134 nordwärts bis zur ersten Kehre mit Bushaltestelle. Hier kann man an der Nordseite der Kehre über Trep-

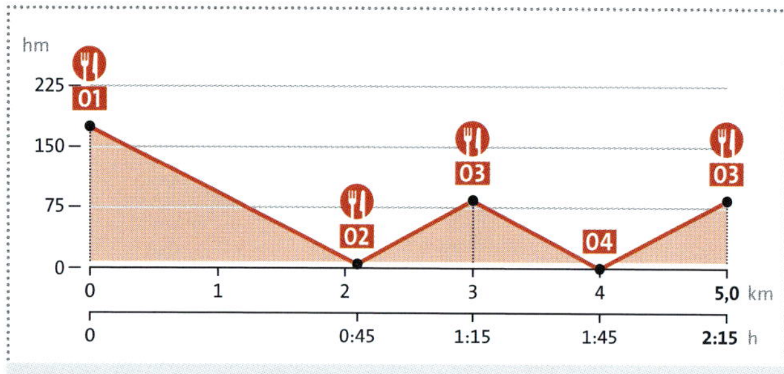

01 Taganana, 175 m; 02 Roque de las Bodegas, 5 m; 03 Almáciga, 84 m; 04 Playa de Benijo, 0 m

Gefährliche Strömungen

So verlockend die Strände an der Nordküste Teneriffas auch sein mögen: Auch bei den hier beschriebenen Playas gilt, dass ein Bad im Meer nur bei günstigen Wetterbedingungen zu empfehlen ist. Doch selbst dann können Unterströmungen und einzelne hohe Wellen dem unerfahrenen Schwimmer zum Problem werden. Es gilt also im Zweifelsfall vorsichtig zu sein und nur die Beine in den kühlen Fluten des Atlantiks abzukühlen.

pen abseits der Hauptstraße der Zufahrt nach El Cardonal folgen. Auf dieser Straße wendet man sich nach rechts und erreicht alsbald wieder die TF-134.
Nun biegt man in diese Straße nach links ab und beginnt den weiteren Abstieg in Richtung Nordküste. Bis vor kurzem gab es beim folgenden Ortsteil Bajo el Roque die Möglichkeit, nach rechts zu einem Saumpfad aufzusteigen und eine weite Wendung der Straße abzuschneiden. Doch dieser Zugang scheint den Unwettern im Oktober 2015 zum Opfer gefallen zu sein, so dass es im Moment keine Alternative zum Weitermarsch auf der TF-134 gibt. Die Straße führt hinunter zur Nordküste und nähert sich nach einer weiten Rechtswendung der Küstenlinie an. Malerische Ausblicke begleiten den Weg, bis man

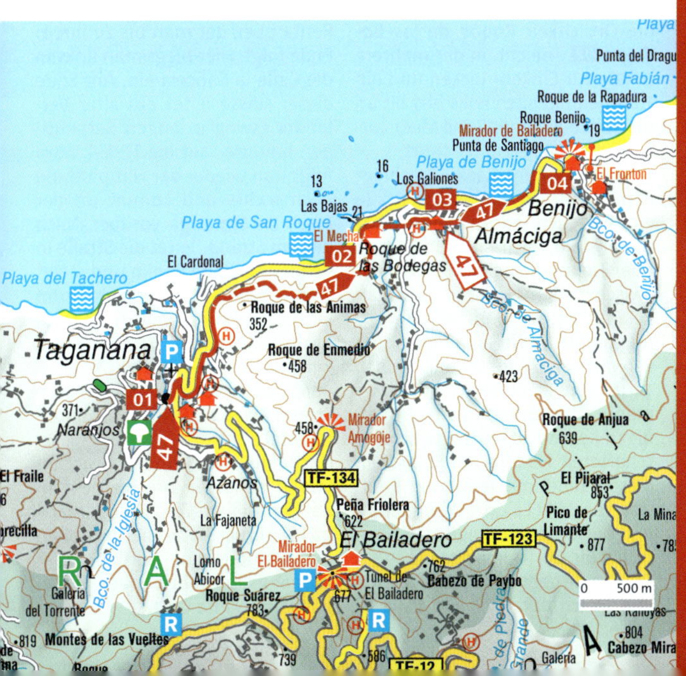

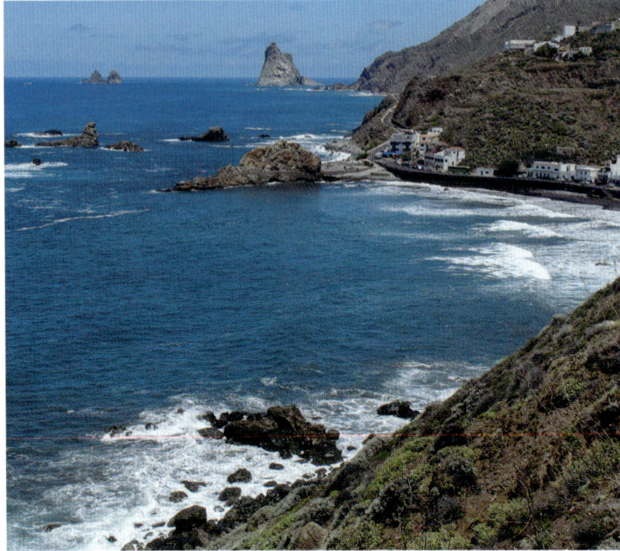

Traumhafte Küstenlandschaft

die Örtlichkeit **Roque de las Bodegas** 02 erreicht, in der mehrere Lokale zur Einkehr locken und ein Trampelpfad nach links fast bis an die Spitze einer weit ins Meer vorspringenden Felsspitze führt.

Beim Restaurant Casa Olga biegt man rechts in die Nebenstraße ein, hält sich jedoch unmittelbar hinter dem Lokal links und steigt über Treppen zu einem Durchlass zwischen den Häusern auf. Man gelangt an das Ende der Bebauung und trifft auf einen leider arg verwachsenen Pfad, der jedoch deutlich zu erkennen ist. Ihm folgt man nach rechts und steigt in einigen Kehren zu bis heute bewirtschafteten Feldern auf. Zwischen diesen hindurch leitet der Feldweg zur Calle La Cruz de Almáciga und dieser Straße folgt man nach rechts ins Dorf **Almáciga** 03.

Die Straße geht in die Calle La Cruz und gleich darauf in die Calle La Renta über, der man bis zu ihrem Ende folgt. Hier biegt man links in die Calle la Cancela ein. Am Ende dieser Gasse leitet ein alter Verbindungsweg in engen Serpentinen hinunter auf die TF-134. Man folgt nun wieder der Hauptstraße nach rechts und kommt an der Playa de Almáciga vorüber. Nach diesem Strand leitet die Straße in den Barranco de Benijo und steigt vom Grunde der Schlucht zum Ortsanfang von Benijo auf. Gleich nach der Ortstafel trifft man auf eine Kehre, an der man links in einen Pflasterweg einbiegt, der zum Strand **Playa de Benijo** 04 hinunterleitet.

Nachdem man eine Pause am Strand genossen hat, kehrt man auf dem selben Weg nach **Almáciga** 03 zurück. Von hier bestehen Busverbindungen zurück zum Ausgangspunkt bzw. nach La Laguna und Santa Cruz.

ZUR PLAYA DE TAMADYTE

In die Einsamkeit

 12,5 km 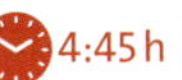 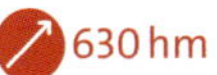 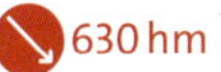 

START | Taganana
[GPS: UTM Zone 28 x: 380.954 m y: 3.159.896 m]
CHARAKTER | Diese mittelschwere Rundwanderung, die über 600 Meter Höhendifferenz aufweist, führt auf nicht immer gut markierten Wegen unterschiedlicher Beschaffenheit durch die einsame Welt der Nordseite der Anaga-Halbinsel. Trittsicherheit ist an manchen Stellen von Vorteil.

Diese Rundwanderung bietet alles, was den Norden der Anaga-Halbinsel ausmacht: Entlegene Dörfer, altes Kulturland, eine wunderschöne Bucht und die umgebende Naturlandschaft, die so manches botanische Kleinod beherbergt.

▶ Für die erste Etappe der Rundwanderung gilt es, vom Hauptplatz in **Taganana** 01 den Einstieg zum alten Saumpfad nach Afur zu finden, was nicht immer ganz leicht fällt, denn die Markierungen sind leider nicht wirklich ausreichend. Am besten steigt man vom Dorfplatz in den Camino Cruz de la Limera auf und biegt nach der Apotheke links in den Camino Portugal ein (hier weist ein Pfeil in Richtung Vueltas de Taganana bzw. Casa Forestal). Der alte Weg geht in einen weiteren über, dem man nach links folgt und über Los Naranjos in Richtung Vueltas de Taganana (siehe Tour 46) aufsteigt.
Noch vor Erreichen der berühmtesten Kurven Teneriffas biegt

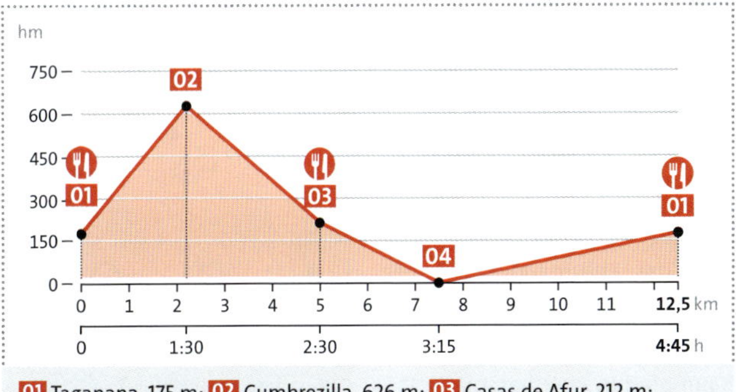

01 Taganana, 175 m; 02 Cumbrezilla, 626 m; 03 Casas de Afur, 212 m; 04 Playa de Tamadite, 0 m

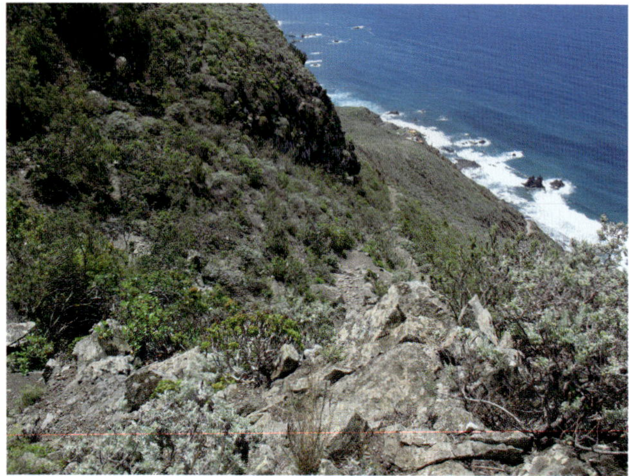

Tiefblick zur Küste

man rechts in den alten Saumpfad in Richtung Afur ab. Der von einer Steinmauer eingefasste Pfad führt ziemlich steil nach oben und erreicht die untere Verbreitungsgrenze des Lorbeerwaldes. Ab hier ist die Steigung besser ausgeglichen und zahlreiche Serpentinen leiten nach oben ins Dunkel des Waldes. Schließlich erreicht man den Sattel von **Cumbrezilla** 02 und damit bereits den höchsten Punkt der gesamten Runde.

Für den Abstieg bleibt man auf dem Saumpfad, der nun in südwestliche Richtung führt und lässt die von Norden zum Sattel führende Waldstraße unberücksichtigt. Zunächst geht es durch den Lorbeerwald noch recht sanft abwärts, doch alsbald erreicht man das Kulturland mit seinen Terrassen und das Gelände wird deutlich steiler. An einem weißen Haus in Era del Camino geht der Saumpfad in eine betonierte Piste über. Dieser folgend führt der weiterhin recht steile Abstieg an

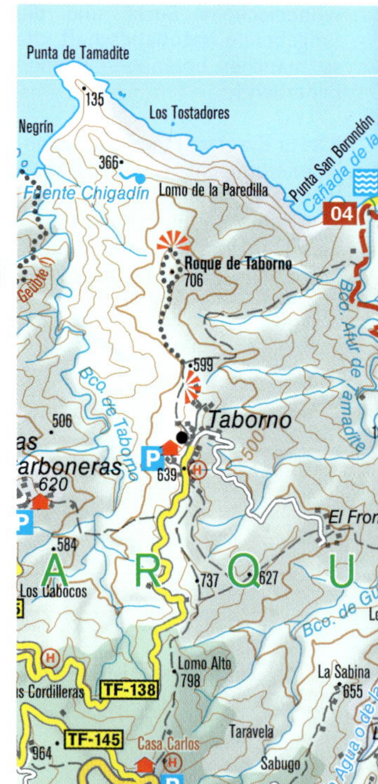

weiteren Häusern vorbei hinunter zur Straße TF-136.
Auf der Straße wendet man sich nach rechts und folgt ihr in nordwestlicher Richtung. Zwar könnte man auf der Straße bis nach Afur gehen, doch bietet sich eine Möglichkeit, das Straßenstück deutlich zu verkürzen, indem man nach einem knappen Kilometer links in den markierten Wanderpfad Richtung Taborno einbiegt. Dies bedeutet zwar einige Meter Höhenverlust, doch lohnt es sich wohl, dem Asphalt auszuweichen. Ein markierter, nach rechts abzweigender Pfad führt schließlich wieder hinauf nach **Casas de Afur** 03 und endet direkt am kleinen Kirchplatz. Am Kirchplatz hält man sich links und geht bis ans Ende der Fahrstraße. Vom großen Parkplatz führt eine Schotterstraße in westlicher Richtung in den Barranco de Tamadite. Dieser folgt man jedoch nur für knapp 200 Meter und zweigt dort rechts in den weiß-gelb markierten Wanderweg ab. Zunächst geht es durch eine fast schwarze Lavawand hinab, doch der Weg flacht danach kurzfristig ab, um jedoch sogleich wieder deutlich steiler im Barranco de Tamadite abwärts zu führen. An manchen Stellen, die etwas exponiert sind, vermitteln Holzgeländer eine gewisse Sicherheit und erleichtern das Überwinden steiler Felstreppen. Schließlich erreicht der Pfad den Grund des Barranco und quert auf die orografisch linke Bachseite.

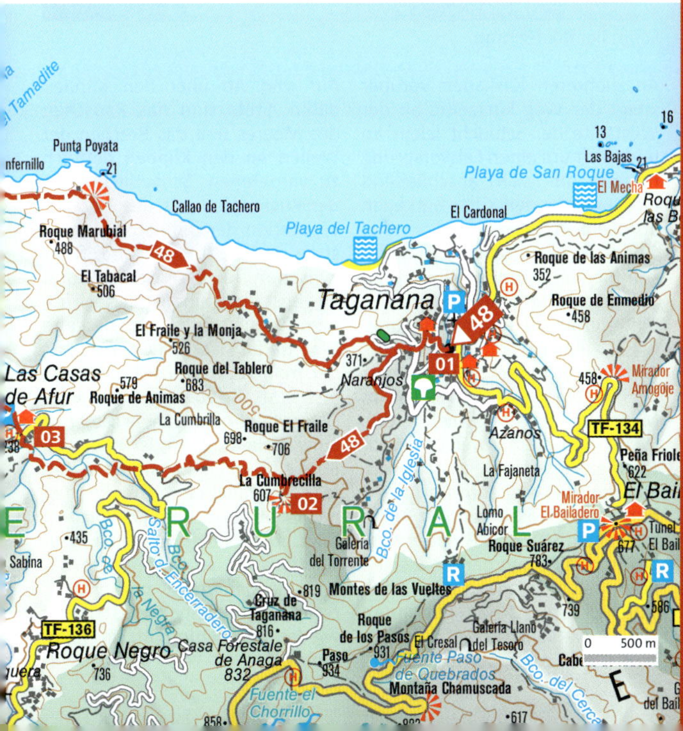

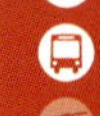
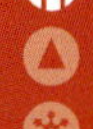

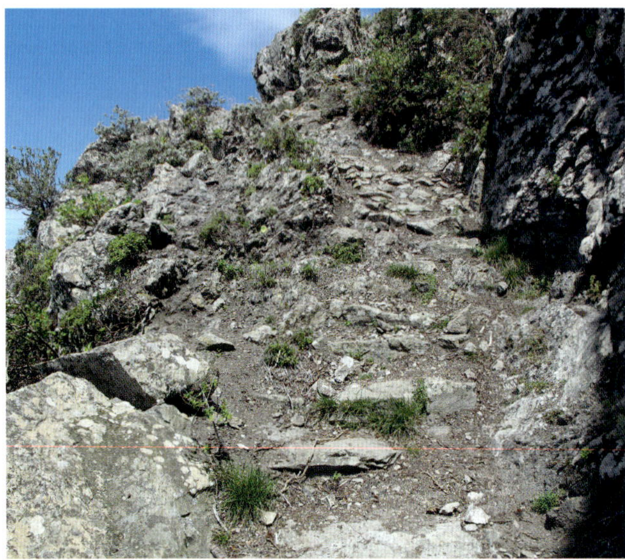

Schmaler Küstenpfad

An mehreren Kaskaden vorüber steigt der Weg kurzzeitig an der Westseite der Schlucht leicht an und führt um einen Felsvorsprung herum, um sich anschließend gleich wieder der Küste entgegen abzusenken.

Ohne auf einen von links hereinkommenden undeutlichen Pfad zu achten, folgt man dem Pfad bis hinunter an die **Playa de Tamadite** 04, einen einsamen Kiesstrand, den man an manchen Tagen ganz alleine genießen kann (Baden im Meer nur für gute Schwimmer!). Dabei wird die Abzweigung nach Taganana ignoriert.

Für den Rückweg zum Ausgangspunkt steigt man von der Küste wieder ein Stück ins Landesinnere auf und folgt nun der markierten Route nach Taganana nach links. Etliche Serpentinen gewinnen zügig an Höhe und schließlich führt der Küstenpfad in leichtem Auf und Ab über den Klippen dahin. Stets sind das Rauschen des Meeres und das Brechen der Wellen an den Klippen deutlich zu vernehmen. Schließlich führt der Küstenpfad aus der Trockenvegetation der untersten Höhenstufe ins Kulturland und führt zwischen Terrassenfeldern und Ziegenställen hindurch. Nach einem Taleinschnitt geht der alte Pfad in die Pista del Chorro über, der man weiter aufwärts bis zur ersten Straße von Taganana folgt. Dieser folgt man wenige Meter zu einer Gabelung, an der man sich links hält und bald darauf die Calle la Montañeta erreicht, der man rechts bis zum Camino Portugal folgt. Hier steigt man links zur Apotheke ab, an welcher der Aufstieg begonnen hat, und erreicht rechts haltend in kürzester Zeit wieder den Hauptplatz in **Taganana** 01.

HÖHENWANDERUNG AM ANAGA-KAMM

Durch den Nebelwald Teneriffas

  7,8 km  3:15 h  350 hm 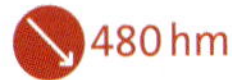 480 hm  233

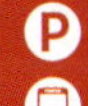
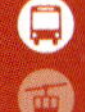

START | El Bailadero
[GPS: UTM Zone 28 x: 382.133 m y: 3.158.738 m]
CHARAKTER | Diese technisch einfache Streckenwanderung auf Bergpfaden und Waldwegen wird durch die häufigen Nebel etwas erschwert, denn oft ist die Sicht so schlecht, dass die Orientierung nicht leicht fällt und die Wege zudem ziemlich rutschig sind.

Diese Wanderung zählt wohl zu den naturkundlichen Höhepunkten, an denen die Insel Teneriffa nicht gerade arm ist. Doch diese Tour sticht heraus: Urwaldartiger Lorbeerwald, fast stets von dichtem Nebel verhangen, beherbergt bis heute zahlreiche Geheimnisse. Hier liegen vergessene Heiligtümer und Kultstätten der Altkanarier, heilige Felsen und immer wieder werden neue Tier- und Pflanzenarten entdeckt, welche der Wissenschaft bis dato unbekannt waren.

Ausgangspunkt der beschriebenen Höhenwanderung ist die Örtlichkeit **El Bailadero** 01 direkt an der Carretera de la Cumbre TF-123. Hier finden sich eine Bushaltestelle und eine Bar. Von hier folgt man für knapp zwei Kilometer der Höhenstraße in östliche Richtung. Vor einer Rechtskurve findet man links die markierte **Abzweigung**

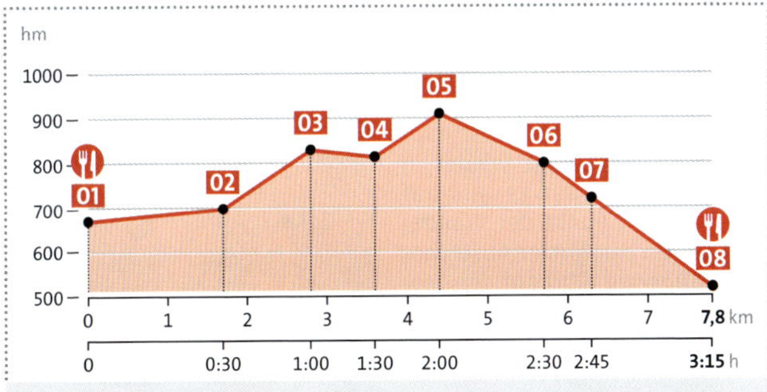

01 El Bailadero, 670 m; 02 Abzweigung Wanderweg, 698 m; 03 Pijaral, 830 m; 04 El Ensaladilla, 814 m; 05 Chinobre, 910 m; 06 Roque de Anambro, 800 m; 07 Cabezo de Tejo, 720 m; 08 Chamorga, 520 m

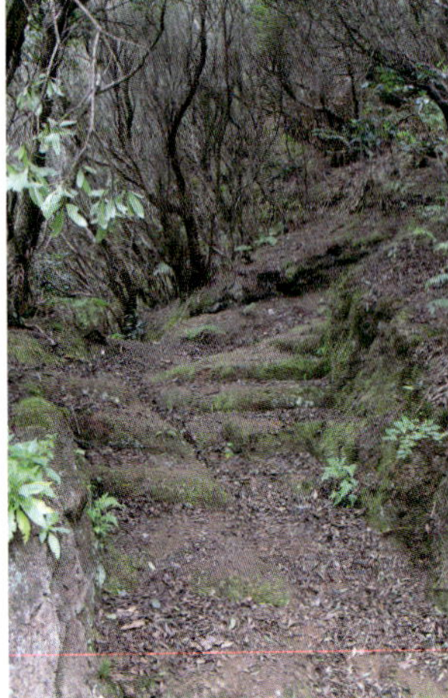

Weg durch den Märchenwald

des Wanderwegs 02. Durch dichten Lorbeerwald führt der feuchte Waldpfad ansteigend an der Nordseite des Hauptkamms entlang. Dichte Flechtenbärte hängen von den Zweigen und an den meisten Tagen des Jahres wabbert Nebel durch den verwunschenen Wald. Nachdem der Pfad dem Gipfel des **Pijaral 03** an seiner Nordseite umgangen hat, leitet er steil auf die TF-123 hinunter.

Man folgt nun für etwa 800 Meter wieder der Straße und erreicht so in kurzer Zeit den Parkplatz **El Ensaladilla 04**. Hier verlässt man die Straße und steigt wieder in den Lorbeerwald auf. Es geht auf den höchsten Punkt der Wanderung zu. Ein nur kurzer Abstecher vom Hauptweg führt auf den Gipfel des **Chinobre 05**. Wenn man das Glück hat – es ist beinahe mit einem Lottogewinn zu vergleichen – an einem der wenigen nebelfreien Tage hier zu sein, so kann man vom Gipfel eine umfassende Rundschau auf die „grüne Hölle“ Teneriffas genießen. Wie ein samtig grüner Teppich bezieht der Lorbeerwald beinahe lückenlos die höchsten Rücken des Anaga-Gebirges und bietet so ein Fenster in eine längst vergangene Epoche der Erdgeschichte. Denn in der Tertiärzeit war der Lorbeerwald der häufigste Waldtyp in ganz Südeuropa.

Zurück auf dem Hauptweg steigt man durch den dichten Wald ab und kommt nach einiger Zeit an eine lichtere Stelle des Waldes, an der der **Roque de Anambro 06** aus dem dichten Grün herausragt. Dieser Felsen galt den Guanchen, den Ureinwohnern Teneriffas, als heiliger Ort und bis heute ranken sich zahlreiche Geschichten um diesen verwunschenen Platz – man kann ihn ohne Zweifel als Kraftplatz bezeichnen.

Der tinerfinische Märchenwald begleitet die Tour noch weiter und nach dem folgenden Abstieg erreicht man die Forststraße Pista Cabezo del Tejo, der man nach links bis zum Aussichtspunkt **Cabezo del Tejo 07** folgt. Doch auch hier gilt – nur den wenigsten wird

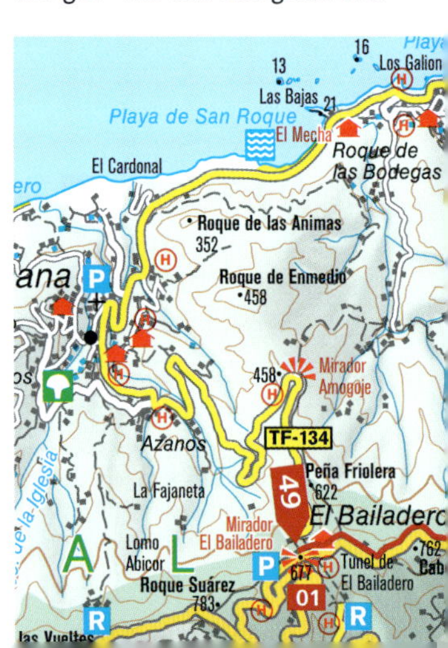

Nur mehr mit Genehmigung

Ein großer Teil dieser Wanderung verläuft durch das **Sonderschutzgebiet El Pijaral** innerhalb des Parque Rural de Anaga. Durch ein Dekret der Inselregierung vom Sommer 2015, das im November 2015 bestätigt wurde, dürfen die Wanderwege im Sonderschutzgebiet nur mehr mit einer Genehmigung begangen werden, da die Zahl der Wanderer auf ein tägliches Maximum von 45 beschränkt werden soll. Leider kann diese Genehmigung nicht vor Ort erworben werden, sondern muss vorab bei der Umweltbehörde in Santa Cruz beantragt werden. Der nicht formelle Antrag ist an diese Behörde zu stellen, am besten per Email an medionatural@tenerife.es Nach den Erfahrungen des Autors haben derzeit nur Anträge in Spanisch Aussicht auf eine zeitnahe Bearbeitung. Nähere Informationen zur weiteren Entwicklung findet man auf der Homepage der Inselregierung www.tenerife.es

der umfassende Ausblick vergönnt sein, viel wahrscheinlicher ist auch hier ein undurchdringliches Nebelmeer.

Vom Cabezo del Tejo wendet man sich in nordöstliche Richtung und steigt durch einen Hohlweg bis zur Wegkreuzung am Cruz del Draguillo ab, an der sich die wichtigsten Wege der Umgebung kreuzen. Hier wendet man sich nach rechts und steigt gegen den Barranco de Roque Bermejo ab. Nahe der unteren Grenze des Lorbeerwaldes hält man sich an einer letzten Weggabelung links und tritt gleich darauf in das Kulturland hinaus und leitet durch die Terrassenfelder dem Dorf entgegen. Man erreicht eine Betonpiste und folgt dieser für die letzten Meter nach **Chamorga** 08, das man an der südlichen Einfahrt ins Dorf erreicht.

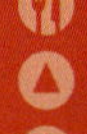

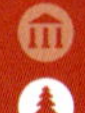

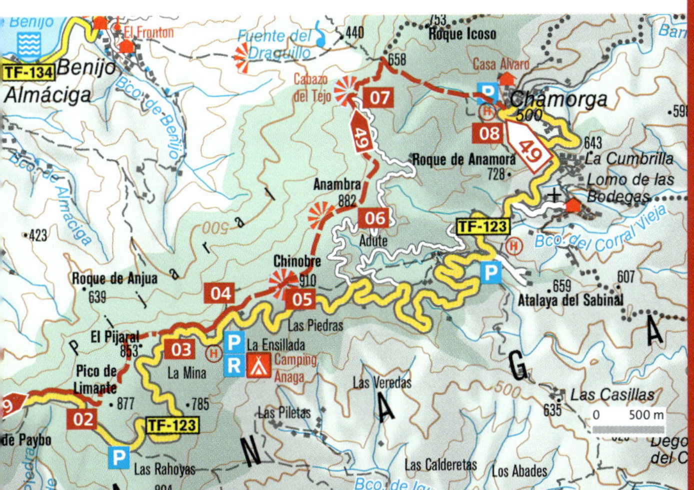

FARO DE ANAGA VARIANTE 1

Über die Montaña Tafada zum Nordostkap

 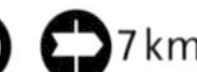 7 km  3:30 h  540 hm 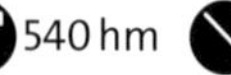 540 hm 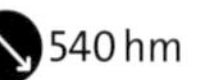 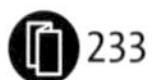 233

START | Chamorga
[GPS: UTM Zone 28 x: 386.611 m y: 3.160.764 m]
CHARAKTER | Technisch einfache Rundwanderung, die aufgrund der sehr steinigen Pfade Trittsicherheit und über kurze Passagen auch Schwindelfreiheit erfordert.

„Chamorga ist zwar nicht das Ende der Welt, aber man sieht es von hier." Diesen Satz konnte der Autor beim letzten Aufenthalt im November 2015 in einer Dorfbar aufschnappen. Dies trifft zwar heute wohl nicht mehr ganz zu, doch bieten sich vom Dorf mehrere Möglichkeiten, das entlegene Nordostkap von Teneriffa zu erwandern. Erste Variante ist der direkte Zustieg vom Dorf über die Berge.

▶ Die Wanderung beginnt im Herzen des Dorfes **Chamorga** **01**, wo die Dorfstraße einen rechtwinkeligen Knick in östliche Richtung beschreibt. An der linken Seite der Dorfstraße (Norden) folgt man dem markierten Wanderweg in Richtung Tafada. In einer Betonrampe geht es leicht aufwärts und sogleich wendet sich der Weg nach rechts und führt aus dem Dorf hinaus. An einem Holzzaun zur Rechten kann man einen Blick zurück über die Siedlung genießen, bevor es durch die ehemaligen Terrassenfelder in die Wildnis der küstennahen Berge geht.
In Serpentinen leicht ansteigend erklimmt man die Hochflächen auf der Westseite der Montaña Tafada und bleibt dabei stets auf

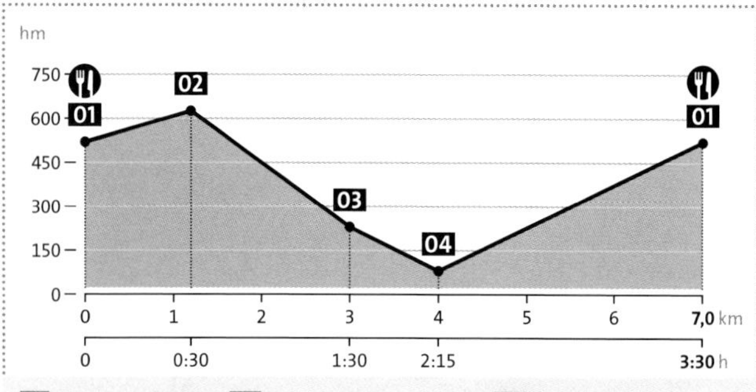

01 Chamorga, 520 m; **02** Casas de Tafada, 626 m; **03** Faro de Anaga, 230 m; **04** Casas Blancas, 80 m

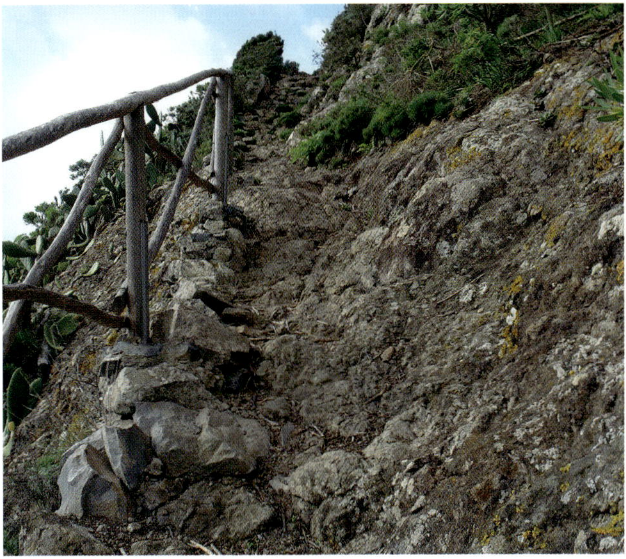

Alter Saumpfad zum Leuchtturm

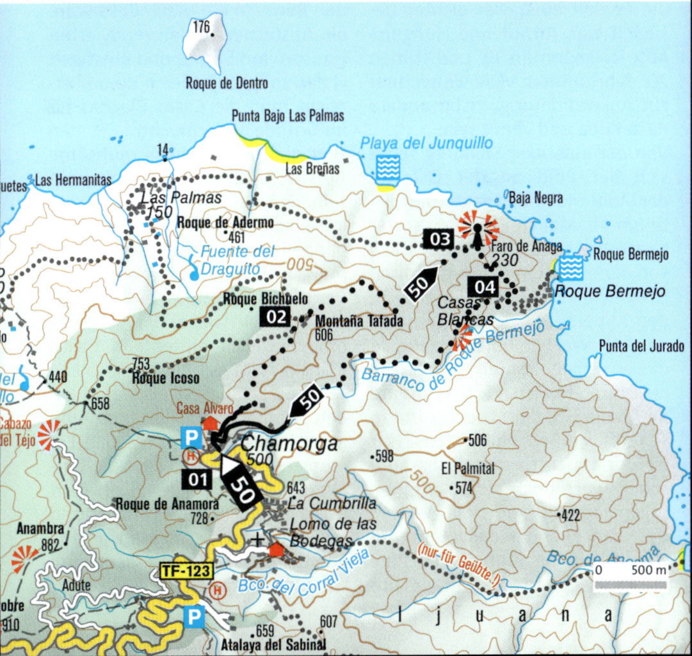

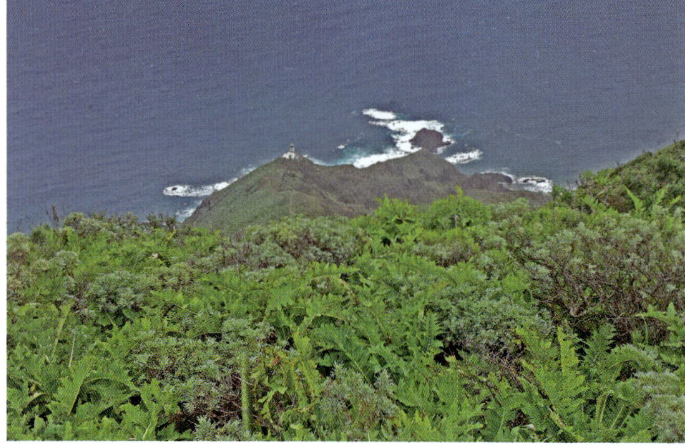

Teneriffas Nordostkap

dem weiß-gelb markierten Wanderweg. Links abgehende Pfadspuren bleiben unberücksichtigt und man erreicht die verlassenen Häuser **Casas de Tafada** **02**, die einen Hinweis darauf geben, dass die Region einst viel dichter besiedelt war. Armut und Hungersnöte zwangen im 19. und frühen 20. Jahrhundert viele Einwohner zur Auswanderung, insbesondere nach Kuba und Venezuela.

Von der einstigen Siedlung senkt sich der Pfad an der Ostseite der Montaña Tafada gegen die Küste hin ab. Mal steiler, mal sanfter strebt der Pfad dem Nordostkap von Teneriffa entgegen und man trifft schließlich schon nahe an den Klippen auf den Küstenpfad, der von Westen herüberzieht. In diesen schwenkt man nach rechts ein und steht alsbald vor dem **Faro de Anaga** **03**, dem Leuchtturm in Teneriffas rauem Nordosten. Zwar ist der Leuchtturm selbst kaum sehenswert, doch bietet er einen tollen Ausblick auf die Weiten des umgebenden Meeres. Am Leuchtturm beginnt der einstige Zufahrtsweg zu diesem wichtigen Seezeichen und diesem folgt man in zahlreichen Kehren in den untersten Teil des Barranco de Roque Bermejo. Man erreicht den Grund der Schlucht und biegt hier nach rechts in den Camino de Roque Bermejo ein (nach links wäre ein Abstecher zu den renovierten Häusern am Strand und einstigen Hafen möglich). Gleich darauf erreicht man die **Casas Blancas** **04** im Grunde der Schlucht.

Hier nimmt der etwas mühsame Aufstieg zum Ausgangspunkt seinen Anfang. Doch da es sich um einen tinerfinischen „Urweg" handelt, wird die Steigung zumeist recht gut ausgeglichen und der Pfad führt ohne wirklich dramatische Anstiege die Schlucht hinauf. Gleich hinter den Casas Blancas folgt der eindrucksvollste Teil der Schluchtstrecke und an den Wänden des Barranco sind immer wieder eindrucksvolle Exemplare der lokalen Flora zu entdecken. Knapp vor dem Dorf geht es an einigen Fincas vorüber und schließlich erreicht man rechts aufsteigend wieder das Zentrum von **Chamorga** **01**.

FARO DE ANAGA VARIANTE 2

Die große Runde zum Leuchtturm

 12 km 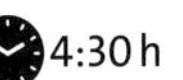4:30 h 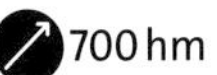700 hm 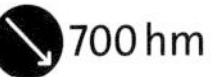700 hm 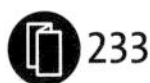233

START | Chamorga
[GPS: UTM Zone 28 x: 386.624 m y: 3.160.775 m]
CHARAKTER | Die schwierige, weil lange und teilweise sehr anstrengende Rundwanderung zählt zu den Highlights der Wanderungen auf Teneriffa. Zum Großteil auf uralten Pfaden verlaufend, vermittelt sie einen umfassenden Eindruck von der Spitze der Anaga-Halbinsel.

„Chamorga ist zwar nicht das Ende der Welt, aber man sieht es von hier." Diesen Satz konnte der Autor bei seinem letzten Aufenthalt im November 2015 in einer Dorfbar aufschnappen. Dies trifft zwar heute wohl nicht mehr ganz zu, doch bieten sich vom Dorf mehrere Möglichkeiten, das entlegene Nordostkap von Teneriffa zu erwandern. Die zweite Variante ist die große Runde, die zwar unvergleichliche Eindrücke bietet, aber auch einiges an Kondition erfordert.

▶ Vom Dorfkern von **Chamorga** 01 folgt man ein kurzes Stück der Dorfstraße in südliche Richtung und zweigt bei der kleinen Kirche rechts in einen markierten Wanderweg ab. Zunächst führt dieser Weg durch die Kulturlandschaft am Dorfrand, steigt aber alsbald in den Lorbeerwald auf und führt zum wichtigen Kreu-

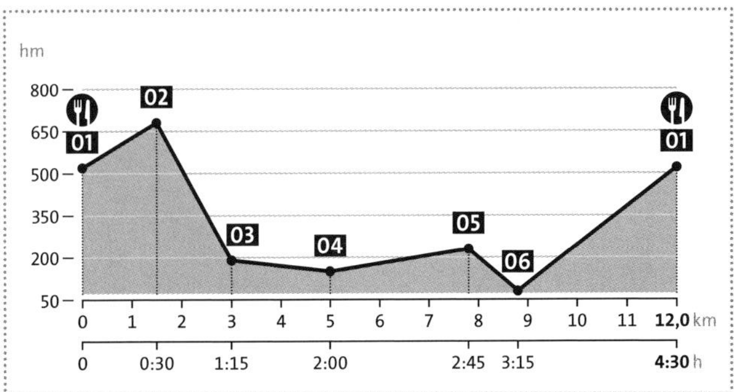

01 Chamorga, 520 m; 02 Cruz de Draguillo, 680 m;
03 El Draguillo, 190 m; 04 Las Palmas, 150 m; 05 Faro de Anaga, 230 m;
06 Casas Blancas, 80 m

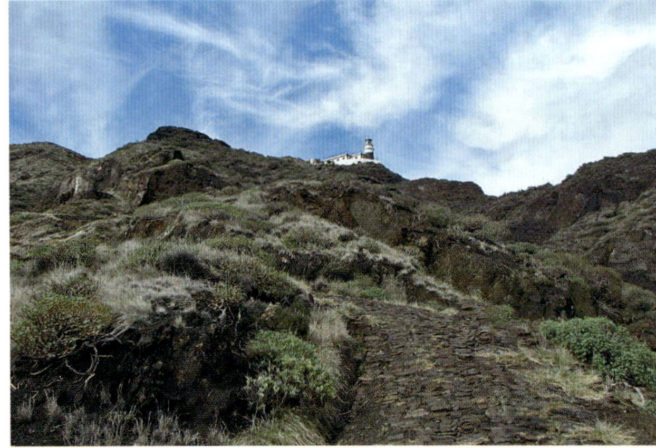

Knapp unter dem Ziel

zungspunkt **Cruz de Draguillo 02**. Hier trafen sich alle früher wichtigen Verbindungswege der Region. Man folgt nun dem in nordwestlicher Richtung abwärts führenden Pfad und erreicht über zahlreiche Serpentinen die untere Grenze des Lorbeerwaldes. Durch Buschwald mit einem hohen Anteil an Baumheide erreicht man schließlich offenes ehemaliges Kulturland. Der nach links abgehende, ebenfalls markierte Wanderweg nach Benijo bleibt unberücksichtigt und man steigt direkt in die Streusiedlung **El Draguillo 03** ab. Der Name des Ortes leitet sich vom Wappenbaum Teneriffas ab, dem Drachenbaum, spanisch el Drago. Ein Draguillo ist ein kleines Exemplar dieser Spezies, die in hohem Alter beträchtliche Ausmaße erreichen kann. Und tatsächlich findet man im Dorf den „Namenspatron" vor. Der Küstenpfad zum Leuchtturm nimmt direkt am Drachenbaum seinen Ausgang, man wendet sich nach rechts und durchquert alsbald zwei kleine Barrancos. Der folgende Wegabschnitt ist leider ziemlich schroff und hat unter den Unwettern im Oktober 2015 weiter gelitten. Es geht kurzfristig steil ansteigend durch einen Felssturz und anschließend auf dem steinigen Pfad durch die

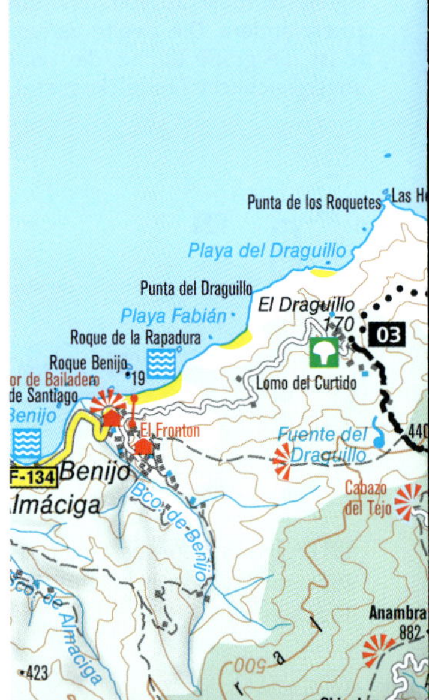

Steilhänge über der Küste. Doch auch nach dem Zwischenanstieg wird der Steig nicht einfacher und zieht leicht ausgesetzt einem Plateau an der Nordküste entgegen. Es gilt, den recht breiten Barranco las Hermanitas zu queren, um schließlich die letzten Höhenmeter zu den Häusern von **Las Palmas 04** abzusteigen.

Man umrundet nun den Ort und trifft an seiner Ostseite auf die Fortsetzung des Küstenpfades, die noch immer recht anspruchsvoll ist. Es geht durch zwei Schluchten, in denen die Erosion massive Spuren hinterlassen hat und den Weg brüchig und unsicher macht. Hier ist jedenfalls Trittsicherheit erforderlich. Ein steiler Anstieg leitet in die wilden Hänge der Nordküste und senkt sich nur kurz in den Barranco del Junquillo ab, um sogleich wieder anzusteigen. In den folgenden Hängen gibt es im Frühling so manche Kostbarkeit der tinerfinischen Flora zu entdecken, allen voran eine Natternkopf-Art, welche in bescheidenem Weiß blüht, aber ähnlich wie seine rot blühenden „Vettern" am Teide bis zu zwei Meter groß werden kann.

Allmählich wird der Küstenweg endlich sanfter, von rechts kommt der direkte Zustieg von Chamorga (siehe Tour 50) und schließlich erreicht man den **Faro de Anaga 05**, eines der wichtigsten Seezeichen auf der Insel.

Nach einer verdienten Rast am Leuchtturm steigt man über den ehemaligen Zufahrtsweg in zahlreichen Serpentinen in den Barranco de Roque Bermejo ab und trifft dort auf den Pfad, der vom Dorf zur Küste und zum ehemaligen Hafen führt. Hier wendet man sich nach rechts zu den **Casas Blancas 06** und setzt den Aufstieg nach **Chamorga 01** wie bereits bei Tour 50 beschrieben fort.

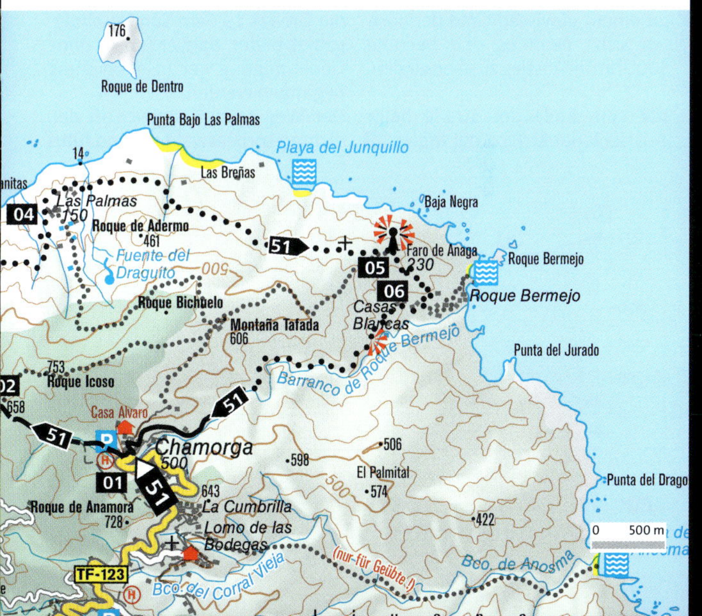

VOM PICO DEL INGLÉS NACH SANTA CRUZ

Der alte Weg in die Hauptstadt

  8,5 km 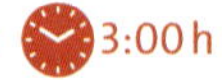 3:00 h 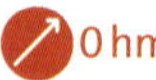 0 hm  980 hm  233

START | Pico del Inglés
[GPS: UTM Zone 28 x: 376.325 m y: 3.156.915 m]
CHARAKTER | Diese technisch einfache Wanderung führt von den Höhen des Anaga-Gebirges an den heutigen Stadtrand von Santa Cruz de Tenerife. Dies war einst der Saumpfad, auf dem die Bauern ihre Erzeugnisse zu den städtischen Märkten brachten.

Diese Wanderung führt aus dem Anaga-Gebirge in die Hauptstadt Santa Cruz und folgt in etwa jenem Pfad, der in früherer Zeit eine der wenigen Verbindungen zwischen den entlegenen Dörfern und dem Verwaltungszentrum war. Technisch einfach hat es der Weg bis zu einem gewissen Grad dennoch „in sich", denn es sind beinahe 1000 hm im Abstieg zu überwinden.

▶ Vom Ende der Straße beim Aussichtspunkt **Pico del Inglés** 01 wählt man den links vom Aussichtspunkt beginnenden Wanderweg, der mit der Nummer PR TF-2 beschildert ist. Dieser Weg führt in seinem oberen Teil durch den Randbereich der fantastischen Nebelwälder am Monte Aguirre. Da jedoch just dieser Weg die Grenze zu dem Sonderschutzgebiet bildet, darf er (noch) ohne Genehmigung der Inselregierung begangen werden.
Der Weg taucht sogleich in den dichten Lorbeerwald ein und führt

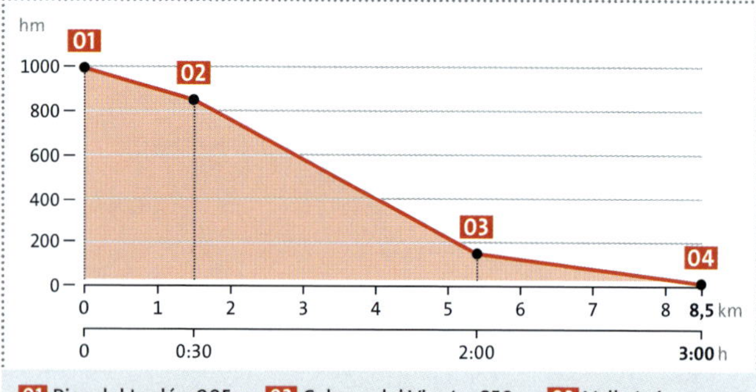

01 Pico del Inglés, 995 m; 02 Cabezo del Viento, 850 m; 03 Valle Luis, 150 m; 04 Avenida de Anaga, 15 m

an einigen verfallenen Häusern vorüber. Da und dort zweigen Trampelpfade ins Dickicht ab, doch man bleibt stets auf dem deutlichsten Weg, der zudem an unsicheren Stellen eine Markierung (weiß-gelb) aufweist. Der Abstiegsweg hat einen abwechslungsreichen Untergrund – mal geht es fast wie gepolstert über den Waldboden, mal kommt die alte Pflasterung hervor und abschnittsweise geht es auch über blanken Fels. Der Pfad ist sehr

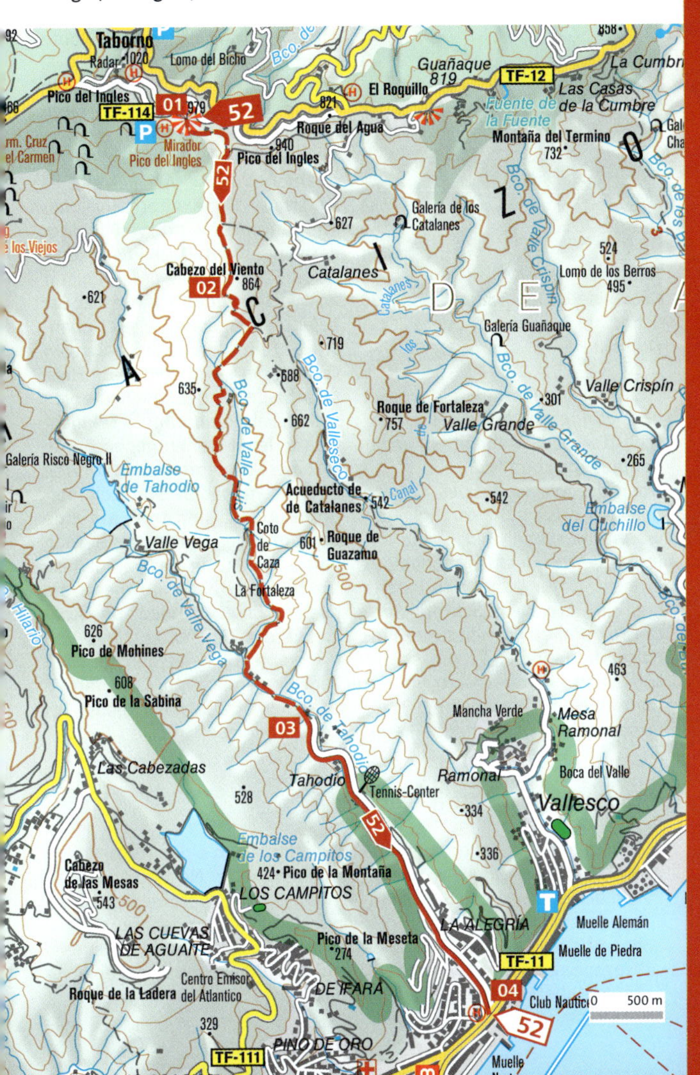

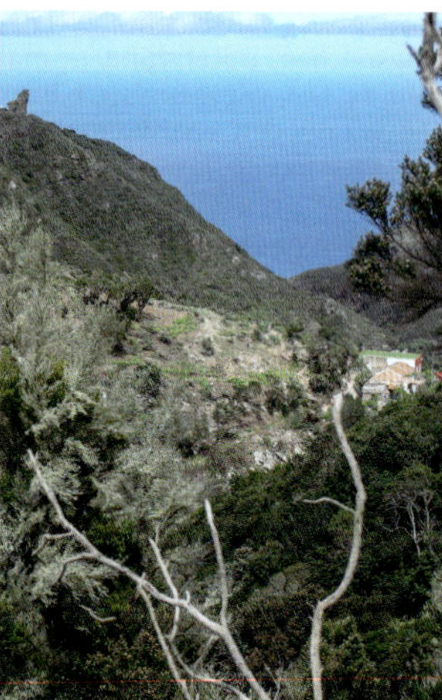

Schon am Beginn reicht der Blick zur Küste

gut in die Landschaft eingepasst und ermöglicht trotz seiner abschnittsweisen Steilheit ein angenehmes Fortkommen.

Über die Westseite des **Cabezo del Viento** 02 geht es zügig talwärts und schon bald ist die untere Grenze des Lorbeerwaldes erreicht. Dafür öffnet sich bereits hier ein Tiefblick in Richtung Santa Cruz und auf den Stausee Embalse de Tahodio. Wenig später trifft man auf die ersten Spuren menschlicher Besiedelung. Alte Vorratshöhlen sind heute kaum mehr genutzt, aber da und dort lugt aus den Hängen der Schlucht eine der noch immer bewirtschafteten Fincas hervor. Der Weg wird deutlich steiler und zieht über weite Strecken auf blankem Fels dem Talgrund entgegen. Die Markierungen helfen weiter, auch auf diesem Terrain die richtige Route nicht zu verlieren.

Schließlich erreicht man den Grund des Barranco de Tahodio und bei der kleinen Ansiedlung **Valle Luis** 03 auch eine asphaltierte Straße. Ab hier gibt es zu Straße keine Alternative, der alte Saumpfad wurde von der Moderne überbaut. Doch in der Regel ist die Straße wenig befahren, nur an Wochenenden kann es etwas belebter zugehen. Die Nebenstraße führt durch die Siedlungen Cueva Prieta und Puente de Hierro Alto und leitet durch die von steilen Felsen umrahmte Schlucht weiter dem Meer entgegen.

An einer Schule zur Linken vorüber erreicht man den Stadtteil Barrio de Alegría und trifft auf eine Gabelung der Nebenstraße. Man hält sich rechts in die Avenida José Martí und erreicht auf dieser die Küstenstraße **Avenida de Anaga** 04, das Ziel des Abstiegs. Von hier kann man mit dem Bus ins Zentrum von Santa Cruz fahren oder der Straße nach rechts ins Zentrum folgen.

Derzeit nicht empfohlen

Obwohl es sich bei der beschriebenen Route um einen offiziellen Wanderweg handelt, wurde seine Begehung im November 2015 von den zuständigen Behörden nicht empfohlen. Bei einem Lokalaugenschein konnte der Autor zwar feststellen, dass der obere Teil des Abstiegs an einigen Stellen ziemlich ausgewaschen ist, eine Wegsperre oder ein wirklicher Grund, den Weg nicht zu begehen, konnte aber nicht festgestellt werden.

ZUM SEMÁFORO DE IGUESTE

Leuchtzeichen der Vergangenheit

 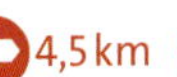 4,5 km 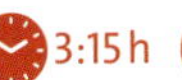 3:15 h 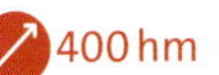 400 hm 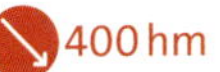 400 hm  233

START | Igueste de San Andrés
[GPS: UTM Zone 28 x: 387.184 m y: 3.155.926 m]
CHARAKTER | Diese Rundwanderung führt zu den alten Leuchtfeuern, erfolgt auf zum Teil schlecht erhaltenen Wegen mit steilen Anstiegen und ist an mehreren Stellen leicht ausgesetzt.

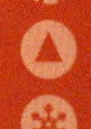

Diese anstrengende, aber landschaftlich lohnende Wanderung beginnt im kleinen Dörfchen Igueste de San Andrés an der Südost-Küste des Anaga-Gebirges und führt zu alten Signalstationen, die einen herrlichen Ausblick auf die Küstenklippen gewähren. Heute werden die Wege nur mehr wenig begangen, so dass sie zu einem Teil dem Verfall preisgegeben sind.

▶ Am Ende der Calle Manuel Vera Álverez in **Igueste de San Andrés** **01** folgt man dem Paseo el Cementerio und wandert an der steil abfallenden Südflanke der Küstenberge hinauf zum kleinen Friedhof weit außerhalb des Dorfes. Der bis zum Friedhof breite und gut instand gehaltene Pflasterweg geht hier in einen alten Küstenpfad über, welcher durch die steilen Hänge, durch Gräben und über felsige Rücken dem Felsvorsprung El Espigón zustrebt. Nicht immer ist der Weg leicht zu finden, denn eine Markierung fehlt hier. Es gilt, eine erste steile Rinne zu queren, um anschließend auf einem Hangrücken in Richtung Meer zu gehen. Doch sogleich wendet sich der Pfad

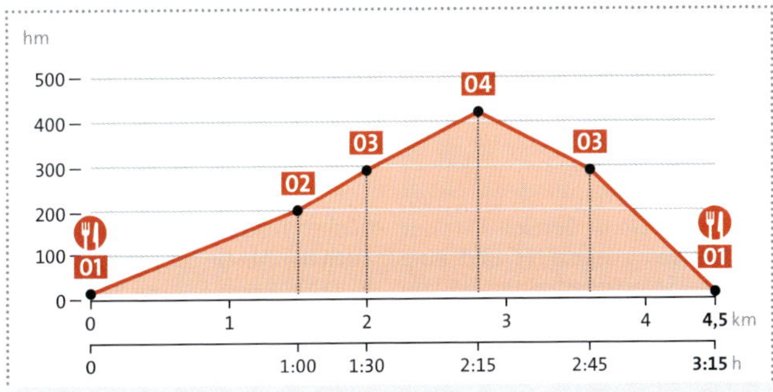

01 Igueste de San Andrés, 14 m; **02** El Semáforo, 200 m; **03** Wegkreuz, 290 m; **04** La Atalaya, 420 m

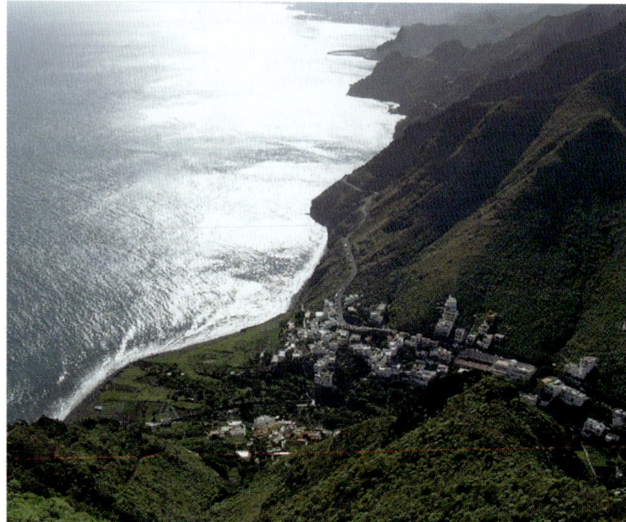

Ausblick vom Semáforo

wieder landeinwärts und leitet durch einen zweiten Graben. Ab hier geht es durch mit Felsrippen durchsetztes Gelände in südöstlicher Richtung zum ersten der früheren Leuchtfeuer, das in den meisten Karten als **El Semáforo** 02 bezeichnet wird. Früher diente das Signalfeuer dazu, den Teneriffa anlaufenden Schiffen die Einfahrt in Richtung Santa Cruz zu signalisieren, heute ist es ein verlassener Ort mit prächtiger Aussicht.

Vom Semáforo wendet man sich dem Landesinneren zu und steigt leicht im Gelände an, wobei es einen Taleinschnitt zu umgehen gilt. In diesem Bereich ist der Pfad etwas ausgesetzt und eine gewisse Schwindelfreiheit ist von Vorteil. Auf einem flachen Rücken erreicht man an einem Sattel ein **Wegkreuz** 03.

Bei einer Steinmauer biegt man in den rechts abgehenden Pfad ein und steigt über eine ebenfalls leicht exponierte Passage an den ehemaligen Standort des zweiten Signalfeuers, **La Atalaya** 04, auf. Die Bezeichnung bedeutet Ausguck und trägt oft auch den Beinamen „Ausguck der Engländer“, denn sehr häufig waren es in Friedenszeiten englische Handelsschiffe und in Kriegszeiten englische Marineeinheiten, die von hier aus erspäht wurden.

Für den Abstieg geht man an das schon im Anstieg passierte **Wegkreuz** 03 zurück, wendet sich hier jedoch nach rechts und folgt dem alten Saumpfad zunächst auf einen vergleichsweise sanften Rücken hinaus. Doch alsbald wird auch der Abstieg steiler und leitet in zahlreichen Kehren zum Pflasterweg hinab, welcher am Anfang der Wanderung in Richtung Friedhof geführt hat. Hier rechts haltend erreicht man in kurzer Zeit den Ausgangspunkt der Wanderung in **Igueste de San Andrés** 01.

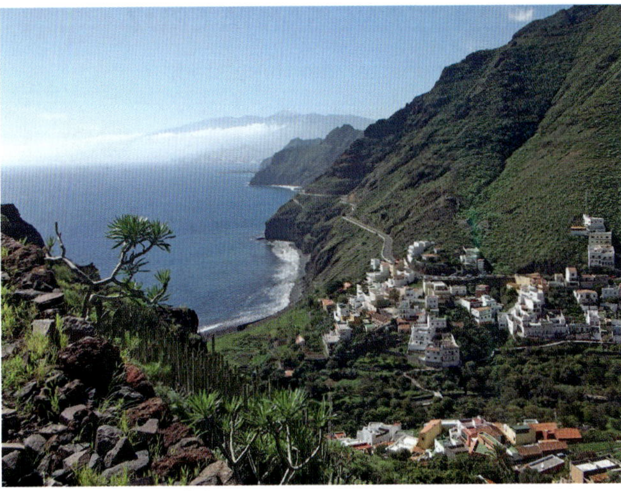

Abstieg nach San Andrés

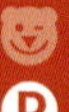

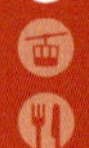

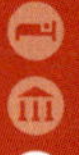

Nur Streckenwanderung möglich

Derzeit ist der alte Küstenpfad zwischen den Wegpunkten 1 und 2 nicht begehbar, eine Sanierung wurde noch nicht in die Wege geleitet. Die Tour ist damit aktuell nur als Streckenwanderung mit direktem Anstieg vom Ausgangspunkt zu Wegpunkt 3 bzw. 4 zu machen (Rückkehr auf demselben Weg).

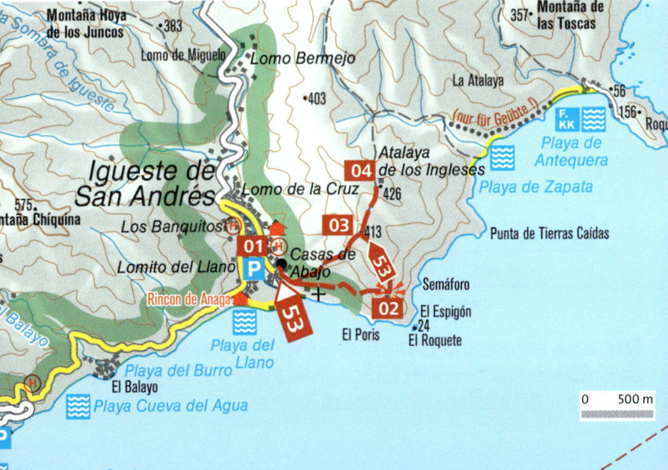

STADTRUNDGANG SANTA CRUZ

Zu den schönsten Plätzen der Hauptstadt

 4,5 km 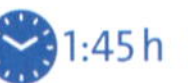 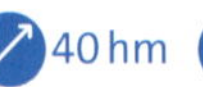 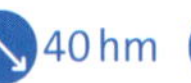 

START | Plaza de España
[GPS: UTM Zone 28 x: 377.902 m y: 3.149.587 m]
CHARAKTER | Dieser Stadtrundgang führt durch die Hauptstadt von Teneriffa und erschließt die vielfältigen Gesichter der zweitgrößten Stadt der Kanarischen Inseln. Das alte Santa Cruz ist dabei jedoch nur mehr in kleiner Dosierung zu entdecken, denn die Stadt wurde radikal modernisiert.

Seit 1723 ist Santa Cruz de Tenerife Hauptstadt der Insel und Sitz der regionalen Regierung und Verwaltungsbehörden. Durch eine radikale Neugestaltung von weiten Teilen der Stadt präsentiert sich Santa Cruz als moderne Metropole des Archipels, lässt jedoch in manchen Bereichen den einstigen Charme vermissen, wie er etwa im nahen La Laguna noch durch die Gassen der Altstadt weht. Santa Cruz steht in seiner Stadtplanung in einem imaginären Wettstreit mit Las Palmas de Gran Canaria, der Hauptstadt der östlichen Kanaren, das als einzige wirkliche Großstadt des Archipels stets die Nase etwas vorne hatte. Und diesem Wettlauf in die Moderne ist auch das auffälligste Bauwerk am Rundgang zu verdanken.

An der großen **Plaza de España** 01 direkt neben dem Hafen von Santa Cruz nimmt diese klassische Runde durch die Stadt ihren Ausgang. Fast wird man hier vom riesigen Monumento de los Caídos erschlagen, dass an

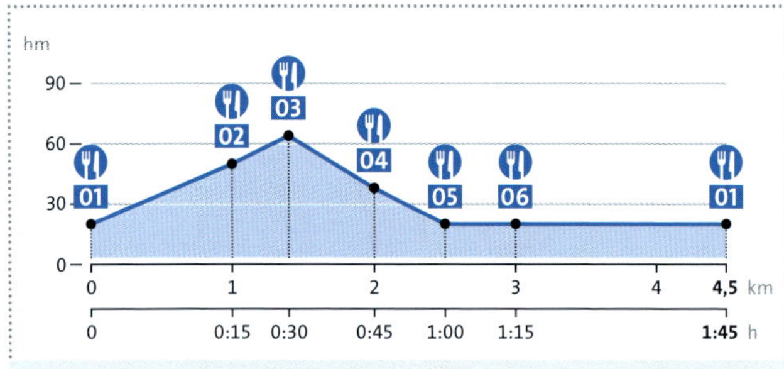

01 Plaza de España, 20 m; 02 Plaza de Weyler, 50 m; 03 Parque Municipal, 64 m; 04 Plaza del Principe de Asturias, 38 m; 05 CC Nuestra Señora de Africa, 20 m; 06 Auditorio de Tenerife, 20 m

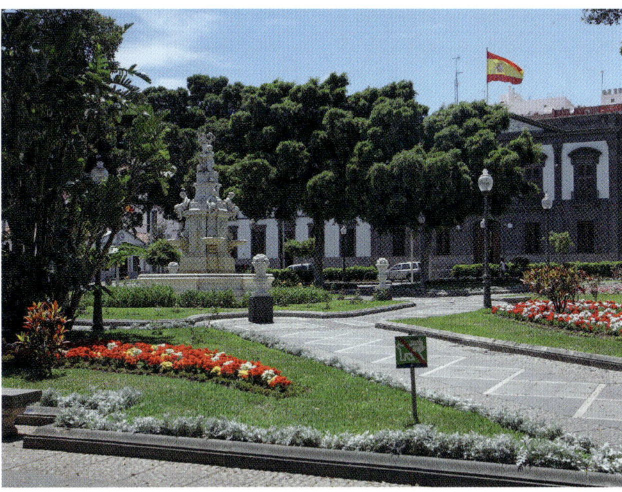

Plaza Weyler

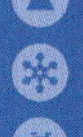

die schlimmen Zeiten des Spanischen Bürgerkriegs erinnert. Vom Platz folgt man der Prachtstraße Calle del Castillo stadteinwärts. Modernes städtisches Leben mit zahlreichen Geschäften und Lokalen prägt diese Einkaufsstraße, der man in gerader Linie bis zur **Plaza de Weyler** 02 folgt.

In der Mitte dieses Platzes liegt eine kleine Parkanlage, deren Zentrum ein Brunnen aus italienischem Marmor bildet. Das mächtige Gebäude an der Stirnseite des Platzes ist die Capitania General, ehemaliger Sitz der Militärgouverneure der Inseln. Vom Platz zieht die Prachtstraße Avenida 25 de Julio in nördliche Richtung. Etwa in der Mitte dieser Straße erweitert sie sich zu einem Platz, an dem man nach rechts in die Calle General O'Donell abbiegt und so in kurzer Zeit den **Parque Municipal** 03, den Stadtpark von Santa Cruz, erreicht. Dies ist die größte Grünanlage der Stadt, die durch ihren reichen Pflanzenbestand und die zahlreichen modernen Skulpturen besticht. Es lohnt sich, auf dem Stadtrundgang durch diesen Park zu schlendern, bevor man an der Südostseite der Anlage in die Calle de El Pilar abbiegt.

Diese Straße führt zur **Plaza del Principe de Asturias** 04, einem der weiteren schönen Plätze im Herzen der Altstadt von Santa Cruz. Hier treffen mehrere historische Gassen und Straßen aufeinander und dennoch ist der Platz ein ruhender Pol im lebhaften Getriebe des Zentrums.

Nun wendet man sich nach Süden in die Calle Valentín Sanz und quert stets dieser Straße folgend die Calle del Castillo. Schließlich quert man den Barranco de Santos, der mitten durch die Stadt zieht und erreicht an seiner Südseite die Plaza Santa Cruz de la Sierra und gleich darauf den **Mercado de Nuestra Señora de África** 05, den größten Markt der Stadt und heute auch ein belebtes Einkaufszentrum. Schon in der Ge-

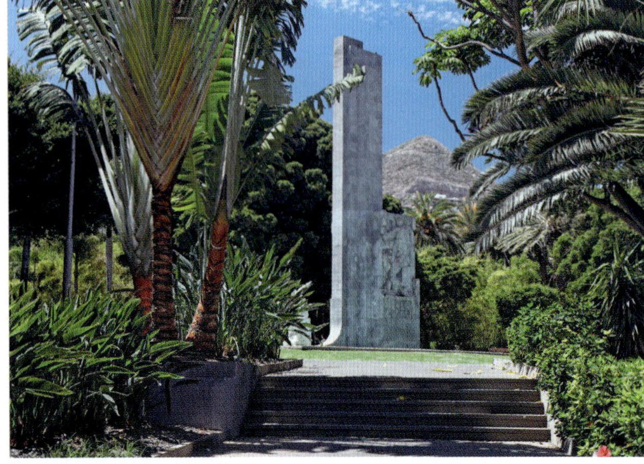
Skulpturen im Stadtpark

schichte Teneriffas war dies einer der wichtigsten Handelsplätze für landwirtschaftliche Güter von der Insel und aus anderen Regionen, und obwohl heute gesichtslose

Ehemaliges Klosterviertel

Einkaufszentren eine große Konkurrenz darstellen, werden noch immer gleich Obst, Gemüse und Fisch verkauft. Auch finden sich hier einige inseltypische kleine Bars, in denen auch die verschiedensten Tapas serviert werden.

Vom Markt folgt man der Calle José Manuel Guimerá wieder an die Küste und quert die Avenida de la Constitución, um zum wohl auffälligsten Bauwerk der gesamten Kanarischen Inseln zu gelangen. Das **Auditorio de Tenerife** 06 ist eine Kongress- und Konzerthalle direkt am Meer. Das Gebäude im avantgardistischen Design wurde vom spanischen Architekten Santiago Calatrava entworfen und geplant und gilt heute als Wahrzeichen der Inselhauptstadt. Das Gebäude wurde 2003 eröffnet und gilt als Paradebeispiel moderner Architektur, aber auch als eines der teuersten Prestigeprojekte auf der Insel: Die ursprünglich geplanten Baukosten von 30 Millionen Euro wurden weit überschritten, sodass das Vorhaben zuletzt mit 72 Millionen Euro zu Buche schlug. Vom teuren Prunkbau folgt man schließlich parallel zur Küste einem der begleitenden Wege in nördlicher Richtung wieder zurück zur **Plaza de España** 01.

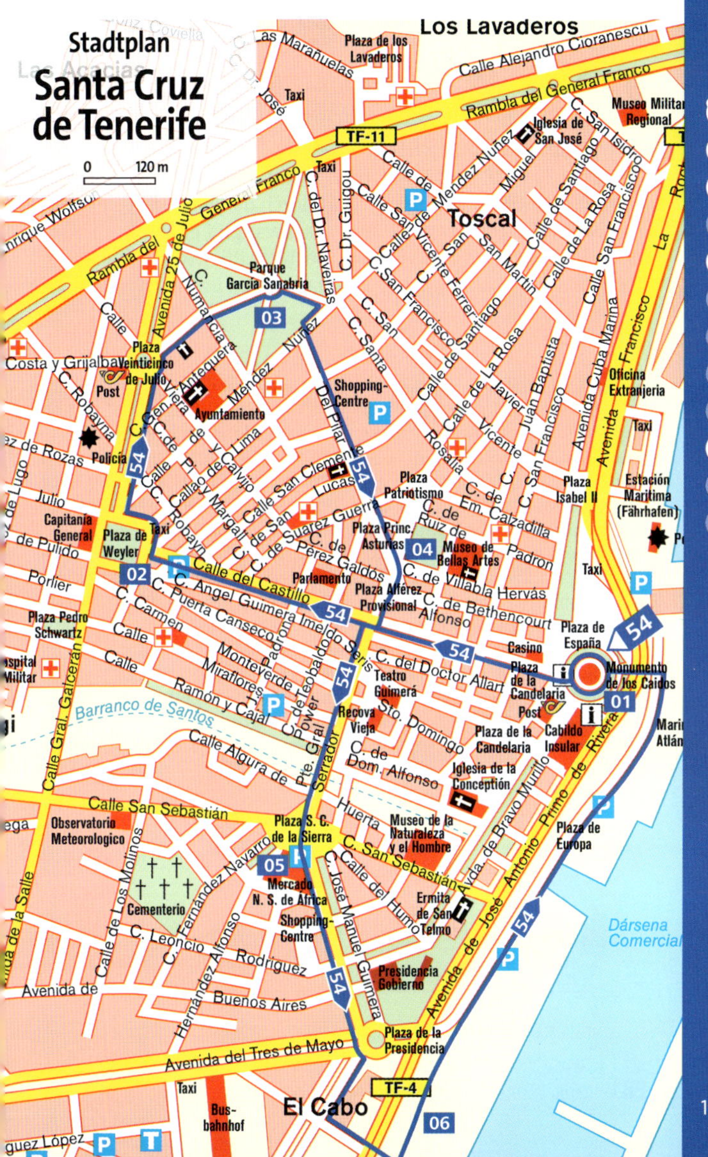

DURCH DEN PALMENGARTEN VON SANTA CRUZ

Von der Müllhalde zum Botanischen Garten

  1,2 km 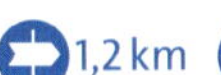 1:00 h  30 hm  30 hm  233 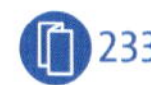

START | Eingang Palmengarten
[GPS: UTM Zone 28 x: 377.148 m y: 3.148.048 m]
CHARAKTER | Dieser Rundgang führt durch den neuesten Botanischen Garten der Insel Teneriffa. Zwar gibt es kaum heimische Pflanzen zu bewundern, doch für Pflanzenliebhaber ist die moderne Gartenanlage jedenfalls einen Besuch wert.

Der Palmengarten von Santa Cruz ist eines der neuesten Projekte der ehrgeizigen Inselregierung bzw. Stadtverwaltung. Aus einem über Jahrzehnte als Mülldeponie genutzten Areal direkt an einer der Hauptzufahrten in die Hauptstadt entstand ein grünendes Paradies.

Das Palmetum von Santa Cruz blickt auf eine kurze, aber spannende Geschichte zurück: Ursprünglich befand sich an dieser Stadteinfahrt eine riesige Mülldeponie, ein Schandfleck für die Inselhauptstadt, welche bei der Küstennahen Einfahrt in die Stadt alle Besucher „begrüßte". Schon 1983 wurde die Deponie offiziell geschlossen und es blieb ein rund 40 Meter hoher Müllberg, auf dem immer noch illegal Material abgelagert wurde.
Anfang der 1990er-Jahre nahm die Idee des Landwirtschaftsingenieurs Manuel Caballero allmählich Gestalt an: Er schlug vor, aus dem Müllberg einen Botanischen Garten zu machen. 1996 wurde mit den Bauarbeiten der ersten Phase begonnen, doch wie bei den meisten Großprojekten kam es zu

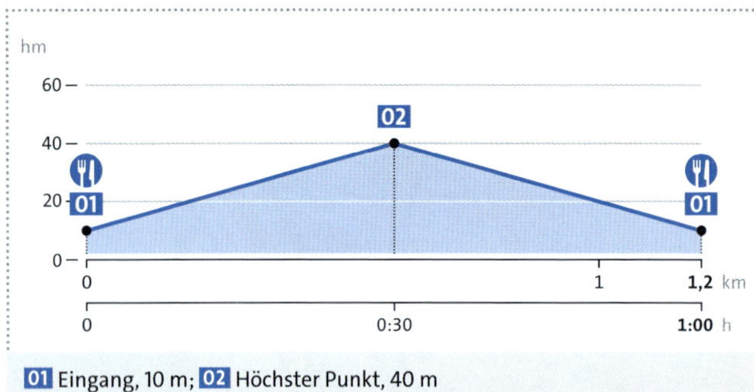

01 Eingang, 10 m; 02 Höchster Punkt, 40 m

Öffnungszeiten und Eintritt

Das Palmetum ist täglich von 10 bis 18 Uhr geöffnet (letzter Einlass um 17 Uhr). https://palmetumtenerife.es
Der Eintritt für Gäste beträgt derzeit (Oktober 2022) € 6,– (reduziert für Kinder auf € 2,80). Einheimische bezahlen weniger.

vielfältigen Problemen und Verzögerungen. Erst im Frühling 2010 begannen die abschließenden Baumaßnahmen. Am 28. Jänner 2014, rund 18 Jahre nach dem Beginn der Arbeiten, eröffneten der damalige Kronprinz Felipe und seine Gattin Letizia, das heutige spanische Königspaar, das Palmetum. Eine Beschreibung der zu gehenden Route erübrigt sich, denn innerhalb der Anlage kann man sich nicht verlaufen. Es empfiehlt sich jedoch, vom **Eingang** 01 zum **höchsten Punkt** 02 aufzusteigen, um den Blick über den Garten und auf Santa Cruz genießen zu können. Alles weitere hängt von den persönlichen Interessen ab, denn um alles zu sehen, kann man wesentlich länger durch den Park streifen als nur bei einer kurzen Runde. Der Garten beherbergt heute etwa 2000 Pflanzenarten

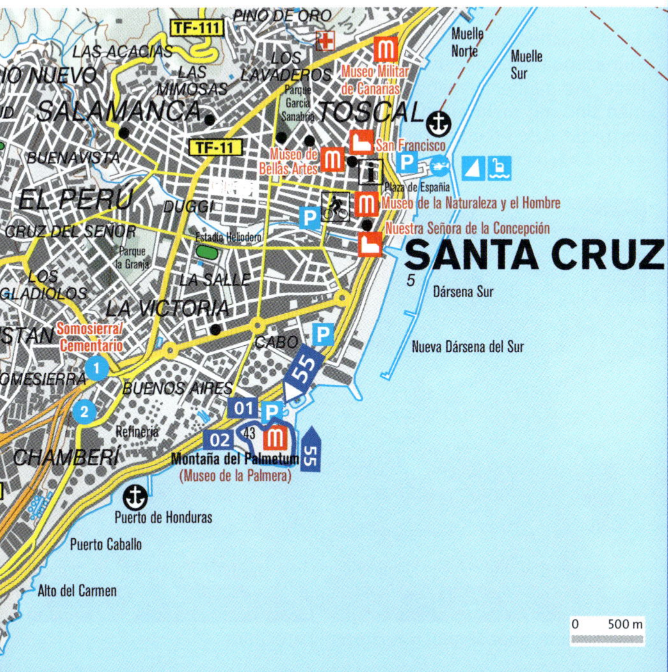

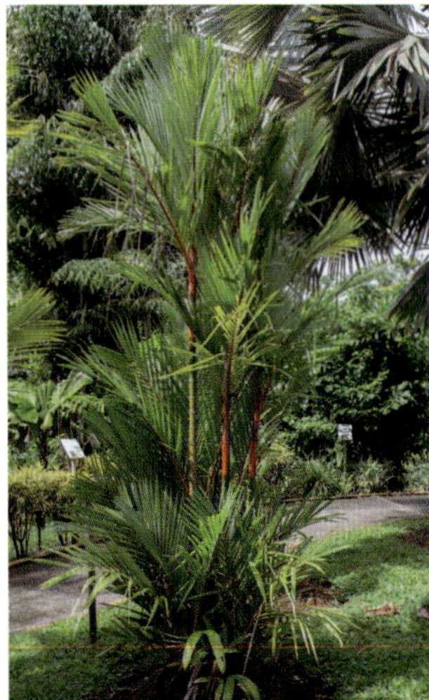
Auch seltene Kostbarkeiten sind zu entdecken

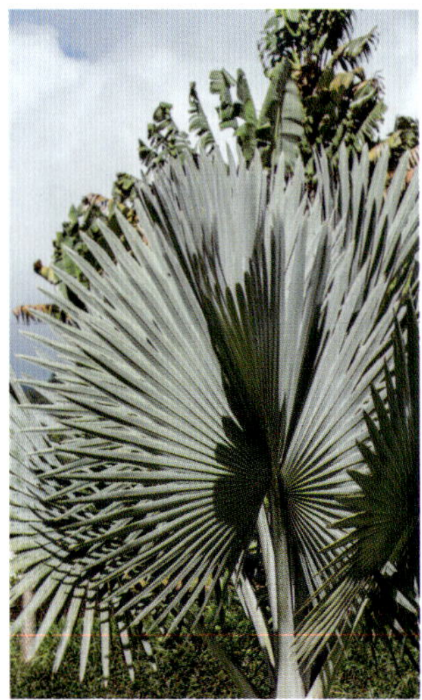
Die Runde ist ein Paradies für Pflanzenfreunde

der tropischen und subtropischen Klimazonen der ganzen Welt. Alleine die namensgebenden Palmen sind mit mehr als 400 Arten vertreten. Alle Pflanzen der Anlage sind nach ihrer geographischen Herkunft geordnet. Die größte Fläche nehmen verschiedene Inselgebiete, wie Madagaskar, die Karibik oder Polynesien ein. Alle Informationen zur Anlage findet man unter www.palmetumtenerife.es.

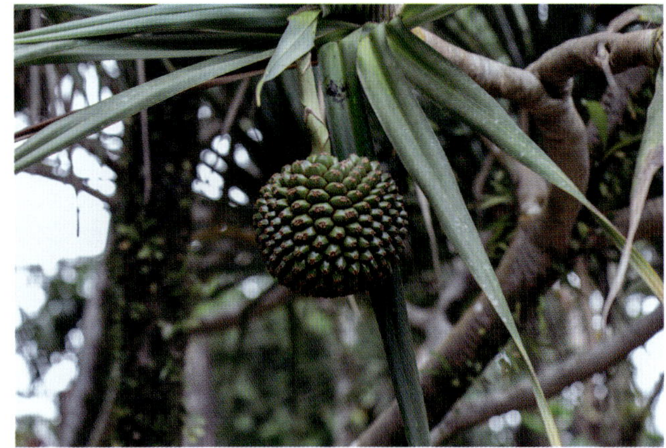
Keine Palme, aber dennoch vertreten: Pandanus

DURCH DIE MALPAÍS DE GÜÍMAR

Naturschutzgebiet im Lavafeld

  8 km 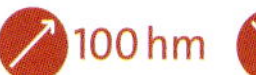 2:15 h  100 hm 100 hm 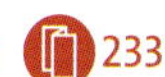 233

START | Punta de los Canarios
[GPS: UTM Zone 28 x: 365.583 m y: 3.131.041 m]
CHARAKTER | Diese Rundwanderung führt durch ein Naturschutzgebiet in einem der jungen Lavafelder an der Ostküste von Teneriffa. Ein Themenweg erschließt diese einmalige Landschaft, die viele nur vom „Vorbeifahren“ auf der nahen Autobahn kennen.

An der Küste von Teneriffa finden sich an einigen Stellen vergleichsweise junge Lavaströme, welche vor weniger als 10.000 Jahren entstanden sind. Eines der bemerkenswertesten Gebiete dieser Art sind die Malpaís de Güímar an der Ostküste. Eine beeindruckende Rundwanderung führt durch dieses Naturschutzgebiet.

▶ An der **Punta de los Canarios** 01 in Puertito de Güímar trifft man am Nordende der Calle Marqués de Santa Cruz auf eine Infotafel zum Naturschutzgebiet und zum Rundweg, der durch die einmalige Landschaft führt. Hier beginnt auch der Anstieg in Richtung Montaña Grande. Dieser Krater hat mit seinem Ausbruch zur Entstehung der Landschaft geführt. Der Pfad ist stets deutlich zu sehen und durch Lavasteine oder Holzsäulen mit dazwischen gespannten Seilen eingefasst.
In nordwestlicher Richtung steigt man in Richtung Krater auf, der Weg verläuft stets über Lavagestein und ist dennoch vergleichsweise einfach zu begehen. Rundherum sind bereits die typischen Pflanzen des jungen Lavafelds zu entdecken. Da der gesamte Weg

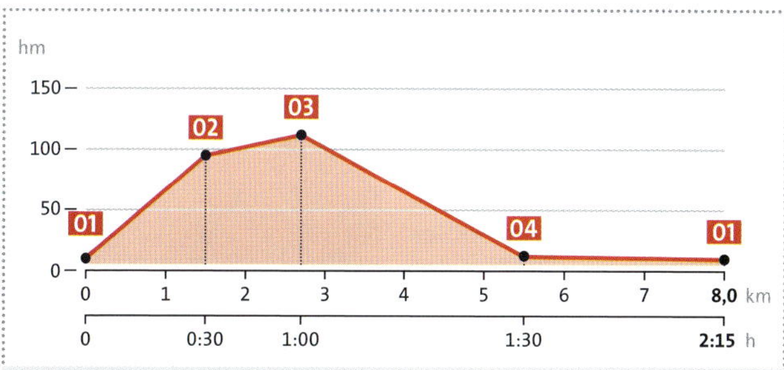

01 Punta de los Canarios, 10 m; 02 Weggabelung, 95 m; 03 Weg neben Autobahn, 112 m; 04 Küstenpfad, 12 m

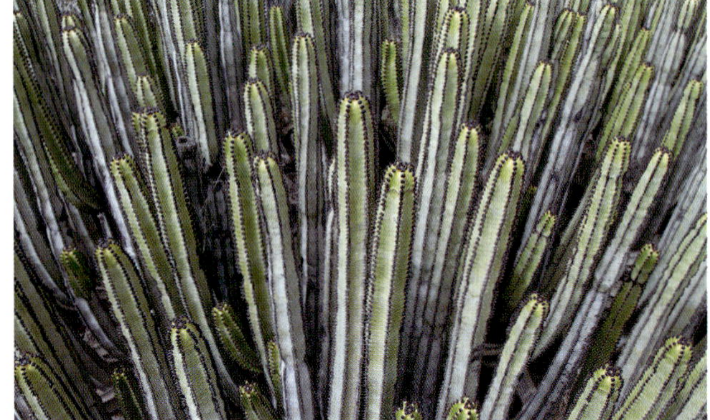
Kanaren-Wolfsmilch

durch das Schutzgebiet verläuft, versteht es sich von selbst, dass man stets auf dem Pfad bleibt sowie keine Pflanzen abreißt oder Steine mitnimmt. Nach einem abwechslungsreichen Aufstieg erreicht man eine **Weggabelung** 02 am Fuße des Vulkankegels bzw. beim Brunnen Pozo Cueca Hondo. Hier wendet man sich nach links und beginnt die Umrundung der Montaña Grande im Uhrzeigersinn. Da der Weg durchgehend markiert ist, fällt die Orientierung leicht und so kommt man in kurzweiliger Wanderung an ein **Wegstück nahe der Autobahn** 03. Dieser Teil der Runde ist zwar stark durch den Lärm der Straße beeinträchtigt, bietet aber schöne Ausblicke auf Güímar und das Inselinnere.

Nach rund einem Kilometer schwenkt der Themenweg wieder nach rechts und entfernt sich von der Autobahn. An der Nordseite der Montaña Grande geht es der Küste entgegen und man erreicht die Abzweigung jenes Wegteils, der nach rechts die Umrundung des Kegels abschließen würde. Man folgt jedoch dem Weg weiter in Richtung Küste und erreicht schließlich den **Küstenpfad** 04, welcher fast direkt am Meer verläuft.

Hier wendet man sich nach rechts (Süden) und folgt dem Verlauf der Küstenlinie. In teilweise steilem Auf und Ab leitet der Pfad an der Küste entlang und führt schließlich wieder zurück zum **Ausgangspunkt** 01.

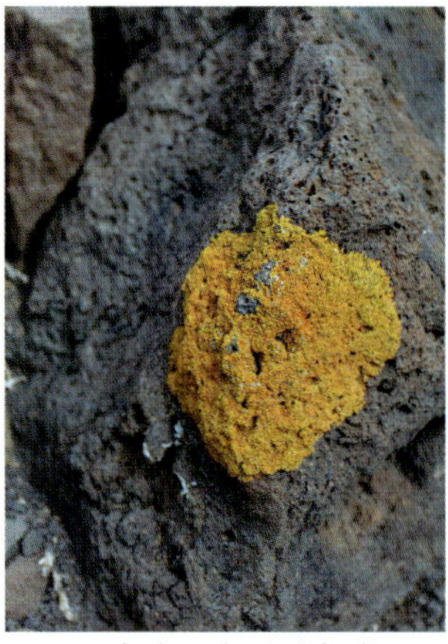
Orange Flechten besiedeln die rohe Lava

Flora und Fauna der Malpaís de Güímar

Das Schutzgebiet besteht zum überwiegenden Teil aus sogenannter A'ā-Lava oder Brockenlava, die eine scharfkantige Oberfläche hat und nur schwer von Pflanzen besiedelt werden kann. Drauf bezieht sich auch die spanische Bezeichnung Malpaís, schlechtes Land, denn derartige Bereiche sind kaum für die Landwirtschaft nutzbar.

Die Vegetation des Schutzgebiets ist dementsprechend zwar nicht besonders artenreich, es sind jedoch alle Elemente der typischen küstennahen Flora vorhanden. Unter diesen finden sich viele Vertreter aus der Familie der Wolfsmilchgewächse, aber auch etliche Korbblütler und andere trockenresistente Pflanzen.

Die Tierwelt des Gebiets ist wesentlich artenärmer als die Flora, hat jedoch ebenfalls etliche Besonderheiten auszuweisen: Neben den auf Teneriffa weit verbreiteten Arten (Eidechsen, Geckos und einige häufige Vogelarten) ist der Wüstengimpel das Highlight des Gebiets.

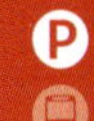
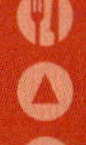
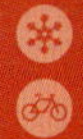

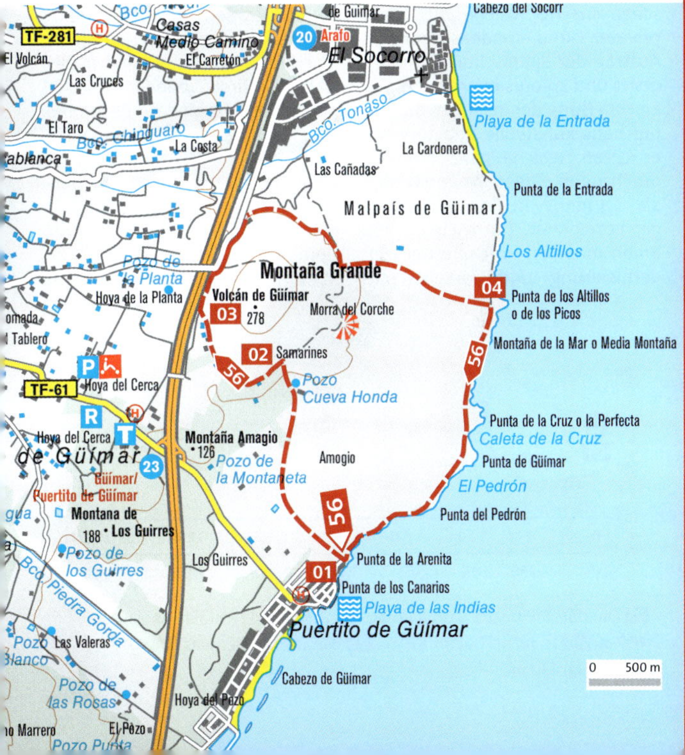

TF-281
Casas
Medio Camino
El Carretón
El Volcán
Las Cruces
El Taro
Bco. Chinguaro
La Costa
de Güimar
20 Arafo
El Socorro
Cabezo del Socorr
Bco. Tonaso
Playa de la Entrada
La Cardonera
Las Cañadas
Punta de la Entrada
Malpaís de Güimar
Los Altillos
Pozo de la Planta
Hoya de la Planta
Montaña Grande
Volcán de Güimar
03 278
Morra del Corche
04
Punta de los Altillos o de los Picos
Montaña de la Mar o Media Montaña
02 Samarines
56
Tablero
TF-61
Hoya del Cerca
Pozo Cueva Honda
Punta de la Cruz o la Perfecta
Caleta de la Cruz
Hoya del Cerca
de Güimar
Montaña Amagio
126
Pozo de la Montañeta
Amogio
Punta de Güimar
23 Güimar/ Puertito de Güimar
El Pedrón
Montana de
188 Los Guirres
Punta del Pedrón
Pozo de los Guirres
Los Guirres
01
Punta de la Arenita
Punta de los Canarios
Bco. Piedra Gorda
Playa de las Indias
Puertito de Güímar
Pozo Blanco
Las Valeras
Cabezo de Güimar
0 500 m
Pozo de las Rosas
Hoya del Pozo
El Pozo
Pozo Punta

57

KÖNIGSWEG VON GÜÍMAR NACH FASNIA

Auf historischem Pfad durch Teneriffas Osten

  15,1 km  4:30 h  380 hm 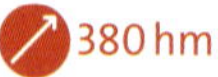 200 hm 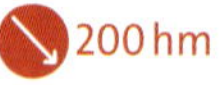 233 

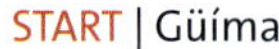
START | Güímar
[GPS: UTM Zone 28 x: 361.587 m y: 3.133.051 m]
CHARAKTER | Diese lange Streckenwanderung folgt einem alten Königsweg zwischen zwei der wichtigsten Orte auf der Ostseite von Teneriffa. Die Wegebeschaffenheit ist sehr unterschiedlich und reicht vom alten Pflasterweg über Nebenstraßen bis zu steinigen Pfaden.

Teneriffa ist eine jener Kanarischen Inseln, welche nicht von privater Hand, sondern direkt im Auftrag der spanischen Krone erobert und kolonisiert wurden. Zur Erschließung der Insel ließ das Königshaus kunstvolle Pflasterwege errichten, welche ganz Teneriffa durchzogen. Diese Wege werden als Caminos Reales, Königswege, bezeichnet. Die meisten von ihnen mussten im Laufe der Modernisierung und verkehrstechnischen Erschließung der Insel neuen Straßen weichen, andere gerieten in Vergessenheit. Doch manche Teilstücke wurden in den letzten Jahren „wiederentdeckt" und gelten heute als besonders attraktive Wanderwege.

▶ Von der Kirche Iglesia de Santo Domingo de Guzmán in **Güímar** 01 folgt man der Calle Santo Domingo nach Süden zur TF-28. Man folgt dieser Hauptstraße

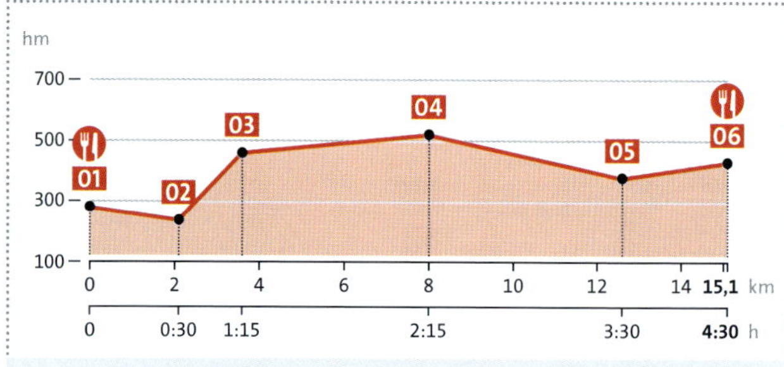

01 Güímar, 280 m; 02 Einmündung Weg, 238 m; 03 Pista de Anocheza, 460 m; 04 Lomo del Bueno, 520 m; 05 Barranco de Herques, 378 m; 06 Fasnia, 430 m

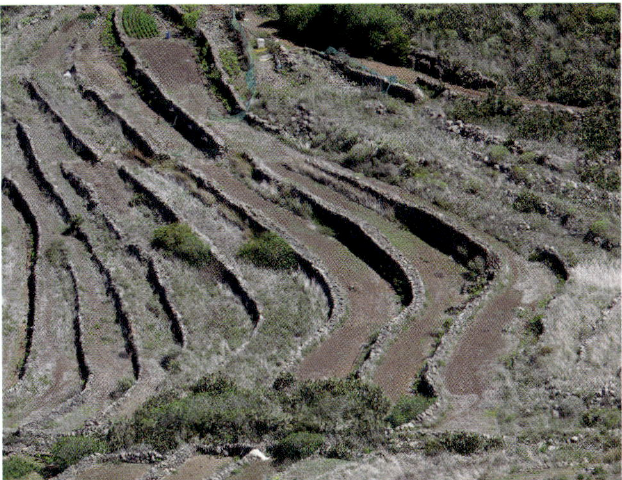

Terrassenfelder an einer Geländestufe

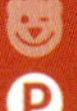
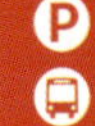

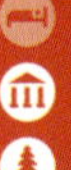

nach rechts und überquert bei einer Tankstelle den Barranco de Guaza.

Nach kurzem Aufstieg aus dem Barranco biegt man nach einer Rechtskurve links in den Camino Real ein (Achtung, an dieser Stelle geht ein zweiter Camino links ab; man muss den äußerst linken wählen). Nach einiger Zeit kommt man an die **Einmündung eines ehemaligen Weitwanderwegs** 02, geht aber stets auf dem Königsweg weiter. Vorbei an einem großen Hühnerstall beginnt schließlich ein kurzer, aber heftiger Anstieg durch die sogenannte Ladera de Güímar, welcher erneut zur TF-28 hinaufleitet. Man überquert die Hauptstraße und steigt jenseits sogleich weiter auf, bis man auf die **Pista de Anocheza** 03 trifft. Ab hier ist der weitere Verlauf des Camino Real vergleichsweise gut beschildert, sodass es trotz der vielen abgehenden Pfade und Wege nur geringe Orientierungsprobleme gibt.

Wenig später trifft der Camino Real wieder auf die TF-28 und nun gibt es zur Straße für etwa einen Kilometer keine Alternative, denn der alte Pflasterweg verlief deckungsgleich mit der modernen Straße. Zum Glück wird sie seit der

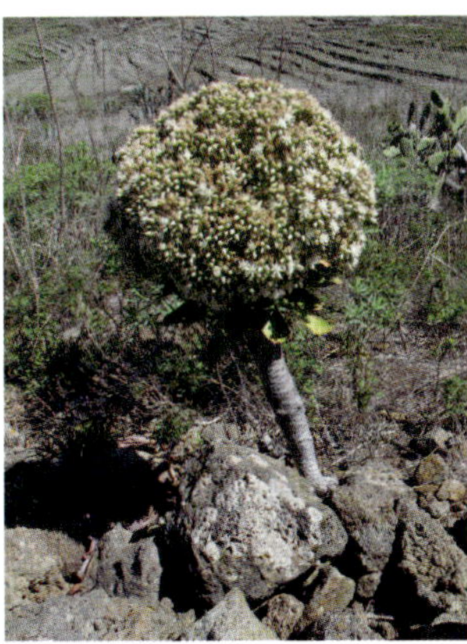

An der Route gedeihen verschiedene Arten der Kanaren-Hauswurz

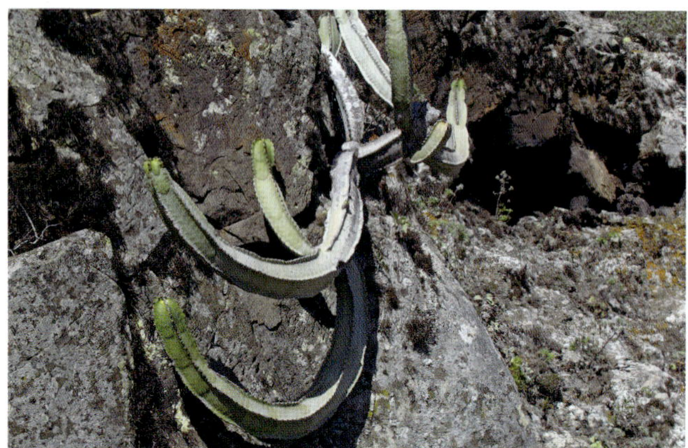

Kanaren-Wolfsmilch in einem Barranco

Eröffnung der Autobahn nur mehr wenig befahren, so dass man dieses eher unangenehme Teilstück zügig hinter sich bringen kann.
In La Medida verlässt man die TF-28 wieder und steigt links zum Königsweg ab, dem man nach rechts weiter in südwestlicher Richtung folgt. Der Weg führt in leichtem Auf und Ab durch die fruchtbarsten Bereiche des Inselostens. Neben Wegweisern geben etliche Infotafel Hinweise auf die frühere Bedeutung und Nutzung dieser Region. Am **Lomo del Bueno** **04** erreicht der Weg seinen höchsten Punkt, doch geht es weiter stets Auf und Ab. Beim Lokal Bodegón Castro quert man die TF-617 und es erfolgt die letzte Etappe der Wanderung, welche nochmals einen landschaftlichen Höhepunkt aufzuweisen hat. Auf dem Pflasterweg geht es hinunter in den **Barranco de Herques** **05**, eine eindrucksvolle Schlucht mit beeindruckenden Felsen und vielen großen Exemplaren von Arten der Kanaren-Hauswurz. Vom Grund der Schlucht erfolgt ein kurzer Anstieg und allmählich nähert man sich dem Ziel der Wanderung. Wegweiser helfen bei der Orientierung (nicht in ungegliederte Querwege abbiegen!) und man erreicht den Fußballplatz von Fasnia. Der Königsweg führt weiter zum Friedhof und hier verlässt man den Königsweg nach rechts in die Calle Cementerio, um die letzten Meter in den Ortskern von **Fasnia** **06** zu gehen.

Bizarrer Baum als Wegbegleiter

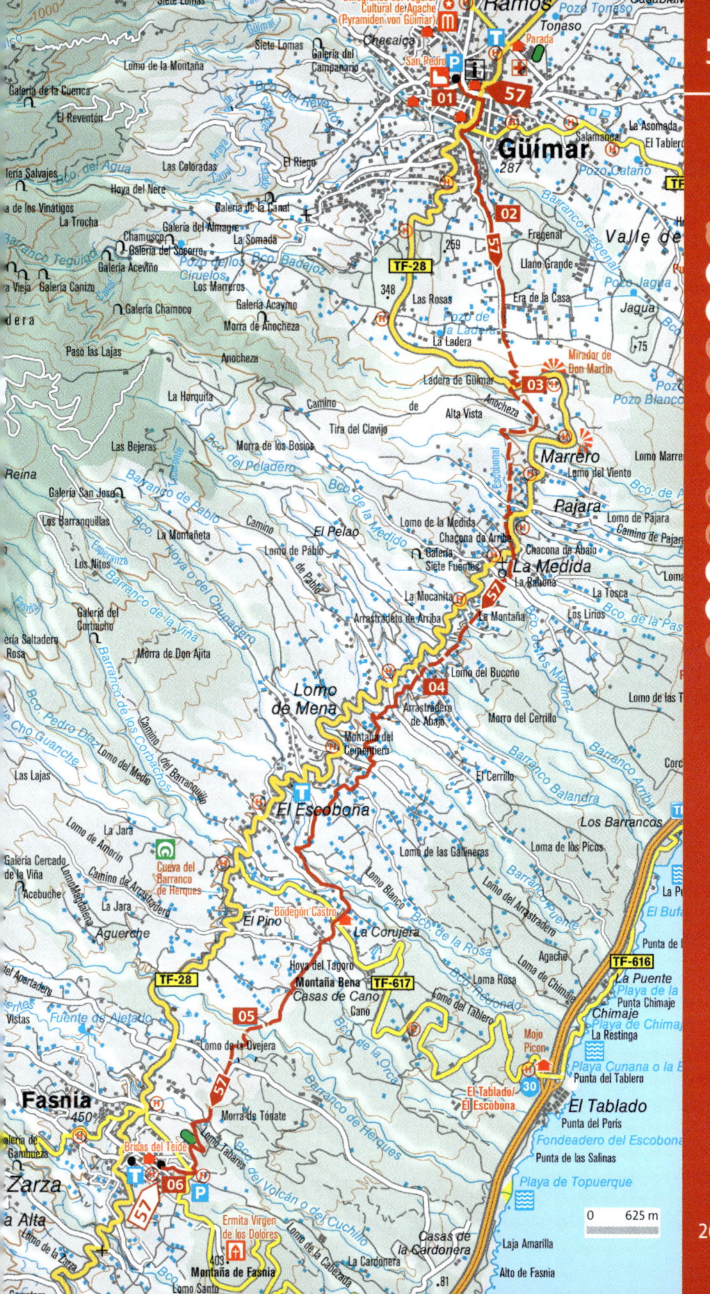

ZUM VULKAN CHINYERO 1

Durch die Lavafelder von 1909

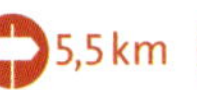

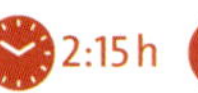

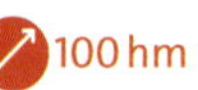

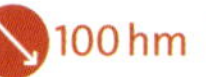

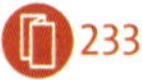

START | TF-38
[GPS: UTM Zone 28 x: 327.153 m y: 3.129.969 m]
CHARAKTER | Diese schöne Rundwanderung auf Waldwegen und Straßen führt zum jüngsten Eruptionsgebiet Teneriffas. Neben den schönen Ausblicken besticht die Runde durch die Kontraste zwischen den schwarzen Lavafeldern und dem zarten Grün der Kanarischen Kiefern.

Teneriffa kann seinen vulkanischen Ursprung an keiner Stelle der Insel verleugnen. Doch besonders deutlich werden die Kräfte aus dem Erdinneren in den jüngsten Vulkangebieten der Insel: Der Ausbruch des **Chinyero** vom 18. bis 27. November 1909 war der bislang letzte Vulkanausbruch auf Teneriffa. Dementsprechend sind die Verwüstungen des Ausbruchs noch heute deutlich zu erkennen.

▶ Die Rundwanderung beginnt direkt an der **TF-38** 01, der westlichen Zufahrt zum Tiede-Nationalpark. Schon am Ausgangspunkt befindet man sich in einer beinahe gespenstischen Landschaft, die von einem dantesken Szenario aus Lava geprägt wird. Über eine schottrige Piste erreicht man in kurzem Anmarsch eine **Weggabelung** 02, an der man sich rechts hält und gegen der Uhrzeigersinn mit der Umrundung des Chinyero beginnt.
Manche große Kiefern haben den Vulkanausbruch überstanden und so führt der schottrige bis steinige Pfad mal durch lichten Wald und mal über völlig vegetationslose

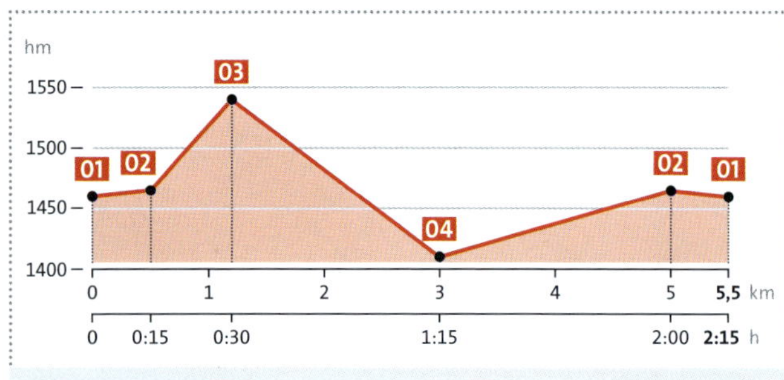

01 TF-38, 1460 m; 02 Weggabelung, 1465 m; 03 Übergang, 1540 m; 04 Wendepunkt, 1410 m

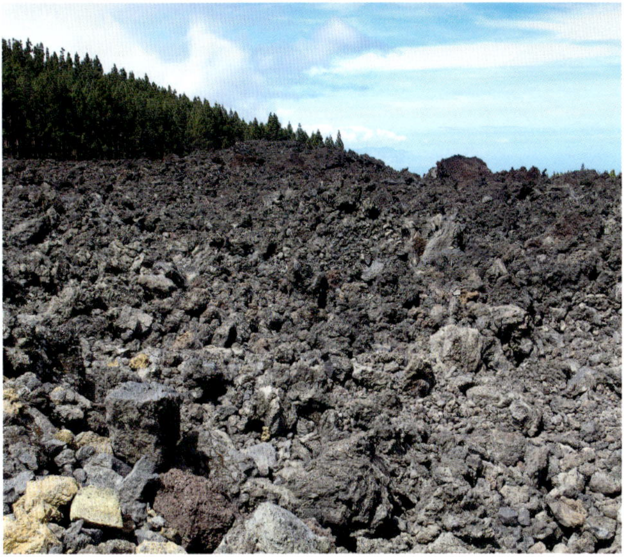

Teneriffas jüngstes Lavafeld

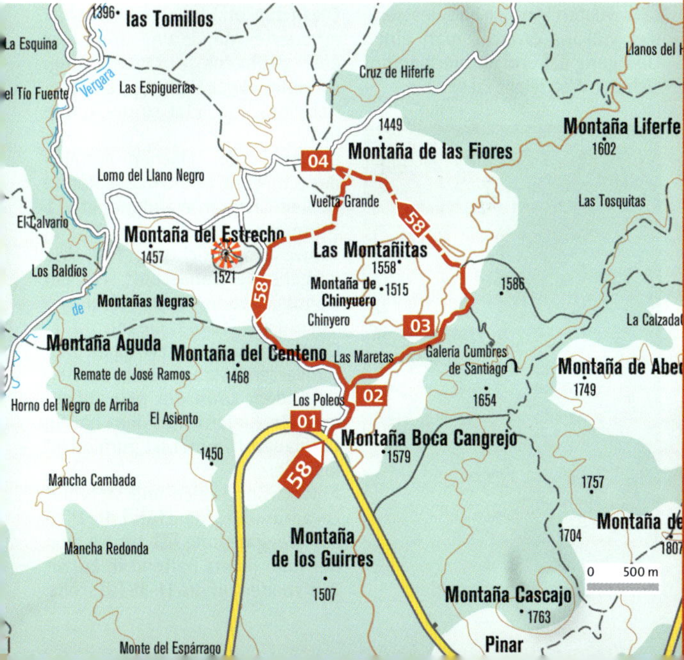

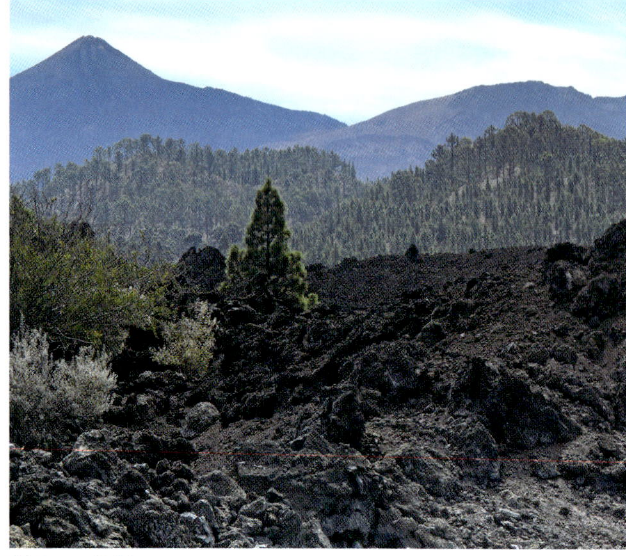

Blick zum Teide

Lavawüsten. An der Südwestseite des Vulkans erreicht man einen **Übergang** 03 und ab hier beginnt sich der Weg leicht zu senken.

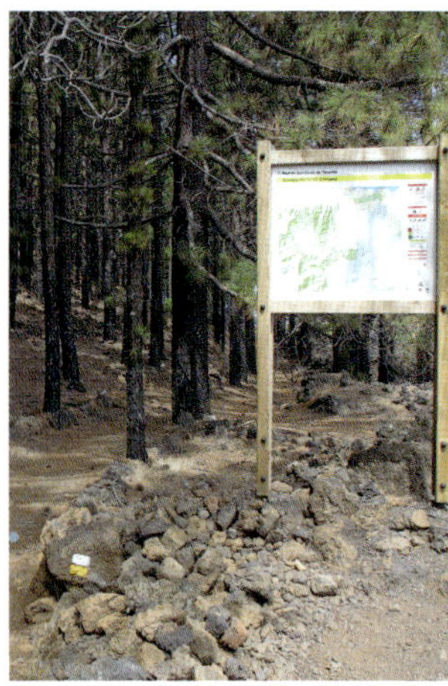

Der Rundweg ist gut markiert

Die in den letzten Jahren komplett erneuerte Markierung sorgt für eine problemlose Orientierung. An einer Weggabelung hält man sich links und setzt so die Runde fort.

In den kargen Flächen nördlich des Chinyero erreicht die Runde schließlich ihren **Wendepunkt** 04. Nunmehr setzt sich der Weg in südwestliche Richtung fort. Die umgebende Landschaft ist ein Genuss, wenn auch nicht jedermanns/fraus Geschmack. Doch der Kontrast zwischen den schwarzen Asche- und Lavafeldern, dem Grün der neu aufkeimenden Kiefern und dem häufig tiefblauen Himmel ist zumindest faszinierend.

Abwechslungsreich und stets auf Lavagrus und Steine führt der Pfad zur **Weggabelung** 02 zurück, von der man rechts haltend in kurzer Zeit wieder auf die **TF-38** 01 stößt.

ZUM VULKAN CHINYERO 2

Vom Norden in das Ausbruchsgebiet

  9 km 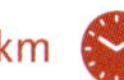 3:15 h 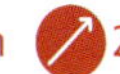 200 hm 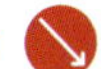 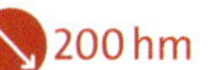 200 hm  233

START | Erholungszone Arenas Negras
[GPS: UTM Zone 28 x: 327.845 m y: 3.133.784 m]
CHARAKTER | Diese Rundwanderung führt auf Forststraßen und Lavapfaden von Süden zum Chinyero. Dabei kann man das gesamte Gebiet des Ausbruchs überblicken.

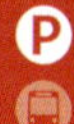
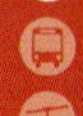
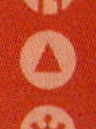

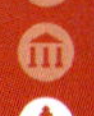

Diese Wanderung führt vom Norden in das Ausbruchsgebiet des Chinyero und passiert dabei auch andere spannende Vulkankegel. Dabei kann man ein biologisches Phänomen, die Sukzession, hautnah beobachten: Es zeigen sich alle Stadien der Wiederbesiedelung von Lavafeldern durch eine typische Tier- und Pflanzenwelt.

▶ Von der **Erholungszone Arenas Negras** 01 oberhalb von El Banque folgt man zunächst der Forststraße Pista Arenas Negras bergabwärts, bis man nach kurzer Zeit eine **Wegteilung** 02 erreicht, an der auch Wegweiser bzw. eine Infotafel steht. Hier verlässt man die Forststraße und steigt auf dem Wanderweg im Übergangsbereich zwischen geschlossenem Kiefernwald und Lavafeldern weiter bergwärts.

Man überquert die Pista Canal de Vergara (auf dieser erfolgt der Rückweg) und wenig später auch die Wasserleitung dieses Kanals. In südlicher bis südwestlicher Richtung geht es durch die karge Lavalandschaft und immer wieder bieten sich neue Einblicke in die vernichtende Wirkung, welche Teneriffas jüngster Vulkanausbruch

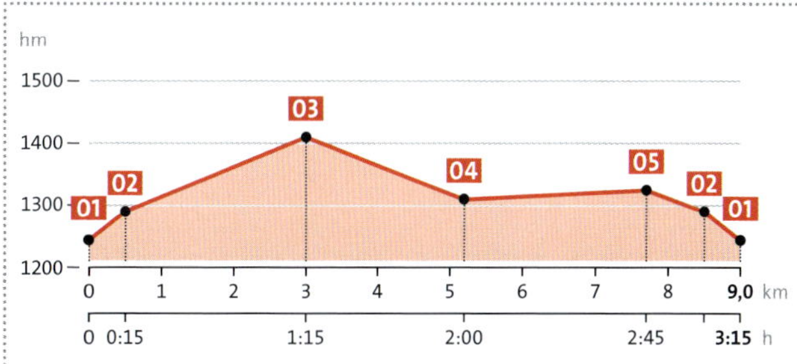

01 Erholungszone Arenas Negras, 1244 m; 02 Wegteilung, 1290 m; 03 Wendepunkt, 1410 m; 04 Montaña de los Riegos, 1310 m; 05 Pista Canal de Vergara, 1325 m

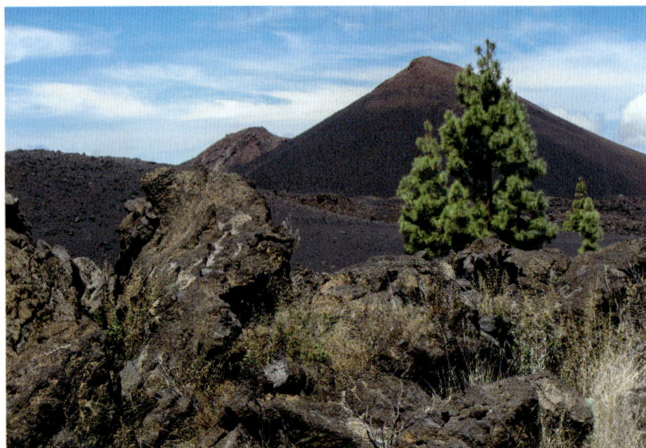

Der Kegel ist bis heute kaum bewachsen

hatte. Doch die Narben in der Landschaft sind zugleich ein Quell neuen Lebens.

Nach längerem Anmarsch trifft man auf den **Wendepunkt** 03 der kurzen Runde um den Chinyero (siehe Tour 58). Man folgt diesem Pfad nun kurz nach rechts, verlässt ihn aber noch an der Nordseite der Montaña del Estrecho und wendet sich abermals nach rechts. Durch einen Einschnitt an der **Montaña de los Riegos** 04 erreicht man schließlich die **Pista Canal de Vergara** 05, der man nach rechts folgt.

Diese Forststraße führt nun in einem weiten Bogen um die Lavafelder des Chinyero herum. Alle abzweigenden Pisten und Wege bleiben unberücksichtigt und man kann den Ausblick und die Landschaft in Ruhe genießen. Allerdings kann es aufgrund des dunklen Untergrunds an warmen Tagen trotz der Höhe fast unerträglich heiß und staubig werden. Schließlich trifft man auf die schon vom Anstieg bekannte Kreuzung der Piste mit dem Wanderweg. Hier steigt man nunmehr nach links in wenigen Minuten zur bekannten **Wegteilung** 02 ab und folgt der Forststraße zurück zur **Erholungszone Arenas Negras** 01.

Unklare Tafeln im Gelände

Knapp oberhalb der Erholungszone Arenas Negras weisen im Gelände Tafeln darauf hin, dass ein Betreten der Zone verboten sei. Ob sich dies nur auf die Lavafelder, nicht aber auf die durchführenden Wege bezieht, kann vor Ort nicht festgestellt werden. Eine Nachfrage bei der Gemeinde Garachico erbrachte, dass es sich wahrscheinlich (!) um ein Wegegebot handelt. Man sollte daher die Wege nicht verlassen, um die sensible Landschaft zu schonen.

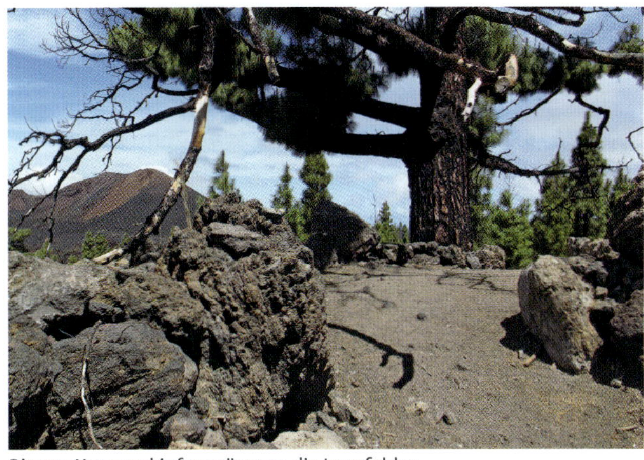

Bizarre Kanarenkiefern säumen die Lavafelder

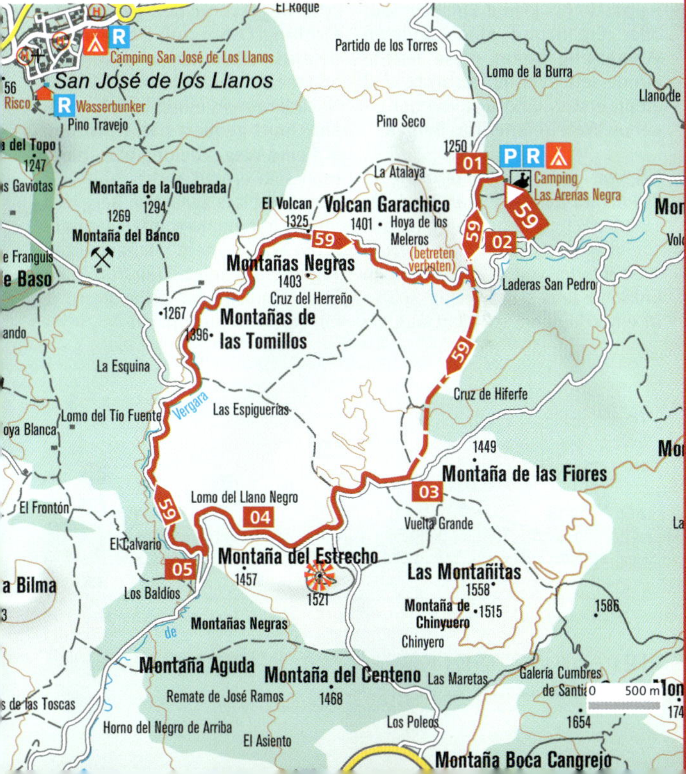

UM DIE MONTAÑA DE GUAMASA

Kurze Runde am Rande der Cañadas

 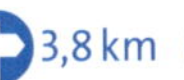 3,8 km 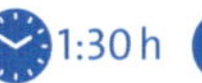 1:30 h 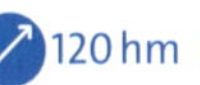 120 hm 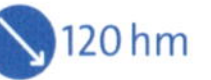 120 hm  233

START | El Portillo
[GPS: UTM Zone 28 x: 346.589 m y: 3.131.995 m]
CHARAKTER | Diese kurze Rundwanderung führt zu einem schönen Aussichtsplatz am Rande der Cañadas. Die gesamte Runde verläuft auf guten, zum Teil aber steinigen Wanderwegen.

Die Montaña de Guamasa ist ein kleiner Vulkankegel am Nordrand der Cañadas und liegt an der Waldgrenze am Rande des Nationalparks. Als kleine Einstiegstour oder Ergänzung einer anderen Wanderung bietet diese leichte Runde sehr schöne Ausblicke und einen ersten Eindruck von der eigenen Welt in Teneriffas Bergen.

▶ Von der Straßenkreuzung in **El Portillo** 01 folgt man kurz der TF-24 nach Osten, steigt jedoch sogleich auf dem markierten Weitwanderweg GR 131 nach links ab und trifft wenig später in einer kleinen Schlucht auf die **Abzweigung vom GR 131** 02. Während der Weitwanderweg links steil abwärts führt, hält man sich rechts und steigt durch die typische Vegetation der Cañadas in Richtung Osten auf. Der Pfad ist deutlich erkennbar und verläuft annähernd parallel zur TF-24. Nachdem man einen leichten Taleinschnitt gequert hat, trifft man auf eine **Weggabelung** 03, an der man sich erneut rechts hält und zum Rastplatz zwischen Berg und Straße mit einem runden, gemauerten Platz, einem nachgebauten Tagoror, aufsteigt. „Tagoror" hieß in der Sprache der Urbevölkerung ein Versammlungsplatz.

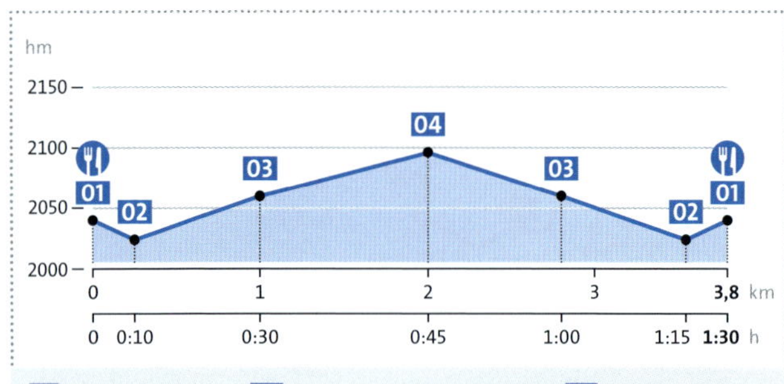

01 El Portillo, 2040 m; 02 Abzweigung GR 131, 2024 m; 03 Weggabelung, 2060 m; 04 Guamasa Nordseite, 2096 m

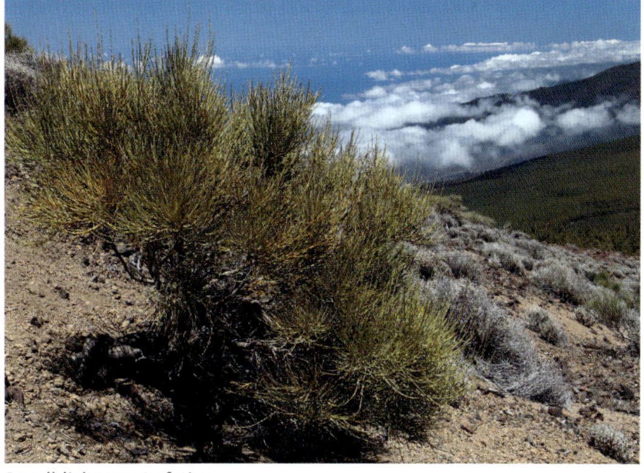

Rundblick vom Aufstieg

Hier wendet man sich nach links und beginnt die eigentliche Umrundung der Montaña de Guamasa. Leicht ansteigend geht es an der Ostseite des Vulkankegels bis zu seiner dem Meer zugewandten Seite. Auf dem gut erkennbaren, aber etwas steinigen Pfad erreicht man in kurzer Zeit die **Nordseite der Guamasa** **04**. Wenn es die Wetterbedingungen erlauben, blickt man von hier direkt hinun-

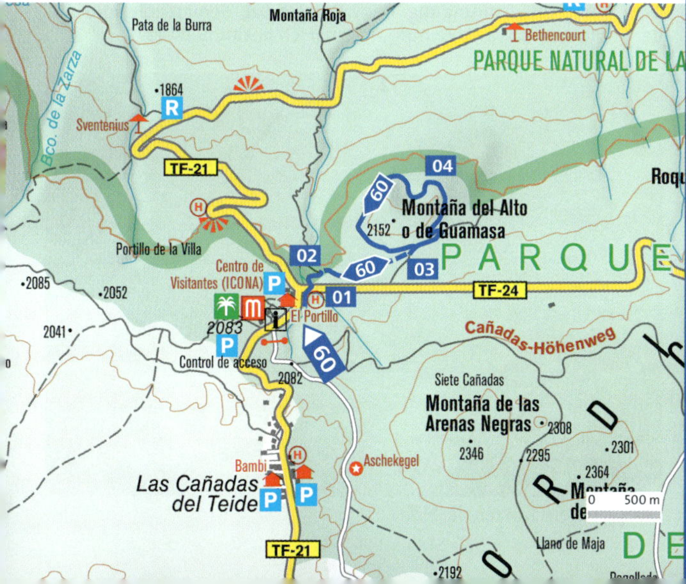

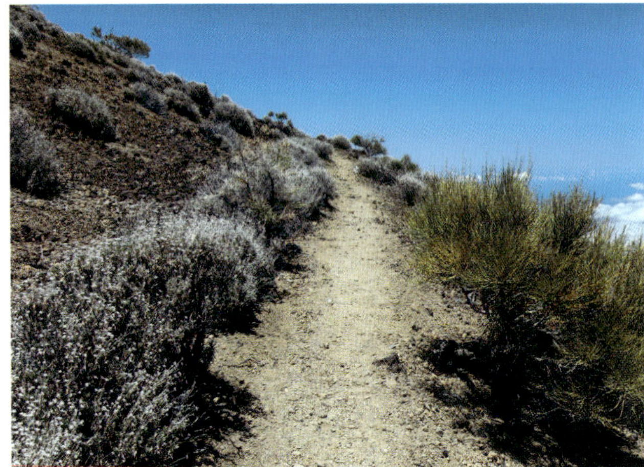

Gute Pfade führen um den Gipfel

ter nach Puerto de la Cruz; das gesamte Orotavatal breitet sich vor den Augen des Betrachters aus. Alternativ ist ein Blick auf undurchdringliches Wolkenmeer, aber wenigstens liegt der Punkt zumeist auch dann in der Sonne.

Man setzt die Umrundung des Berges fort und wandert nun an seiner Nordseite in westlicher Richtung, bis der Pfad nach einem Taleinschnitt in südliche Richtung schwenkt und zur **Weggabelung** 03 zurückführt, an der man zuvor aufgestiegen ist.

Ab hier folgt der Rückweg nach **El Portillo** 01, dem schon vom Anmarsch bekannten Weg.

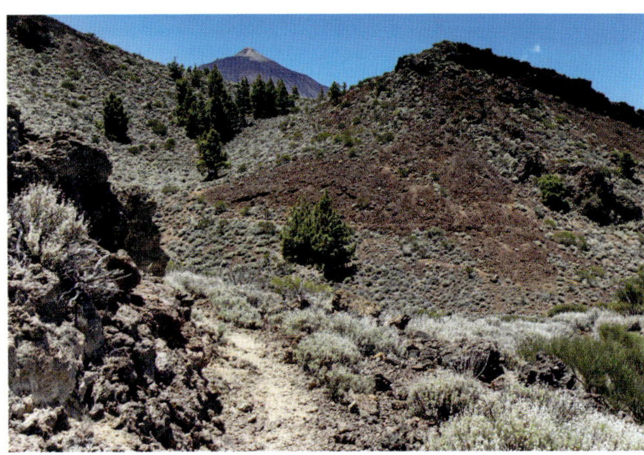

Letzte Kiefern trotzen der Höhe

VON EL PORTILLO NACH ICOD EL ALTO

Abstieg von den Cañadas

 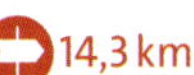 14,3 km 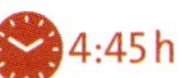 4:45 h 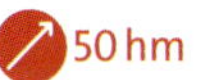 50 hm 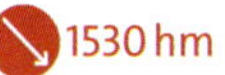 1530 hm  233

START | El Portillo
[GPS: UTM Zone 28 x: 346.594 m y: 3.132.035 m]
CHARAKTER | Diese technisch einfache, aber lange Streckenwanderung führt auf Bergpfaden und unterschiedlichen Waldwegen von den Cañadas hinunter in die Kulturlandschaft an der Nordküste. Dabei werden alle Höhenstufen der Insel durchquert.

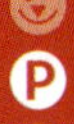
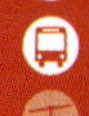

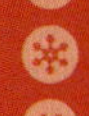

Ein Abstieg von den Cañadas an die Nordküste ist eine spannende Entdeckungsreise in die Vegetationszonen ganz Teneriffas. Denn nicht umsonst hat Alexander von Humboldt als erster die Höhenstufen der Flora auf der Insel beschrieben – ein Lehrbuchbeispiel der Ökologie.

▶ Vom Besucherzentrum des Nationalparks in **El Portillo** 01 folgt man dem Sendero 1 der Nationalparkverwaltung in Richtung La Fortaleza (siehe Tour 63). Nach einem sanften Anstieg durch die typische Vegetation der Cañadas erreicht man in etwa einer Stunde die kleine weiße Kapelle am **Cruz de Fregel** 02.
Ab hier verläuft die Wanderung durchgehend abwärts. Man geht nach rechts auf einen sanften Hangrücken hinaus und leitet durch einen Bestand der typischen Gebüsche der Randlagen der Cañadas. An der nächsten Weggabelung hält man sich abermals rechts und umgeht ein eingezäuntes Areal, in dem sich die

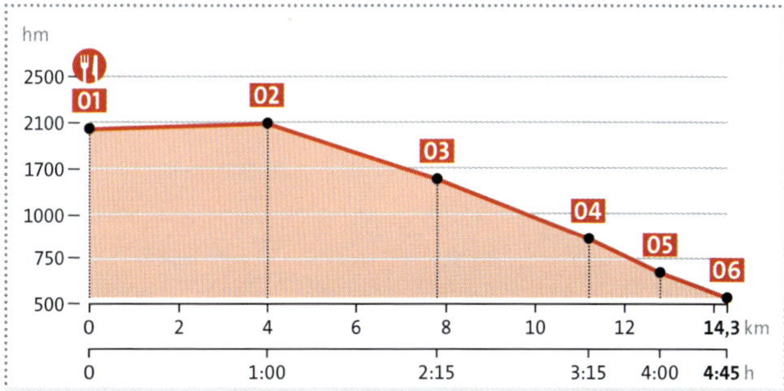

01 El Portillo, 2040 m; 02 Cruz de Fregel, 2090 m; 03 Piedra de los Pastores, 1605 m; 04 Mirador El Asomadero, 1080 m; 05 Mirador La Corona, 780 m; 06 Mirador El Lance, 560 m

Vegetation von den Fraßschäden durch Weidevieh, aber auch durch die aus jagdlichen Gründen eingeführten Mufflons erholen kann. Besonders diese letztgenannten Wildschafe haben arge Schäden verursacht, denn die Vegetation am Teide konnte sich durch ihre isolierte Lagen und das Fehlen großer Pflanzenfresser nie an Bewegung anpassen.

Im weiteren Verlauf tritt der Abstieg in den Kiefernwald, die nächste Vegetationsstufe, ein. Gelegentlich weisen Tafeln mit der Wegnummer 29 auf den Verlauf des Abstiegs hin. Auch an den folgenden Gabelungen werden annähernd eben abgehende Wege und Forststraßen ignoriert und man steigt stets weiter ab. Inmitten des Kiefernwaldes, in dem an einigen Stellen noch deutlich die Spuren vergangener Waldbrände zu erkennen sind, erreicht man den Rastplatz **Piedra de los Pastores** 03.

Auch von hier folgt man der Forststraße, welche auch als Mountainbike-Route ausgewiesen ist, weiter abwärts und passiert nach mehreren Serpentinen einen weiteren Rastplatz. Auf dem Hangrücken nunmehr etwas flacher abwärts kommt man zum Unterstand der Choza Viera y Clavijo. In zwei weiten Schleifen der Forststraße, welche den Abfall des Weges deutlich reduzieren, geht es dem Steilabfall ins Orotavatal entgegen. Einen besonders schönen Ausblick hat man vom **Mirador El Asomadero** 04, welcher direkt an der sogenannten Ladera liegt.

Ab diesem Punkt folgt der Abstiegsweg der in Tour 28 beschriebenen Route bis zu einem weiteren Aussichtspunkt, dem **Mirador La Corona** 05, der direkt unterhalb einer großen Anzahl von Funkmasten liegt.

Vom Mirador führt ein Verbindungspfad in nordwestlicher Richtung zu einer wenig befahrenen Nebenstraße. Dieser folgt man rechts abwärts und legt so den letzten Teil der Route auf Asphalt zurück, wobei zum Glück nur wenig Verkehr herrscht.

Man trifft auf die TF-342, wendet sich nach rechts und erreicht so in kurzer Zeit den Endpunkt der Wanderung, den **Mirador El Lance** 06.

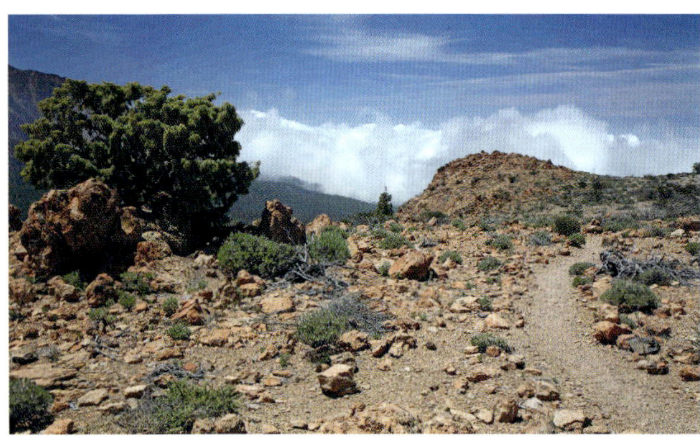

Am Weg zum Sattel

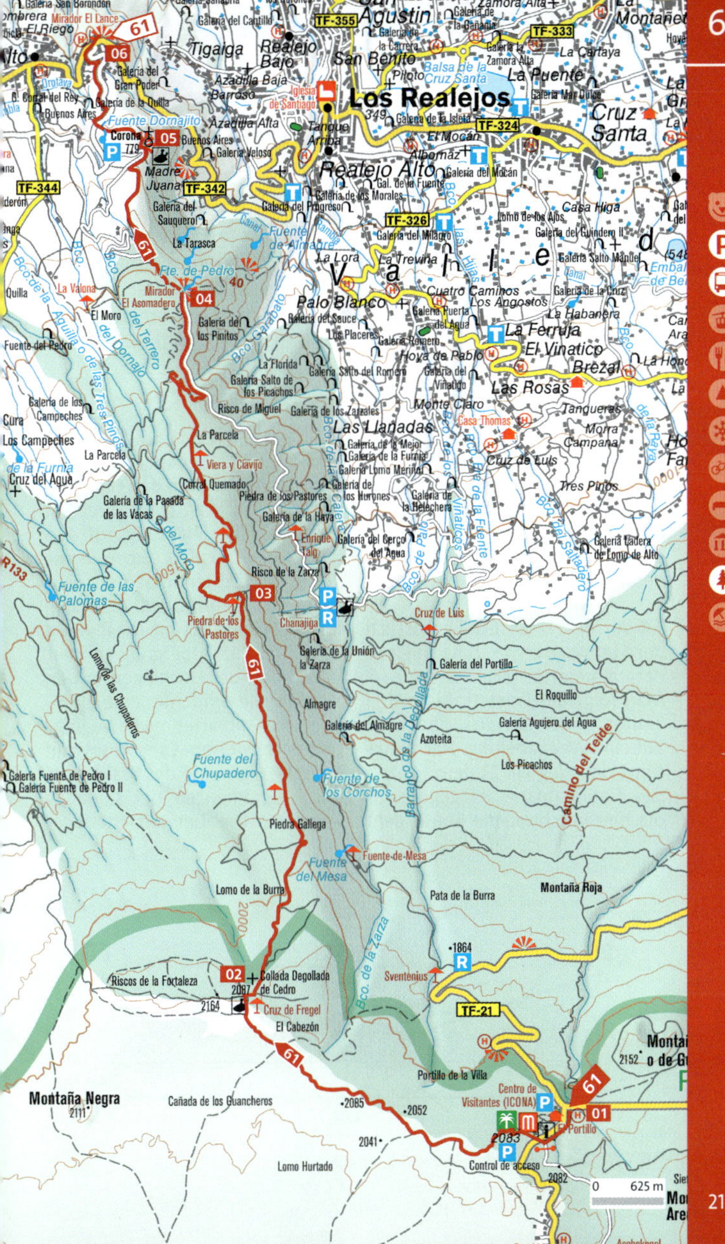
Los Realejos
San Agustín
Realejo Bajo
Realejo Alto
Tigaiga
La Montañeta
Cruz Santa
La Puente
La Cartaya
Palo Blanco
La Ferruja
El Vinatico
Las Rosas
Las Llanadas
La Lora
La Trevina
Cuatro Caminos
Los Angostos
La Habanera
Brezal
Tanqueras
Monte Claro
Cruz de Luis
Tres Pinos
Mirador El Lance
Madre Juana
Mirador El Asomadero
La Parcela
Corral Quemado
Risco de la Zarza
Piedra de los Pastores
Chanajiga
Almagre
Azoteita
El Roquillo
Los Picachos
Piedra Gallega
Fuente del Mesa
Lomo de la Burra
Pata de la Burra
Montaña Roja
Riscos de la Fortaleza
Collada Degollada de Cedro
Cruz de Fregel
El Cabezón
Sventenius
Portillo de la Villa
Centro de Visitantes (ICONA)
El Portillo
Control de acceso
Montaña Negra
Cañada de los Guancheros
Lomo Hurtado
Las Cañadas
Bambi
Aschekegel
Camino del Teide
TF-21
TF-324
TF-326
TF-333
TF-342
TF-344
TF-355
0 625 m

ZUR MONTAÑA DEL LIMÓN

Waldberg am Rande des Nationalparks

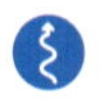 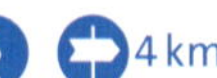   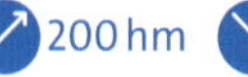 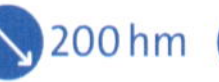 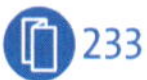

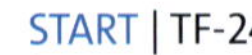

START | TF-24
[GPS: UTM Zone 28 x: 353.363 m y: 3.133.202 m]
CHARAKTER | Diese vergleichsweise kurze Wanderung führt an den Rand des Nationalparks und auf einen unscheinbaren Gipfel am Rande der Cañadas. Ambitionierte Wanderer können den Berg auch von der Nordseite der Insel aus erreichen (siehe Tour 39).

Die Verwaltung des Tiede-Nationalparks betreut mehr als 30 Wanderrouten durch das Schutzgebiet. Ganz an seinem nordöstlichen Rand liegt der Sendero 34, dem diese hier beschriebene Wanderung folgt.

▶ An der **TF-24** 01 nordöstlich der Sternwarte von Izaña beginnt der markierte Wanderweg 34. Man folgt der Forststraße in drei Kehren leicht abwärts und trifft auf eine Weggabelung. Nach links führt der Weg Nr. 21 dem Herzen des Nationalparks entgegen, für die hier beschriebene Route geht man jedoch rechts und erreicht wenig später jenen Punkt, an dem der **Anstieg auf den Gipfel** 02 beginnt. Der Weg leitet direkt in nordwestlicher Richtung auf den höchsten Punkt zu. Ein querender Pfad wird ignoriert und man steigt direkt zum Gipfel der **Montaña del Limón** 03 auf. Dieser Berg liegt direkt am Übergang von der Vegetation der Hochlagen in den Kiefernwald und hat eine dementsprechend artenreiche Vegetation aufzuweisen. Es sind sowohl typische Elemente des Waldes als auch die Pflanzen der Cañadas vertreten. Die Tierwelt ist dage-

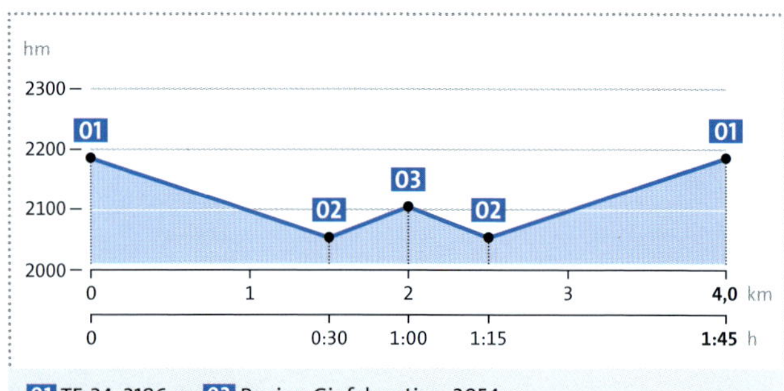

01 TF-24, 2186 m; 02 Beginn Gipfelanstieg, 2054 m;
03 Montaña Limon, 2105 m

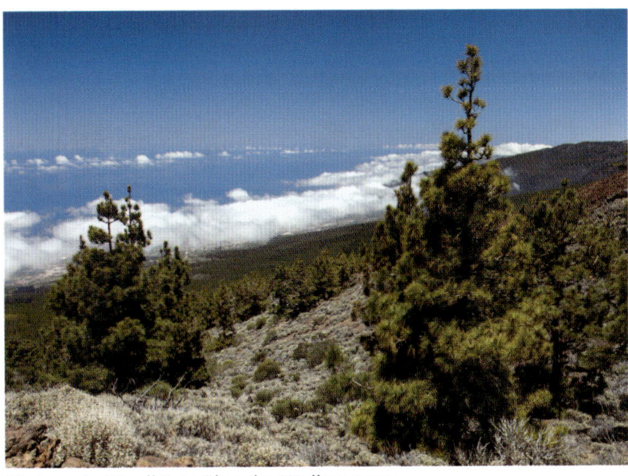
Blick an die Nordküste über das Wolkenmeer

gen wesentlich ärmer, doch kann man an diesem Punkt regelmäßig einen der Stars der tinerfinischen Vogelwelt beobachten: Der Teide-Fink erinnert in seiner Gestalt an den vertrauten Buchfinken, ist jedoch deutlich größer und völlig anders gefärbt. Besonders das eigenartig blau-graue Gefieder der Männchen ist charakteristisch. Diese Vogelart kommt nur auf den Inseln Teneriffa und Gran Canaria vor, wobei sie auf letzterer Insel bereits ausgestorben war und aus Teneriffa neu eingeführt wurde. Für den Rückweg zur **TF-24** 01 wählt man den schon von Anstieg bekannten Weg.

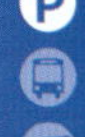
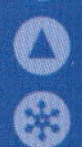
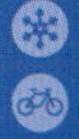
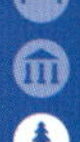
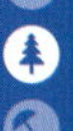

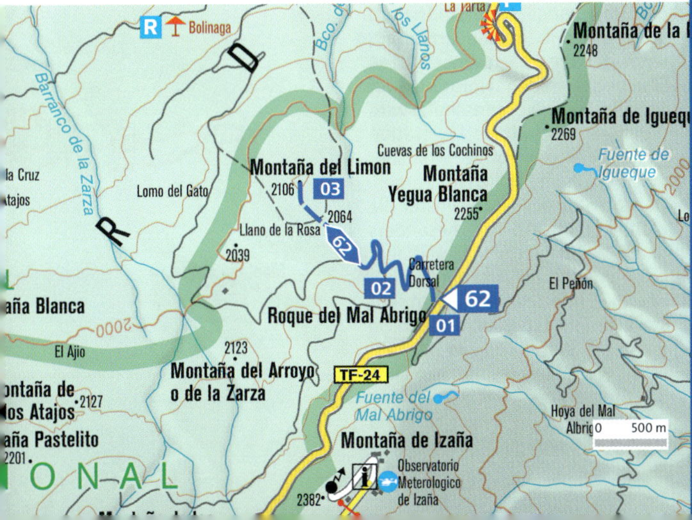

63

ZU DEN RISCOS DE LA FORTALEZA

Das Bollwerk am Nordrand der Cañadas

  10,3 km 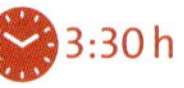  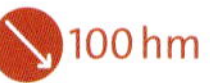 

3:30 h · 100 hm · 100 hm · 233

START | El Portillo
[GPS: UTM Zone 28 x: 346.603 m y: 3.132.060 m]
CHARAKTER | Diese an sich einfache Wanderung auf gut trassierten Wegen führt bei der Überschreitung der Fortaleza in einem kurzen Abschnitt fast weglos durch grobes Blockmaterial, in dem eine leichte Kletterei erforderlich ist. Nur auf dieser Passage erfordert die Runde etwas Aufmerksamkeit und Trittsicherheit.

Die beschriebene Wanderung folgt den Wegen 1 und 36 im Tiede-Nationalpark und erschließt damit einen der landschaftlich attraktivsten Bereiche am Rande der Cañadas.

Die Wanderung beginnt direkt links neben dem Besucherzentrum des Nationalparks in **El Portillo** 01. Der Sendero 1 führt aus dem Garten des Besucherzentrums in die umgebende Naturlandschaft. Stets gut mit Steinen umrahmt, leitet der Weg nach einer kurzen Senke durch den Nordrand der Cañadas. Diese Landschaft wird durch eine schüttere Vegetation geprägt, in der einige Sträucher eine dominante Rolle einnehmen. Darunter ist der Teide-Ginster die wohl auffälligste Art, besonders dann, wenn er im Mai und Juni seine weißen bis rosa Blüten öffnet. Die Blüten duften zudem sehr stark, um Insekten anzulocken, so dass eine Wanderung in der Blütezeit vom typisch süßlichen Duft des Ginsters begleitet wird.
Man folgt stets dem Weg Nr. 1 und lässt die Abzweigungen der Route 6 und 22 nach links unberücksichtigt. Schon nahe an den Felsen der „Festung“ geht es auf einem Pfad die letzten Meter recht steil bis zur Kapelle am **Cruz de Fregel** 02. Man erkennt nun (und auch schon auf dem letzten Stück des Anmarschs) die wahre Dimension der **Riscos de la Fortaleza**. Aus der Ferne fast unscheinbar wir-

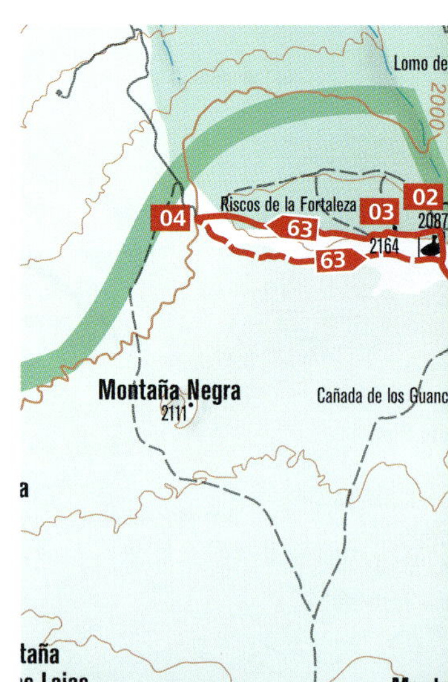

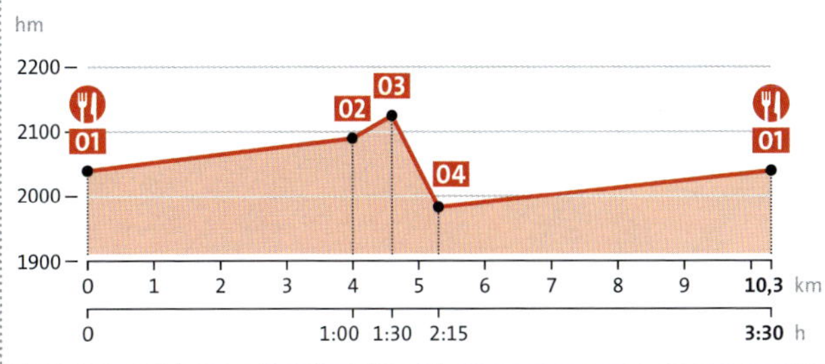

01 El Portillo, 2040 m; 02 Cruz de Fregel, 2090 m; 03 La Fortaleza, 2125 m; 04 Waldgrenze, 1983 m

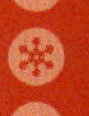

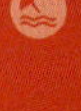

kend, ragen die Wände mehr als 100 Meter aus der umgebenden Ebene auf. Es sind die letzten verbliebenen Reste des Ur-Teide, der vor rund 170.000 Jahren in einer gewaltigen Naturkatastrophe an der Nordseite Teneriffas abrutschte. Der Erdrutsch erreichte dabei sogar das mehr als 2000 Höhenmeter tiefer gelegene Meer!

Ab der Kapelle folgt man dem Weg Nr. 36, Alto de La Fortaleza, um auf den höchsten Punkt des Massivs zu gelangen. Der mit Steinmännchen markierte Pfad leitet von der Forststraße auf ein fast flaches Plateau am Fuße des höchsten Punktes hinauf und scheint sich hier im großen Blockwerk zu verlieren. Doch die Route läuft weiter und überwindet dabei den Hangschutt. Es müssen zwar an manchen Stellen die Hände zum Einsatz kommen, doch die Block„kletterei“ ist abwechslungsreich und führt nach kurzer

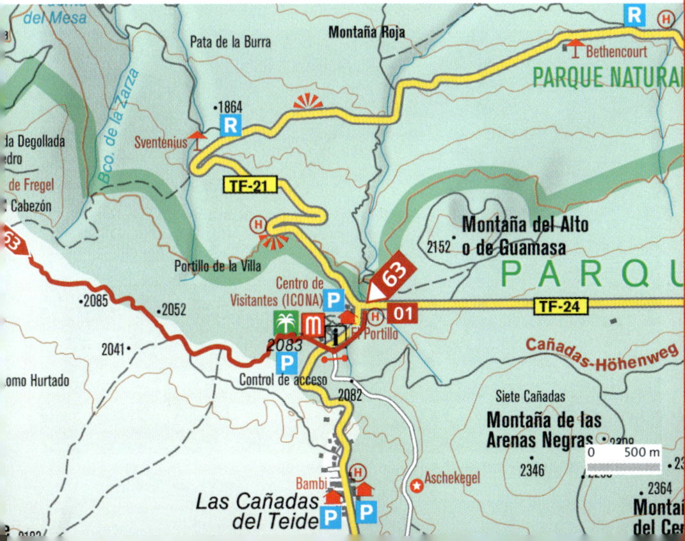

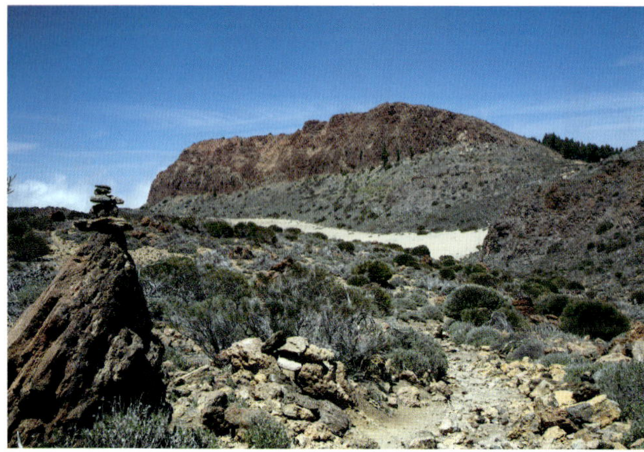
La Fortaleza

Zeit auf den höchsten Punkt von **La Fortaleza** 03.
Durch die westliche Steilwand geht es nun wieder abwärts, wobei der Weg wiederum gut zu erkennen ist. Am Ende des Abstiegs trifft man an einer Wegkreuzung fast an der **Waldgrenze** 04 wieder auf den Sendero 1. Man wendet sich scharf nach links und folgt dem an der Südseite von La Fortaleza entlang ziehenden Pfad durch eine sandige Ebene. Nochmals liegen die Felsen der Fortaleza eindrucksvoll am Wegesrand. Man trifft auf jenen Punkt, an dem der Bergpfad auf den höchsten Punkt links abzweigt und wandert immer auf Weg Nr. 1 beliebend zu nach **El Portillo** 01.

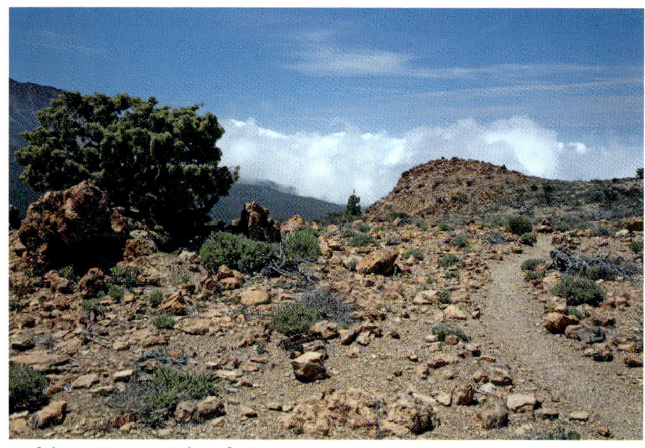
Auf dem Weg zur Felsenfestung

UM DIE ARENAS NEGRAS

Durch den schwarzen Sand der Cañadas

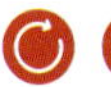  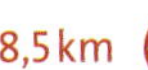 8,5 km  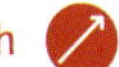 2:45 h 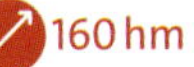 160 hm 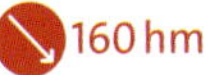 160 hm 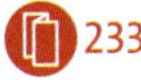 233

START | El Portillo
[GPS: UTM Zone 28 x: 346.603 m y: 3.132.011 m]
CHARAKTER | Diese Rundwanderung folgt auf durchgehend gut trassiertem Bergpfad und Schotterwegen. Durch den etwas rutschigen Untergrund erscheint beim Abstieg über die Arenas Negras etwas Trittsicherheit erforderlich.

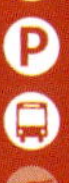

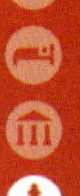

Diese Runde könnte man beinahe als einen idealen Einstieg für das Wandern in den Cañadas bezeichnen: Nach einem einfachen Einstieg steigert sich die Wanderung zu einem fulminanten Rundgang durch eine einmalige Vulkanlandschaft.

▶ Am Parkplatz gegenüber dem Besucherzentrum des Nationalparks in **El Portillo** 01 beginnt die mit Nr. 2 bezeichnete Route. Auf einem für den Verkehr durch einen Schranken gesperrten Fahrweg wandert man zunächst durch eine leichte Senke und erreicht die Abzweigung des Wanderwegs von der Schotterpiste. Man biegt links in diesen Weg ein und wandert nun in mehr oder weniger östlicher Richtung. Dichtes Gebüsch aus Teide-Ginster begleitet den folgenden Anstieg, der in diesem Bereich deckungsgleich mit dem Cañada-Höhenweg verläuft. Lang gezogene Serpentinen gewinnen zusehends an Höhe, wobei es jedoch nirgends wirklich steil aufwärts geht. In der Ferne kann man die Kumpelgebäude der Sternwarte von Izaña erkennen, bevor Weg Nr. 2 vom Höhenweg nach Süden abweicht.

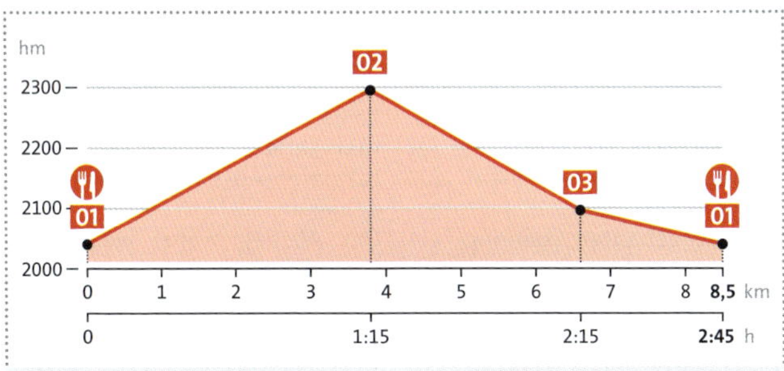

01 El Portillo, 2040 m; 02 Arenas Negras, 2295 m; 03 Cañadas-Weg, 2096 m

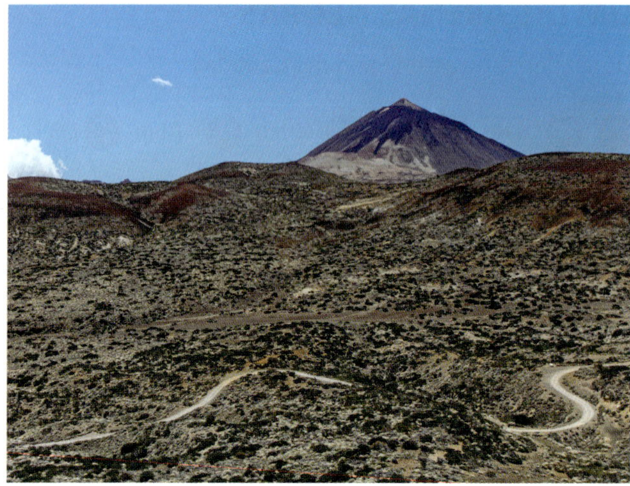

Lavawildnis begleitet den Weg

In einer weiten Rechtskurve gegen Süden erreicht man eine Senke zwischen der Montaña de las **Arenas Negras** 02 im Westen und der Montaña del Cerrillar (2364 m) im Osten. Nun beginnt eine beinahe magische Landschaft in der einsamen Vulkanwelt, welche auch immer wieder Blicke auf den Gipfel des Teide gewährt. Der links abgehende Pfad Nr. 8 bleibt unberücksichtigt, man bleibt auf Weg Nr. 2 und erreicht in einer lang gezogenen Linkskurve die sandige Ebene des **Llano de Maja**. Dieser Bereich wurde durch seine archäologischen Funde berühmt, denn es handelt sich um eine der wichtigsten Weideflächen aus vorspanischer Zeit.

Ein nachgebauter Steinring, ein Tagoror, markiert jenen Punkt, an dem sich der Wanderpfad um beinahe 180 Grad wendet und nun in nordwestlicher Richtung durch die Lavalandschaft am Fuße der Arenas Negras zieht. Das begleitende Gestein präsentiert sich in allen für Lava denkbaren Farben und schließlich betritt man ein Plateau, das über tiefschwarze Hänge zu den tiefer gelegenen Bereichen der Cañadas abbricht.

Es folgt nun das wohl anspruchsvollste Teilstück der Runde, das aber dennoch gut zu begehen ist. In Serpentinen zieht sich der Steig durch den schwarzen Lavagrus abwärts; die feinen Lavasternchen wirken unter den Sohlen fast wie kleine Kugellager und daher kann man in dieser Passage leicht ins Rutschen kommen. Doch mit etwas Vorsicht bereitet der Abstieg keine wirklichen Probleme und man kann obendrein einen spektakulären Ausblick auf den Teide genießen.

Der Abstieg währt jedoch nur kurz und nach einer ebenen Passage trifft man auf den mit Nr. 4 gekennzeichneten **Cañadas-Weg** 03. Auf dieser Schotterstraße (ohne Verkehr!) wendet man sich nach rechts und kehrt so nach **El Portillo** 01 zurück.

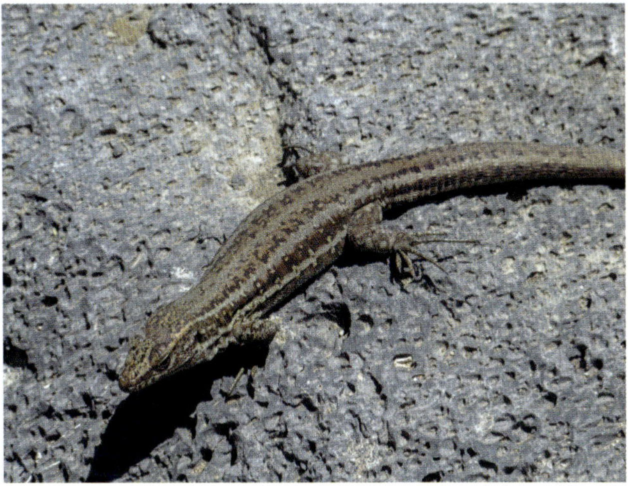

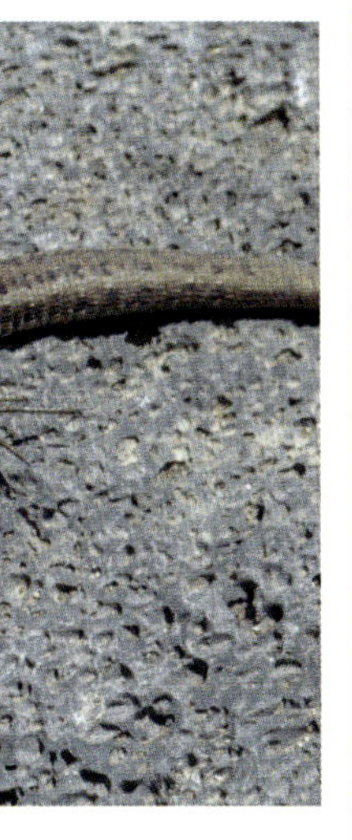

Eidechsen sind stete Bewohner der Lavaflächen

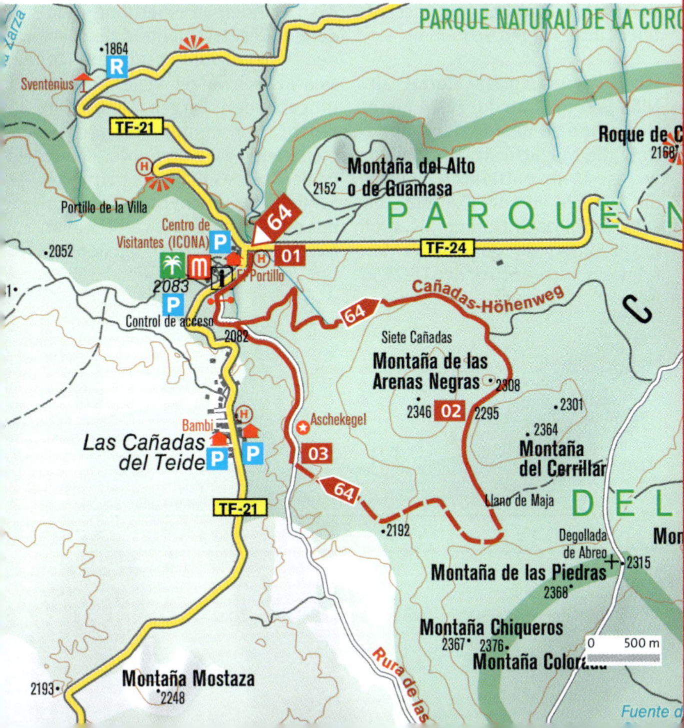

UM DIE MONTAÑA DE LAS VACAS

Im Revier der alten Vulkane

 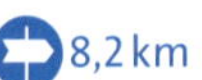 8,2 km 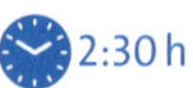 2:30 h 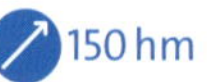 150 hm 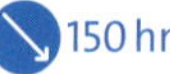 150 hm  233

START | Corral del Niño
[GPS: UTM Zone 28 x: 350.762 m y: 3.131.666 m]
CHARAKTER | Diese Rundwanderung führt auf breiten Schotterpisten und auf gut angelegten Pfaden zu einigen der ältesten Krater im Bereich des Nationalparks. Karge Landschaft mit schönen Ausblicken erwartet den Wanderer.

Der Wanderweg 20 der Verwaltung des Teide-Nationalparks erschließt ein vergleichsweise altes Vulkangebiet am Ostrand der Cañadas und bietet dabei die ganze Palette vulkanischer Landschaften in ihrer kargen Schönheit.

Vom Rastplatz **Corral del Niño** 01 direkt an der TF-24 bietet sich schon zu Beginn der Wanderung die Möglichkeit, an zwei nur wenige Meter entfernten Punkten die Aussicht von der Cumbre Dorsal sowohl nach Norden als auch nach Süden zu genießen. Man folgt ein kurzes Stück der TF-24 in östliche Richtung und biegt dann in die Zufahrt zum Observatorium ein. Unmittelbar danach zweigt rechts die geschotterte Piste zu den Vulkanen ab.

Man wandert in einer lang gezogenen Rechtsschleife direkt auf den Vulkan von Fasnia zu, der sich als schwarzer Kegel aus der umgebenden kargen Landschaft erhebt. Nur wenige Pflanzen begleiten den Weg und unter diesen ist der Teide-Ginster die häufigste. Schließlich erreicht man die **Volcanes de Fasnia** 02 und steht nun im Mittelpunkt des fast wüstenhaften Vulkanreviers.

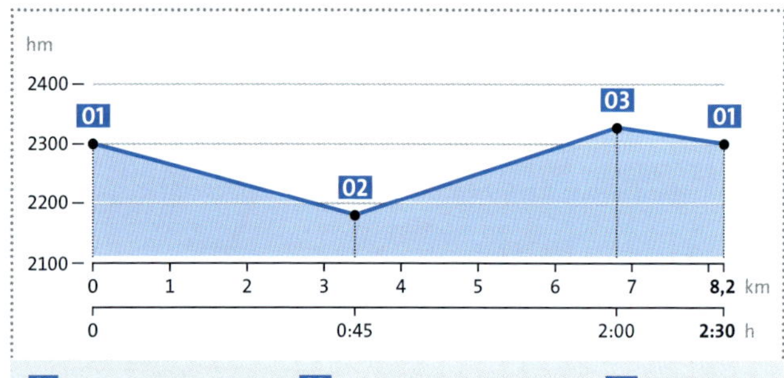

01 Corral del Niño, 2300 m; 02 Volcanes de Fasnia, 2180 m; 03 Montaña del Medio, 2327 m

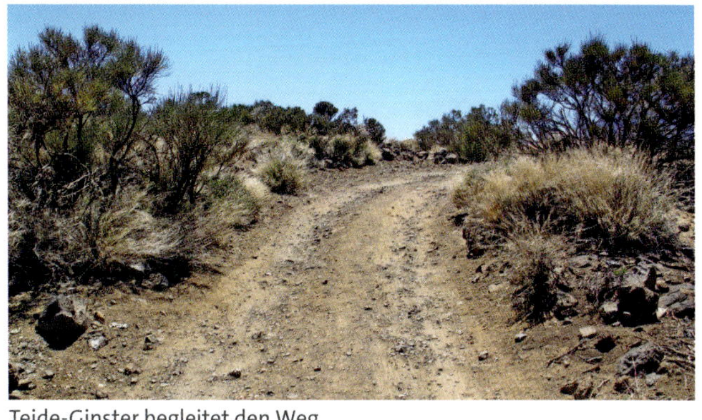

Teide-Ginster begleitet den Weg

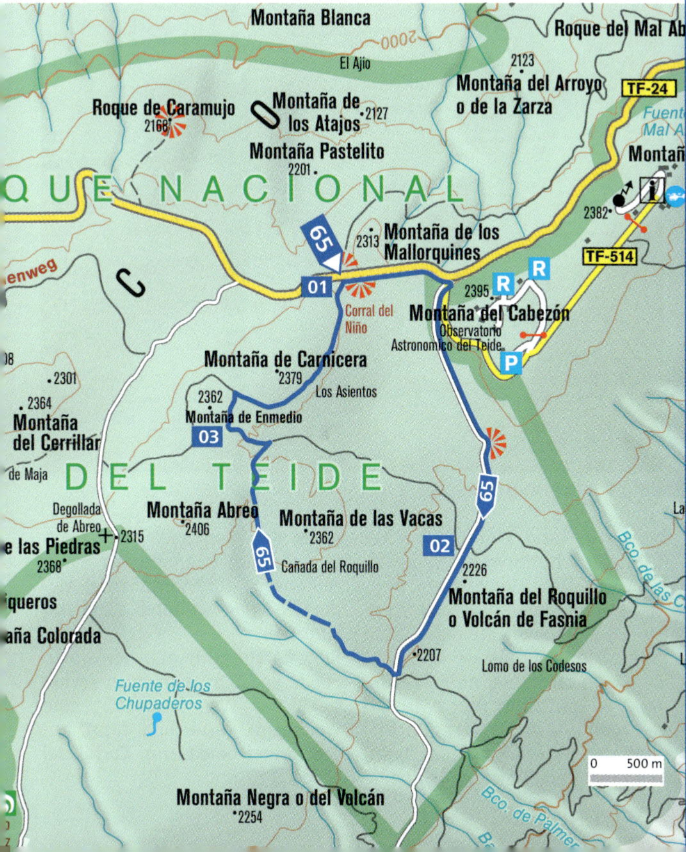

Montaña Blanca
2000
El Ajio
Roque del Mal Ab
2123
Montaña del Arroyo
o de la Zarza
TF-24
Roque de Caramujo
2168
Montaña de
los Atajos
2127
Montaña Pastelito
2201
QUE NACIONAL
65
2313
Montaña de los
Mallorquines
2382
TF-514
enweg
01
Corral del
Niño
2395
R
R
Montaña del Cabezón
Observatorio
Astronomico del Teide
P
Montaña de Carnicera
2379
Los Asientos
2301
2364
Montaña
del Cerrillar
2362
Montaña de Enmedio
03
de Maja
DEL TEIDE
65
Degollada
de Abreo
2315
Montaña Abreo
2406
Montaña de las Vacas
2362
02
e las Piedras
2368
65
Cañada del Roquillo
2226
Montaña del Roquillo
o Volcán de Fasnia
Bco. de las C
iqueros
aña Colorada
2207
Lomo de los Codesos
Fuente de los
Chupaderos
0 500 m
Montaña Negra o del Volcán
2254
Bco. de Palmer

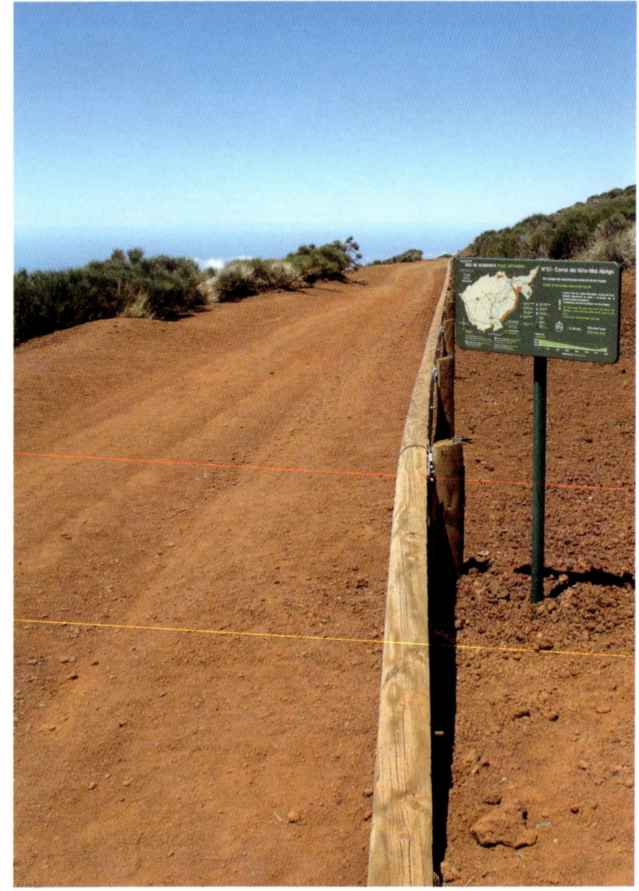

Auf breiten Pisten durch die Berge

Noch für rund einen Kilometer führt der Schotterweg in südwestliche Richtung, bevor man nach rechts der Markierung des Wegs Nr. 20 auf einen steinigen Pfad folgt. Die Montaña de las Vacas liegt nun rechts vor dem Wanderer. Der Pfad führt nun zwischen der Montaña de las Vacas (rechts) und der Montaña Abreo (links) hindurch und erreicht wieder eine Piste, der man nach links folgt. In einem Bogen geht es an seiner Außenseite zur **Montaña del Medio** 03, einem weiteren alten Vulkankegel.

Kurz darauf trifft man auf einen Forstweg, dem man nach rechts folgt. Der Weg beschreibt eine weite Linkskurve und führt anschließend direkt zum **Corral del Niño** 01 zurück.

VON EL PORTILLO AUF DIE MONTAÑA BLANCA

An den Fuß des Teide

 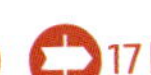 17 km  6:00 h 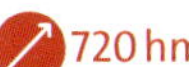 720 hm  720 hm 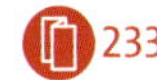 233

START | El Portillo
[GPS: UTM Zone 28 x: 346.590 m y: 3.132.019 m]
CHARAKTER | Technisch einfache, aber vergleichsweise lange Wanderung durch den östlichen Teil des Nationalparks bis an den Fuß des Teide. Gut angelegte Bergpfade führen durch die faszinierende Landschaft.

Bereits wenn man vom Norden Teneriffas in die Cañadas kommt, liegt der alles überragende Teide stets im Blickfeld. Doch nähert man sich diesem Bergriesen zu Fuß, wird seine ganze Größe direkt erlebbar.

▶ Wie bei Tour 63 beschrieben, wandert man zunächst auf dem Sendero 1 von **El Portillo** 01 in Richtung Fortaleza. Nachdem man das Besucherzentrum hinter sich gelassen und eine Senke passiert hat, erreicht man alsbald die Abzweigung von Weg Nr. 6, in den man nach links einbiegt. Zunächst geht es durch die weite Ebene in leichtem Auf und Ab dahin, wobei man in Summe schon hier deutlich ansteigt.
Der Weg passiert die Montaña Mostaza, welche rechts der Route (nördlich) liegt, und leitet direkt auf den Teide zu, der sich immer größer und größer vor dem Wanderer aufbaut. Knapp unter 2300 Meter Seehöhe wird der Pfad allmählich steiler. Die Abzweigung von Weg Nr. 27 nach links bleibt

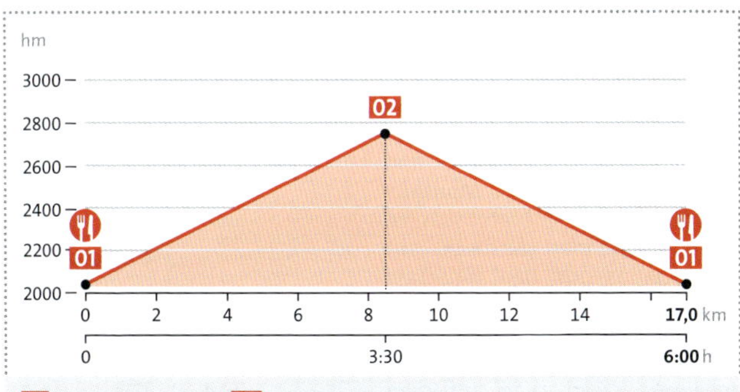

01 El Portillo, 2040 m; 02 Montaña Blanca, 2750 m

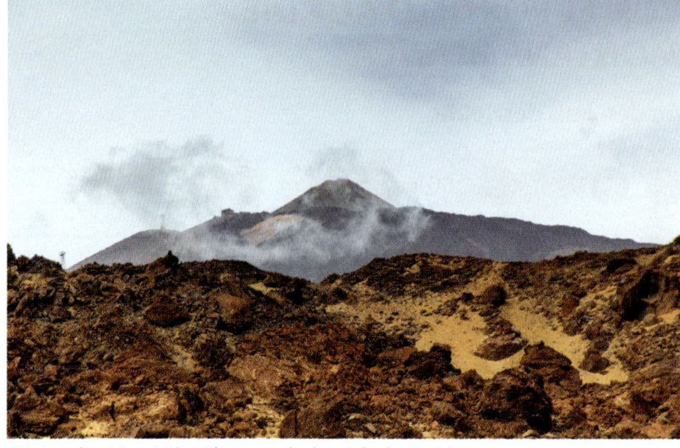

Hinter der Montaña Blanca erhebt sich der Teide

unberücksichtigt, man geht geradeaus weiter. Auch der in Folge nach rechts (Norden) abgehende Weg Nr. 22 bleibt unberücksichtigt.

Etwa 500 Meter weiter trifft man auf die von der TF-21 heraufziehende Schotterstraße und folgt dieser nach rechts bergan. In Serpentinen gewinnt die Piste zügig an Höhe und führt an den Huevos del Teide vorüber. Diese „Eier des Teide" sind dunkle, fast schwarze Kugeln, die zu einem großen Teil aus dem vulkanischen Glas Obsidian bestehen.

Man erreicht jene Stelle, an welcher der Pfad in Richtung Gipfel nach rechts abzweigt, bleibt jedoch auf der Schotterstraße und erreicht nach einer Linkskurve und einem kurzen Wegstück den höchsten Punkt der **Montaña Blanca** **02**. Von hier bietet sich ein atemberaubender Ausblick auf die Cañadas und den südlichen Rand der riesigen Caldera rund um den Teide.

Um zum Ausgangspunkt zurückzukehren, steigt man auf dem selben Weg nach **El Portillo** **01** ab.

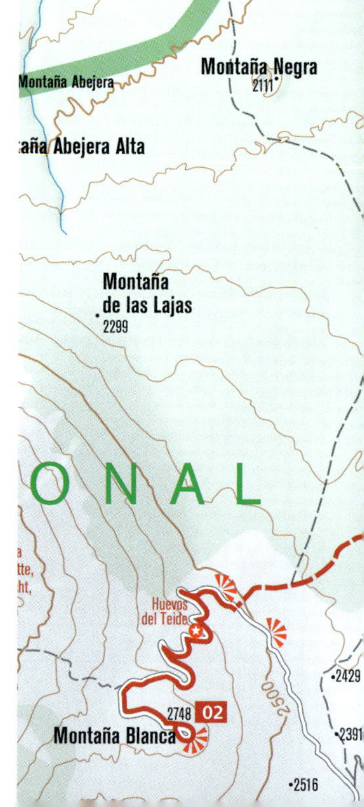

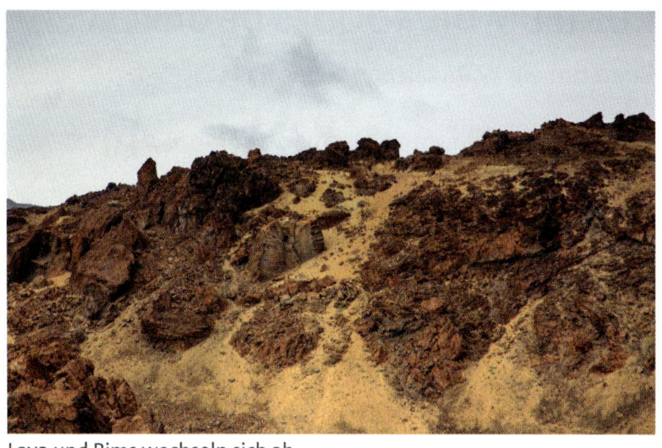

Lava und Bims wechseln sich ab

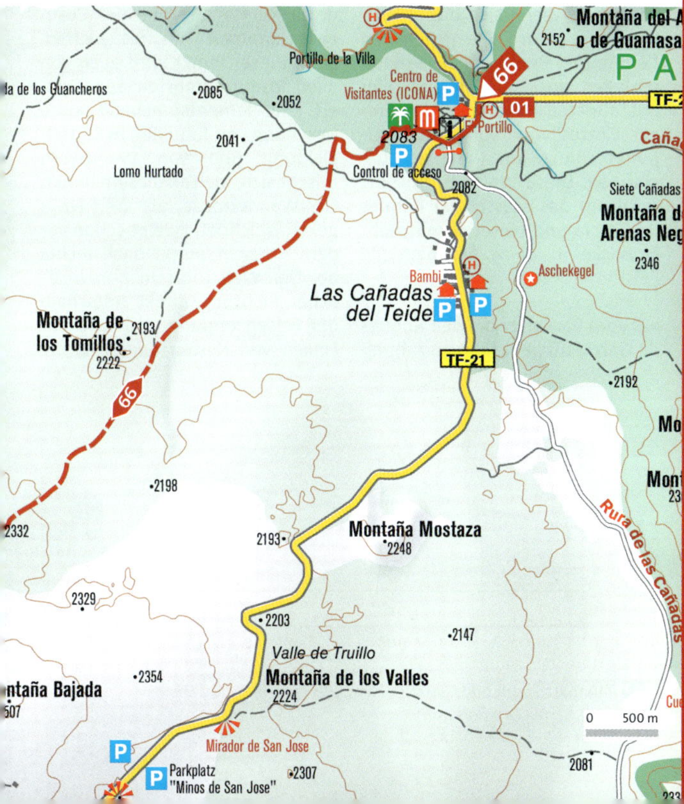

67 RUND UM DIE ROQUES DE GARCÍA

Rund um ein Wahrzeichen Teneriffas

 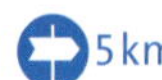 5 km  1:30 h  250 hm 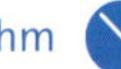 250 hm 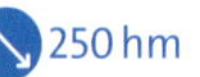  233

START | Parkplatz Roques de García
[GPS: UTM Zone 28 x: 340.185 m y: 3.123.069 m]
CHARAKTER | Diese Rundwanderung ist die ideale Einstiegstour in die Landschaft der Cañadas und wird dementsprechend sehr häufig begangen. Die guten Pfade bereiten keine Probleme, nur am Schluss der Runde wartet ein kurzer, aber „knackiger" Anstieg.

Der Roque Cinchado gilt nicht umsonst als eines der Wahrzeichen Teneriffas. Wenn sich dieser Felsfinger vor dem Teide gegen den tiefblauen Berghimmel erhebt, schlagen auch die Herzen aller Bustouristen höher, die den „Finger Gottes" nur vom Aussichtspunkt direkt am Parkplatz bestaunen. Diese Wanderung führt rund um das Massiv der Roques de García und bietet damit mehr Einblicke in diese faszinierende Felsformation.

▶ Vom Parkplatz bei den **Roques de García** 01 geht man an zahlreichen Autos und Bussen vorüber in Richtung Aussichtspunkt Mirador de la Ruleta. Die meisten Besucher kommen nur bis hierher, denn dieser Punkt wird auch von allen Inselrundfahrten angesteuert. Eine dementsprechend bunte Mischung von Touristen in Strandkleidung und von Wanderern mischt sich auch an diesem Punkt. Die Wanderroute, als Weg Nr. 3 gekennzeichnet, zweigt schon vor dem Aussichtspunkt nach rechts ab. Der Weg führt in nordwestlicher Richtung direkt unterhalb der Felsen entlang und wird zur Linken von Ketten begrenzt, die

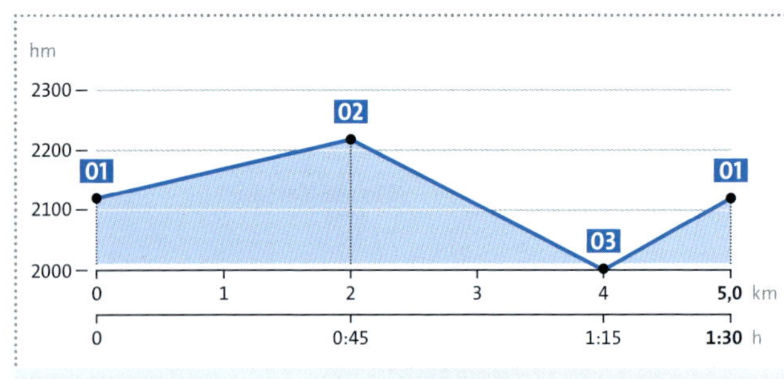

01 Parkplatz Roques de García, 2120 m; 02 Torre Blanca, 2218 m;
03 Ucanca-Ebene, 2000 m

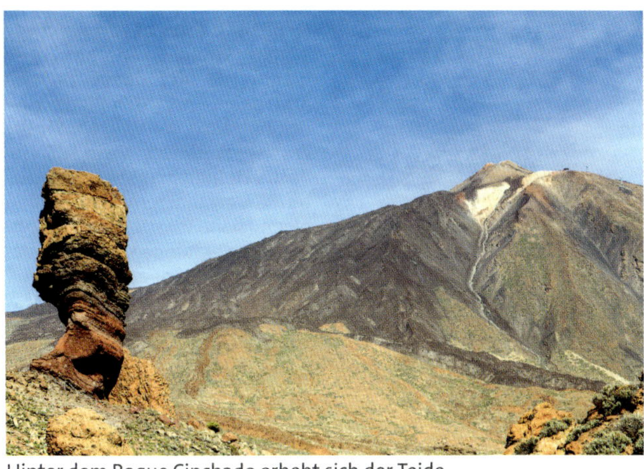

Hinter dem Roque Cinchado erhebt sich der Teide

ein Betreten des direkten Bereichs um die Roques verhindern sollen. Unter dem Roque Cinchado vorüber wird es deutlich ruhiger, denn weiter „verirren" sich nur wenige Besucher in die faszinierende Landschaft. Allerdings ist die Route doch deutlich belebter als andere Wege durch die Cañadas. Man folgt dem stets deutlichen Pfad und erreicht nach kurzer Zeit einen Aussichtspunkt etwas links

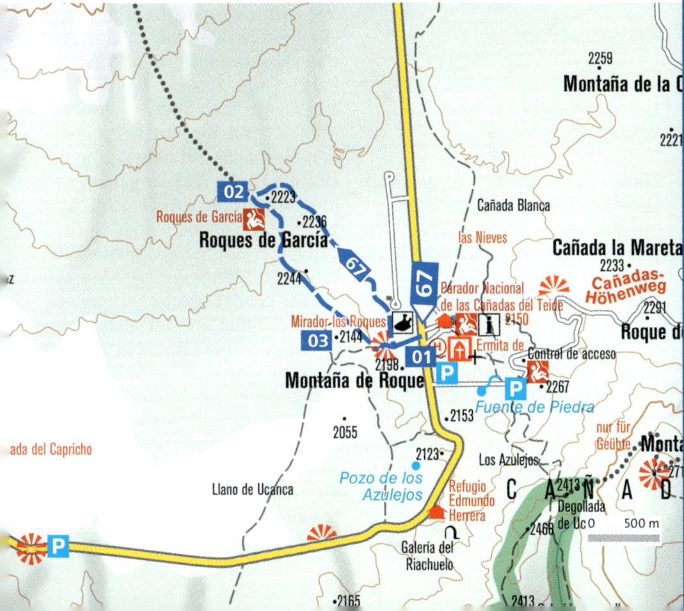

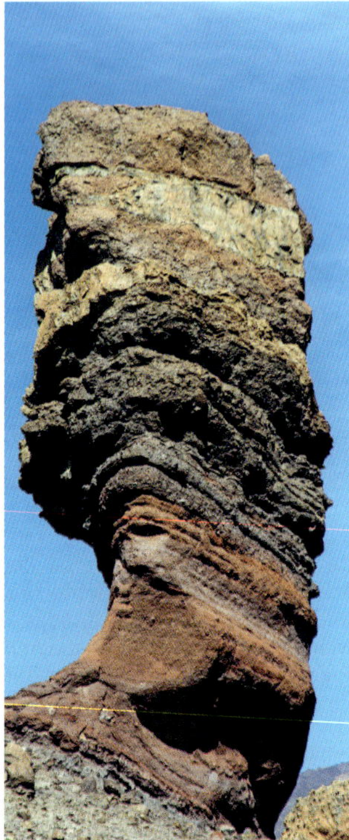

Der Roque Cinchado ist das Wahrzeichen Teneriffas

vom eigentlichen Wegverlauf. Hier eröffnet sich ein Ausblick auf die weite Ucanca-Ebene, den ältesten Teil der Caldera um den Teide.

Vom Aussichtspunkt steigt der Pfad weiter leicht an und rechts des Weges sind interessante Formationen von Kissen- und Stricklava zu erkennen. Die Oberfläche dieser Ströme zeigt noch immer ein deutliches Wellenmuster, das auf die Fließbewegung zurückgeht. Fast könnte man glauben, dass die Lava erst vor kurzem in Bewegung war ...

Schließlich erreicht der Rundweg seinen Wendepunkt am **Torre Blanca** 02 und damit zugleich auch seinen höchsten Punkt. Hier beginnt auch der Weg Nr. 23, der Zustieg zum Pico Viejo, der jedoch erfahrenen und gut trainierten Bergwanderern vorbehalten bleibt (siehe Tour 74). Für die Fortsetzung der Runde steigt man dagegen links auf dem weiterhin mit Nr. 3 markierten Pfad ab.

In zahlreichen Serpentinen verliert man an Höhe und obwohl der Steig nicht sehr steil ist, kommt es immer wieder zu leichten „Ausrutschern", denn der Untergrund besteht teilweise aus feinem Sand und Lavagrus. Man wandert bald darauf schon wieder in etwa sanfterem Gelände und hält dabei auf den markanten Felsturm der Catedral zu.

Dieser mehr als 100 Meter aufragende Felsendom besteht aus sehr hartem Gestein und hat daher bis heute den Kräften der Verwitterung getrotzt. Der Name „Kathedrale" wird beim Blick nach oben verständlich, denn manche Partien des Felsens erinnern an einen gotischen Dom.

Man ist mit diesem faszinierenden Blick auch auf dem Grund der **Ucanca-Ebene** 03 angekommen und muss nun zurück zum Ausgangspunkt gehen.

Es wartet ein Schlussanstieg von rund 150 Höhenmetern. Markierungen und Steinmännchen zeigen den Pfad an, der links an La Catedral vorbei führt. Der Anstieg ist sehr steil und wieder macht der Untergrund Probleme, denn mitunter rutscht man einen Teil der erklommenen Höhe wieder zurück.

Vom Aussichtspunkt Mirador de la Ruleta sind es nur mehr wenige Meter zum **Ausgangspunkt** 01.

DURCH DIE CAÑADAS DEL TEIDE

Durch den größten Krater der Welt

 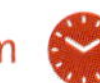16 km 4:45 h 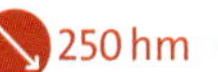180 hm 250 hm 233

START | Parador Nacional
[GPS: UTM Zone 28 x: 340.315 m y: 3.123.086 m]
CHARAKTER | Diese lange Streckenwanderung führt mit geringen Höhenunterschieden durch den Krater zu Füßen des Teide. Technisch einfach, erfordert die Wanderung dennoch eine gewisse Grundkondition und Ausrüstung, insbesondere Sonnenschutz und Trinkwasser.

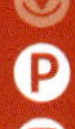
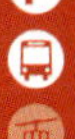
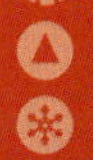
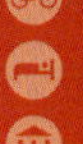

Die Cañadas am Teide sind mit einem Durchmesser von 17 Kilometern der größte Vulkankrater der Welt. „Cañada" bedeutet eigentlich Engpass, Hohlweg, Schlucht oder Wegegeld. Auf Teneriffa wurde der Name für diese Gegend aufgrund der früheren Viehtriebe eingeführt, die vom Süden über den Berg an die Nordküste verliefen und durch die Vulkanlandschaft nur auf jenem Weg, einem „Engpass", gelangen konnten, welchem die beschriebene Route folgt.

▶ Die Wanderung beginnt am **Parador Nacional** 01, dem staatlichen Hotel inmitten des Nationalparks. Die Route ist durchgehend als Wanderweg Nr. 4 der Parkverwaltung markiert. Man folgt zunächst dem nach Süden abgehenden Pfad, der direkt auf die Schotterpiste durch die Cañadas führt. An dieser **Weggabelung** 02 biegt man nach links in die Piste ein, der man bis zum Ende der Wanderung folgen wird. Im Laufe der Wanderung kommt man an sehr unterschiedlich ge-

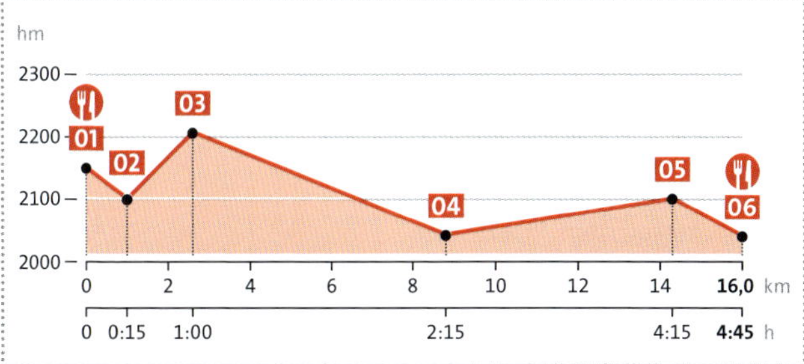

01 Parador Nacional, 2150 m; 02 Weggabelung, 2100 m; 03 Abzweigung Weg Nr. 16, 2206 m; 04 Cañada de las Pilas, 2042 m; 05 Portillo Nuevo, 2100 m; 06 El Portillo, 2040 m

färbten Felsformationen vorüber. Den Anfang machen die ockerfarbenen Felsen der Roques Amarillas, die südlich des Weges aus gewaltigen Gesteinsmassen aufragen. Der Fahrweg (natürlich für den Verkehr gesperrt) beschreibt eine weite Schleife, die einem Sattel hin aufsteigt. Von hier hat man einen besonders guten Blick auf den Teide und hinüber zu den Roques de García. Danach senkt sich der Weg etwas ab und passiert die **Kreuzung mit dem Wanderweg Nr. 16** 03. Alsbald erreicht man nun die Abzweigung des Pfades auf die Guajara (siehe Tour 69), doch auch diese Abzweigung bleibt unberücksichtigt, man folgt stets dem breiten Weg durch die Cañadas.

In nordöstlicher Richtung folgt die Wegtrasse dem südlichen Rand des Riesenkraters und führt durch eine sandige Ebene, die ab dem Sommer fast einer Wüste gleicht. In der Cañada de la Greta beschreibt der Weg eine weite Schleife und umgeht damit den Kegel des Roque de la Grieta, eines der Kraterreste an der südlichen Caldera. Weiter umgibt eine Sandebene die Piste, doch die Blicke auf die Berge der Umgebung mildern den etwas monotonen Eindruck im Nahbereich der Route. Doch im Frühling bereichern auch andere „Aussichten“ den Weg: So gedeihen unterhalb der **Montaña de la Angostura** zahlreiche Exemplare von Wildprets Natternkopf, der wohl spektakulärsten Pflanze der Cañadas. Zwischen Mai und Juli tragen die bis über zwei Meter hohe Kerzen dieser Pflanze zahllose rote Blüten, doch auch zu anderen Jahreszeiten beeindrucken die skelettierten Blütenstände der Vorjahre.

Weiter geht es durch die **Cañadas de las Pilas** 04. Hier zweigt nach

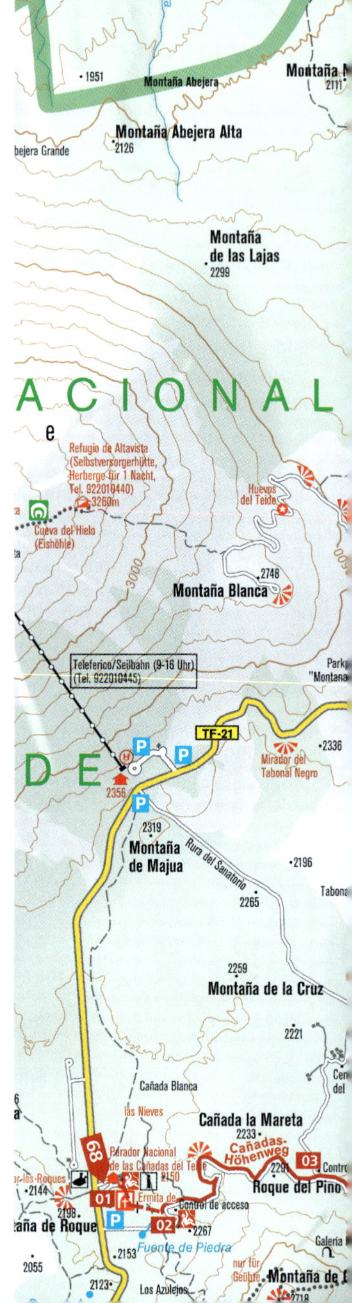

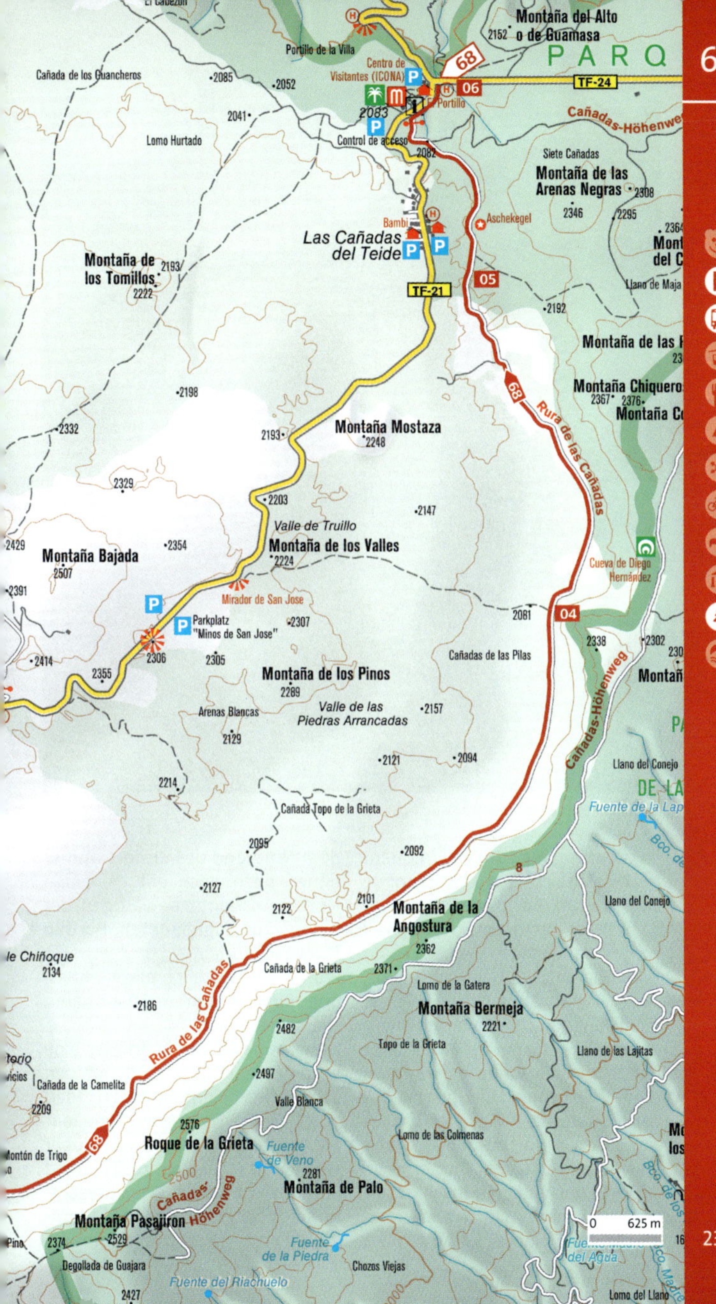
Montaña del Alto o de Guamasa
Portillo de la Villa
Centro de Visitantes (ICONA)
El Portillo
Cañada de los Guancheros
Lomo Hurtado
Control de acceso
Cañadas-Höhenweg
Siete Cañadas
Montaña de las Arenas Negras
Aschekegel
Las Cañadas del Teide
Bambi
Montaña de los Tomillos
Llano de Maja
Montaña Mostaza
Rura de las Cañadas
Montaña Chiqueros
Valle de Truillo
Montaña de los Valles
Montaña Bajada
Cueva de Diego Hernández
Mirador de San Jose
Parkplatz "Minos de San Jose"
Cañadas de las Pilas
Montaña de los Pinos
Arenas Blancas
Valle de las Piedras Arrancadas
Llano del Conejo
Cañada Topo de la Grieta
Fuente de la Lap
Montaña de la Angostura
Cañada de la Grieta
Lomo de la Gatera
Montaña Bermeja
Topo de la Grieta
Llano de las Lajitas
Cañada de la Camelita
Valle Blanca
Lomo de las Colmenas
Roque de la Grieta
Fuente de Veno
Montaña de Palo
Montaña Pasajiron
Degollada de Guajara
Fuente de la Piedra
Chozos Viejas
Fuente del Riachuelo
Lomo del Llano
0 625 m

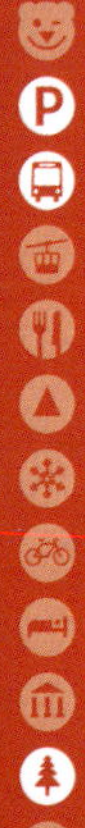

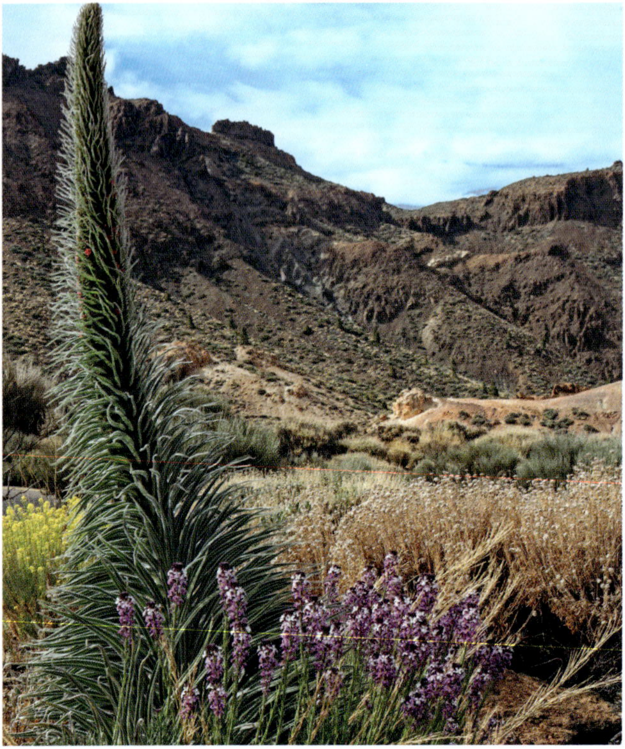

Wildprets Natternkopf prägt die Cañadas

links ein Zugang zum viel frequentierten Aussichtspunkt Mirador de San Jose ab, doch wiederum gilt, dass man auf dem Schotterweg weiter wandert.

Wieder prägt Sand die Landschaft, doch eine Abwechslung lässt nicht lange auf sich warten. Hellbraune Felstürme rücken immer näher und bilden einen weiteren landschaftlichen Höhepunkt, bevor man den zum Teil tiefschwarzen Laven rund um die Montaña de las Arenas Negras immer neue Aspekte der Vulkanlandschaft abgewinnen kann. Durch eine lang gezogene S-Kurve kommt man dem Nordrand des Kraters immer näher, doch noch gilt es, einen letzten Anstieg zu bewältigen, der hinauf zur sogenannten **Portillo Nuevo** 05 führt.

Früher wurden auch alle Viehherden über diesen unscheinbaren „Pass" getrieben.

Unmittelbar darauf quert man eine sandige Senke und trifft auf den von rechts einmündenden Pfad durch die Arenas Negras (siehe Tour 64). An einem Aschekegel vorüber steigt man schließlich zur TF-21 auf und erreicht so das Besucherzentrum des Nationalparks in **El Portillo** 06, Endpunkt der Wanderung.

AUF DIE GUAJARA

Gipfeltour auf die südliche Caldera

11 km

4:45 h

680 hm
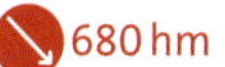
680 hm

233

START | Parador Nacional
[GPS: UTM Zone 28 x: 340.313 m y: 3.123.107 m]
CHARAKTER | Diese mittelschwere Bergtour führt auf den einzigen Gipfel der Caldera del Teide, dessen Besteigung erlaubt ist, denn alle anderen liegen hier in einer totalen Schutzzone. Die Aussicht und auch alle anderen Naturerlebnisse sind überwältigend!

Die Guajara ist mit 2718 m zwar „nur" der vierthöchste Gipfel auf Teneriffa, dennoch ist sie aus der Sicht des Autors der schönste Berg rund um den Teide.
Denn nur von hier genießt man einen umfassenden Ausblick nicht nur auch auf die Cañadas, sondern auch in den wüstenhaften Süden Teneriffas.

▶ Ausgangspunkt für die Besteigung der Guajara ist der **Parador Nacional** 01 im Westen der Cañadas. Vom Hotel führt der Pfad Nr. 4 zur Piste durch die Siete Cañadas (siehe Tour 68). In diesen Schotterweg biegt man nach links ein und folgt ihm zur Abzweigung des Wanderwegs Nr. 5.
Auf diesen Pfad biegt man nach rechts ein und der eigentliche Anstieg beginnt. Zunächst ist das Gelände noch vergleichsweise sanft, doch alsbald geht es steiler bergan, wobei Serpentinen in den steilsten Passagen den Anstieg erleichtern. Man nähert sich einer Einsattelung in der Caldera, der **Degollada de Guajara** 02. Bereits hier tut sich ein gewaltiger Blick auf den Inselsüden auf und

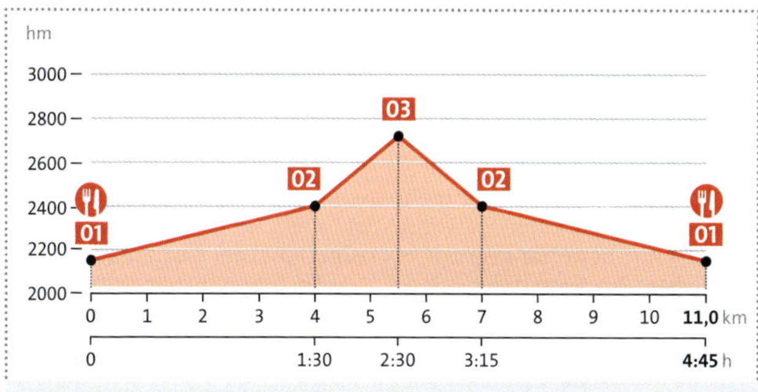

01 Parador Nacional, 2150 m; 02 Degollada de Guajara, 2400 m;
03 Guajara, 2718 m

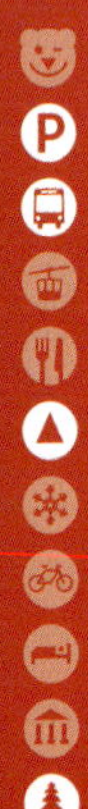

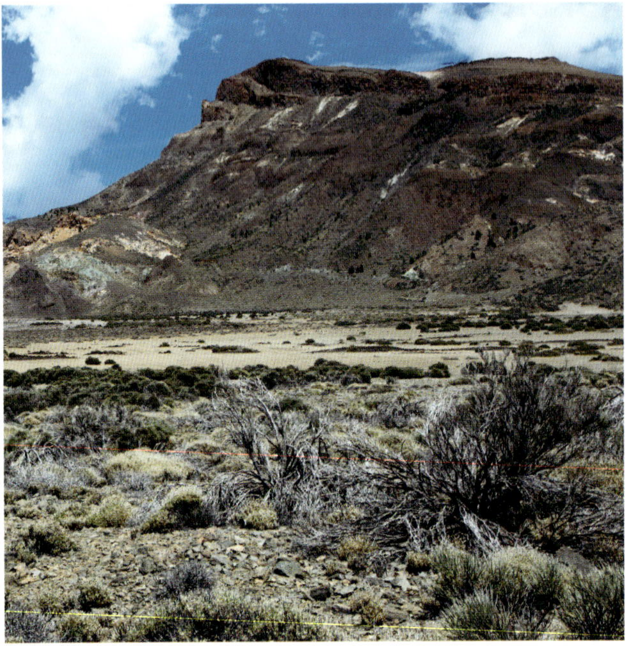

Gipfel der Guajara

es lohnt sich, zumindest kurze Zeit zu verweilen. Zudem ist der Sattel eine wichtige Wegkreuzung: Nach links zweigt der Cañadas-Höhenweg ab, der Abstieg nach Süden bringt zur Schwarzen Mondlandschaft (siehe Tour 70) bzw. nach Vilaflor.

Für den „Gipfelsturm" wendet man sich jedoch nach rechts und folgt dem deutlich erkennbaren Pfad, der zunächst nicht mehr nennenswert an Höhe gewinnt, sondern nur dem Hangverlauf in westlicher Richtung folgt. Doch diese Erholungsphase währt nur kurz, nach einem kleinen Einschnitt im Hang schwenkt der Steig ein wenig nach links und nun beginnt der letzte Teil des Gipfelzustiegs.

Das folgende Wegstück verlangt Kondition, aber auch ein wenig Geduld, denn der Untergrund aus weißem Bissgrus bedingt, dass man drei Schritte nach oben macht und gleichzeitig wieder einen zurückrutscht. Doch zahlreiche Serpentinen helfen beim Aufstieg und knapp vor dem Gipfel gibt es sogar noch eine fast ebene Passage. Doch nach einer Kurve wird es wieder sehr steil, jedoch nur mehr für die letzten Meter bis zum Gipfel der **Guajara** **03**.

Die Anstrengung hat sich definitiv gelohnt: Es gibt auf Teneriffa keinen anderen derartig schönen Panoramablick. Jenseits der Lavawüste der Cañadas erscheinen Teide und Pico Viejo zum Greifen nahe. Im Süden breiten sich weite

Terrassen mit Kiefernwäldern aus und in der Ferne – ganz tief unten – kann man an klaren Tagen den Flughafen und die Küste bei El Médano erspähen. Ein unglaublicher Anblick!!!

In einer Nische einer Natursteinmauer findet sich sogar ein Gipfelbuch – in Spanien definitiv die Ausnahme – und steinerne Sitzbänke laden zu längerem Verweilen ein. Und das lohnt sich auch, denn mit wechselnden Lichtverhältnissen ändert sich auch das Gipfelpanorama.

Für den Rückweg zum **Ausgangspunkt 01** gibt es keine Alternative zum Aufstieg, doch bieten sich beim Abstieg neue Ausblicke auf die Cañadas.

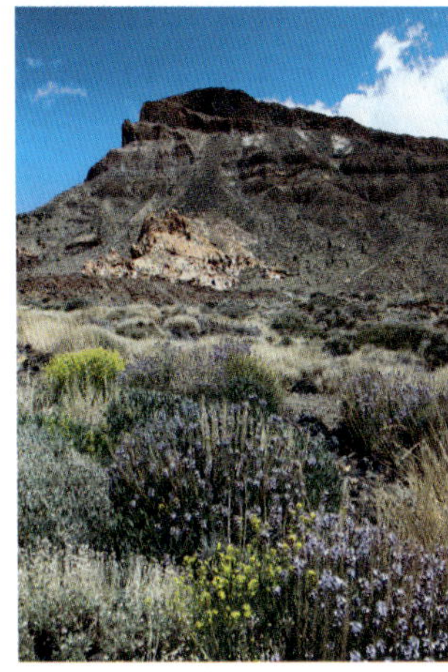

Guajara

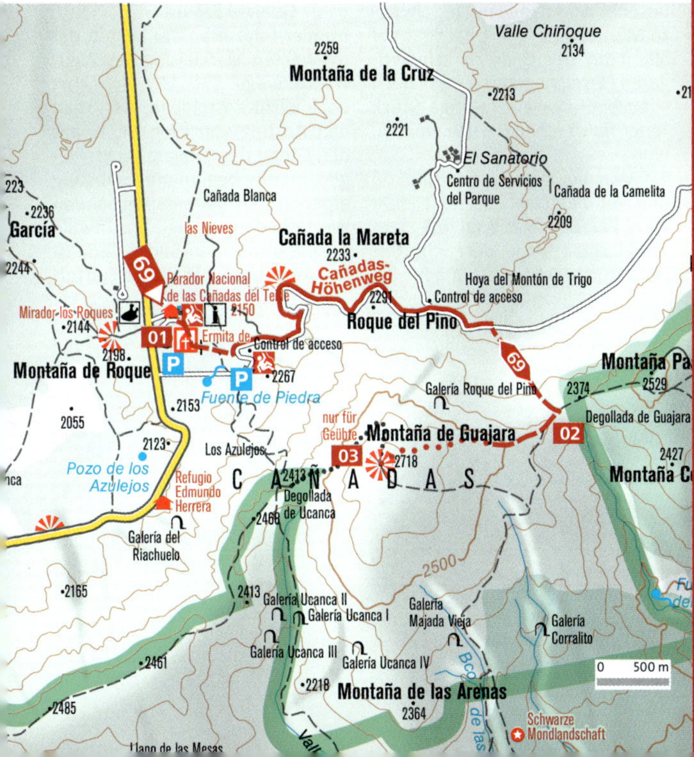

70

ZUR SCHWARZEN MONDLANDSCHAFT

Wunderwelt an der Südseite der Caldera

 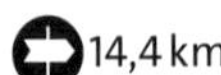 14,4 km 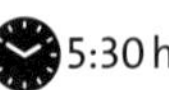 5:30 h 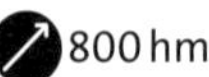 800 hm  800 hm  233

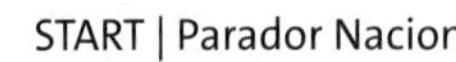

START | Parador Nacional
[GPS: UTM Zone 28 x: 340.322 m y: 3.123.078 m]
CHARAKTER | Die technisch nur mittelschwere, aber anstrengende Wanderung führt auf dem Nationalpark zu einem geologischen Wunderwerk am Südabhang der Caldera. Fast ausschließlich auf Bergpfaden, teilweise auf Schotterpiste.

Die Wanderung zur bekannten Weißen Mondlandschaft, der Paisaje Lunar, wurde schon in Tour 11 beschrieben. Weit weniger häufig besucht wird dagegen die Schwarze Mondlandschaft. Dies liegt vor allem an der deutlich schwierigeren Erreichbarkeit. Und doch – auch dieses einzigartige Stück Teneriffa ist einen Besuch wert.

▶ Wie bei den Wanderung 68 und 69 beschrieben, folgt man vom **Parador Nacional** 01 dem Wanderpfad bzw. der Schotterpiste durch die Siete Cañadas bis zur Abzweigung des Gipfelanstiegs auf die Guajara. Hier biegt man rechts in den Weg Nr. 5 ein und steigt bis zum Sattel **Degollada de Guajara** 02 auf.
Ab hier folgt man am besten der rot-weißen Markierung des Weitwanderwegs GR 131. Zunächst noch leicht ansteigend, lässt man den Anstieg von Weg Nr. 15 auf den Gipfel der Guajara rechts liegen. Im nun beginnenden Abstieg ergeben sich bei entsprechenden Wetterbedingungen prachtvolle Ausblicke auf den Süden Teneriffas. Auch begleiten einige Felsfor-

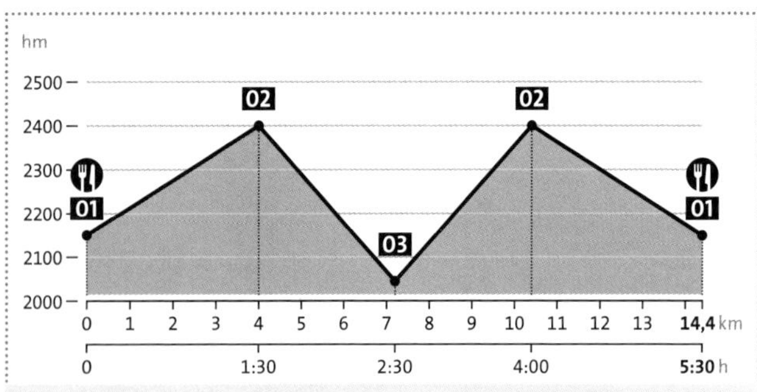

01 Parador Nacional, 2150 m; 02 Degollada de Guajara, 2400 m; 03 Schwarze Mondlandschaft, 2045 m

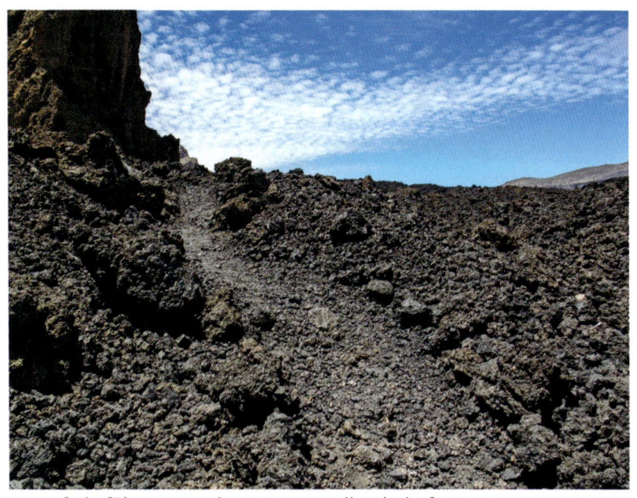

Bergpfade führen zur Schwarzen Mondlandschaft

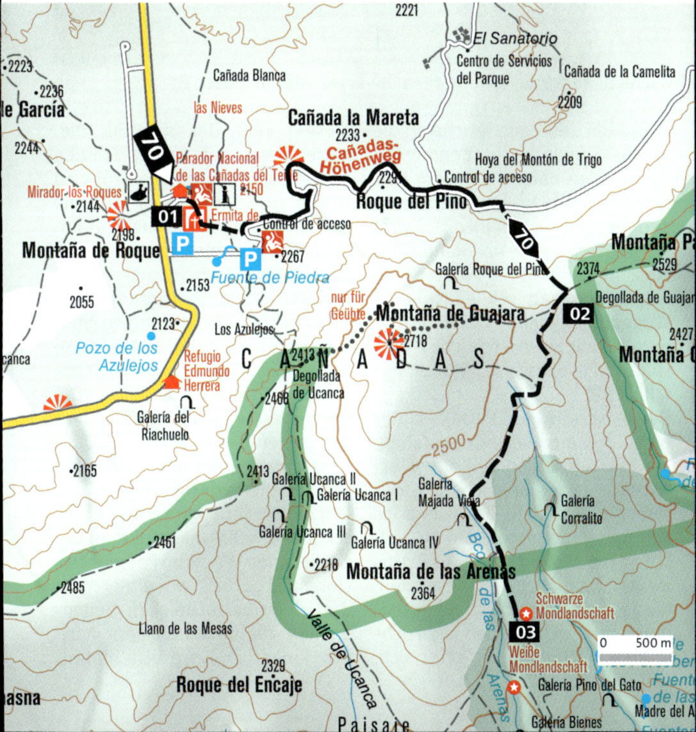

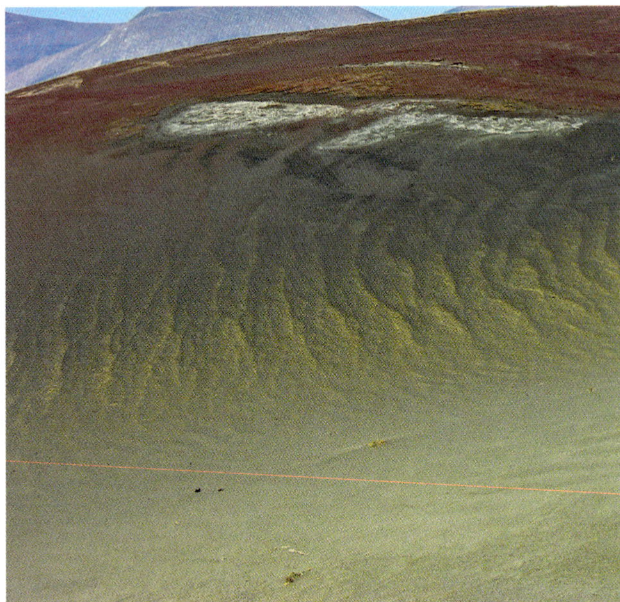

Asche bedeckt weite Teile der Schwarzen Mondlandschaft

mationen den Weg, welche an die Weiße Mondlandschaft erinnern.

Der Abstieg nähert sich dem Barranco de las Arenas und schwenkt dem Verlauf der Schlucht folgend etwas nach links. Am Rande des Einschnitts geht es weiter talwärts, bis man schließlich eine Weggabelung erreicht. Hier hält man sich links und erreicht wenig später die **Schwarze Mondlandschaft 03**.

Diese ist mit der Paisaje Lunar nicht zu vergleichen, es fehlen die Tuffsteinsäulen und die hellen Aspekte in der Landschaft. Dafür sind die Kontraste des Szenarios kaum zu überbieten: Durch tiefschwarze Felder aus Lavagrus ziehen sich helle Sandstreifen, die je nach Licht bzw. Wetterbedingungen ockerfarben bis leicht orange erscheinen. Es lohnt sich, diesem Weg, der ebenfalls beinahe bizarr mit hellen Steinen eingefasst ist, noch ein Stück zu folgen und einen Blick auf die Schwarze Mondlandschaft im Bereich des Barranco de las Arenas zu werfen: Tiefschwarze Asche bedeckt das unterliegende helle Gestein und nur an einigen Stellen haben Wind und Regen diese hellen Türmchen freigelegt. Nach den Unwettern im Oktober 2015 erinnerte die Landschaft den Autor an den Bryce Canyon in Utah – vergraben unter den Aschemassen aus einem riesigen Ofen...

Um die beschriebene Route abzuschließen, kehrt man auf dem beschriebenen Weg zum **Parador Nacional 01** zurück, wobei der Weg durch den beträchtlichen Gegenanstieg zur Caldera einen deutlich länger in Anspruch nimmt.

KLASSISCHE TEIDE-BESTEIGUNG

Auf den höchsten Berg Spaniens

  9 km 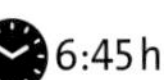 6:45 h 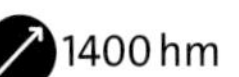 1400 hm 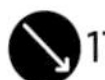 170 hm 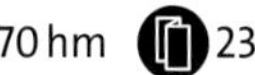 233

START | Parkplatz Montaña Blanca
[GPS: UTM Zone 28 x: 342.717 m y: 3.126.983 m]
CHARAKTER | Durch den großen Höhenunterschied ist die Besteigung des Teide eine anstrengende Bergtour. Anfangs erfolgt der Anstieg auf einem Fahrweg, in weiterer Folge auf Bergpfaden mit zum Teil schwierigem Untergrund.

Die Besteigung des Teide ist ohne Zweifel die eindrucksvollste Gipfeltour auf Teneriffa. Nicht nur der umfassende Panoramablick, sondern auch die einzigartige Landschaft werden jeden in ihren Bann ziehen. Dennoch, der Aufstieg ist nur jenen zu empfehlen, die über eine entsprechende Kondition und Trittsicherheit verfügen. Zudem ist zu bedenken, dass man sich bereits in beträchtlicher Höhenlage befindet, was sich insbesondere auswirkt, da man in der Regel bei der Anfahrt auf Meeresniveau startet. Dennoch: die Gipfeltour bleibt ein einmaliges Erlebnis.

▶ Vom **Parkplatz Montaña Blanca 01** direkt an der TF-21 folgt man zunächst dem breiten Fahrweg, der sich sogleich mit einigen Kurven von der TF-21 entfernt. Über Flächen mit feingrusigem Bimsstein gelangt man alsbald zu einer Weggabelung, an der man sich links hält. Leicht ansteigend zieht der Weg in nordwestliche Richtung, von rechts mündet der

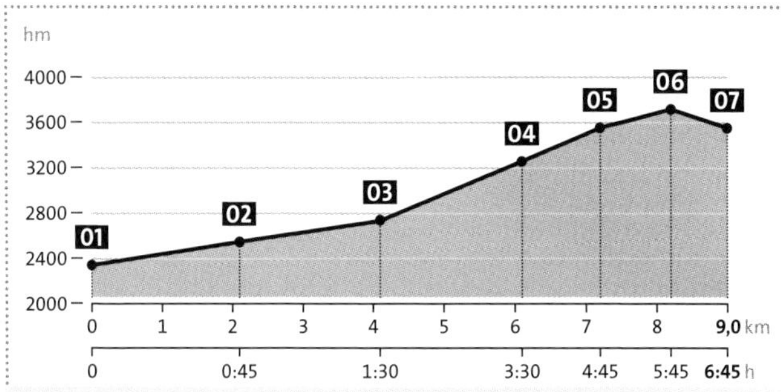

01 Parkplatz Montaña Blanca, 2345 m; **02** Huevos del Teide, 2550 m; **03** Montaña Blanca, 2735 m; **04** Refugio Altavista, 3260 m; **05** Mirador de La Fortaleza, 3555 m; **06** Teide, 3718 m; **07** Bergstation Teleférico, 3555 m

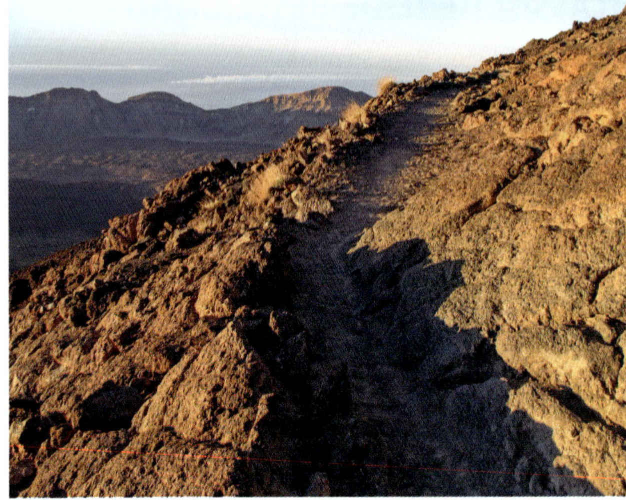
Über der Montaña Blanca wird der Steig anspruchsvoll

Wanderweg Nr. 6 ein, der von El Portillo zur Montaña Blanca führt (siehe Tour 66).
Nun beginnt der Fahrweg deutlicher anzusteigen und zieht sich in etlichen Kehren auf die Montaña Blanca hinauf. Ein markanter landschaftlicher und geologischer Höhepunkt in diesem Teil des Aufstiegs sind die **Huevos del Teide 02** („Eier des Teide"): Bis zu 5 Meter große, schwarze Lavakugeln liegen wie von Riesenhand verstreut in einer Mulde unterhalb der Montaña Blanca. Die Kugeln bestehen zu einem großen Teil aus Obsidian, einem vulkanischen Glas. Ihre Kugelform erhielten sie durch das Herunterkollern von den steilen Osthängen des Teide. Nachdem man die „Eier" passiert hat, geht es in mehreren Serpentinen weiter auf den Rücken der **Montaña Blanca 03** und trifft hier auf die Abzweigung des Gipfelanstiegs. Man folgt nun beim Schild „Refugio de Altavista" dem Bergpfad nach rechts. Tafeln warnen an dieser Stelle eindringlich vor der Höhenkrankheit (AMS = Acute Mountain Sickness). Ursache für dieses Krankheitsbild ist der geringere Luftdruck und der damit verbundene geringere

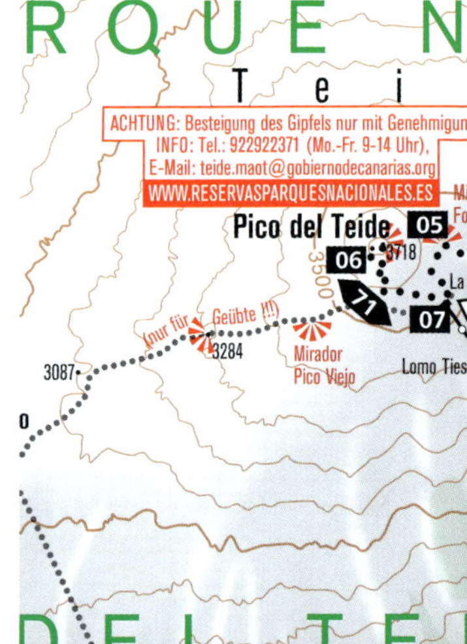

Bewilligung für die Gipfelersteigung

Für die Besteigung des obersten Gipfelbereichs des Teide ab dem Panoramaweg bei der Seilbahnstation benötigt man eine Bewilligung, die am Einfachsten über die Reservierungsseite der spanischen Nationalparks zu erlangen ist: http://www.reservasparquesnacionales.es
Durch die Online-Anmeldung erübrigt sich auch eine Vorsprache im Nationalpark-Büro (Calle Emilio Calzadilla 5, 38002 Santa Cruz de Tenerife). Die genauen Bedingungen für die Bewilligung sind auf der genannten Homepage auch in deutscher Sprache zu finden. Der Bewilligungsantrag muss spätestens bis 14:00 Uhr am Vortag der gewünschten Gipfelbesteigung eingereicht werden, doch hat man dann kaum mehr Chancen, denn die Zahl der pro Tag ausgestellten Bewilligungen ist streng limitiert.

Sauerstoffpartialdruck in großen Höhen. Der Körper versucht, den Sauerstoffmangel durch eine höhere Atemfrequenz und einen gesteigerten Ruhepuls auszugleichen. Anzeichen einer leichten akuten Bergkrankheit treten oft schon zwischen 2000 und 2500 Metern Seehöhe auf. Wer dafür anfällig ist, lässt sich im Voraus nicht sagen: Menschen, die körperlich fit sind, leiden genauso häufig unter den Symptomen wie weniger trainierte. Auch das Rauchen ist kein Risikofaktor. Ältere Menschen sind nicht stärker gefährdet als Jugendliche. Einzig Kinder und Kleinkinder haben ein erhöhtes Risiko. Erste Alarmsignale sind Kopfschmerzen, Übelkeit (teilweise mit Erbrechen), rapider Leistungsabfall (oft verbunden mit Herzrasen und schnellem Puls) sowie Schwindel und Unsi-

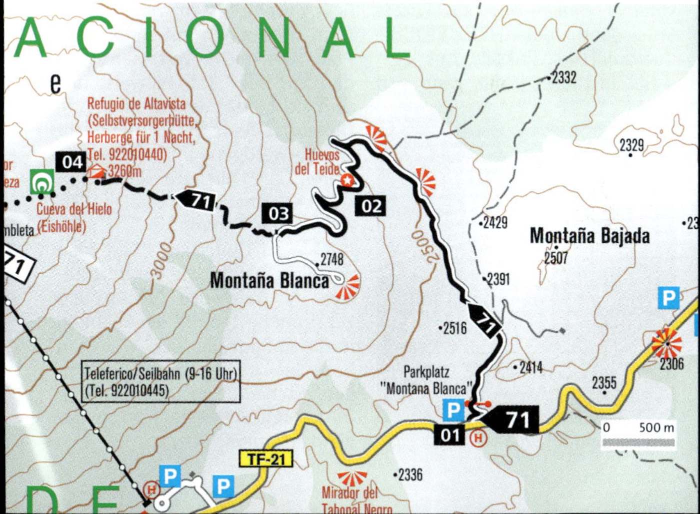

Übernachtung im Refugio Altavista

Die Schutzhütte erlaubt eine Übernachtung für maximal 54 Personen und ist das ganze Jahr über geöffnet (außer bei sehr schlechten Wetterbedingungen). Es ist nur eine Übernachtung erlaubt. Reservierungen sind zwingend erforderlich, am einfachsten online unter https://www.telefericoteide.com
Wer in der Hütte übernachtet, darf den Teide vor 9 Uhr morgens ohne Bewilligung besteigen, muss jedoch spätestens um 9 Uhr wieder zurück an der Bergstation der Seilbahn sein.

cherheiten beim Gehen. Wer derartige Symptome an sich bemerkt, sollte die Tour in jedem Fall sofort abbrechen und möglichst zügig und in Begleitung in tiefere Lagen absteigen.
Der Anstieg wird ab der Abzweigung auch wesentlich anspruchsvoller, denn der Pfad zieht sich in zahllosen Windungen den von Lava bedeckten Hang hinauf. Nächstes wichtiges Etappenziel ist das **Refugio Altavista** **04**, eine Schutzhütte, die sich in einem Bereich mit unzähligen Lavablöcken befindet.
Von der Hütte führt ein mit Steinen gepflasterter Weg in die Lavafelder hinein. Nur ein kurzes Stück oberhalb der Hütte liegt die Cueva del Hielo links des Anstiegswegs. In dieser Höhle kann sich

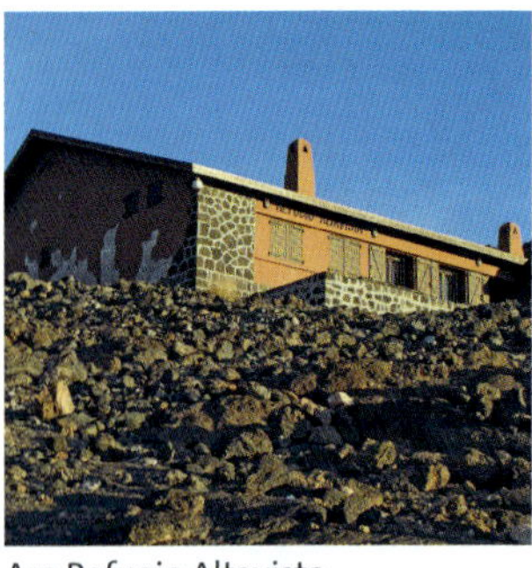

Am Refugio Altavista

das ganze Jahr über winterlicher Schnee halten. Allerdings kam es in den letzten Jahren immer wieder vor, dass auch in der kalten Jahreszeit nur sehr wenig Schnee auf dem Teide fällt. Für den Aufstieg zum Gipfel folgt man jedoch dem Hauptweg und erreicht nach weiterem Aufstieg schließlich den Höhenweg von der Seilbahnstation zum Aussichtspunkt **Mirador de La Fortaleza** **05**.
Man wendet sich auf der Höhenpromenade nach links und erreicht so den Einstieg zum Gipfelpfad nahe der Bergstation der Seilbahn. Ab hier benötigt man für den weiteren Aufstieg eine Bewilligung (siehe Kasten). Der Aufstieg führt über einen gut markierten Pfad, der nicht verlassen werden darf. Sehr steil, teilweise fast senkrecht leitet der Felspfad zum Gipfel des **Teide** **06**. Die Aussicht ist überwältigend und umfasst an klaren Tagen auch die Nachbarinseln La Palma, La Gomera, El Hierro und Gran Canaria.
Nach dem Gipfelsieg steigt man auf dem selben Weg zur **Bergstation der Teleférico** **07** ab und kehrt am besten mit der Seilbahn in die Cañadas zurück. Will man auch den Abstieg zu Fuß bewältigen, erscheint eine Übernachtung im Refugio Altavista (fast) zwingend erforderlich.

PANORAMASPAZIERGANG AM TEIDE

Unterwegs auf dem Vulkan

 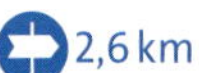 2,6 km 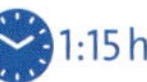 1:15 h 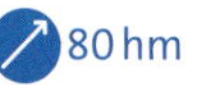 80 hm 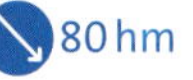 80 hm  233

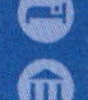

START | Bergstation Teleférico
[GPS: UTM Zone 28 x: 339.247 m y: 3.128.196 m]
CHARAKTER | An sich einfache Wanderung auf gepflasterten Bergwegen, die allerdings in großer Höhe über 3500 Meter erfolgt und daher anstrengend sein kann.

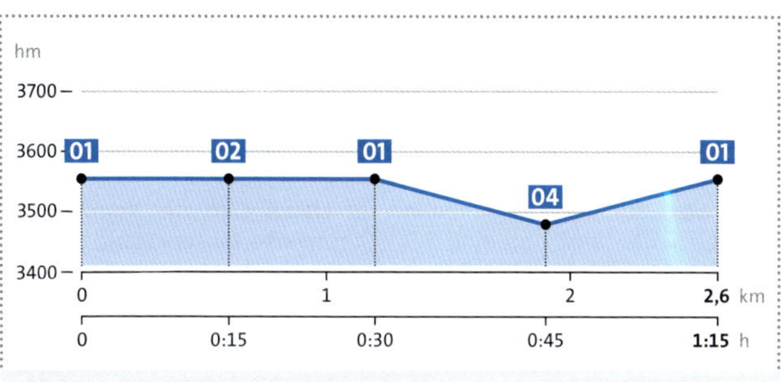

01 Bergstation Teleférico, 3555 m; 02 Mirador de La Fortaleza, 3555 m;
03 Mirador de Pico Viejo, 3480 m

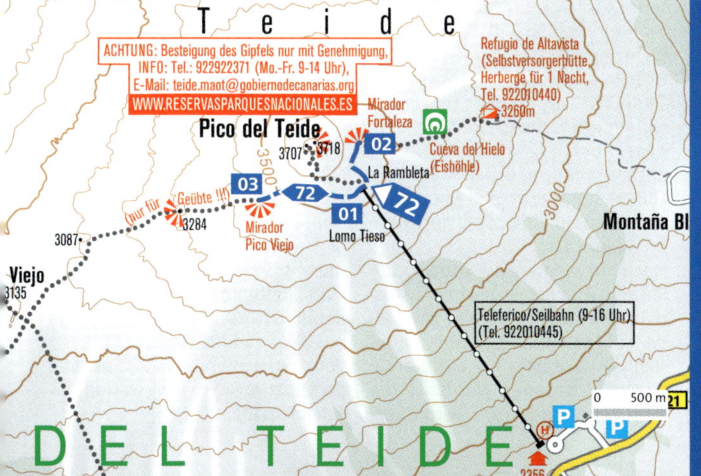

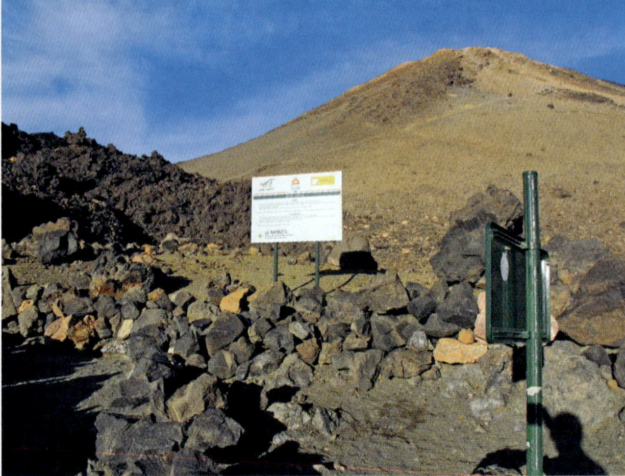

Der Weg führt über eine Terrasse am Fuß des Teide

Auch wer „nur“ mit der Seilbahn auf den Teide fährt und eine Besteigung des Gipfels nicht in Erwägung zieht, muss nicht völlig auf eine Wanderung verzichten. Eine einfache Höhenpromenade führt zu zwei attraktiven Aussichtspunkten am Fuße des Gipfels.

Von der **Bergstation des Teleférico** 01 folgt man zunächst dem Wanderweg Nr. 11 in nördliche Richtung. Der mit Steinen gepflasterte Weg durch die Ostflanke des Teide führt ohne nennenswerten Höhenunterschied unter dem Kegel des eigentlichen Gipfels entlang. Während der Krater zur Linken liegt, fällt der Blick nach rechts auf die Flanken der Montaña Blanca.

Nach Abzweigung der Route 7 zum Refugio Altavista erreicht man alsbald den Aussichtspunkt **Mirador de La Fortaleza** 02. Hier bietet sich ein fantastischer Panoramablick: Die gesamte Nordseite der Insel Teneriffa ist zu überblicken, im Osten sind die Kuppeln der Sternwarte Observatorio Astrofísico del Teide zu erkennen und aus dem tiefblauen Meer ragen die Nachbarinseln La Palma und La Gomera hervor.

Nachdem man den Ausblick ausgiebig genossen hat, kehrt man zur **Bergstation** 01 zurück und beginnt hier den nächsten Teil der Wanderung: Man geht nun an der Südseite des Teide leicht abwärts bis zum Aussichtspunkt **Mirador Pico Viejo** 03. Am Mirador zeigt sich der farbenprächtige Krater des Pico Viejo ebenso wie die Zwillingsfelsen Los Gemelos. Der Blick schweift bis zu den großen Tourismuszentren im Süden der Insel und zu den weiten Kiefernwäldern von Vilaflor. Die Insel La Gomera erscheint an klaren Tagen zum Greifen nahe und ein wenig dahinter sind auch El Hierro und La Palma zu erkennen.

Vom Aussichtspunkt geht es wiederum zurück zur **Bergstation des Teleférico** 01.

PICO VIEJO – DIE „LEICHTE" VARIANTE

Zum „Alten Gipfel"

 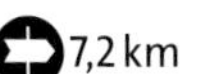 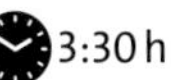 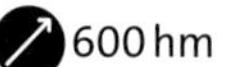 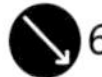 

7,2 km 3:30 h 600 hm 600 hm 233

START | Bergstation Teleférico
[GPS: UTM Zone 28 x: 339.234 m y: 3.128.201 m]
CHARAKTER | Diese kurze Wanderung in den höchsten Bergen Teneriffas ist aufgrund der Höhenlage und der Wegebeschaffenheit als schwierig einzustufen. Sie erfordert eine gute Kondition und Trittsicherheit auf schlechtem Untergrund.

Der **Pico Viejo** ist zwar um rund 600 Höhenmeter niedriger als der Teide, weist dafür aber einen deutlich größeren Krater mit einem Durchmesser von 700 m auf. Aus der Nähe betrachtet wirkt der zweithöchste Gipfel Teneriffas beinahe noch beeindruckender als sein größerer „Bruder".

▶ Wie bei Tour 72 beschrieben, wandert man zunächst von der **Bergstation des Teleférico** 01 zum **Mirador Pico Viejo** 02. Am Aussichtspunkt endet der gut in Stand gehaltene und einfach zu begehende Panoramaweg und ab hier geht es auf einem nicht immer angenehm zu begehenden Steig weiter.

Zu Beginn ist der Pfad noch gut zu erkennen, doch verliert er sich allmählich in den Weiten eines riesigen Lavastroms. Es gilt konzentriert zu gehen, denn einerseits ist der Untergrund sehr ruppig und andererseits muss man immer wieder den richtigen Weg aufspüren. Dabei helfen allerdings die grünen Tafeln mit der Weg-Nr. 9. Der Weg leitet relativ gleichmäßig abwärts, wird aber an einer

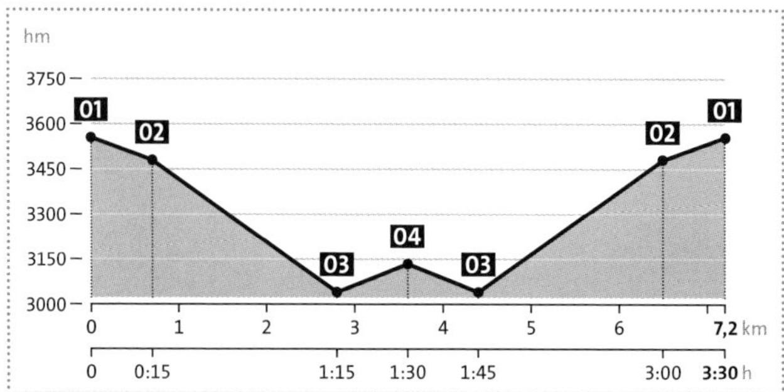

01 Bergstation Teleférico, 3555 m; 02 Mirador de Pico Viejo, 3480 m;
03 Ende des Lavastroms, 3040 m; 04 Pico Viejo, 3135 m

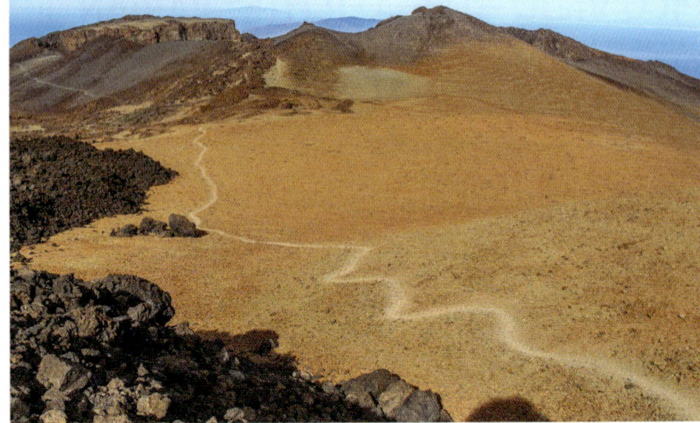

Am Ende des Lavastroms

Stelle etwas steiler und aufgrund des Gesteins im Untergrund relativ rutschig. Größere Lavablöcke müssen umgangen werden, doch schließlich erreicht man das untere **Ende des Lavastroms 03**.

Ab hier verläuft der Pfad über eine Hochebene und auf Bimskies, welcher wesentlich einfacher zu begehen ist. In einem Bogen strebt der Pfad dem Kraterrand entgegen und man gelangt an eine Weggabelung. Von hier kann man in kurzer Zeit auf den Kraterrand des **Pico Viejo 04** aufsteigen. Der Blick in den gewaltigen Krater ist beeindruckend und besticht durch seine Schichtung und die verschiedensten Farbtöne.

Für die beschriebene Route kehrt man auf dem selben Weg zur **Bergstation des Teleférico 01** zurück, wobei der Aufstieg deutlich mehr Zeit in Anspruch nimmt.

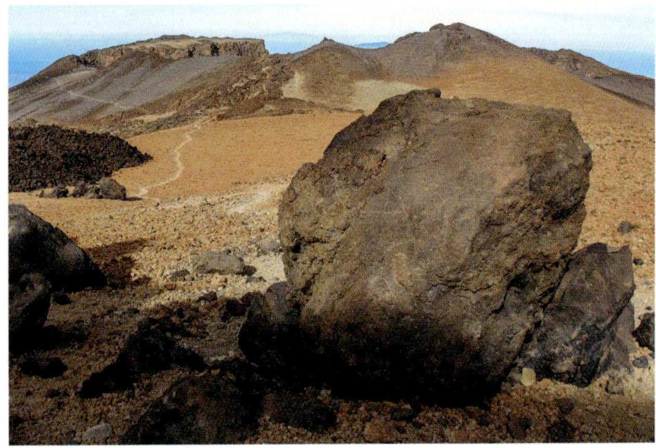

Lavafelsen am Abstiegsweg

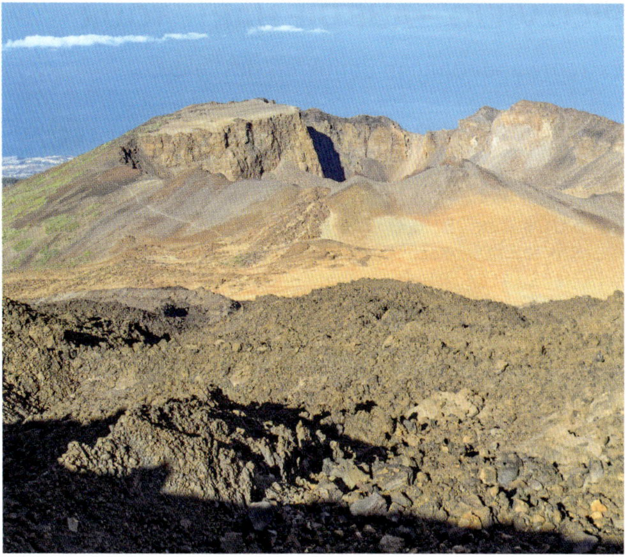

Kraterlandschaft

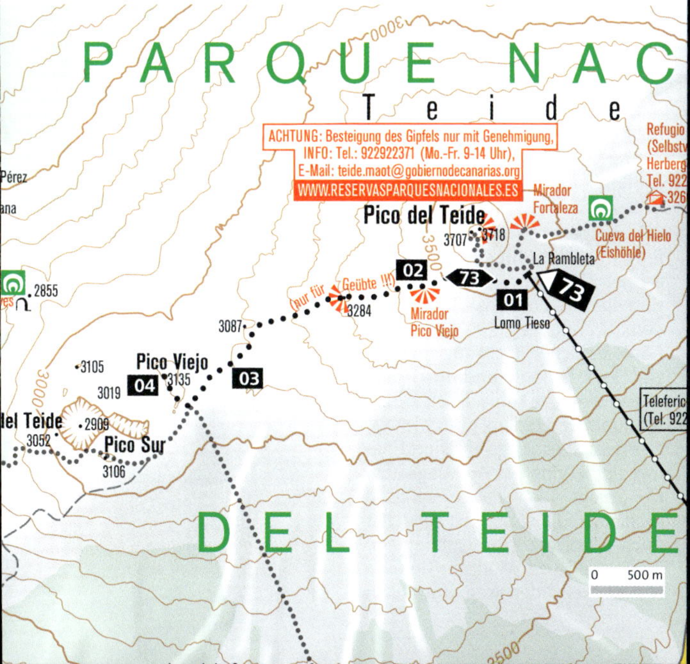

PARQUE NAC

Teide

ACHTUNG: Besteigung des Gipfels nur mit Genehmigung,
INFO: Tel.: 922922371 (Mo.-Fr. 9-14 Uhr),
E-Mail: teide.maot@gobiernodecanarias.org
WWW.RESERVASPARQUESNACIONALES.ES

Refugio
(Selbstv
Herberg
Tel. 922
3260

Pérez
ana

Mirador
Fortaleza

Pico del Teide
3707
3718

Cueva del Hielo
(Eishöhle)

La Rambleta

02
73
01
73

(nur für Geübte !!!)
3284

Mirador
Pico Viejo

Lomo Tieso

2855

3087
3105
Pico Viejo
3135
04
03
3019

del Teide
2909
3052
Pico Sur
3106

Teleferic
(Tel. 922

DEL TEIDE

0 500 m

PICO VIEJO – AUF DIE HARTE TOUR

Extremwanderung im Bannkreis des Teide

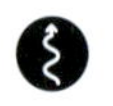 14,8 km 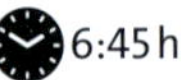 6:45 h 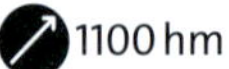 1100 hm  1050 hm 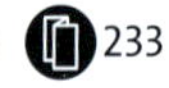 233

START | Mirador de Chio
[GPS: UTM Zone 28 x: 333.360 m y: 3.124.776 m]
CHARAKTER | Diese schwierige Gipfeltour verläuft durch die schattenlose Landschaft am Teide und bedarf einer soliden Kondition und Trittsicherheit. Dafür wird man durch totale Bergeinsamkeit belohnt.

Der Anstieg auf den **Pico Viejo** ohne Zuhilfenahme der Teide-Seilbahn stellt ohne Zweifel eine der schönsten, aber auch eine der anspruchsvollsten Routen durch den Nationalpark dar. Es gilt, mehr als 1000 Höhenmeter im An- und Abstieg zu überwinden und noch dazu sind manche Wegpassagen nicht ganz einfach zu begehen. Außerdem ist der gesamte Weg gnadenlos der Sonne ausgesetzt und liegt zum Teil über 3000 Meter Seehöhe. Eine Königstour, aber definitiv nicht für jedermann/frau geeignet!

▶ Ausgangspunkt dieser Gipfeltour ist der **Mirador de Chio 01** an der TF-38 im Westen des Nationalparks. Zunächst folgt man dem Wanderweg Nr. 32, der in nordwestlicher Richtung parallel zur TF-38 verläuft und durch fast ebene Bereiche führt. Nach kurzer Wanderung erreicht man die Abzweigung des Wegs Nr. 9 und damit den **Beginn des Aufstiegs 02**. Man biegt nach rechts in diesen Pfad ein und beginnt den zunächst noch relativ sanften Anstieg. An der Südseite der Montaña de Chio vorüber wird der Weg allmählich steiler und führt in einer weiten Linksschleife über den Höhenrücken Lomo de Chio. An der Westseite der Krater um den Pico Viejo trifft man schließlich auf eine Weggabelung. Man halt sich links und bleibt weiterhin auf dem Weg

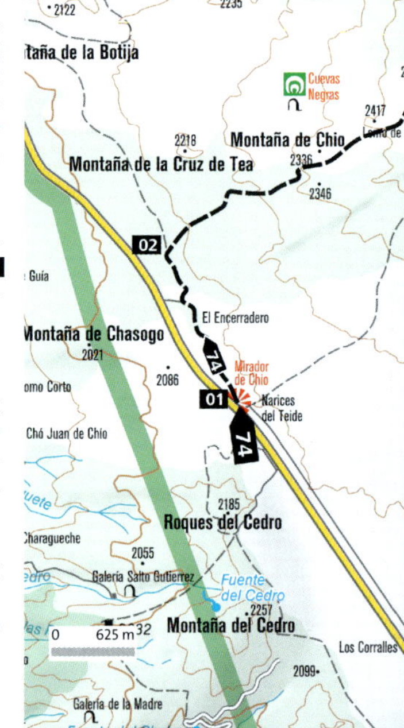

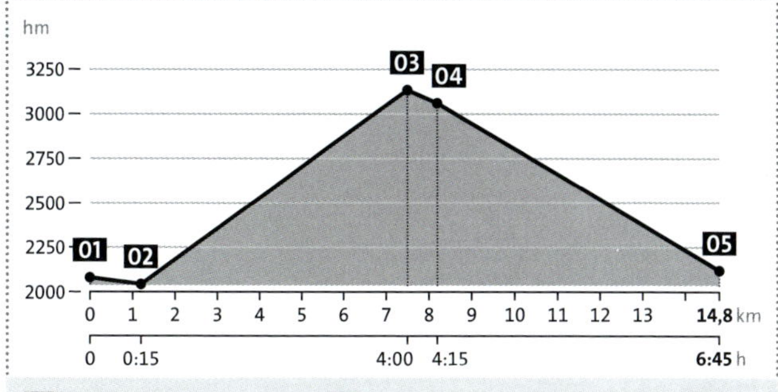

01 Mirador de Chio, 2080 m; **02** Beginn des Aufstiegs, 2043 m; **03** Pico Viejo, 3135 m; **04** Weg Nr. 23, 3060 m; **05** Parkplatz Roques de Garcia, 2120 m

Nr. 9. Ziemlich steil und steinig zeigt sich der Steig den Narices del Teide entgegen. Aus Nebenkratern und -rissen in diesem Bereich kam es zu den letzten Ausbrüchen nahe am Teide. Knapp unterhalb dieses Nebenkraters überschreitet man die 3000-Meter-Marke. In einem leichten Bogen geht es nun am südlichen Rand des 700 Meter großen Kraters entlang und nachdem man die Caldera fast umgangen hat, wird wieder der Blick auf den nunmehr ganz nahe liegen-

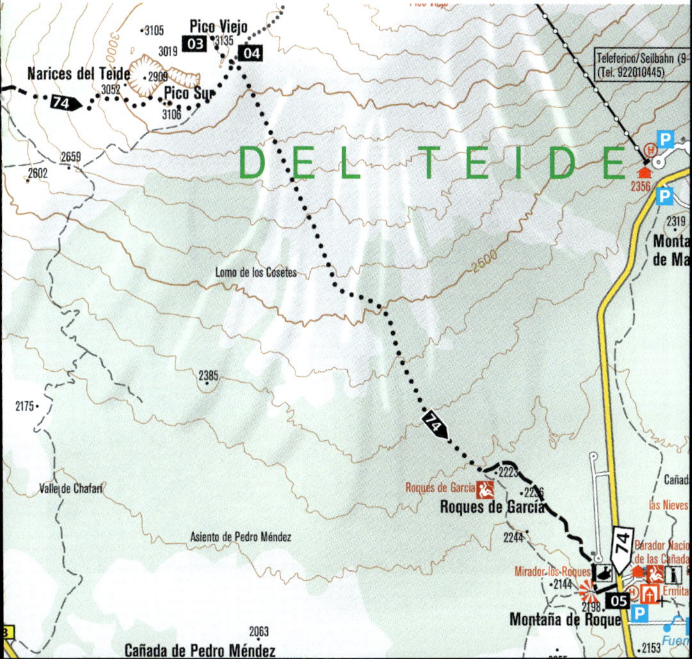

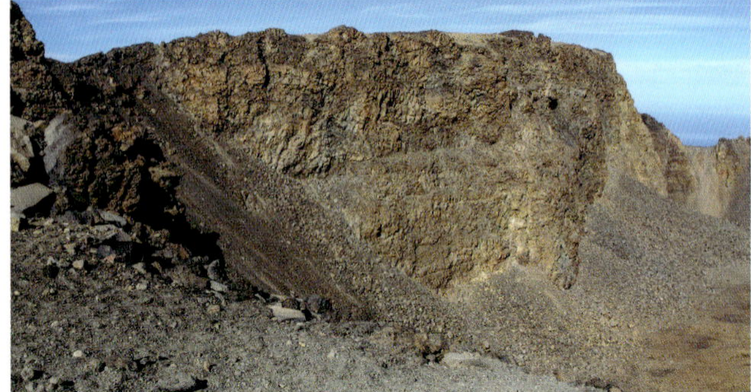

Die Caldera fällt steil nach innen ab

den Teide frei. Man trifft auf eine Wegkreuzung und steigt hier nach links die letzten Höhenmeter zum Kraterrand des **Pico Viejo 03** empor. Der Blick in den Riesenkrater ist beeindruckend und auch der Teide wirkt aus dieser Perspektive zwar höher, aber weit weniger wuchtig als beim Blick aus den Cañadas.

Zurück an der Wegkreuzung trifft man auf den Beginn von **Weg Nr. 23 04**. Man folgt diesem Pfad, der durch die Südhänge des Teide verläuft und dabei immer wieder Lavaströme und Hangeinschnitte quert. Da es zu diesem wiederum markierten Steig keine Alternativen gibt, fällt die Orientierung leicht. Mit dem Tiefersteigen kommen die ersten Sträucher in der kargen Bergwelt hinzu. Nach langem Abstieg, der durch verschiedene Eindrücke der umgebenden Landschaft bereichert wird, erreicht man schließlich den Wanderweg Nr. 3 rund um die Roques de García (siehe Tour 67). Man folgt diesem Weg nach links und gelangt so an der Ostseite der markanten Felsformation zum **Parkplatz an den Roques de García 05**.

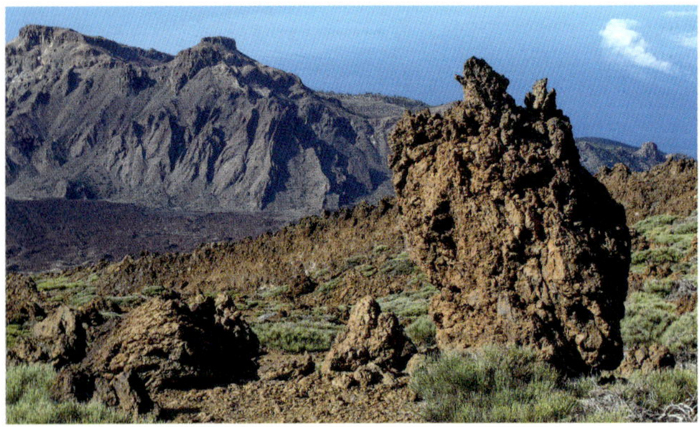

Fast am Ende des Abstiegs

ZUM MONTE REVENTADA

An der Westspitze des Nationalparks

 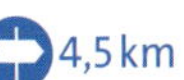 4,5 km 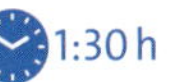 1:30 h 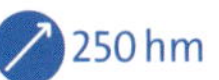 250 hm 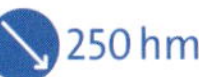 250 hm  233

START | Parkplatz Sámara
[GPS: UTM Zone 28 x: 330.699 m y: 3.127.942 m]
CHARAKTER | Diese einfache Rundwanderung führt auf gut angelegten und ausgeschilderten Pfaden durch den westlichsten Teil des Teide-Nationalparks. Auch hier gilt es, auf den Wegen zu bleiben und die Markierungen von gesperrten Bereichen zu beachten.

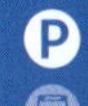
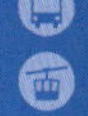
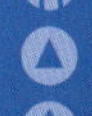
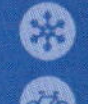

Wer bereits viele Wanderungen im Teide-Nationalpark unternommen hat, wird diese Wanderung wahrscheinlich nicht zu seinen persönlichen Highlights zählen. Doch kommt man das erste Mal von Westen in das Schutzgebiet, so vermittelt diese einfache Runde einen sehr guten Eindruck von der Kargheit und den Kontrasten der Berglandschaft im Herzen Teneriffas.

▶ Schon am **Parkplatz Sámara** 01 direkt an der TF-38 findet man eine Infotafel zum hier vorgestellten Wanderweg Nr. 13. Von der Straße führt der Pfad zunächst in nördlicher Richtung, man erreicht aber alsbald eine Wegteilung und wendet sich hier nach rechts. Durch licht mit Kiefern bestandenes Gelände wandert man in südöstlicher Richtung und trifft auf die Abzweigung des Wegs Nr. 32 zur Rechten. Dieser Pfad bleibt unberücksichtigt, man wandert geradeaus weiter auf Weg Nr. 13. Es folgt eine steilere, auf dem feinen Lavagrus etwas rutschige

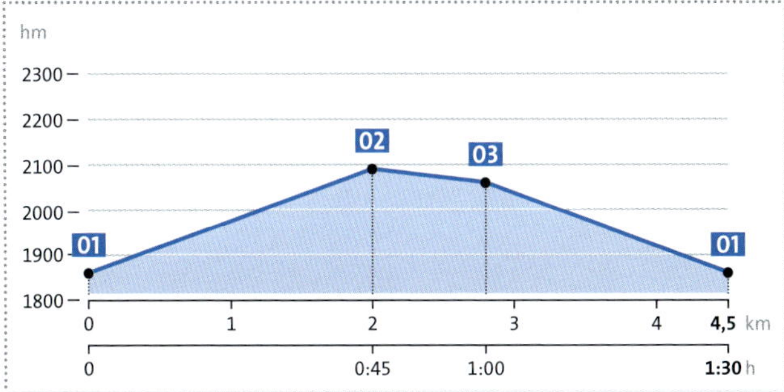

01 Parkplatz Sámara, 1860 m; 02 Wendepunkt, 2090 m; 03 Cuevas de Chajora, 2060 m

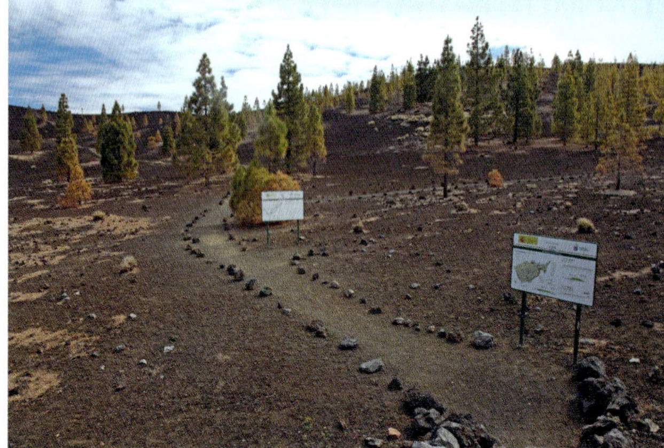

Am Anfang der Runde

Passage, welche jedoch ebenfalls keine wirkliche Schwierigkeit darstellt. Am Aschekegel der Montaña de la Botija zur Linken vorüber, erreicht man den **Wendepunkt** 02 der Wanderroute.

Von hier genießt man einen Ausblick auf den alten Krater des Monte Revantada. Zwar führt ein Trampelpfad bis auf den Gipfel dieses Berges, doch ist dies kein markierter Wanderweg und damit ist seine Begehen den Bestimmungen des Nationalparks entsprechend verboten. Dies sollte man jedenfalls respektieren.

Vom Wendepunkt steigt man in nordwestlicher Richtung leicht ab. Es geht über Schlackenfelder und im Bereich eines Quergangs bei einer Schlucht trifft man auf die **Cuevas de Chajora** 03. In dieser

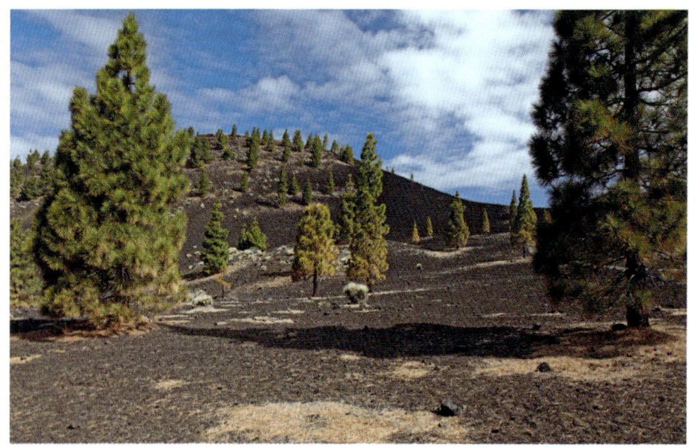

Am Wendepunkt der Runde

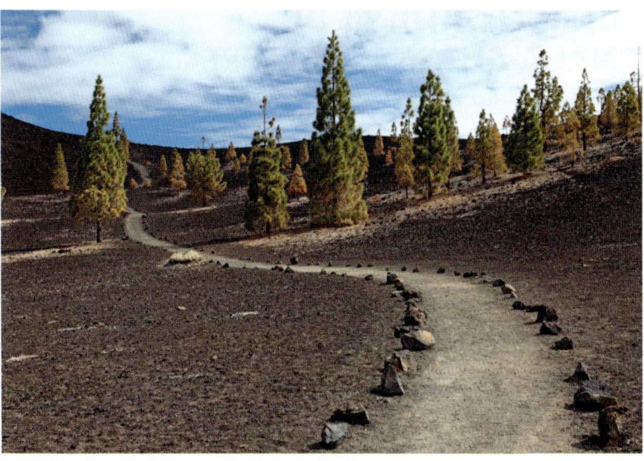

Gut angelegte Pfade durch die Lavafelder

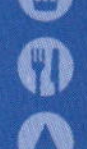
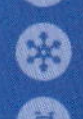

Lavahöhle wurden bedeutende Funde aus vorspanischer Zeit gemacht, so dass die Höhle abseits des Weges nicht betreten werden darf. Über Lavagrus geht es weiter abwärts und nach einer lang gezogenen S-Kurve erreicht man wieder den **Parkplatz Sámara** 01.

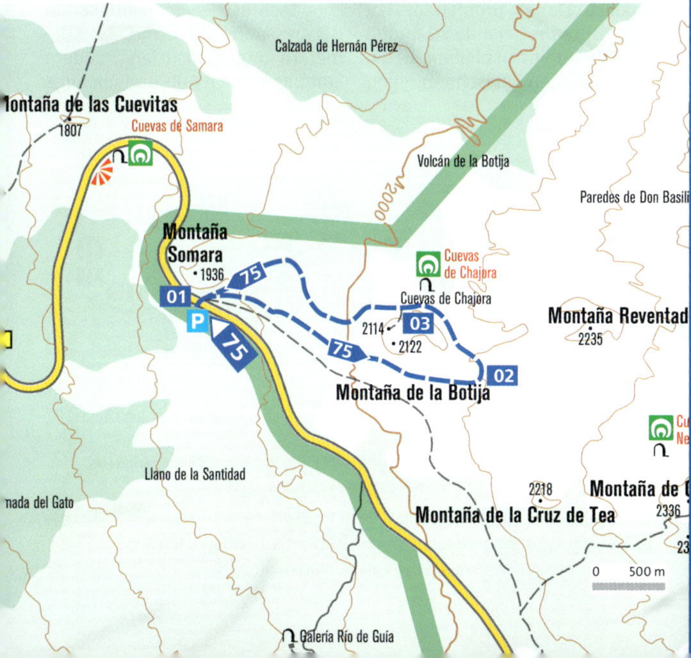

CAMINO NATURAL DE ANAGA-CHASNA, 1. ETAPPE

Von La Esperanza nach La Caldera

  30 km  9:00 h 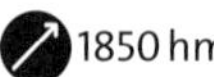 1850 hm 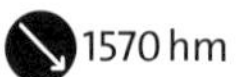 1570 hm  233

START | La Esperanza
[GPS: UTM Zone 28 x: 366.161 m y: 3.147.986 m]
CHARAKTER | Die erste Etappe des GR 131 ist aufgrund ihrer Länge eine echte Herausforderung. Wer diese Route in einem Stück zurücklegen möchte, benötigt eine ausgezeichnete Kondition, denn die im Höhenprofil angegebenen Zeiten sind als absolutes Minimum anzusehen.

Der GR 131 ist der einzige offizielle Weitwanderweg der Insel Teneriffa. In fünf Etappen durchquert er die gesamte Insel und ist durchgehend sehr gut beschildert und markiert. Da es problemlos ist, diese Route im Gelände zu finden und auch auf ihr zu bleiben, zielen die folgenden Beschreibungen mehr auf organisatorische Details ab bzw. geben Hinweise, wie man diese Wanderung abwickeln kann. Die erste Etappe ist zugleich die schwierigste: Zwar ohne wirkliche technische Schwierigkeiten ist dieses Teilstück mit 30 Kilometern unglaublich lang. Zudem kumulieren sich Auf- und Abstiege

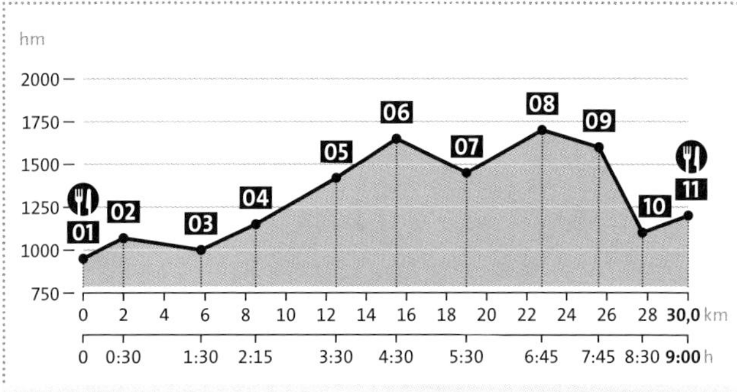

01 La Esperanza, 950 m; **02** Montaña del Haya, 1069 m; **03** Barranco Las Calderets, 1000 m; **04** Cruce Pista del Rayo, 1150 m; **05** Degollada de Chabarco, 1420 m; **06** Cortafuegos, 1650 m; **07** Punkt 07, 1450 m; **08** Cortafuegos Santa Ursula, 1700 m; **09** Portillo del Topo, 1600 m; **10** Casa del Agua, 1100 m; **11** La Caldera, 1200 m

Einteilung der Strecke

Wie bereits erwähnt, lässt sich die erste Etappe des GR 131 kaum in einem Stück bewältigen. Da die Route durch unbesiedeltes Gelände verläuft, gibt es auch am Weg keine „normalen" Übernachtungsmöglichkeiten, sondern nur die Campingzonen der Inselverwaltung. Die beiden direkt am Weg liegenden Areale Lomo de Tara und Las Calderetas werden allerdings schon nach rund 6 Kilometern erreicht, sodass immer noch eine beträchtliche Reststrecke verbleibt. Dennoch sind sie die einzige Möglichkeit, die Etappe sinnvoll zu unterteilen.
Für die Übernachtung benötigt man eine entsprechende Ausrüstung, da es an den Camps nur basalste Infrastruktur gibt. Zudem bedarf es einer Bewilligung für die Übernachtung. Infos dazu und die Möglichkeit zur Einholung der Bewilligung findet man auf der Homepage der Inselregierung www.tenerife.es
Derzeit funktioniert die Reservierung nur in Spanisch!

zu einem in Summe gewaltigen Höhenunterschied. Es erscheint kaum möglich, diese Etappe im Stück zu gehen. Und da sie durch ziemlich abgelegene Regionen des Nordostens verläuft, wird auch eine Teilung in zwei Tage zu einer Herausforderung an das Organisationsgeschick des Wanderers.

▶ Der Beginn des GR 131 liegt in **La Esperanza** **01** an der Zufahrt von der TF-24 in den Ortskern. Über die Calle José Antonio Bacallado kommt man zur Plaza del Agricultor. Von hier geht es durch die Calle Grano de Oro am Wald von Adelantado zum Kreisverkehr in Las Erikas, wo sich eine erste Übersichtstafel zum Weitwanderweg findet. Ab hier ist die Strecke durchgehend mit Wegweisern sowie weiß-roten Markierungen optimal gekennzeichnet, so dass die Orientierung keine weiteren Probleme macht.
Es geht durch den Esperanza-Wald an der Nordseite der Insel in einem teilweise heftigen Auf und Ab bis zur Freizeitzone am Krater von **La Caldera** **11** oberhalb von Aguamansa.

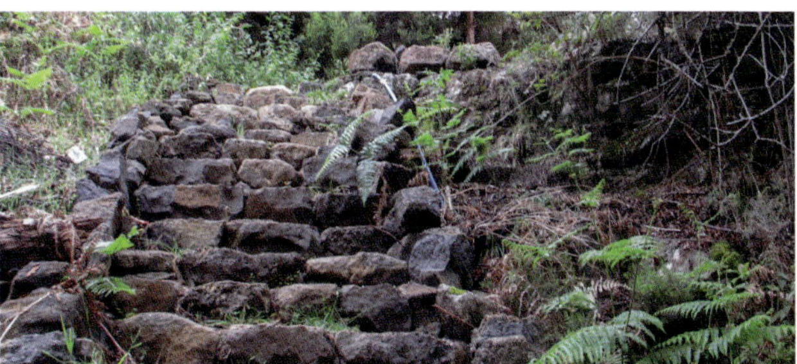

Manche Anstiege erfolgen über Stufen

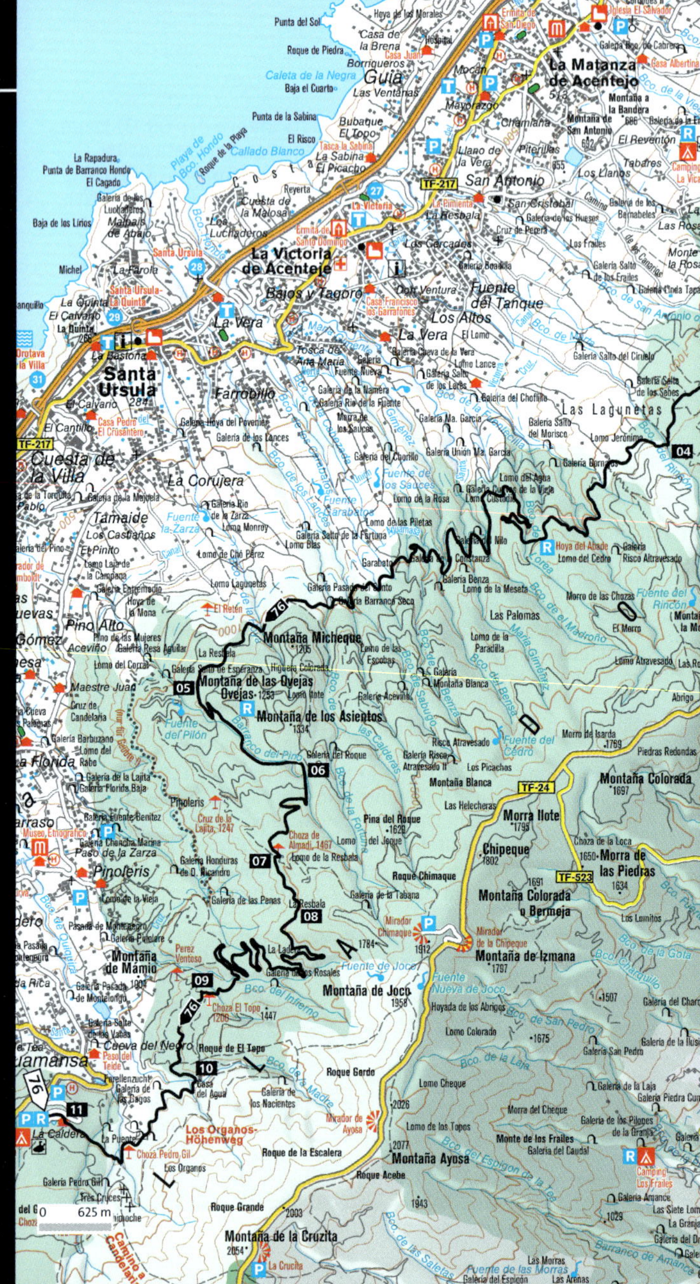
La Matanza de Acentejo
La Victoria de Acentejo
Santa Úrsula
Guía
San Antonio
Fuente del Tanque
Los Altos
La Vera
Cuesta de la Villa
La Corujera
Tamaide
Las Lagunetas
Montaña Micheque
Montaña de las Ovejas
Montaña de los Asientos
Pino Alto
La Florida
Pinoleris
Montaña de Mámio
Montaña de Joco
Montaña Colorada
Morra Ilote
Chipeque
Morra de las Piedras
Montaña Colorada o Bermeja
Montaña de Izmana
Montaña Ayosa
Montaña de la Cruzita
Roque de El Topo
Roque Gordo
Los Órganos-Höhenweg
Aguamansa
La Caldera
TF-217
TF-24
TF-523
0 625 m

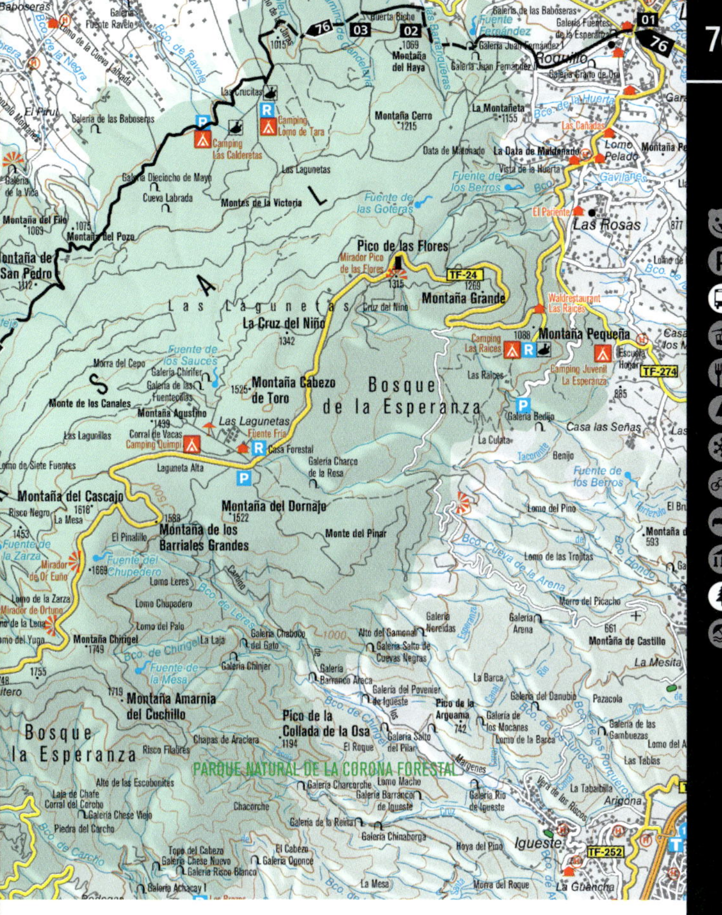

Nach der Etappe

Hat man La Caldera als Ziel der ersten Etappe erreicht, stellt sich wiederum die Frage nach der Übernachtung.
Direkt in La Caldera gibt es einen Rast- und Campingplatz, für den ebenfalls eine Reservierung bei den Behörden erforderlich ist.
Wer dies nicht möchte, kann mit dem Bus von La Caldera nach La Orotava fahren und findet hier eine Reihe von Übernachtungsmöglichkeiten. Zur Fortsetzung der Tour geht es dann wieder mit dem Linienbus zur Caldera.

77

CAMINO NATURAL DE ANAGA-CHASNA, 2. ETAPPE

Von La Caldera nach El Portillo

    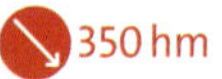 

START | La Caldera
[GPS: UTM Zone 28 x: 352.862 m y: 3.137.815 m]
CHARAKTER | Diese deutlich leichtere Etappe erfordert eine gute Kondition, da mehr als 1000 Höhenmeter im Aufstieg zu bewältigen sind. Ansonsten bereitet die Etappe keine nennenswerten Schwierigkeiten.

Der GR 131 ist der einzige offizielle Weitwanderweg der Insel Teneriffa. In fünf Etappen durchquert er die gesamte Insel und ist durchgehend sehr gut beschildert und markiert. Da es problemlos ist, diese Route im Gelände zu finden und auch auf ihr zu bleiben, zielen die folgenden Beschreibungen mehr auf organisatorische Details ab bzw. geben Hinweise, wie man diese Wanderung abwickeln kann. Die zweite Etappe führt vom Krater La Caldera oberhalb von Aguamansa nach El Portillo, dem „Eingangstor“ in den Teide-Nationalpark. Dominierende Landschaft am Weg sind verschiedene Ausprägungen des Kiefernwaldes.

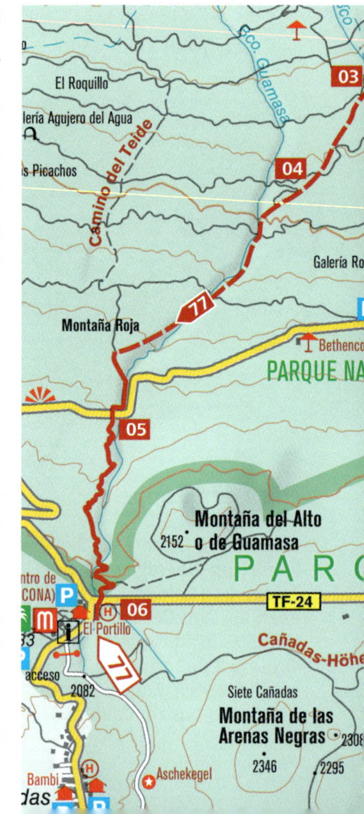

▶ Von **La Caldera** 01 geht es zunächst leicht abwärts und unter der TF-21 hindurch zu jenem Ast des GR 131, welcher ohne nennenswerten Höhenunterschied in westliche Richtung durch den Kiefernwald oberhalb von Aguamansa zieht.
Erst nach dem **Cruz de Domajito** 02 beginnt der Anstieg in Richtung Cañadas. Dieser führt über

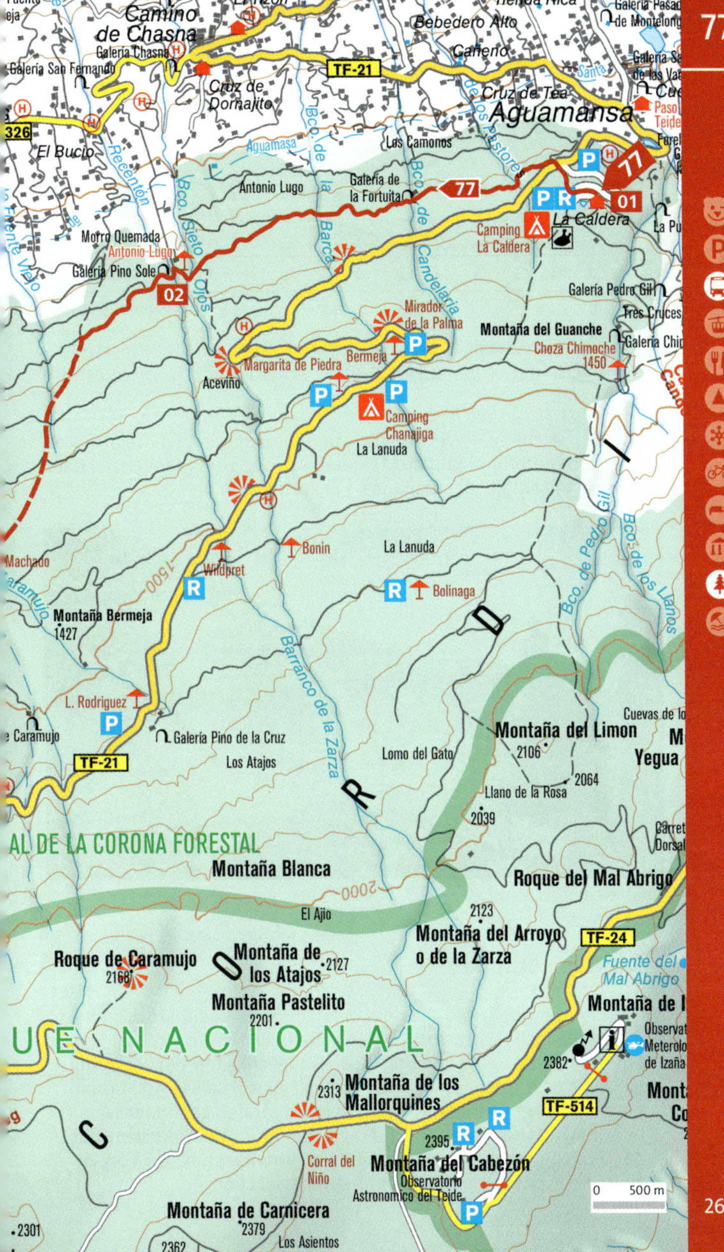
Camino de Chasna
El Tizón
Aguamansa
Cruz de Tea
Los Camonos
La Caldera
Camping La Caldera
Mirador de la Palma
Margarita de Piedra
Aceviño
Bermeja
Camping Chanajiga
La Lanuda
Montaña del Guanche
Choza Chimoche 1450
Bonin
Wildpret
Bolinaga
Montaña Bermeja 1427
L. Rodriguez
Galería Pino de la Cruz
Los Atajos
Lomo del Gato
Montaña del Limon 2106
Llano de la Rosa
Montaña Blanca
El Ajio
Roque del Mal Abrigo
Montaña del Arroyo o de la Zarza
Roque de Caramujo 2168
Montaña de los Atajos 2127
Montaña Pastelito 2201
Montaña de los Mallorquines 2313
Montaña del Cabezón 2395
Observatorio Astronomico del Teide
Corral del Niño
Montaña de Carnicera 2379
Los Asientos
Montaña de Enmedio 2362
TF-21
TF-24
TF-514
Barranco de la Zarza
0 500 m

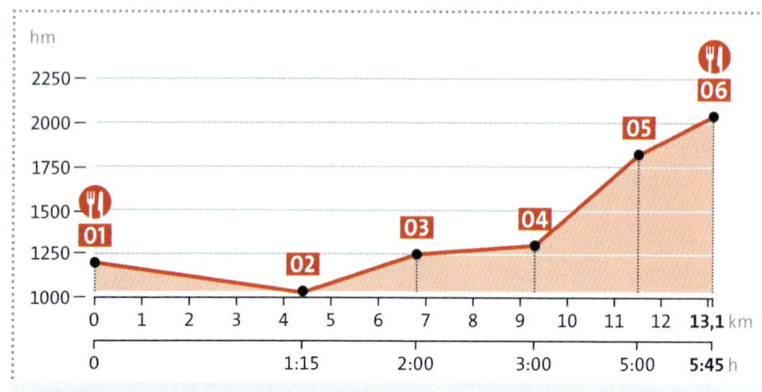

01 La Caldera, 1200 m; 02 Cruz de Domajito, 1030 m; 03 Pista Mataznos, 1250 m; 04 Pista Las Llavitas, 1300 m; 05 TF-24, 1820 m; 06 El Portillo, 2040 m

mehrere wichtige Wegpunkte (siehe Höhenprofil) hinauf zur TF-21 knapp unterhalb der Cañadas und in einem letzten, relativ steilen Anstieg zum Etappenziel nach **El Portillo** 06.

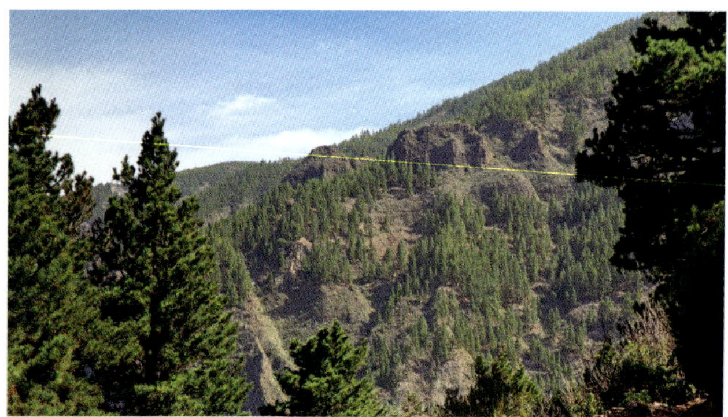

Anstieg in die Cañadas

Nach der Etappe

Zwar ist die zweite Etappe des GR 131 leicht in einem Stück zu bewältigen, doch stellt sich nun eine logistische Herausforderung: In El Portillo sind keine Übernachtungsmöglichkeiten gegeben und ein „wildes" Campieren kommt nicht in Frage, da dies im Nationalpark untersagt ist und mit empfindlichen Strafen geahndet wird. Es kommt daher wohl nur in Frage, von El Portillo mit dem Bus nach La Laguna zu fahren und dort zu übernachten. Zur Fortsetzung der Route geht es wieder hinauf nach El Portillo.

CAMINO NATURAL DE ANAGA-CHASNA, 3. ETAPPE

Von El Portillo zur Degollada de Guajara

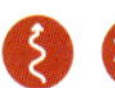

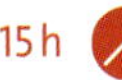

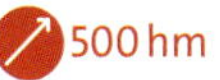

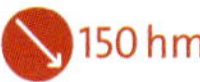

START | El Portillo
[GPS: UTM Zone 28 x: 346.598 m y: 3.132.083 m]
CHARAKTER | Diese Etappe folgt zu einem großen Teil dem alten Viehtriebweg durch die Siete Cañadas (siehe Tour 68; diese Route ist allerdings in umgekehrter Richtung beschrieben). Der Weg bereitet keine technischen Schwierigkeiten, verläuft aber in einer unwirtlichen Landschaft ohne Trinkwasser und es stellen sich erneut logistische Probleme.

Der GR 131 ist der einzige offizielle Weitwanderweg der Insel Teneriffa. In fünf Etappen durchquert er die gesamte Insel und ist durchgehend sehr gut beschildert und markiert. Da es problemlos ist, diese Route im Gelände zu finden und auch auf ihr zu bleiben, zielen die folgenden Beschreibungen mehr auf organisatorische Details ab bzw. geben Hinweise, wie man diese Wanderung abwickeln kann.

Die dritte Etappe verläuft zur Gänze durch den Teide-Nationalpark. Sie entspricht in ihrem Verlauf weitgehend der Tour 68.

▶ Von **El Portillo** 01 folgt man dem Weg Nr. 4 der Nationalparkverwaltung durch einen großen Teil der Siete Cañadas; diese Route ist in umgekehrter Richtung in Tour 68 beschrieben. Man erreicht nach einem eindrucksvol-

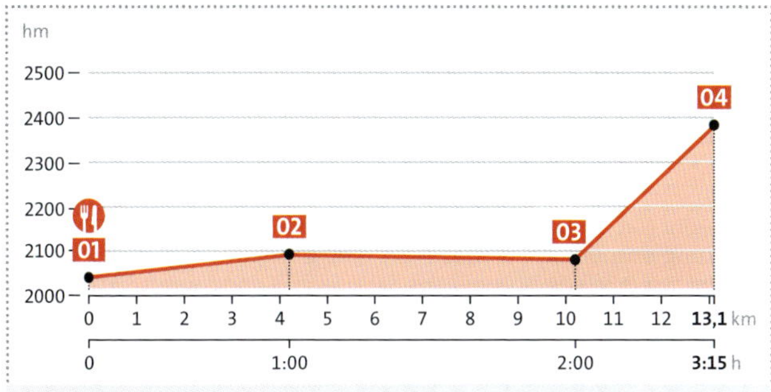

01 El Portillo, 2040 m; 02 Canada Diego Hernandez, 2090 m; 03 Canada de la Grieta, 2080 m; 04 Degollada de Guajara, 2380 m

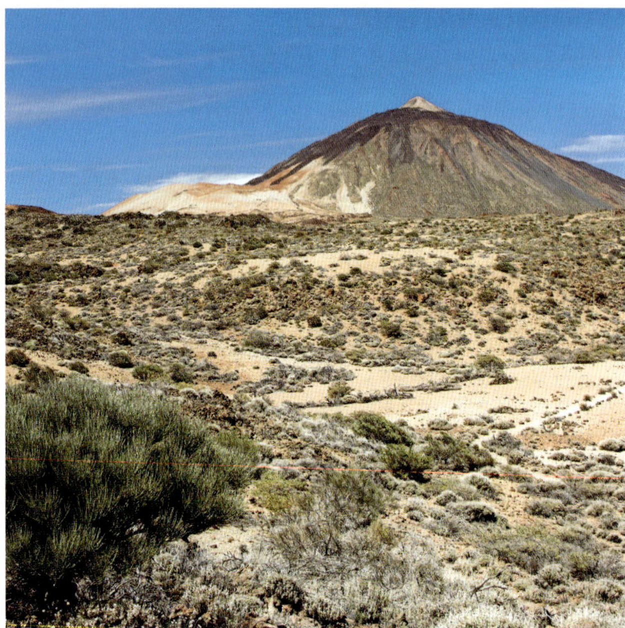

Der Blick auf den Teide begleitet die Etappe

len Marsch durch die Vulkanlandschaft die Abzweigung des GR 131 vom gesperrten Fahrweg durch die Cañadas und steigt von hier auf dem auch als Weg Nr. 5 bezeichneten Pfad zur **Degollada de Guajara** 04 auf.

Hier eröffnet sich erstmals ein gewaltiger Ausblick auf die Südseite der Insel.

Das leidige Problem mit der Übernachtung

Auch die dritte Etappe des GR 131 führt in ein Berggebiet, in dem eine Übernachtung nicht möglich bzw. nicht erlaubt ist. Als Lösung bieten sich zwei Varianten an:

Man durchquert die gesamten Siete Cañadas und übernachtet im Parador Nacional; hierfür ist allerdings eine sehr frühzeitige Reservierung erforderlich, da das Haus eine sehr gute Auslastung aufweist. Am nächsten Tag geht es dann (wie in den Touren 69 und 70 beschrieben) über die Wege Nr. 4 und 5 zur Degollada de Guajara.

Die zweite Variante wäre, den ersten Teil der vierten Etappe des GR 131 an die dritte anzuhängen und etwas unterhalb der Weißen Mondlandschaft im Camp Madre del Agua zu übernachten. Hierfür ist eine Genehmigung erforderlich (www.tenerife.es).

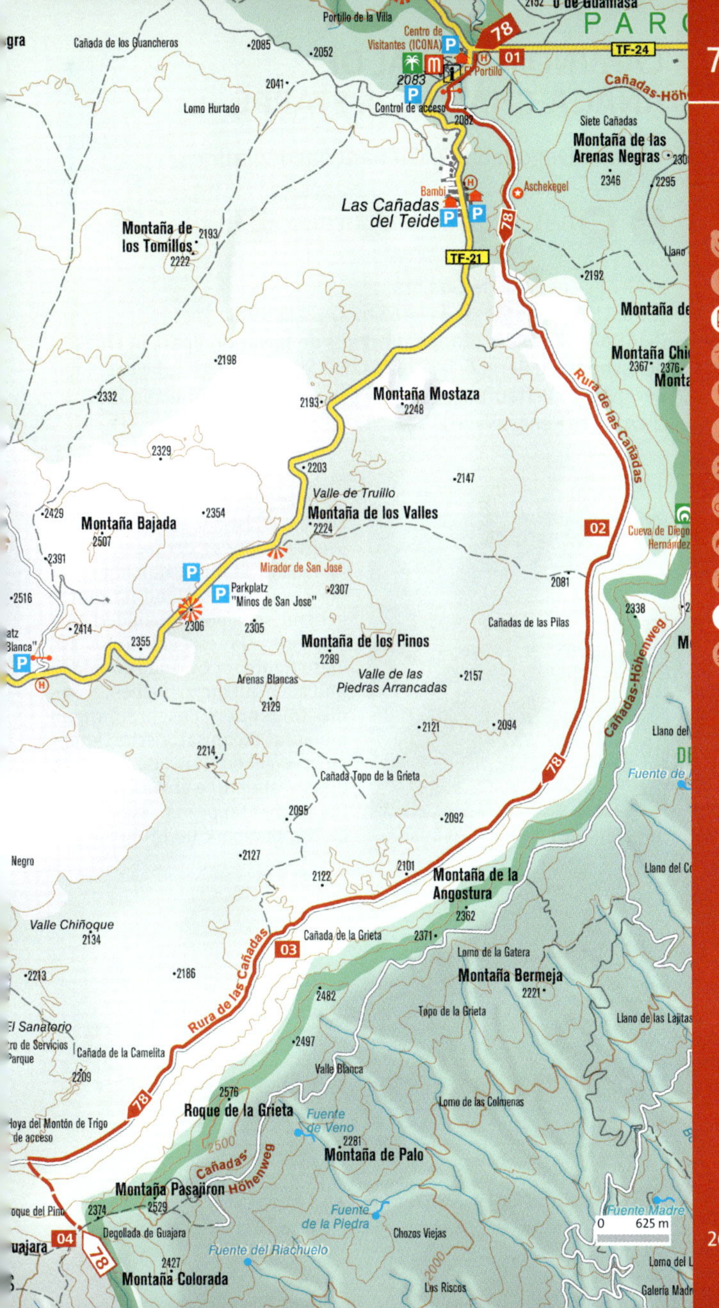
Portillo de la Villa
Cañada de los Guancheros
Centro de Visitantes (ICONA)
El Portillo
Control de acceso
TF-24
TF-21
Cañadas-Höhenweg
Siete Cañadas
Montaña de las Arenas Negras
Lomo Hurtado
Las Cañadas del Teide
Bambi
Aschekegel
Montaña de los Tomillos
Montaña Mostaza
Rura de las Cañadas
Valle de Truillo
Montaña de los Valles
Montaña Bajada
Mirador de San Jose
Parkplatz "Minos de San Jose"
Cueva de Diego Hernández
Cañadas de las Pilas
Montaña de los Pinos
Arenas Blancas
Valle de las Piedras Arrancadas
Cañada Topo de la Grieta
Montaña de la Angostura
Cañada de la Grieta
Lomo de la Gatera
Montaña Bermeja
Topo de la Grieta
Valle Chiñoque
El Sanatorio
Cañada de la Camelita
Valle Blanca
Roque de la Grieta
Fuente de Veno
Montaña de Palo
Lomo de las Colmenas
Montaña Pasajiron
Fuente de la Piedra
Degollada de Guajara
Chozos Viejas
Fuente del Riachuelo
Montaña Colorada
Los Riscos
Fuente Madre
0 625 m

CAMINO NATURAL DE ANAGA-CHASNA, 4. ETAPPE

Von der Degollada de Guajara nach Vilaflor

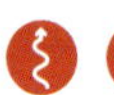  11,3 km  4:45 h  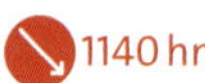 

START | Degollada de Guajara
[GPS: UTM Zone 28 x: 342.465 m y: 3.122.998 m]
CHARAKTER | Diese Etappe führt aus dem Nationalpark in eines der schönsten Bergdörfer des Inselsüdens. Anfangs auf rutschigen Bergpfaden verläuft der Rest der Etappe auf restaurierten Teilstücken eines Königsweges.

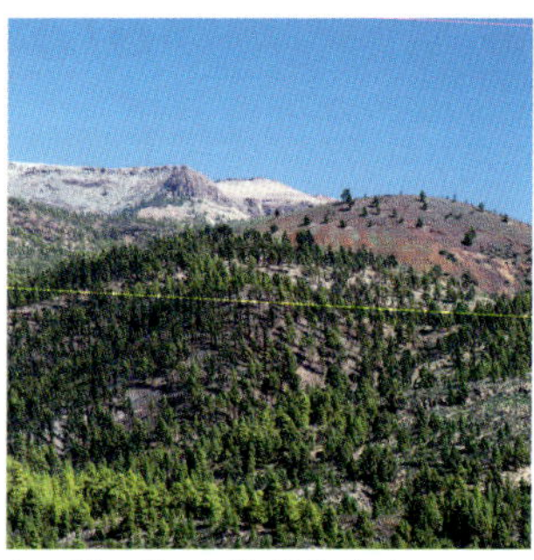

Am Weg liegt die Paisaje Lunar

Der GR 131 ist der einzige offizielle Weitwanderweg der Insel Teneriffa. In fünf Etappen durchquert er die gesamte Insel und ist durchgehend sehr gut beschildert und markiert. Da es problemlos ist, diese Route im Gelände zu finden und auch auf ihr zu bleiben, zielen die folgenden Beschreibungen mehr auf organisatorische Details ab bzw. geben Hinweise, wie man diese Wanderung abwickeln kann. Die vierte Etappe verlässt den Teide-Nationalpark und führt in das

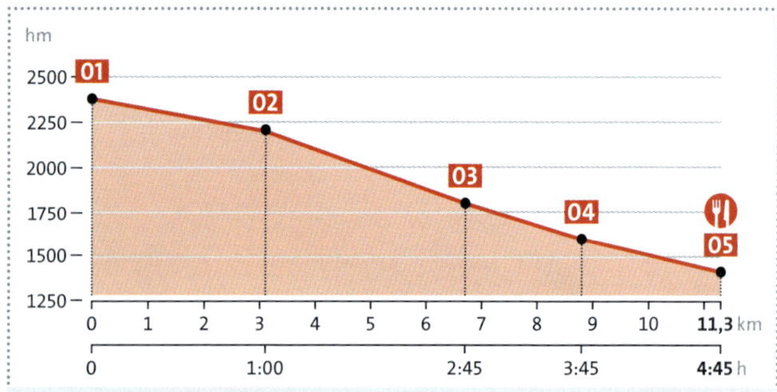

01 Degollada de Guajara, 2380 m; 02 Arenas Negras, 2200 m; 03 Casas del Marrubial, 1800 m; 04 Casas de Galindo, 1600 m; 05 Vilaflor, 1416 m

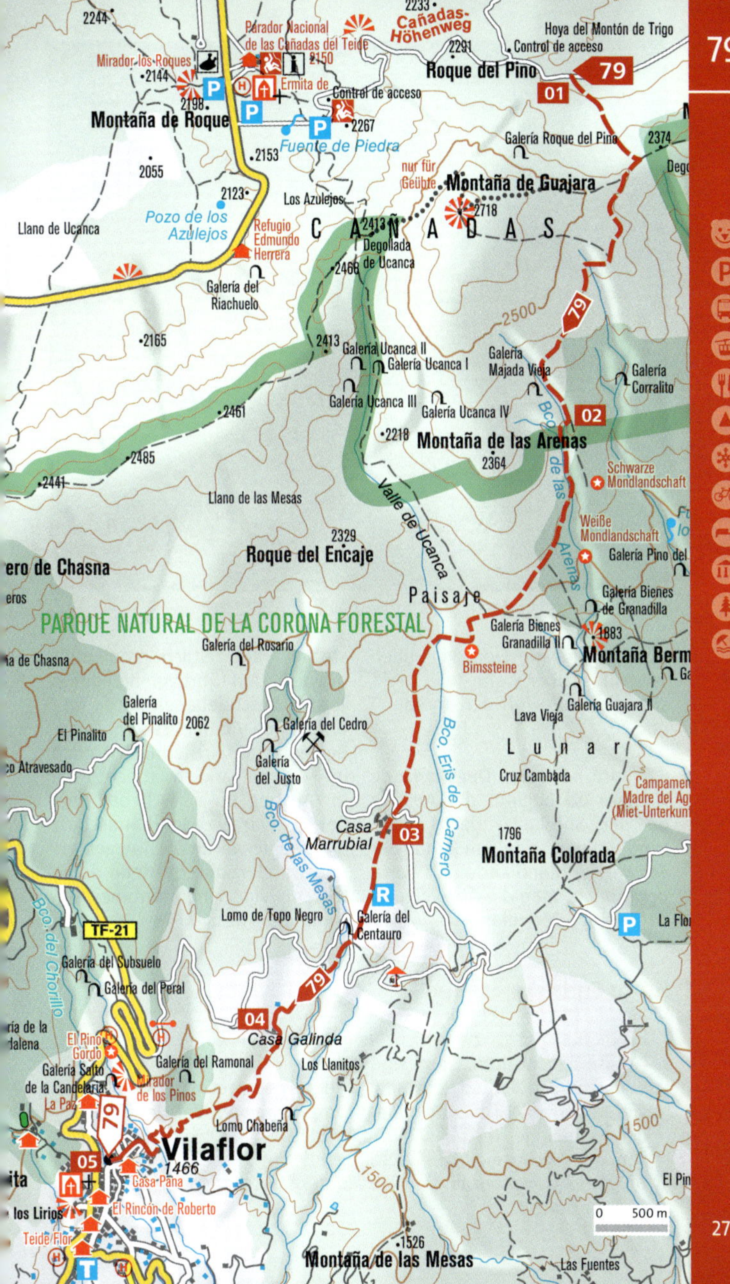
Cañada la Mareta
2233
Cañadas-Höhenweg
Hoya del Montón de Trigo
Control de acceso
Roque del Pino
79
01
2244
Parador Nacional de las Cañadas del Teide
2150
Mirador los Roques
2144
Ermita de
Control de acceso
2198
Montaña de Roque
2267
Fuente de Piedra
2153
2055
Galería Roque del Pino
2374
nur für Geübte
Montaña de Guajara
2718
2123
Los Azulejos
Pozo de los Azulejos
Llano de Ucanca
Refugio Edmundo Herrera
C A Ñ A D A S
2413
Degollada de Ucanca
2468
Galería del Riachuelo
2500
79
2165
2413
Galería Ucanca II
Galería Ucanca I
Galería Majada Vieja
Galería Corralito
Galería Ucanca III
Galería Ucanca IV
2461
02
2218
Montaña de las Arenas
2364
2485
Bco. de las Arenas
Schwarze Mondlandschaft
2441
Llano de las Mesas
Valle de Ucanca
Weiße Mondlandschaft
2329
Roque del Encaje
Galería Pino del
ero de Chasna
Paisaje
Galería Bienes de Granadilla
PARQUE NATURAL DE LA CORONA FORESTAL
Galería Bienes Granadilla II
1883
Galería del Rosario
Bimssteine
Montaña Berm
Galería Guajara II
Galería del Pinalito
2062
Galería del Cedro
Lava Vieja
El Pinalito
Galería del Justo
Bco. Eris de Carnero
L u n a r
Cruz Cambada
Campamen Madre del Ag (Miet-Unterkun
Casa Marrubial
03
1796
Montaña Colorada
Bco. de las Mesas
R
P
La Flo
Lomo de Topo Negro
Galería del Centauro
TF-21
Bco. del Chorillo
Galería del Subsuelo
Galería del Peral
79
04
Casa Galinda
El Pino Gordo
Galería del Ramonal
Los Llanitos
Galería Salto de la Candelaria
Mirador de los Pinos
La Paz
79
Lomo Chabeña
1500
Vilaflor
05
1466
Casa Pana
1500
El Pin
los Lirios
El Rincón de Roberto
Teide Flor
0 500 m
1526
Montaña de las Mesas
Las Fuentes

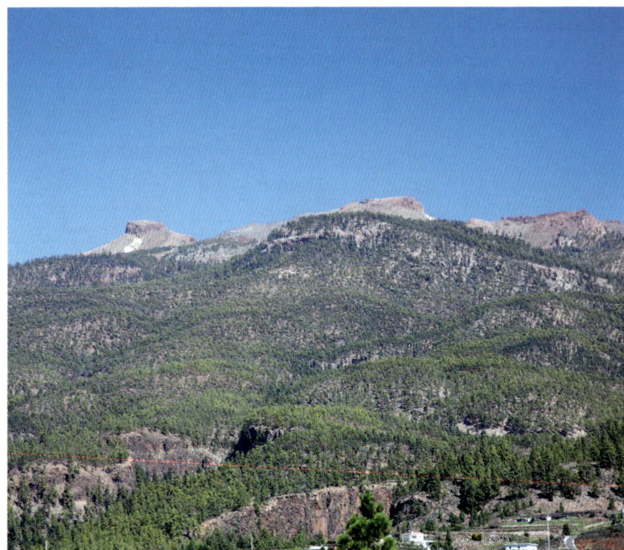

Der Abstieg führt durch die Kiefernwälder des Südens

höchst gelegene Dorf im Süden Teneriffas. Über weite Teile deckt sich die Route mit den Touren 11 und 70.

Kurz nach der **Degollada de Guajara** 01 beginnt der Abstieg an der Südflanke der Caldera rund um den Teide. Am Rande der Schwarzen Mondlandschaft vorüber erreicht man die Abzweigung zur Weißen Mondlandschaft (Abstecher sind zeitlich problemlos möglich) und führt von hier der in Tour 11 beschriebenen Route hinunter nach **Vilaflor** 05.

Bewegt man sich zunächst noch im Nationalpark, so erreicht man im Abstieg im Bereich oberhalb der Schwarzen Mondlandschaft die Südgrenze des Schutzgebiets und wandert anschließend durch Kiefernwälder und montanes Kulturland talwärts.

Am Ende der Etappe

In Vilaflor gibt es zwar nicht viele, aber doch einige Übernachtungsmöglichkeiten. Diese sind jedoch nicht immer leicht zu finden bzw. nicht immer verfügbar. Daher ist eine rechtzeitige Reservierung erforderlich, wobei die Informationen auf der Homepage der Gemeinde (http://www.vilaflordechasna.es) hilfreich sein können. Die Seite gibt es allerdings nur auf Spanisch. Übernachtungsmöglichkeiten finden sich auf der Startseite im Menüpunkt „Dónde dormir“.

CAMINO NATURAL DE ANAGA-CHASNA, 5. ETAPPE

Von Vilaflor nach Arona

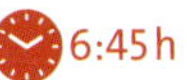

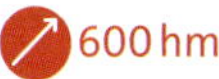

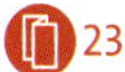

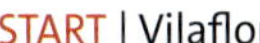

START | Vilaflor
[GPS: UTM Zone 28 x: 339.252 m y: 3.115.853 m]
CHARAKTER | Zum Abschluss des GR 131 wartet mit der Schlussetappe nochmals eine Herausforderung: Zwar ist die Wegstrecke gut zu bewältigen, doch wartet ein knackiger Abstieg von rund 1400 Höhenmetern.

Der GR 131 ist der einzige offizielle Weitwanderweg der Insel Teneriffa. In fünf Etappen durchquert er die gesamte Insel und ist durchgehend sehr gut beschildert und markiert. Da es problemlos ist, diese Route im Gelände zu finden und auch auf ihr zu bleiben, zielen die folgenden Beschreibungen mehr auf organisatorische Details ab bzw. geben Hinweise, wie man diese Wanderung abwickeln kann. Die fünfte und letzte Etappe führt von Vilaflor an den Zielort Arona. Ab Ifonche deckt sich die Route mit der Beschreibung in Tour 6.

▶ Von **Vilaflor** 01 steigt die Route zunächst nochmals leicht an und erreicht am Wasserfall **Salto**

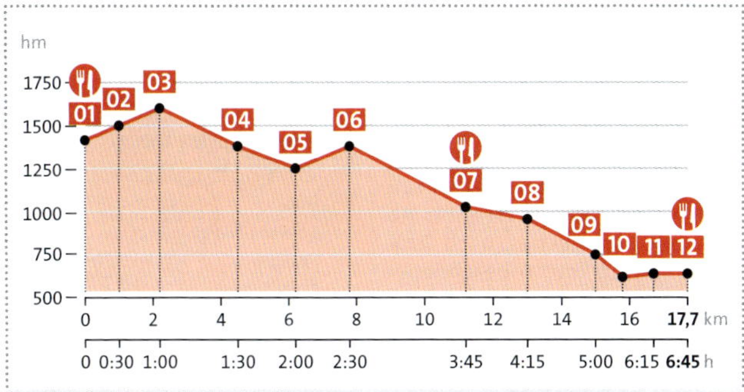

01 Vilaflor, 1416 m; 02 El Salguero, 1500 m; 03 Salto de Las Corujas, 1600 m; 04 Casas La Bica, 1380 m; 05 Puente El Guayero, 1250 m; 06 Barranco del Seco, 1380 m; 07 Ifonche, 1025 m; 08 Dreschplatz, 955 m; 09 Degollada de los Frailitos, 750 m; 10 Barranco del Rey, 620 m; 11 Vento, 640 m; 12 Arona, 640 m

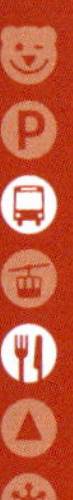

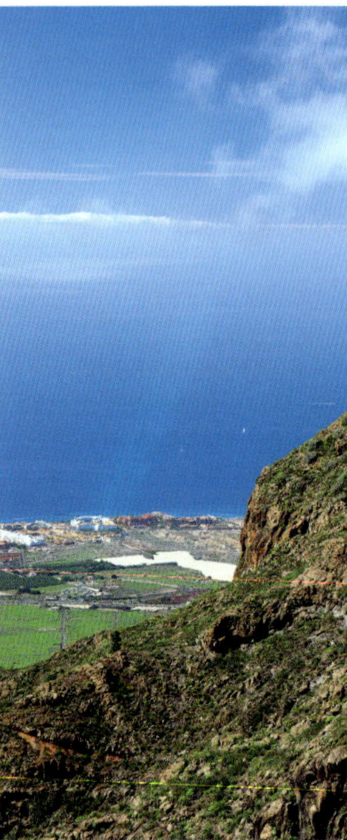

Blick auf die Südküste

de Las Corujas 03 ihren höchsten Punkt. Von hier geht es bis auf ein paar kurze Gegenanstiege nur mehr abwärts.
Wichtiger Wegpunkt ist die Streusiedlung **Ifonche** 07, wo es eine der wenigen Einkehrmöglichkeiten entlang des GR 131 gibt. Ab hier folgt der Abstieg nach **Arona** 12 dem in Tour 6 beschriebenen Aufstiegsweg.

Nach der Etappe

Von Arona bestehen regelmäßige Busverbindungen in die Tourismuszentren an der Südküste Teneriffas.

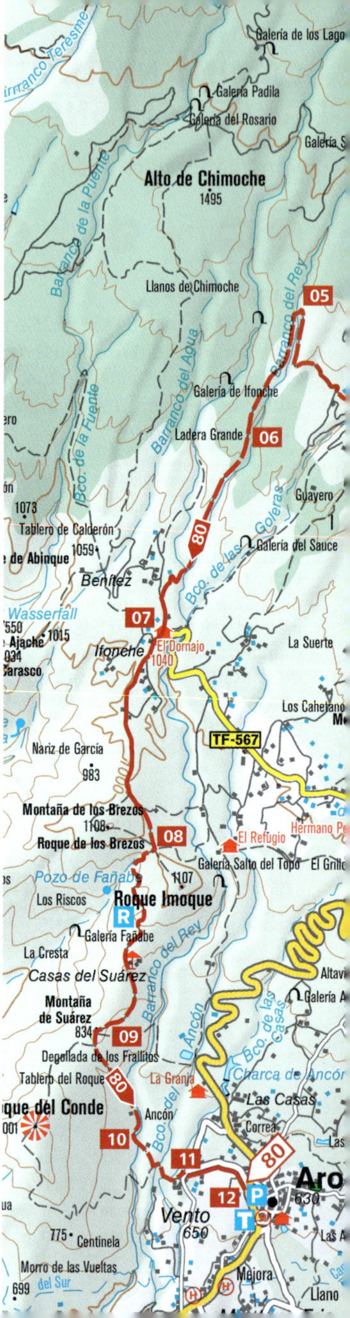

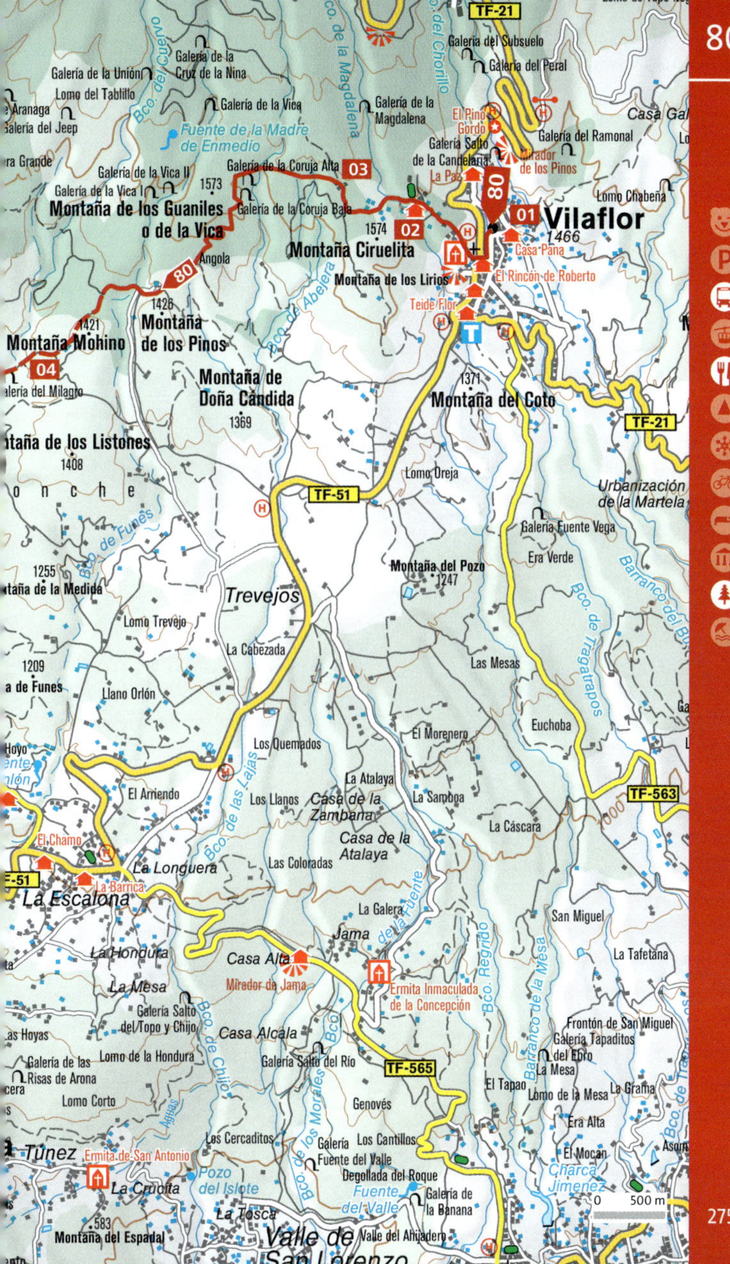

Vilaflor
1466
Casa Pana
El Rincón de Roberto
Teide Flor
El Pino Gordo
Mirador de los Pinos
Galería del Subsuelo
Galería del Peral
Galería del Ramonal
Galería Salto de la Candelaria
La Pas
Lomo Chabeña
Lomo de Topo Negro
TF-21
TF-51
TF-563
TF-565
1847
Bco. de la Magdalena
Bco. del Chorrillo
Bco. del Cuervo
Galería de la Unión
Galería de la Cruz de la Nina
Lomo del Tablillo
Aranaga
Galería del Jeep
Galería de la Vica
Galería de la Magdalena
Fuente de la Madre de Enmedio
Galería de la Vica II
Galería de la Vica I
Galería de la Coruja Alta
Galería de la Coruja Baja
1573
1574
Montaña de los Guaniles o de la Vica
Montaña Ciruelita
Montaña de los Lirios
Angola
1426
1421
Montaña Mohino
Montaña de los Pinos
Galería del Milagro
Bco. de Abejera
Montaña de Doña Cándida
1369
1371
Montaña del Coto
Montaña de los Listones
1408
Lomo Oreja
Urbanización de la Martela
Galería Fuente Vega
Era Verde
Bco. de Funes
1255
Montaña de la Medida
Montaña del Pozo
1247
Trevejos
Lomo Trevejo
La Cabezada
Barranco del Bu
Bco. de Tragatrapos
Las Mesas
1209
Llano Orlón
Euchoba
El Morenero
Los Quemados
La Atalaya
Los Llanos
Casa de la Zambana
La Sambóa
La Cáscara
El Arriendo
Bco. de las Lajas
Casa de la Atalaya
El Chamo
La Longuera
Las Coloradas
La Barnca
La Escalona
La Galera
San Miguel
La Hondura
Jama
Bco. de la Fuente
Casa Alta
La Tafetana
Mirador de Jama
Ermita Inmaculada de la Concepción
Bco. Regrido
Barranco de la Mesa
La Mesa
Galería Salto del Topo y Chijo
Frontón de San Miguel
Galería Tapaditos del Ebro
Las Hoyas
Bco. de Chijo
Casa Alcala
Galería de las Risas de Arona
Lomo de la Hondura
Galería Salto del Río
El Tapao
Lomo de la Mesa
La Grama
Lomo Corto
Genovés
Era Alta
Los Cercaditos
Galería Fuente del Valle
Los Cantillos
El Mocan
Bco. de los Morales
Degollada del Roque
Charca Jiménez
Túnez
Ermita de San Antonio
Pozo del Islote
La Crucita
Fuente del Valle
Galería de la Banana
0 500 m
La Tosca
583
Montaña del Espadal
Valle de San Lorenzo
Valle del Ahijadero
01
02
03
04
80

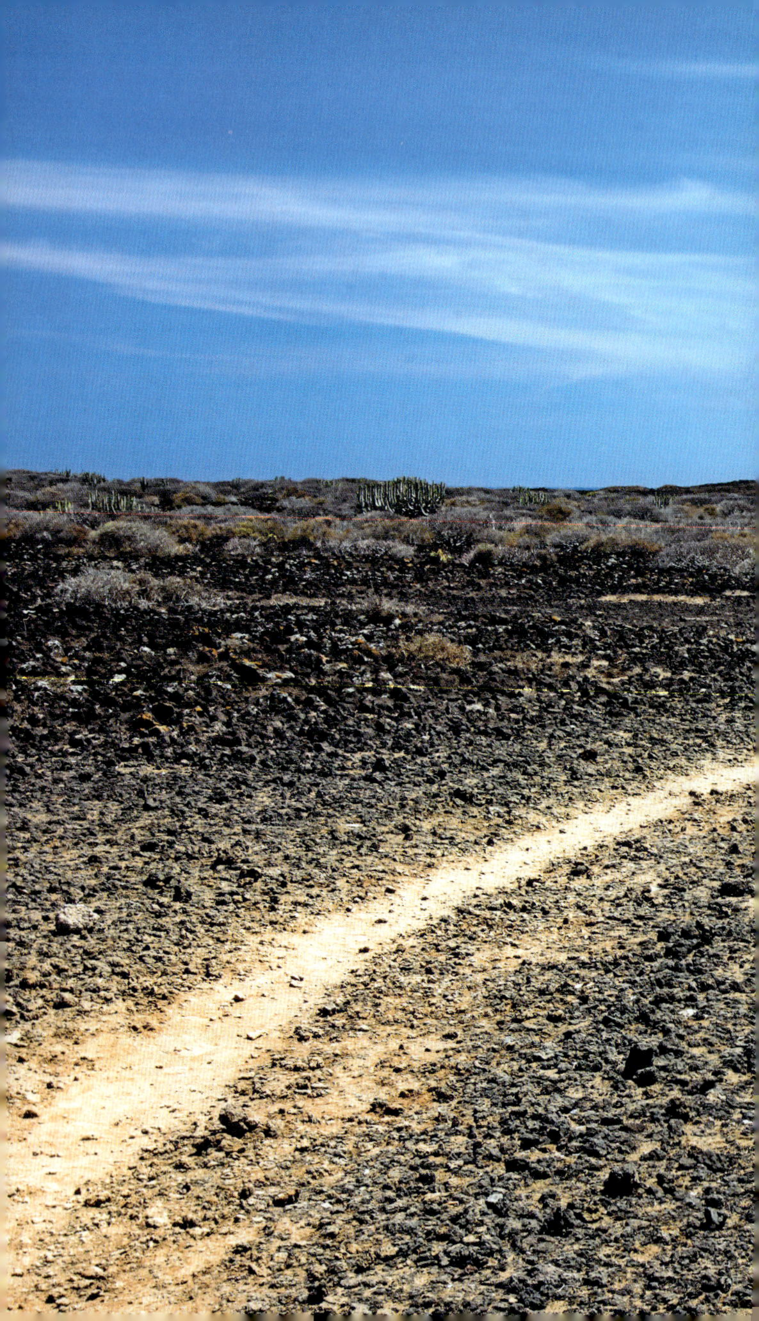

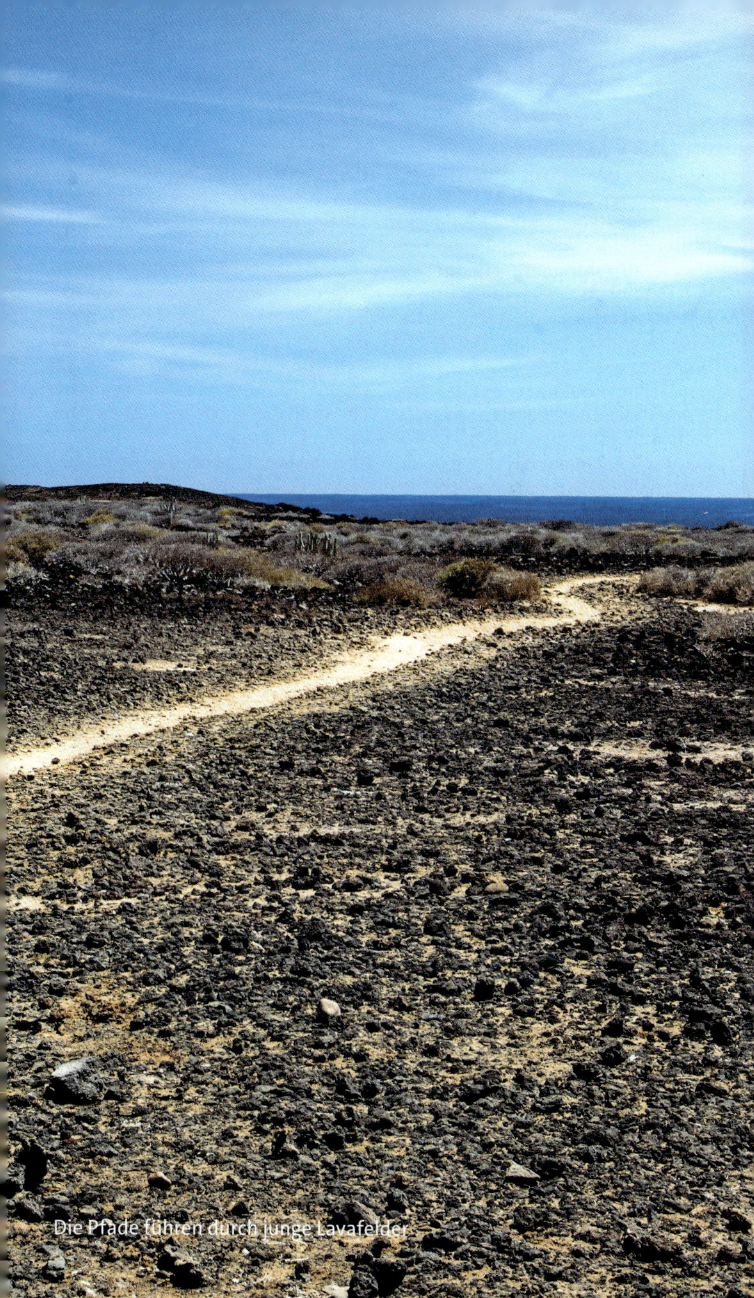
Die Pfade führen durch junge Lavafelder

Pyramiden von Güímar – Pirámides de Güímar

Der ethnografische Park „Pirámides de Güímar" wurde im Jahr 1998 vom Norwegischen Anthropologen Thor Heyerdahl gegründet, der damit die Zerstörung der Pyramiden durch Überbauung verhindern konnte. Der Ursprung der Stufenpyramiden ist bis heute ungewiss.

Am Gelände befindet sich das Museum Casa Chacona, das mögliche Verbindungen zu altertümlichen Kulturen in anderen Erdteilen, die Heyerdahl Zeit seines Lebens erforschte, aufzeigt. Der Expeditionssaal widmet sich den Forschungsfahrten von Thor Heyerdahl und zeigt unter anderem Nachbauten der Kon Tiki und der Ra.

Calle Chacona, Güímar
Tel. 922 514 510
www.piramidesdeguimar.es

Loro Parque

Der Zoo ist an 365 Tagen im Jahr geöffnet. Besonders imposant ist das Meeresaquarium, das man durch einen Tunnel durchquert. So nah kommt man trockenen Fußes großen Haien und Rochen sonst kaum wo. Daneben findet man diverse Meeressäuger und in den terrestrischen Gehegen Gorillas und Schimpansen, Jaguar, Faultier und Ameisenbär – ein Streifzug durch die Tropen Afrikas und Südamerikas.

Avenida Loro Parque,
Puerto de la Cruz
Tel. 922 373 841
loroparque.com

Öffentliche Gärten in Puerto de la Cruz

Botanischer Garten – Jardin Botanico in Puerto de la Cruz: Er gilt als einer der schönsten Botanischen Gär-

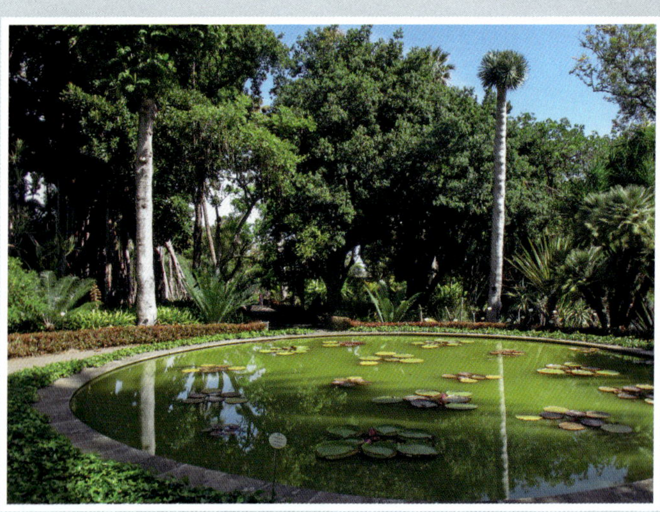

Botanischer Garten

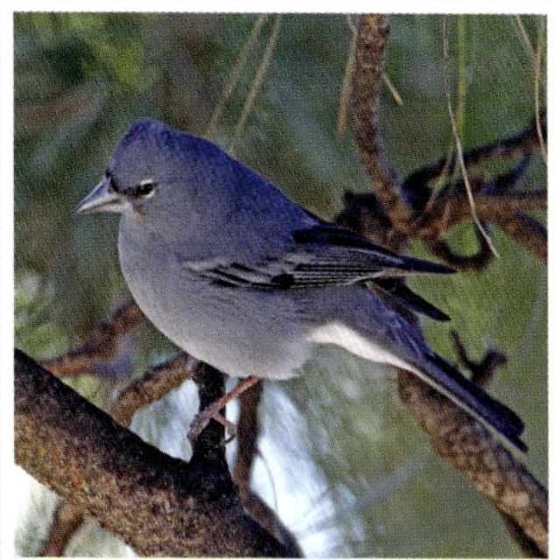
Teidefink

ten der Welt und diente ursprünglich zur Akklimatisierung subtropischer und tropischer Pflanzen, die später in königlichen Gärten angepflanzt werden sollten. Eine Außenstelle befindet sich in La Orotava. Mit jährlich ca. 400.000 Besuchern zählt der Botanische Garten zu den meist frequentierten Sehenswürdigkeiten der Insel.

Orchideengarten –
Jardin de Orquideas de Sitrio Litre
Der Orchideengarten wurde bereits vor mehr als 230 Jahren als Privatgarten gegründet. Der Garten beherbergt nicht nur die größte Sammlung an Orchideen auf ganz Teneriffa, sondern auch den größten Drachenbaum von Puerto de la Cruz. Bedeutende Besucher waren unter anderem Alexander von Humboldt oder Agatha Christie.

Wasserpark – Parque Taoro
Der Park thront oberhalb des Zentrums der Stadt und bietet dadurch einen schönen Ausblick. Ursprünglich wurde das ehemalige Casino und Hotel Taoro von den Engländern im späten 19. Jahrhundert erbaut. Der 100.000 m^2 große Garten thront auf einem Vulkankegel hoch über der Stadt. Von dort oben hat man einen schönen Blick auf Puerto de la Cruz und die umliegenden Orte. Vor dem Hotel befindet sich ein riesiger Wasserfall, der über großzügig angelegte Terrassen in die Tiefe stürzt. Das Wasser durchfließt einige schön angelegte Kaskaden und bildet kleine Wasserfälle, in den Teichen wachsen Seerosen.

Botanischer Garten – Jardin Botanico
Calle Retama 2, Puerto de la Cruz;
auch mit dem Bus erreichbar
Tel. 922 389 287
Täglich geöffnet, außer am 1. Januar, Karfreitag und 25. Dezember!

Orchideengarten – Jardín de
Orquídeas Masión de Sitio Litre
Camino Sitio Litre, Puerto de la Cruz
Tel. 922 382 417
Täglich geöffnet.

Wasserpark – Parque Taoro
Calle Taoro 45, Puerto de la Cruz

Whale Watching in Las Galletas
Der Katamaran von MustCat bietet zwei verschieden lange Ausflüge, um Wale und Delfine zu beobachten. In 3 oder 4,5 Stunden hat man die Möglichkeit, mehrere Arten der Meeressäuger zu beobachten, aber auch selber ins Wasser zu gehen, um zu Schwimmen oder zu Schnorcheln. Das Besondere an einem Whale Watching Trip mit dem Katamaran ist die überschaubare Größe des Bootes und die relativ geringe Zahl an Beobachtern. So hat jede Person an Bord gute Möglichkeiten, Wale und Delfine zu sehen, auch wenn sie

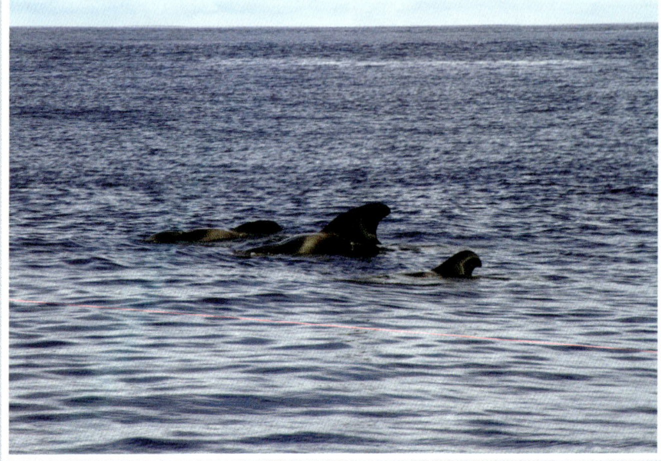

Whale Watching

einmal nur für kurze Zeit längsbord auftauchen.
MustCat Catamarans
Hafen in Las Galletas
Tel. 610 688 205
www.mustcat.es

Sternwarte des Teide – Observatorio del Teide

Im Jahr 1964 nahm das Kanarische Institut für Astrophysik hier auf dem Berg Izaña in 2.390 Meter Höhe seine Arbeit auf. Die Anlage befindet sich am Rande der Cañadas im zentralen Gebirgsmassiv der Insel, einer phantastischen Lava- und Kraterlandschaft, die vom Pico del Teide überragt wird. Die Lage war ursprünglich ideal für eine freie Sicht in den Nachthimmel, doch die Arbeit wurde zunehmend von den Lichtern der Ferienorte gestört. Mittlerweile wird das nächtliche Firmament vom Observatorium La Palma aus beobachtet. Dennoch ist die geographische Lage des Observatoriums auf Teneriffa ideal für das Studium der Sonne geeignet. Falls man an einer Führung durch die Sternwarte teilnehmen möchte, muss man 20 Minuten vor Beginn an der Sternwarte von Izaña sein. Die Besuche finden montags, mittwochs und freitags um 12 Uhr auf Spanisch und Englisch zur gleichen Zeit statt, und um 14:30 Uhr auf Deutsch und Spanisch (ebenfalls zeitgleich).
Auch Hobby-Sternbeobachter sind von den Möglichkeiten des Standortes und dem nach wie vor spektakulären Nachthimmel über den Cañadas derart begeistert, dass viele mit ihren privaten Teleskopen anreisen.
Sternwarte Oberservatorio del Teide
Vía Láctea, Km 37 an der TF-24,
La Laguna
Tel. 922 329 110
www.iac.es

Flüge
Zahlreiche Internationale Flüge direkt nach Teneriffa aus Deutschland, Österreich und der Schweiz. Nationale Flüge führen u.a. über Madrid, Valencia oder Sevilla.

Fähre
Wer unbedingt auf dem Seeweg anreisen will und reichlich Zeit hat, kann die Fähre von Huelva nach Santa Cruz de Tenerife (Reederei Naviera Armas) oder von Cadiz nach Santa Cruz de Tenerife (Reederei Transmediterranea) nehmen. Die Fähren fahren auch in der Hochsaison nur einmal wöchentlich, die Überfahrtszeit beträgt mindestens 37 Stunden (von Huelva).

Busse auf der Insel
Die TITSA (Transportes Interurbanos de Tenerife S.A.) stellt das öffentliche Verkehrswesen von Teneriffa, mehrere Linien verbinden alle größeren Orte der Insel. Einen Fahrplan für die gesamte Insel kann man unter www.tenerifebus.de downloaden. Unter www.titsa.com kann man sich eine gewünschte Verbindung suchen.
TITSA, Tel. 922 531 300

Seilbahn auf den Teide – Teleférico del Teide
Die Anfahrt zur Seilbahn kann auf zwei unterschiedlichen Möglichkeiten erfolgen. Mit dem Auto über die Hauptstraße TF-21 von La Orotava zum Eingang des Nationalparks, dem „Portillo de la Villa", und danach durch den ganzen Parque Nacional del Teide. Die Seilbahn liegt beim Kilometer 43 (N28º 15' 17" W16º 37' 33"). Oder mit der Buslinie 348 von Puerto de la Cruz nach Las Cañadas del Teide (www.titsa.com). Fahrplan: Hinfahrt 9:15 h ab Puerto de la Cruz, Haltestellen in La Orotava, Montaña Blanca (zum Aufstieg auf die Berghütte Altavista) und Teleférico del Teide (Seilbahn). Rückfahrt 16:00 h ab Teleférico del Teide (Seilbahn).
Die Seilbahn ist von 9:00 bis 16:00 h geöffnet. Die letzte Bergfahrt startet um 16:00 h, eine letzte Talfahrt gibt es noch um 16:50 h!
Bitte beachten Sie die große Höhe, die mit der Seilbahn in kurzer Zeit erreicht werden kann, und die damit verbundenen medizinischen Risiken.

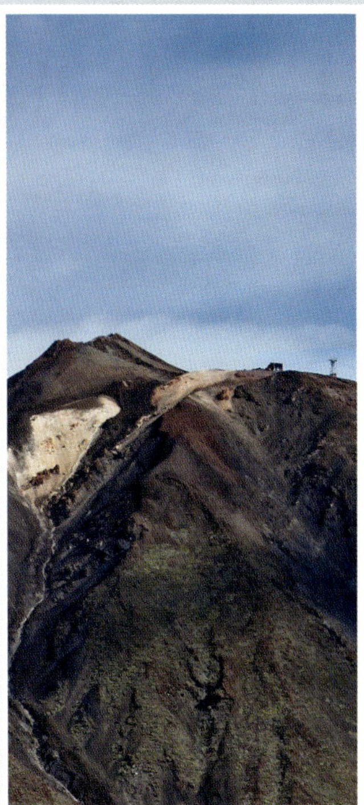
Seilbahn Teide

EINKEHRMÖGLICHKEITEN RUND UM DIE INSEL

Bitte beachten Sie, dass sich die angegebenen Informationen ändern können. Reservierungen sind – besonders abends – empfehlenswert. Vorwahl sofern nicht anders angegeben jeweils +34 922.

Santa Cruz de Tenerife
Bodegon Campestre
Ein kanarisches, uriges Restaurant mit hervorragendem Fleisch vom Holzkohlengrill; Tischreservierung empfehlenswert.
Carretera General Las Cañadas Km 7,5/El Rosario, Tel. 297 465

El Fronton
Ausgezeichnetes Essen bei exzellenter Aussicht
Pista al Draguillo 1, Benijo,
Tel. 590 238

Meson del Norte
Gute kanarische Küche zu günstigen Preisen. Sehr schöne Aussicht.
Portela Alta 1
Carretera Las Portelas – Masca,
Tel. 128 049

Restaurante Cruz del Carmen
Besonderheit: Pluma de ibérica (Stück aus dem Nacken vom Iberischen Schwein)
Carretera General las Mercedes/ Carretera del Monte de las Mercedes, San Cristobal de la Laguna,
Tel. 250 062

Restaurante Los Roques
Hochklassiges Essen mit außerordentlicher Weinbegleitung zu gehobenen Preisen.
Calle La Marina 16, Los Abrigos,
Tel. 749 401

Bar Restaurante Valentín
Das Ziegengericht ist besonders empfehlenswert.
Carretera General Las Carboneras 19,
San Cristóbal de la Laguna,
Tel. 639 993 573

Arafo
La Batea (Restaurante Arafatea)
Zuvorkommendes Service, neben der ausgezeichneten Küche ist auch der Wein empfehlenswert.
Calle Capitán Nuñez 26, Arafo,
Tel. 511 264

Candelaria
Restaurante Casa Cándido
Geheimtipp. Diverse Vorspeisen, nur ein Hauptgericht: Kaninchen, als Beilage Salzkartoffeln.
Calle Morra de Los Valitos 118,
Araya de Candelaria, Tel. 501 201

Adeje
La Ganania
Preiswertes Essen und guter Service, bekannt für die ausgezeichneten Steaks.
Los Menores Taucho 13, Adeje,
Tel. 711 151

La Gran Paella Valenciana
Sehr preiswertes und gutes Essen.
Calle Gran Bretana/Puerto Colon,
Costa Adeje, Tel. 795 273

Otelo
Gutes Preis-Leistungs-Verhältnis, besonders empfehlenswert sind das frittierte Chilihühnchen und Kaninchen in Salmorejo-Sauce
Calle los Molinos 44, Adeje,
Tel. 780 374

Tasca Taguara
Abwechslungsreiche Küche in herausragender Qualität.
Lugar Ifonche 4, Ifonche y Benitez, Tel. 726 018

Arico
Restaurante Casa Lala
Typisch kanarische Küche mit nettem Ambiente, auch bei Einheimischen beliebt. Zu beachten sind allerdings die eingeschränkten Öffnungszeiten.
C/La Cruz 14, Arico, Tel. 768 126

Tabaibarril
Ausgezeichnete Fischgerichte
San Miguel de Tajao, Arico, Tel. 171 261

La Orotava
Restaurant Paso del Teide
Die marinierten Forellen vom Holzkohlengrill sind köstlich.
Camino El Velo 99, La Orotava, Tel. 335 769

Restaurante Aguamansa
Rustikale Atmosphäre, sehr freundliche Bedienung
an der Careterra gral. Las Cañadas bei km 15, Tel. 330 638

Güímar
Casona Santo Domingo
Gehobeneres Preisniveau für regionale Verhältnisse, überzeugende Küche (Kaninchen, Ente, Iberisches Schwein)
Calle Santo Domingo 32, Tel. 510 229

Finca Salamanca
Wunderschönes Ambiente, angenehme Musik, gutes Essen, sehr freundliche Bedienung und moderate Preise
El Puertito km 1,5, Güímar, Tel. 513 556

Tasca Rincón de Tara
Schönes Ambiente, gutes Essen, normale Preise, freundliche Bedienung
Calle Imeldo Seris 2, Güímar, Tel. 514 227

Bodegón Castro
TF-617, El Escobonal, Güímar, Tel. 629 628 975

Granadilla de Abona
Astillero Avencio
Vor allem für die Fischgerichte bekannt, tolles Ambiente nahe am Wasser.
C/Paseo de Picacho, El Médano, Tel. 178 220

M-Café
Café mit Tageskarte und wechselnden Mittagsmenüs. Schöne Aussicht auf das Meer.
Paseo nuestra Señora Mercedes de Roja 14, El Médano, Tel. 618 610 735

Restaurante Casa Fito
Zuvorkommendes Service und ein wunderbarer Ausblick auf den Atlantik
Carretera General del Sur 4, Chimiche, Tel. 777 279

Restaurante Mencey de Abona
Hier erwartet einen hervorragendes Essen
Calle del Ficus 5, Los Llanos, Tel. 771 788

Tasca El Horno
Ausgezeichnete, authentisch kanarische Küche
Calle Buen Viaje 39, Granadilla de Abona, Tel. 771 486

EINKEHRMÖGLICHKEITEN RUND UM DIE INSEL

Vilaflor
Casa Pana
An Wochenenden wird der Grill angeworfen!
Calle Los Castaños 9, Tel. 709 070

El Refugio
Rustikales Gasthaus mit köstlichen Fisch-, Meeresfrüchte- und Fleischgerichten.
El Topo 34, Ifonche – La Escalona, Tel. 725 894

La Barrica
Typisch kanarische Küche
Carretera Principal 15, La Escalona, Tel. 725 057

Arona
El Asador de la Finca
Exquisite Küche mit sehr guter Weinbegleitung, für die Qualität sind die Preise moderat
Carretera TF 657 Numero 16/Carretera de la Camella a Cabo Blanco, Tel. 72 15 38

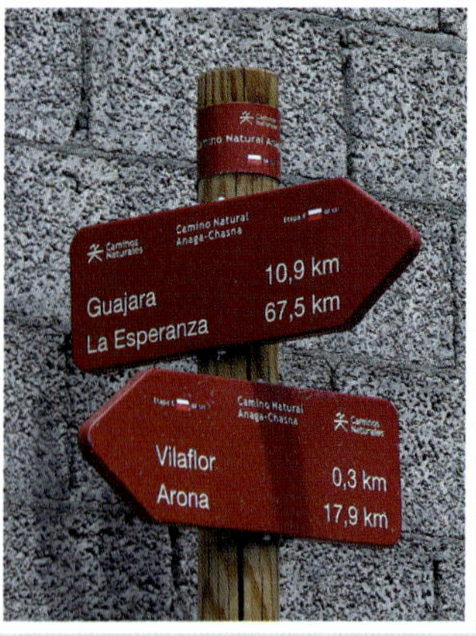

GR 131

Las Gangarras
Ausgezeichnetes Essen zu moderaten Preisen, wer gerne einmal Ziegenfleisch isst, ist hier an der richtigen Adresse.
Camino Machín 18, Buzanada, Tel. 766 423

Lo Nuestro
Hier speist man exzellent und preiswert, die Bedienung ist freundlich und zuvorkommend.
Calle Isla Margarita 5, Buzanada, Tel. 720 912

Mesón Era las Mozas
Berühmt für die Rippchen (costillas), aber auch andere Fleischgerichte sind empfehlens- und preiswert.
Calle Cabezada 26, Valle San Lorenzo, Tel. 765 597

San Miguel de Abona
Asador El Portillo
Ursprünglichstes Lokal, früher Sammelplatz für den Viehtrieb
Calle El Portillo 19, San Miguel de Abona, Tel. 167 035

Restaurante Mirador La Centinela
Der Ausblick ist fantastisch, das Essen kann hier durchaus mithalten.
Calletera Gral. Valle de San Lorenzo a San Miguel, Km 94, Tel. 764 088

Guia de Isora
Jamon Jamon
Große Auswahl an hervorragenden Tapas, aufmerksamer und freundlicher Service.
Avenida del Emigrante, Playa de San Juan, Tel. 663 271 735

Restaurante Bodegon Irache Gara
Authentisches Gasthaus, an

kälteren Tagen durch die offene Feuerstelle empfehlenswert.
Carretera General Subida in Richtung Vera de Erques,
Guia de Isora,
Tel. 857 025

Romero Brasas de Chirche
Auch ausgefallene Gerichte (wie z.B. Wachteln in Dattelsauce), diese sollte man aber vorbestellen. Nettes Ambiente und zuvorkommender Service.
Camino Viejo 3, Chirche,
Tel. 851 138

Restaurante Las Goteras
Angenehmer Familienbetrieb, nur für Fleischesser geeignet! Telefonische Reservierung sehr zu empfehlen.
C/La Gorrina 12, Tejina de Isora,
Tel. 857 056

Santiago del Teide
Señorio del Valle
Restaurant im gleichnamigen Hotel, aufmerksame Bedienung.
Avenida de la Iglesia 72, Santiago del Teide, Tel. 839 200

La Casona del Patio
Hotel von hoher Qualität mit Restaurant. Sehr gutes Essen und freundlicher Service.
Avenida de la Iglesia 68, Santiago del Teide, Tel. 839 293

Buenavista del Norte
El Burgado
Mit sehr schöner Aussicht, die Qualität der Küche in letzter Zeit wechselhaft.
Avenida el Rincon, Playa La Arena,
Tel. 12 78 31

ÜBERNACHTUNGSVERZEICHNIS ABSEITS DER HOTELS AN DER KÜSTE

€ unter 40 EUR €€ 40–70 EUR €€€ über 70 EUR (pro Pers/DZ)
Vorwahl sofern nicht anders angegeben jeweils +34 922

Güímar .... **Plz 38500**
Hotel Rural Finca Salamanca (€€), Crta de Guimar – Puertito 2, Tel. 513556, hotel-fincasalamanca.com
Señorio del Valle (€€), Avenida de la Iglesia 72, Tel. 839200

Santiago del Teide .... **Plz 38690**
La Casona del Patio (€€), Avenida de la Iglesia 72, Tel. 518 888443

Los Silos .... **Plz 38470**
Luz del Mar (€€), Avenida Sibora 10, Tel. 841623, www.luzdelmar.de

La Orotava .... **Plz 38300**
Parador de Cañadas del Teide (€€-€€€), Las Cañadas del Teide, Tel. 386415,

REGISTER

IMPRESSUM

1. Auflage 2023 Verlagsnummer 5906 ISBN 978-3-99121-823-4

Text und Fotografie: Manfred Föger
Bildnachweis: Alle Bilder stammen vom Autor.

Titelbild: Sonnenuntergang am Teide
(© benschie - stock.adobe.com)

Grafische Herstellung und
Wanderkartenausschnitte: © KOMPASS-Karten GmbH
Kartengrundlage für Gebietsübersichtskarte S. 12–13, U4:
© MairDumont, D-73751 Ostfildern 4

Alle Angaben und Routenbeschreibungen wurden nach bestem Wissen gemäß unserer derzeitigen Informationslage gemacht. Die Wanderungen wurden sehr sorgfältig ausgewählt und beschrieben, Schwierigkeiten werden im Text kurz angegeben. Es können jedoch Änderungen an Wegen und im aktuellen Naturzustand eintreten. Wanderer und alle Kartenbenützer müssen darauf achten, dass aufgrund ständiger Veränderungen die Wegzustände bezüglich Begehbarkeit sich nicht mit den Angaben in der Karte decken müssen. Bei der großen Fülle des bearbeiteten Materials sind daher vereinzelte Fehler und Unstimmigkeiten nicht vermeidbar. Die Verwendung dieses Führers erfolgt ausschließlich auf eigenes Risiko und auf eigene Gefahr, somit eigenverantwortlich. Eine Haftung für etwaige Unfälle oder Schäden jeder Art wird daher nicht übernommen. Für Berichtigungen und Verbesserungsvorschläge ist die Redaktion stets dankbar. Korrekturhinweise bitte an folgende Anschrift:

KOMPASS-Karten GmbH
Karl-Kapferer-Straße 5, A-6020 Innsbruck
www.kompass.de/service/kontakt

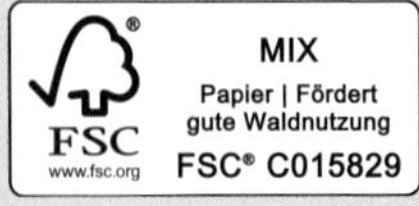